NATIONAL GEOGRAPHIC TRAVELER

SÜDAFRIKA

NATIONAL GEOGRAPHIC TRAVELER

SÜDAFRIKA

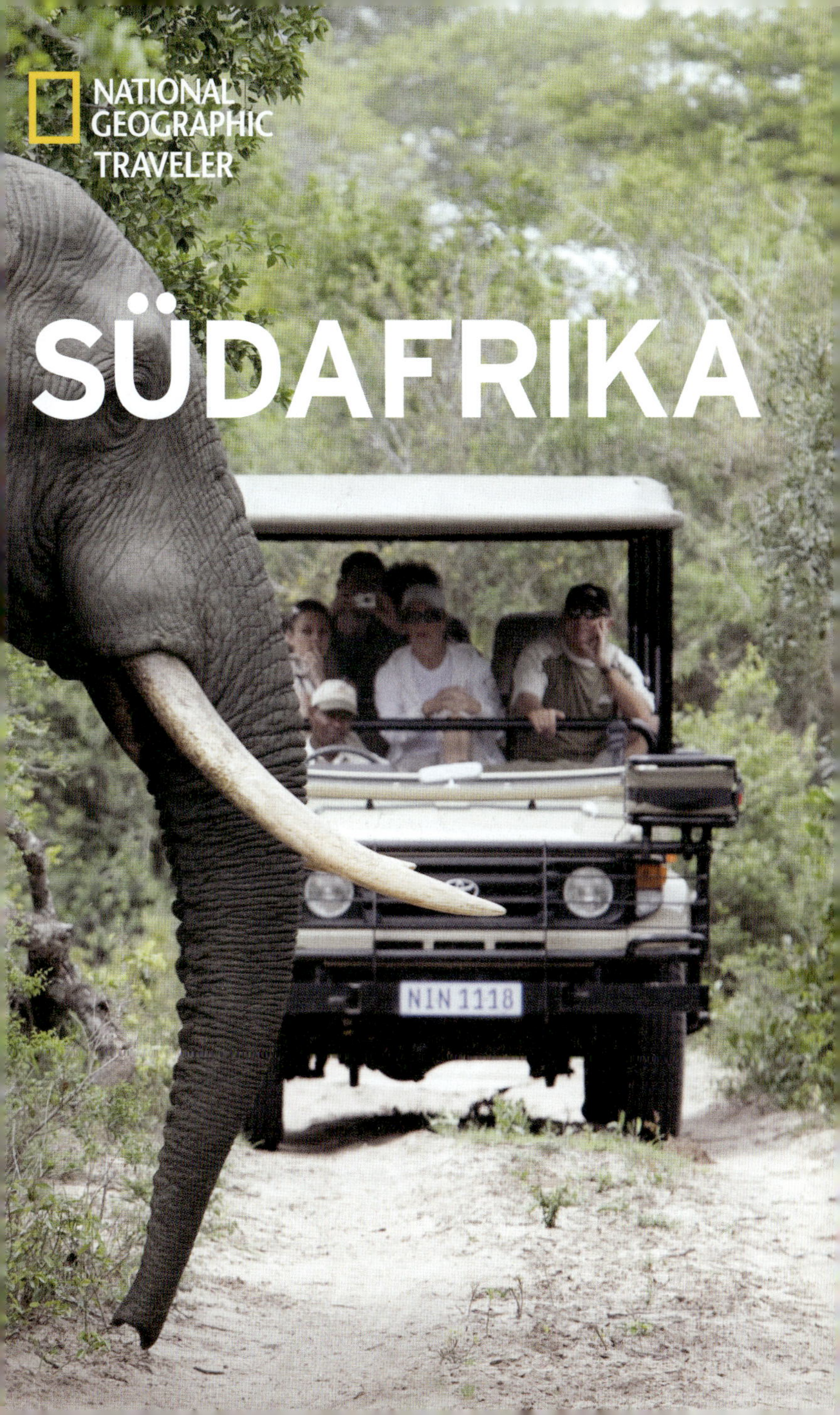

INHALT

RÜCKSICHTSVOLL REISEN 6

DIE REISE PLANEN 8

Geschichte & Kultur 12
Südafrika heute 14
Südafrika damals 22
Essen & Trinken 34
Natur & Landschaft 38
Special: Die Tierwelt 42
Kunst & Literatur 46

Kapstadt & die Kaphalbinsel 54
Erster Überblick 56
Rundgang: Schritte zur Freiheit 60
Special: Gesunkene Schatzschiffe 70

Die Westküste 82
Erster Überblick 84
Die Swartland-Weinstraße 88
Special: Paradiesische Meeresfrüchte 96

West-Kap 98
Erster Überblick 100
Rundfahrt durchs Kap-Weinland 106

Ost-Kap 116
Erster Überblick 118
Special: Surfen in Jeffrey's Bay 126

Durban & KwaZulu-Natal 140
Erster Überblick 142
Die Goldene Meile 146
Special: Unterwasserfreuden 152
Rundfahrt: Maloti Mountains 162

Kruger & Mpumalanga 172
Erster Überblick 174
Special: Die *Big Five* 178

Johannesburg & das Binnenland 194
Erster Überblick 196
Special: Musik in Johannesburg 202
Special: Luxuszüge 234

Nord-Kap 244
Erster Überblick 246
Special: Die San 251

Reiseinformationen 270
Hotels & Restaurants 280
Einkaufen 307
Unterhaltung 309
Aktivitäten 311

REGISTER 314

BILDNACHWEIS 319

Seite 2–3: Im Tembe Elephant Park lebt KwaZulu-Natals größte Elefantenherde
Linke Seite: Die Küste von Camps Bay in der Nähe von Kapstadt mit den Zwölf Aposteln im Hintergrund

RÜCKSICHTSVOLL REISEN

Umsichtige Urlauber brechen voller Neugierde auf und kehren reich an Erfahrungen nach Hause zurück. Wer dabei rücksichtsvoll reist, kann seinen Teil zum Schutz der Tierwelt, zur Bewahrung historischer Stätten und zur Bereicherung der Kultur vor Ort beitragen. Und er wird selbst reich beschenkt mit unvergesslichen Erlebnissen.

Möchten nicht auch Sie verantwortungsbewusst und rücksichtsvoll reisen? Dann sollten Sie folgende Hinweise beachten:

- Vergessen Sie nie, dass Ihre Anwesenheit einen Einfluss auf die Orte ausübt, die Sie besuchen.
- Verwenden Sie Ihre Zeit und Ihr Geld nur auf eine Weise, die dazu beiträgt, den ursprünglichen Charakter eines Ortes zu bewahren.
- Entwickeln Sie ein Gespür für die ganz besondere Natur und das kulturelle Erbe Ihres Urlaubslandes.
- Respektieren Sie die heimischen Bräuche und Traditionen.
- Zeigen Sie den Einheimischen ruhig, wie sehr Sie das, was den besonderen Reiz ihres Landes ausmacht, zu schätzen wissen: die Natur und die Landschaft, Musik, typische Gerichte, historische Dörfer oder Bauwerke
- Scheuen Sie sich nicht, mit Ihrem Geldbeutel Einfluss zu nehmen: Unterstützen Sie möglichst solche Einrichtungen oder Personen, die sich um die Bewahrung des Typischen und Althergebrachten bemühen. Entscheiden Sie sich für Läden, Restaurants, Gaststätten oder Reiseanbieter, denen offensichtlich an der Bewahrung ihrer Heimat gelegen ist. Und meiden Sie Geschäfte, die den Charakter eines Ortes stören.
- Wer auf diese Weise reist, hat mehr von seinem Urlaub, und er kann sicher sein, dass er seinen Teil zum Erhalt und zur Verbesserung eines Ortes oder einer Landschaft beigetragen hat.

Diese Art des Reisens gilt als zeitgemäße Form eines sanften, auf Nachhaltigkeit bedachten Tourismus. Gemeint ist damit ein Tourismus, der den Charakter eines Ortes – seine Umwelt, seine Kultur, seine natürliche Schönheit und das Wohlergehen seiner Bewohner – nicht aus den Augen verliert. Weitere Informationen zum Thema gibt es im National Geographic's Center for Sustainable Destinations unter www.nationalgeographic.com/travel/sustainable.

NATIONAL GEOGRAPHIC TRAVELER

SÜDAFRIKA

ÜBER DIE AUTOREN & DIE FOTOGRAFIN

roberta Cosi stammt aus Johannesburg und ist dort auch aufgewachsen. Die Autorin und Redakteurin reist stets mit großer Begeisterung durch ihr Land und bemüht sich, sämtliche Facetten ihrer Heimat kennenzulernen.

Richard Whitaker wurde in Südafrika geboren und studierte an der Universität von Witwatersrand in Johannesburg; daran schloss sich ein Studium der klassischen Philologie in Oxford und St. Andrews an. Nach jahrzehntelanger Lehrtätigkeit an den Universitäten Durban und Kapstadt hat er eine zweite Karriere als Autor in Angriff genommen. Whitaker hat vor allem Europa und das südliche Afrika bereist. Whitaker arbeitete an der ersten Ausgabe dieses Buches und aktualisierte die zweite Ausgabe.

Die Fotografin **Samantha Reinders** *(www.samreinders.com)* ist sich nicht ganz sicher, wie es eigentlich zu ihrer Karriere gekommen ist; vermutlich gab eine Mischung verschiedenster Erlebnisse den Ausschlag – ihre Reisen über die staubigen Pisten Südafrikas auf dem Beifahrersitz im Landrover ihres Vaters, Erkundungstouren durch die Appalachen oder ihr Sitzplatz zwischen zwei Profi-Fotografen bei einer Pressekonferenz im Weißen Haus. Wie auch immer, dank ihrer Berufswahl durfte sie vielerlei Ungewöhnliches erleben – sie ist Pinguinen gefolgt, mit der amerikanischen Präsidentenmaschine geflogen, mit Haien geschwommen, und sie hat viele interessante Menschen kennengelernt, Geschäftsleute ebenso wie Obdachlose, alte Mütterchen oder einen dreifachen Mörder hinter Gittern. Reinders hat ihren Hochschulabschluss in Visueller Kommunikation an der Ohio University abgelegt. Ihre Arbeiten erscheinen in vielen internationalen Zeitschriften, darunter *Time, Der Spiegel* und *The London Financial Times*. Im Jahr 2005 ist sie nach Südafrika zurückgekehrt, ins Land der staubigen Pisten, die sie so sehr vermisst hat. Sie lebt in Kapstadt, ist aber nach wie vor auch international tätig.

Die Reise planen

Jede Provinz Südafrikas unterscheidet sich von der anderen und ist eine Welt für sich. Südafrika bietet einfach alles: herrliche Badestrände, international renommierte Museen, Wüstensafaris, eine exotische Tierwelt, die hervorragendsten Weine und schmackhafte Cape-Malay-Küche.

Besucherinformation

Jede Stadt und sogar jedes Dorf hat sein eigenes Touristeninformationsbüro, das einen Überblick lokaler und nationaler Sehenswürdigkeiten und detaillierte Karten anbietet. Sie finden auch Touristenschalter an internationalen Flughäfen des Landes.
Die allgemeine Telefonnummer für Touristen- und Sicherheitsinformationen in Südafrika ist 083/123 23 45.
Eine informative Webseite, die nützliche Informationen für die Reiseplanung bietet, ist www.southafricaholiday.org.uk. Hilfreich sind auch:
www.sa-venues.com
www.southafrica.net
www.soufafrica.info

Bei einem derartig vielseitigen Angebot kann die Routenplanung sehr schwierig werden. Alles hängt von der Länge der Reise ab. Wer nur eine Woche Zeit hat, sollte unbedingt Kapstadt besuchen und im Kruger National Park auf Safari gehen. Dort sind die *Big Five* zu bewundern: Elefanten, Löwen, Leoparden, Büffel und Nashörner. Am besten fliegt man direkt nach Kapstadt und bleibt drei Nächte in der aufregenden Metropole. Danach geht es mit dem Flugzeug weiter zu einer dreitägigen Safari. Mit mehr Zeit im Gepäck kann man auch abgelegenere Attraktionen besuchen.

Die meisten südafrikanischen Städte verfügen über keinen effizienten und sicheren öffentlichen Nahverkehr für Touristen. Viele Reisende mieten deshalb für Stadtbesichtigungen und Rundfahrten ein Auto. Das landesweite Netz aus Asphalt- und Schotterstraßen ist großteils bestens ausgebaut. Es ist auch kein Problem, mit dem Mietwagen durch die staatlichen und privaten Wildparks zu fahren. Oft genügt ein normales

Der Löwe – König der *Big Five*

Auto, gelegentlich ist jedoch Allradantrieb erforderlich.

Südafrika ist ein riesiges Land. Deshalb sparen Flüge innerhalb des Landes viel Zeit. Die staatliche Fluglinie South African Airways (SAA) bedient alle größeren Städte. Ihre Ableger Airlink und South African Express steuern mit kleineren Flugzeugen viele Regionalziele an.

Wahrlich extravagant ist eine Reise mit dem Blue Train oder eine der Rovos-Rail-Touren, die auf ausgewählten Strecken angeboten werden. Für die Fahrt zwischen Kapstadt und Pretoria sollte man ein bis zwei Übernachtungen im Zug einplanen. Dabei geht es nicht um Schnelligkeit, sondern vor allem um Sightseeing in luxuriösem Ambiente.

NICHT VERSÄUMEN

Eine Lehrstunde über die Vergangenheit Südafrikas auf Robben Island (Kapstadt) oder im Apartheid Museum von Johannesburg 69, 72 & 209

Den Ausblick auf Kapstadt von der Spitze des Tafelbergs 76

Die Strände und Ortschaften der Garden Route 110

Das aufregende und rasante Stadtleben von Johannesburg 202

Einen afrikanischen Sonnenuntergang an den wunderbaren Stränden des Landes 122, 129, 135, 154

Die Drakensberge und ihre Felszeichnungen der San 157

Eine *Big-Five*-Safari 161, 176

Besuch einer Township wie Soweto in Johannesburg 212

Eine Fahrt durch die unwirtliche Kalahari 251

Kapstadt

Die *Mother City* („Mutterstadt") verzaubert jeden Besucher. Das landschaftliche Panorama aus Bergen und Ozeanen ist atemberaubend, während die 300-jährige Besiedlung eine einmalige Kultur geschaffen hat. Durch das multikulturelle Erbe entstand eine faszinierende, vielschichtige und abwechslungsreiche Stadt, die ein absolutes Muss ist. Als Erstes sollte man zu Fuß oder mit der rotierenden Drahtseilbahn den Tafelberg erklimmen. Der Ausblick von diesem ikonischen Berg ist schlicht grandios. Kauflustige fühlen sich an der Victoria & Alfred Waterfront mitten im Hafen wie zu Hause. Von hier aus pendeln die Fähren zur Robben Island, wo Nelson Mandela eingekerkert war. Ein Tagesausflug in die Weinberge des Kap-Weinlands ist nicht nur ein kulinarisches Highlight, sondern betört auch durch die landschaftliche Schönheit. Ein Höhepunkt ist der Besuch in den Kirstenbosch National Botanical Gardens. Kapstadt verfügt über einen internationalen Flughafen und ist deshalb leicht zu erreichen. Von Johannesburg aus erreicht man die *Mother City* nach einem zweistündigen Direktflug.

Die Umgebung von Kapstadt: Wer länger als nur ein paar Tage in Kapstadt weilt, kann in Ruhe die interessante Umgebung erkunden. Ein Touristenmagnet ist Cape Point, gerade einmal 58 Kilometer südlich, gegen dessen Klippen die mächtige Brandung donnert. An der Ostküste der Kaphalbinsel lebt eine Pinguinkolonie am Boulders Beach, während Kalk Bay für seine Antiquitätenläden bekannt ist. Die Westküste bietet auch wunderbare Landschaften und Spaziergänge durch schicke Ortschaften – eine Besonderheit ist die Blumenblüte im Namaqualand. Die Winzerorte Stellenbosch, Paarl und Franschhoek sind ideal für einen ruhigen Nachmittag. Bei längeren Aufenthalten lohnt die attraktive, fünfstündige Fahrt zur Garden Route.

Trinkgeld

Trinkgelder sind in Südafrika obligatorisch. Im Restaurant gibt man 12 bis 15 Prozent des Rechnungsbetrags. Bei Gruppen berechnen die Restaurants die Summe manchmal automatisch.

Fremdenführer und Fahrer erhalten 30 bis 40 Rand (1,20 Euro) pro Tourteilnehmer und Tag.

Hotelportiers erhalten 10 bis 20 Rand (16 bis 40 Cent) pro Koffer. Wer mit einem Mietwagen unterwegs ist, sollte daran denken, dass Tankstellenwärter normalerweise fünf bis acht Rand als Trinkgeld erhalten. **Siehe auch S. 277.**

Auf Safari

Der Kruger National Park liegt nordöstlich von Kapstadt, mit dem Flugzeug rund drei Stunden entfernt – mit dem Auto wären es drei anstrengende Tage. Das älteste Tierreservat der Welt lockt noch immer mehr als 500 000 Besucher pro Jahr an. Bekannt ist der Park für die *Big Five*: Löwen, Leoparden, Elefanten, Büffel und Nashörner. Doch hier leben auch Giraffen, Zebras, Geparden, Nilpferde, Impalas und Hyänen, die man aus nächster Nähe in ihrem natürlichen Lebensraum bewundern kann. Das rund 2000 Kilometer lange Straßennetz sorgt für einen schnellen und komfortablen Zugang, auch wenn nur wenige Straßen geteert sind. Abenteuerlustigere Besucher können auch die zahlreichen Sandpisten auf eigene Faust erkunden.

Sicher reisen

Die Kriminalitätsrate ist in Südafrika leider ziemlich hoch, vor allem aber in Johannesburg: Umsichtiges Verhalten ist deshalb wichtig.

Auf der Straße:

- Vermeiden Sie nachts dunkle Gegenden.
- Reisen Sie in Gruppen, und beschränken Sie sich auf gut beleuchtete Straßen.
- Führen Sie keine größeren Geldbeträge mit sich.
- Schmuck und Kameras sollte man nie offen zeigen.
- Nutzen Sie nur vom Hotel oder der Touristeninformation empfohlene Taxis.

Im Auto:

- Planen Sie die Fahrtstrecke im Voraus, und nehmen Sie eine Landkarte mit.
- In den Städten sollten Autotüren und -fenster grundsätzlich verschlossen sein.
- Wertsachen sollten nur im Kofferraum verstaut werden.
- Parken Sie nicht in dunklen Gegenden und immer so nah wie möglich an Ihrem Ziel.
- Nehmen Sie keine Fremden mit.

Im Hotel:

- Lassen Sie Ihr Gepäck an öffentlichen Orten niemals unbeaufsichtigt.
- Schließen Sie Ihre Wertsachen im Zimmersafe ein, oder nutzen Sie den Hotelsafe.
- Wenn es überraschend klopft, überprüfen Sie vor dem Öffnen, wer vor der Tür steht.
- Schließen Sie Ihr Zimmer grundsätzlich ab.
- Deponieren Sie eine Kopie Ihrer Dokumente im Hotelsafe.

Die Verneuk Pan, auf der 1929 der erste Geschwindigkeitsrekord für Landfahrzeuge aufgestellt wurde

Im Nationalpark gibt es viele Unterkunftsmöglichkeiten, von privaten Lodges bis zu regulären Camps. Diese verfügen zumeist über Restaurants und organisieren zudem Wildsafaris und Wanderungen.

Zu den bekannteren Wildparks zählen der Addo Elephant Park und der Mountain Zebra National Park in der Provinz Ost-Kap, der Golden Gate Highlands National Park in der Provinz Freistaat sowie der Tankwa Karoo National Park in der Provinz Nord-Kap.

Weitere Sehenswürdigkeiten

Gauteng: Johannesburg ist eine pulsierende Metropole. Die Township Soweto, die Goldminen, das Lesedi Cultural Village sowie das Apartheid Museum sind auf jeden Fall einen Besuch wert. Von Johannesburg aus erreicht man leicht Sun City, das „Las Vegas" Südafrikas, sowie die *Cradle of Humankind*. Diese „Wiege der Menschheit" ist für ihre zahllosen Fossilienfunde bekannt.
Provinz KwaZulu-Natal: Das warme Wasser, die Kolonialarchitektur und die multikulturelle Vielfalt machen Durban zu einer sehr angenehmen Stadt. Der Küstenstreifen mit seinen Stränden und Städten ist ein Paradies für Sporttaucher und Wildtierbeobachter. ■

Nach Hause telefonieren

Für Auslandsgespräche muss man in Südafrika zunächst 00 wählen. Dann folgen die entsprechende Landesvorwahl, die Ortsvorwahl und die Anschlussnummer. Deutschland hat die Landesvorwahl 49, Österreich 43 und die Schweiz 41. Es gibt verschiedene internationale Telefonkarten, die zwar nicht immer den besten Tarif anbieten, dafür aber zuverlässig sind. Man kann die Karten von jedem privaten oder öffentlichen Festnetzanschluss sowohl für Orts- als auch für nationale und internationale Gespräche nutzen. Bei Handys sollte man die hohen Roaminggebühren bedenken; zudem gibt es in vielen ländlichen Gebieten und Wildreservaten keinen Empfang.

Geschichte & Kultur

Südafrika heute 14–21

Erlebnis: Soziales Engagement 20

Südafrika damals 22–33

Essen & Trinken 34–37

Erlebnis: Brauereibesichtigungen 37

Natur & Landschaft 38–41

Special: Die Tierwelt 42–45

Kunst & Literatur 46–53

In voller Blütenpracht: ein Jacarandabaum in Pretoria

Südafrika heute

Nichts ist schwieriger, als Südafrika auf eine Formel zu bringen: ein Land mit elf Amtssprachen, mit modernen Großstädten, in denen ganze Viertel aus der Dritten Welt zu stammen scheinen, während gleich daneben westliche Hotels und Einkaufszentren das Bild bestimmen. Dazu noch die Landschaften: dichte Trockenbuschvegetation, Berge in üppigem Grün, wüstenhafte Hochplateaus, endlos lange Sandstrände ...

Wer hier auf – unblutige – Safari geht, hat gute Chancen, die *Big Five* vors Fernglas zu bekommen: Elefanten, Löwen, Leoparden, Büffel und Nashörner. Liebt man das Abenteuer, kann man sich am West-Kap oder im Freistaat ins Wildwasser stürzen, in den Drakensbergen wandern und klettern oder in der Sodwana Bay zu den südlichsten tropischen Riffen Afrikas hinabtauchen. Wen es eher in die Städte zieht, kommt dennoch auf seine Kosten: beim Kauf von afrikanischem Kunsthandwerk, im Restaurant bei exzellenter Küche und köstlichem südafrikanischem Wein, bei Jazz oder in einer hochkarätigen Theater- oder Ballettaufführung.

1994, im Jahr der ersten demokratischen Wahlen, kamen gerade einmal 3,9 Millionen Besucher ins Land; bis 2014 rechnet man schon mit bis zu zehn Millionen. Was aber – abgesehen von der Fußballweltmeisterschaft 2010 – lockt all die ausländischen Gäste immer wieder nach Südafrika?

Die Faszination liegt offenbar in der ungewöhnlichen Kombination: Zum einen bietet das Land erstklassige moderne Infrastruktur, beispielsweise die Hotels, Läden und Restaurants an der berühmten Victoria & Alfred Waterfront in Kapstadt; zum anderen findet man hier viel unberührte Natur, etwa im Kruger National Park, dem Addo Elephant Park oder Hluhluwe Imfolozi Game Reserve. Fügt man diesem Angebot noch hervorragend ausgebaute Straßen, Häfen und Flughäfen hinzu, dann hat man es auch schon herausgefunden: das touristische Erfolgsrezept Südafrikas.

Das neue Südafrika

Seit 1994 spricht man allgemein vom „neuen Südafrika". Dieses Etikett ist durchaus berechtigt, denn seither hat der Geist der Erneuerung die gesamte Nation erfasst. Millionen von Menschen, die zuvor beinahe wie Fremde im eigenen Land lebten, haben mittlerweile Zugang zu Bildung, Wohnraum, medizinischer Versorgung, elektrischem Strom und sauberem Trinkwasser – und sie haben endlich ihr Wahlrecht durchsetzen können.

Südafrikaner sind zu Recht stolz auf ihre Errungenschaften aus der Zeit nach 1994, vor allem natürlich auf ihre Verfassung, mit deren Ausarbeitung die verschiedensten politischen Gruppen schon seit Anfang der 1990er Jahre befasst waren und die auch international als eine der liberalsten der Welt gilt. Vor allem aber spiegelt sich in dieser Verfassung die Entschlossenheit der Menschen wider, die Zeiten der Diskriminierung endgültig hinter sich zu lassen und ihre Rechte nicht noch einmal aus der Hand zu geben – das Recht auf Versammlungsfreiheit, das Recht, Regierung und Wirtschaft mitzugestalten, und natürlich das Recht auf freie Meinungsäußerung sowie die

Die Union Buildings in Pretoria sind der Amtssitz der südafrikanischen Regierung

Pressefreiheit. Von ihrem neuen Verfassungsgericht haben die Südafrikaner bereits regen Gebrauch gemacht; das Verfassungsgericht hat die Aufgabe, neue Gesetze ebenso wie Gerichtsentscheidungen niedrigerer Instanzen an den Grundprinzipien der Verfassung zu messen.

Völker & Sprachen

Das heutige Südafrika ist die Heimat sehr unterschiedlicher Völker. Die ursprünglichen Bewohner der Region, die San (früher auch Buschmänner genannt), lebten dort als Jäger und Sammler. Vor allem im Nordwesten des Landes findet man immer noch kleine Gruppen der San; die meisten sind allerdings zu einer sesshaften Lebensweise übergegangen. An der Ostküste siedeln Menschen vom Volk der Nguni; zu ihnen gehören im Wesentlichen zwei Gruppen: die Zulu aus KwaZulu-Natal und die Xhosa des Ost-Kap. Die Ndebele stammten ursprünglich ebenfalls von den Nguni ab; sie wanderten bereits im 17. Jahrhundert ins Landesinnere und siedeln heute in Teilen der Provinzen Limpopo und Mpumalanga. Andere Gruppen sind durch die gemeinsame Sotho-Sprache verbunden und mit den Bewohnern des benachbarten Lesotho verwandt; diese Sotho-Völker leben vor allem in den Provinzen Freistaat, Gauteng, Limpopo und Mpumalanga. Zu den kleineren ethnischen Gruppen Südafrikas zählen die Venda im hohen Norden, die Tsonga im Nordosten und die Batswana, die auf beiden Seiten der Grenze zu Botsuana siedeln. Allgemein sind die ethnischen Bindungen auf dem Land stärker ausgeprägt als in den Städten.

In der Provinz West-Kap leben viele sogenannte „Farbige“ (das Wort hat in Südafrika eine ganz eigene Bedeutung). Farbige sind Nachfahren der Buren, also der „Kapholländer“, aber auch die Nachfahren von deren Sklaven aus Malaysia, Indonesien und aus Südafrika selbst. Die meisten Farbigen sprechen Afrikaans, die Sprache der Buren.

Inmitten all der genannten Gruppen leben schließlich auch noch viele Immigranten aus England und den Niederlanden, aber auch aus anderen europäischen Ländern – und natürlich ihre Nachkommen. Zuwanderer aus Malaysia und Indien siedeln schon sehr lange im Land; relativ neu ist dagegen ein Phänomen, das erst nach 1994 eingesetzt hat: eine Einwanderungsbewegung aus anderen afrikanischen Ländern.

Südafrika hat schätzungsweise 51,7 Millionen Einwohner; die Bevölkerung setzt sich wie folgt zusammen: Afrikaner 79,2 Prozent, europäische Einwanderer 8,9 Prozent, Farbige 8,9 Prozent, Inder und andere Asiaten

Kleines Wörterbuch

Das südafrikanische Englisch weist einige interessante Abweichungen auf:

Bakkie	Kleinlastwagen
Braai	Grillfest
Brah	bester Freund
Bundu	Bushveld
Gogga	Insekt
Howzit	Hallo
Just now	gleich, nicht jetzt
Kloof	Schlucht
Koppie	ein mit zahlreichen Felsen bestandener Hügel
Lekka chow	gutes Essen
Lekker	großartig
Robot	Verkehrsampel
Takkies	Laufschuhe

Im Haus einer Basotho-Familie in der Nähe von Matatiele, Ost-Kap

2,5 Prozent. Wie viele illegale Einwanderer mittlerweile in Südafrika leben, ist kaum zu erfassen; es sollen zwei bis fünf Millionen Menschen sein.

Angesichts dieser Vielfalt standen die Politiker bei der Ausarbeitung der neuen Verfassung vor einer Schwierigkeit: Welche Sprache sollte denn nun zur Amtssprache erklärt werden? Sie einigten sich auf einen Kompromiss – alle elf Sprachen sind gleichberechtigt. Theoretisch hat jetzt jeder Bürger das Recht, beim Behördengang in der eigenen Muttersprache zu reden und seine Kinder in ebendieser Sprache unterrichten zu lassen. Theoretisch – denn auch die Verfassung weist vorsorglich darauf hin, dass dieser Anspruch möglicherweise nicht überall durchzusetzen ist.

Obwohl Zulu (22,7 Prozent), Xhosa (16 Prozent) und Afrikaans (13,5 Prozent) weiter verbreitet sind als die Muttersprache Englisch (9,6 Prozent), ist Englisch zumindest die geläufigste Zweitsprache Südafrikas. Wer als Besucher in große Städte oder zu klassischen Touristenzielen reist, wird sich problemlos auf Englisch verständigen können. In kleineren Städten käme man mit Afrikaans weiter, Englisch wird dort aber verstanden. Nur in sehr entlegenen Gebieten stößt man mit Englisch mitunter an Grenzen.

Die meisten Südafrikaner sind sehr herzliche Gastgeber. Man sollte nicht überrascht reagieren, wenn Einheimische genau wissen wollen, wer man ist und woher man kommt. Ist man erst einmal ins Gespräch gekommen, laden Südafrikaner Fremde gerne auf eine Mahlzeit zu sich nach Hause ein.

Städte

Wer Reisebücher über Südafrika liest oder in Bildbänden blättert, gewinnt schnell den Eindruck, Afrika sei gleichsam eine menschenleere Wildnis und vor allem von großen Tieren bevölkert. Natürlich ist Südafrika für jeden Naturfreund eine Offenbarung, doch das Leben spielt sich in Südafrika durchaus auch in großen, modernen Städten ab. Kapstadt mit seinen kapholländischen Kolonialbauten wirkt dabei immer noch sehr europäisch; Johannesburg mit seinen Straßenhändlern und den Apartmentblocks in der Innenstadt trägt eher die Züge einer afrikanischen Stadt, während die große indische Gemeinde der Stadt Durban ein ganz eigenes Gepräge

Die Long Street in Kapstadt, eine beliebte Vergnügungsmeile

verleiht. Den Besucher verblüffen zunächst die vielen Minibus-Taxis. Eingerichtet wurden diese Taxis von Unternehmern schon in den 1980er Jahren: Der Bedarf war groß, weil viele Orte weder mit Bussen noch mit Zügen zu erreichen waren. Als Besucher sollte man jedoch vorsichtig sein und nur in solche Taxis steigen, die im Hotel oder Restaurant empfohlen wurden.

Während des letzten Jahrzehnts haben die Bewohner von Kapstadt oft genug amüsiert zur Kenntnis nehmen dürfen, dass ihre Stadt in Spielfilmen und Werbeclips als Kulisse herhalten musste – auch dann, wenn die Handlung scheinbar gar nicht in Afrika spielte. Auch Hollywoodstars sind mittlerweile häufig zu Gast in der Stadt, darunter Daniel Craig oder John Malkovich. Filmemacher schätzen nicht nur die vergleichsweise niedrigen Produktionskosten, sondern auch das hervorragende Wetter, die Klarheit des Lichts und die unglaublich reiche Auswahl an Drehorten. In Kapstadt findet man Wolkenkratzer aller Art, es ist aber auch nicht weit zu mediterranen Küsten, Weingärten, Halbwüsten, Hügeln und Bergen, Wäldern und Seen.

Im Jahr 2006 wurde der vom Südafrikaner Gavin Hood gedrehte Film „Tsotsi" bei der Oscarverleihung als bester fremdsprachiger Film prämiert.

Sport

Südafrikaner sind verrückt nach Sport; wer schnell mit einem Südafrikaner ins Gespräch kommen möchte, fragt ihn einfach nach seiner Lieblingsmannschaft. Die mit Abstand wichtigste Sportart ist Fußball; in der Ersten Liga spielen 16 professionelle Clubs. Wer die Fans in Erstaunen versetzen möchte, erwähnt beiläufig die Spitznamen der Mannschaften, er kennt also die „Beautiful Birds", die „Buccaneers" und die „Clever Boys for the Moroka Swallows", die „Orlando Pirates" und die „Bidwest Wits" (eine Hochschulmannschaft) – oder die wahrscheinlich beliebteste Mannschaft des Landes, die „Kaizer Chiefs". Dass Südafrika die Austragungsrechte für die Fußballweltmeisterschaft 2010 zuerkannt wurden, hat dem Sport natürlich zusätzlichen Auftrieb verliehen.

Wer die Fans in Erstaunen versetzen möchte, erwähnt beiläufig die Spitznamen der Mannschaften, er kennt also die „Beautiful Birds", die „Buccaneers" und die „Clever Boys for the Moroka Swallows", die „Orlando Pirates"...

Auf der Beliebtheitsskala folgt Rugby auf Rang zwei. Vor allem die Afrikaans-sprachigen Südafrikaner sind in diesen Sport vernarrt, der übrigens enorm an Popularität gewonnen hat, seit die Nationalmannschaft, die „Springboks", 2007 die Weltmeisterschaft in Frankreich für sich entscheiden konnten. Jährlich treten südafrikanische Mannschaften in der Super-Rugby-Meisterschaft gegen Australien und Neuseeland und der Rugby-Meisterschaft an; andere Mannschaften kämpfen seit über hundert Jahren um den begehrten Currie Cup.

Die Engländer brachten im 19. Jahrhundert Cricket nach Südafrika. Die Nationalmannschaft hat sich sowohl bei der speziellen Form des „Test Cricket" (Turnier über fünf Tage) wie beim internationalen „One-Day Cricket" durchgesetzt und zählt zu den drei besten Teams der Welt.

Auch Langstreckenläufe und Radwettkämpfe sind enorm populär, alljährlich nehmen viele Sportler an diesen Events teil. Die Cape Pic 'n'Pay Argus Cycle Tour, ein 109 Kilometer langes Radrennen vor der herrlichen Kapkulisse, ist das weltweit größte Rennen dieser Art; 35 000 Teilnehmer gehen alljährlich im März an den Start. Auf die 87 Kilometer lange Strecke des Comrades Marathon wagen sich jedes Jahr 10 000 bis 14 000 Südafrikaner und Gäste. Dieser Ultramarathon, der im Juni auf der Strecke zwischen Durban und Pietermaritzburg ausgetragen wird (die Richtung wechselt jährlich), geht bereits auf das Jahr 1921 zurück. Seit 1970 wird zu Ostern auch der Two-Oceans Marathon veranstaltet. Dieser Straßenlauf auf der Kaphalbinsel besteht eigentlich aus zwei Läufen: einem Ultramarathon (56 km) und einem Halbmarathon (21 km).

Wirtschaft

Bis zur Mitte des 19. Jahrhunderts stützte sich die südafrikanische Wirtschaft fast ausschließlich auf die Landwirtschaft. Doch 1867 wurden bei Kimberley Diamanten entdeckt, und am Witwatersrand stieß man 1886 auf Goldvorkommen. Von da an beherrschten Gold- und Diamantenminen (und die auf deren Bedarf ausgerichteten Gewerbe) fast hundert Jahre lang das Wirtschaftsgeschehen im Land. Der Abbau weiterer Rohstoffe – darunter Kohle, Eisenerz, Vanadium, Mangan und Platin – hat ebenfalls an Bedeutung gewonnen. Und auch das produzierende Gewerbe – die Herstellung von Kleidung und Textilien, Fahrzeugbau, Papier- und Holzverarbeitung – leistet mittlerweile seinen Beitrag zum Bruttoinlandsprodukt.

Da Südafrika über keine eigenen Ölvorkommen verfügt, investiert die Regierung seit 1950 in großem Umfang in Versuche, die überreichen Kohlevorkommen des Landes für die Ölgewinnung zu nutzen. Seit der Ölpreis international steigt, könnte dieses Verfahren sogar rentabel werden. Da der Demokratisierungsprozess auch das Ende des internationalen Handelsembargos einleitete, konnte die Wirtschaft des Landes sich erheblich wandeln. Sehr erfolgreich war dabei die Weinindustrie: Exportierte Südafrika im Jahr 1993 24,6 Millionen Liter Wein, waren es 2012 schon über 350 Millionen Liter. Fünfzig Prozent des exportierten Weins konsumieren die Briten, doch auch in den Niederlanden, in Deutschland, Skandinavien und den USA hat Südafrika Märkte aufgetan. Beim Bierbrauen sind die Südafrikaner inzwischen sogar Weltmeister: 2002 kauften südafrikanische Brauer die amerikanische Miller Brewing Company; seitdem ist das neu entstandene Unternehmen SABMiller nach der Expansion nach China die größte Brauerei der Welt. Heute gilt Südafrika mit seiner hervorragenden Infrastruktur als Wirtschaftsmotor für ganz Afrika. Südafrikanische Bergwerksunternehmen, Ingenieurbüros, Finanzdienstleister, Telekommunikationsfirmen, Hotels und Handelsketten sind mittlerweile auf dem gesamten Kontinent präsent. ■

ERLEBNIS:

Soziales Engagement

Wer sich vor Ort engagieren und etwas Sinnvolles tun möchte, kann beim Wohnungsbau mithelfen. Mehrere karitative Organisationen unterstützen Projekte, die darauf abzielen, menschenwürdigen Wohnraum für jene zu schaffen, die bisher in Baracken hausen mussten. Weitere Informationen über Spendenmöglichkeiten oder Freiwilligenarbeit erhält man bei Habitat for Humanity *(Tel. 021/657 56 40, www.habitat.org.za)* oder bei der Niall Mellon Townships Initiative *(www.irishtownship.com)*. Jeder Einsatz ist willkommen – ob für einen Tag oder eine ganze Woche.

Souvenirs im Blyde River Canyon

4X4

Südafrika damals

Nach konfliktreichen Jahrhunderten hat es den Anschein, als akzeptierten die Völker endlich ihre gemeinsame Identität als Südafrikaner. Dabei waren sie lange Zeit verfeindet: das Volk der Khoikhoi, die Khoisan aus dem Norden und die europäischen Siedler.

Das Kartenbild von Afrika zur Mitte des 16. Jahrhunderts

Anfänge & Vorgeschichte

Sieht man Geschichte als die Geschichte des Menschen, kann man fast nirgendwo auf Erden so weit zurückblicken wie in Südafrika. Denn hier waren schon die frühesten Hominiden und die ersten Vertreter des *Homo sapiens* heimisch. Paläontologen zufolge lebten Vor- und Frühmenschen seit mindestens 2,5 Millionen Jahren ununterbrochen im heutigen Südafrika.

Unsere eigene Spezies, *Homo sapiens sapiens*, erblickte hier vor etwas mehr als 200 000 Jahren das Licht der Welt. Jüngste Funde in einer Höhle bei Pinnacle Point – in der Nähe von Mossel Bay an der südafrikanischen

Garden Route – belegen, dass eine frühe Form menschlicher Kultur hier schon 100 000 Jahre eher bestand als bisher angenommen. Vor 164 000 Jahren bearbeiteten Höhlenbewohner nicht nur Steinklingen, die Speeren und Pfeilen als Spitzen dienten, sie verwendeten bereits Ocker, vermutlich zu kultischen Zwecken.

Die ersten Bewohner Südafrikas, von denen wir wissen, sind die San. Bis heute lebt dieses Volk in der Kalahari. Ihre Anwesenheit im südlichen Afrika reicht nachweislich mindestens 20 000 Jahre zurück. Die Mitglieder dieses Steinzeitvolkes lebten jahrtausendelang als Jäger und Sammler und damit in vollkommenem Einklang mit ihrer Umwelt. Die Frauen sammelten essbare Pflanzen. In Höhlen, die nur von San bewohnt waren, fand man aber auch Tierknochen: von Antilopenarten, Klippschliefern und Schildkröten. Überreste von Nashörnern, Flusspferden und Elefanten belegen, dass die San gelegentlich auch größere Tiere jagten. Die San lebten gelegentlich auch in Höhlen entlang der Küste, wo sie sich von Fisch, Muscheln und Robben ernährten. An einigen Stellen entlang der Südwestküste sind heute noch Mauern aus Felsbrocken erhalten, die die San als Gezeitenfallen für Fische errichtet hatten. Einige Gruppen spalteten sich im Laufe der Zeit ab und begannen mit der Viehhaltung – das waren die Khoisan.

Wertvolle Knochen

1924 brachte man dem Anthropologen Raymond Dart von der Universität Witwatersrand einen versteinerten Schädel aus Taung in der Provinz Nord-West. Dart erkannte auf Anhieb, dass es sich um den Schädel eines Vormenschen handelte, eine Art Bindeglied zwischen Affe und Mensch. Die Spezies erhielt den Namen *Australopithecus africanus*; ihre Vertreter lebten vor 2,5 Millionen Jahren. Bekanntester Fund ist das „Kind von Taung". Der Paläontologe Robert Broom entdeckte bei Sterkfontein weitere Knochenfossilien, 1947 sogar den fast vollständigen Schädel einer „Mrs. Ples" (nach dem wissenschaftlichen Namen *Plesianthropus transvaalensis*). Die „Misses" war allerdings vermutlich ein Herr.

In den 1990er Jahren legten Ron Clarke, Stephen Motsumi und Nkwane Molefe das nahezu vollständige Skelett eines aufrecht gehenden *Australopithecus* frei. „Little Foot" konnte vermutlich sogar klettern – und tat das vor immerhin vier Millionen Jahren.

Bauern der Eisenzeit

Im Süden Afrikas begann die Eisenzeit etwa um 200 n. Chr. Damals drangen kleine Gruppen Bantu-sprachiger Völker in den Norden des heutigen Südafrika vor. Sie standen im engen Kontakt mit den Khoisan und übernahmen auch deren Klicklaute in ihre Sprache. Die Neuankömmlinge besaßen eine dunklere Hautfarbe, doch ähnlich wie die Khoisan hielten sie Rinder, Ziegen und Schafe. Darüber hinaus aber fertigten sie Töpferwaren an, sie schmiedeten Eisen zu Werkzeugen und Waffen, und sie bauten bereits Getreide und verschiedene Feldfrüchte an: Hirse, Sorghum, Erdnüsse und Melonen. Da sie Land bebauten, waren die neuen „Südafrikaner" sesshaft; sie siedelten in kleinen Dörfern.

In der späten Eisenzeit, also etwa ab 1200, kam es erneut zu Veränderungen. Damals ließen sich Völker, die Nguni und Sotho sprachen, im nördlichen Hochland und an der Ostküste des Landes nieder. Von diesen Dörfern der späten Eisenzeit gab es Tausende. Die neuen Siedler lebten in Großfamilien zusammen und errichteten Rundhütten, die durch Steinmauern verbunden waren, sodass ihr Vieh innerhalb der Hütten eingepfercht war.

Aus dieser Zeit blieben einige eindrucksvolle Kunstwerke erhalten. In der Nähe der Stadt Lydenburg fand man die sogenannten Lydenburg-Köpfe: sorgfältig gearbeitete, glockenförmige Terrakottafiguren, die menschliche Züge tragen. In Mapungubwe im Norden wurden damals Eisen, Kupfer, Zinn und Gold verarbeitet. Die Siedlung gehörte zu einem Netzwerk aus Handelsverbindungen, die bis zum Indischen Ozean, nach Arabien und in den Fernen Osten reichten. Die Afrikaner tauschten damals Schildpatt und Elfenbein gegen Stoffe, Glasperlen und chinesisches Porzellan. Ihre Toten bestatteten sie auf Hügeln; in diesen Grabstätten hat man reiche Beigaben entdeckt, darunter das berühmte goldene Nashorn aus Mapungubwe. Diese auf Ackerbau, Viehzucht und ein wenig Handel gegründete Kultur der späten Eisenzeit blieb auf jene Regionen beschränkt, in denen sommerliche Regenfälle diese Art der Landwirtschaft überhaupt ermöglichten – also vor allem auf das Zentralplateau und Teile der Ostküste bis hinunter zum Great Fish River. Die dörflichen Strukturen erwiesen sich als bemerkenswert stabil: Kultur und Lebensweise hielten sich nahezu unverändert bis ins 19. Jahrhundert. Als die europäischen Siedler allerdings ab dem 18. Jahrhundert von der Kapregion aus ins Binnenland vordrangen, geriet die traditionelle einheimische Kultur erstmals unter den Druck, sich verändern zu müssen.

Jan van Riebeeck, von der Niederländischen Ostindien-Kompanie

Europa entdeckt den Süden Afrikas

Der Portugiese Bartolomeu Diaz umrundete 1488 als erster Europäer die Südspitze Afrikas. Er nannte die Landspitze „Kap der Guten Hoffnung".

Die Portugiesen gaben sich weiterhin große Mühe, einen Seeweg nach Indien zu finden. Es gelang schließlich 1497 Vasco da Gama; sein Weg führte ihn über St. Helena Bay und Mossel Bay zu einem Ort an der Ostküste, den er – am Weihnachtstag – „Terra do Natal" nannte (im Namen der heutigen Provinz KwaZulu-Natal klingt diese Namensgebung noch an). In den anderthalb Jahrhunderten, die auf die Entdeckung folgten, schickten die Portugiesen, aber auch andere europäische Länder zahllose Flottenverbände am Kap der Guten Hoffnung vorbei. Logbücher und Berichte gestrandeter Seeleute berichten von Kontakten mit den Khoikhoi am Kap und mit den Nguni an der Ostküste.

1688 landeten Hugenotten am Kap, protestantische Glaubensflüchtlinge aus Frankreich. Sie brachten den Weinbau nach Südafrika.

Niederländer am Kap

1652 gewann das Kap der Guten Hoffnung an Bedeutung für Europa – nur waren zu jenem Zeitpunkt bereits die Niederländer in der Führungsrolle und nicht länger die Portugiesen. Denn damals lag der europäische Handel mit Indien und dem Fernen Osten schon ganz in den Händen der Niederländischen Ostindien-Kompanie (abgekürzt VOC für Vereenigde Oostindische Compagnie). Die Niederländer hatten allerdings ein Problem: Auf der langen Fahrt rund um Afrika fiel regelmäßig ein Teil der Mannschaft dem Skorbut zum Opfer. Um dem abzuhelfen, schickte die Gesellschaft Jan van Riebeeck (1619–77) ans Kap; er sollte dort Gärten anlegen, damit die Handelsflotten sich mit frischem Obst und Gemüse eindecken konnten. Eine dauerhafte Niederlassung lag zwar eigentlich nicht im Interesse der Ostindien-Kompanie, im Laufe der Zeit bekam der kleine Stützpunkt jedoch immer mehr Zulauf. Die *Trekboers* (nicht vollständig sesshafte niederländische Bauern) setzten sich über die Anweisungen der VOC hinweg und drangen auch ins Landesinnere vor, wo sie ihre eigenen Farmen errichteten. Diese ersten Kolonisten gründeten Städte wie Stellenbosch, Swellendam und Tulbagh.

Als die *Trekboers* auch das Weideland der Khoikhoi okkupierten, setzten diese sich zur Wehr, konnten aber gegen die Niederländer mit ihren Gewehren wenig ausrichten. 1713 raffte eine Pockenepidemie viele Siedler dahin, die Pocken wüteten aber auch unter den Khoikhoi, die dieser von den Europäern eingeschleppten Seuche nichts entgegenzusetzen hatten.

Als die Siedler am Kap einen Mangel an Arbeitskräften beklagten, gestattete die Ostindien-Kompanie den Import von Sklaven. Tausende von Sklaven wurden angeliefert – aus dem Fernen Osten, insbesondere aus Malaysia und Indonesien, aber auch aus anderen Gegenden Afrikas. Die Sozialstruktur am West-Kap änderte sich dadurch nachhaltig; doch schon von 1656 an konnten Sklaven freigelassen werden oder sich freikaufen.

1688 landeten Hugenotten am Kap. Sie ließen sich im Tal bei Franschhoek nieder, vermischten sich bald mit den Niederländern und gaben ihre Muttersprache auf. Allerdings brachten sie den Weinbau nach Südafrika und begründeten damit letztlich die heutige Weinindustrie.

Gegen Ende des 18. Jahrhunderts war Kapstadt bereits eine geschäftige Hafenstadt. Das Siedlungsgebiet der Niederländer reichte an der Westküste mittlerweile bis Springbok, im Nordosten bis Graaff-Reinet. Die einst hier ansässigen Khoisan hatten sich in entlegene Regionen zurückgezogen, andere fristeten ihr Dasein als Diener der neuen Herren. Mit den Khoisan hatten die *Trekboers* ein leichtes Spiel gehabt. Um 1770 stießen sie am Great Fish River allerdings auf einen sehr viel wehrhafteren Gegner: die Xhosa, die immerhin über Waffen aus Eisen verfügten. Außerdem änderte sich gerade die Politik im fernen Europa – mit weitreichenden Folgen für das Kap und Südafrika insgesamt.

Die Briten besetzen das Kap

Als die Niederlande 1795 zu einer von Frankreich abhängigen Republik wurden, sah Großbritannien seine Handelsinteressen im Fernen Osten in Gefahr. Noch im selben Jahr besetzten britische Truppen das Kap. Diplomatischer Druck zwang die Briten 1802 zwar zum Rückzug, doch schon 1805 waren sie wieder da – und sie blieben. Die neue Regierung setzte sofort Reformen durch: Das Handelsmonopol der Niederländischen Ostindien-Kompanie wurde aufgehoben, Religionsfreiheit und freier Gebrauch der Muttersprache waren garantiert, 1807 folgte ein Verbot des Sklavenhandels (allerdings durfte man seine bisherigen Sklaven behalten). Immer mehr Briten kamen ins Land und mit ihnen britische Bräuche.

1820 erhielt eine Gruppe von 4000 englischen Siedlern eine freie Überfahrt ans Kap nebst einer Landzuteilung an der östlichen Grenze. Auf diese Weise sollte eine Art Pufferzone zwischen dem Kap und dem Land der Xhosa entstehen, die bisher jedes Vordringen der Siedler vereitelt hatten. Bis 1852 kam es immer wieder zu Kämpfen, bis die Briten sich mit ihrer Taktik der „verbrannten Erde" durchsetzten und den Widerstand der Xhosa brachen. Kriege, Hungersnöte und Krankheiten hatten das Volk der Xhosa dezimiert, große Teile ihres Territoriums fielen nun an die Siedler.

Vorstoß der Briten

Nicht nur die Xhosa stellten sich den Briten in den Weg. Viele niederländische Bauern, die mittlerweile „Buren" genannt wurden, konnten der britischen Lebensart nichts abgewinnen. Für die Buren brachte die Abschaffung der Sklaverei das Fass zum Überlaufen. Die Buren packten ihre Habe auf Planwagen und brachen als *Voortrekkers* in großen Verbänden auf – mit Frauen, Kindern,

Sklaven und Vieh überquerten sie auf ihren Ochsenkarren den Oranje, den Vaal und sogar die Drakensberge. Dieser Exodus der Buren ist als „Großer Treck" in die Geschichte eingegangen. Die Buren gründeten eine Reihe von Freistaaten – frei, so hofften sie, vor allem vom Einfluss Englands. Zu den Burenstaaten zählen der spätere Oranje-Freistaat, Transvaal im Norden und Natal. Nach 1824 hatte sich eine Gruppe englischer Abenteurer bereits in der Durban Bay in Natal niedergelassen. Sie schmückten sich zwar mit dem Etikett der Entdecker und Pioniere, in erster Linie ging es ihnen aber wohl um den Handel mit Elfenbein. Immer wieder forderten sie ihre Regierung auf, Port Natal zu annektieren, was diese aber ablehnte. Doch als die *Voortrekkers* 1838 die Republik Natalia ausriefen, verweigerten die Briten eine Anerkennung und schickten Soldaten. 1843 nahmen sie den Buren Natal ab, zwei Jahre später gliederten sie das Land ihrer Kapkolonie ein.

Voortrekkers verteidigen sich in der „Schlacht von Blauwkrantz" gegen Zulukrieger

Aufstieg & Fall des Zulureiches

An der Ostküste stellte sich den Engländern und Buren eine ganz neue Macht entgegen: das Reich der Zulu. Der charismatische Zulukönig Shaka (um 1787–1828) hatte die zuvor isolierten Clans zu einer Nation zusammengeschweißt; das Kernland lag nördlich des Tugela-Flusses. Den Engländern begegnete Shaka zuvorkommend; er gestattete ihnen sogar den Handel mit Elfenbein, sonst ein königliches Privileg.

1828 fiel Shaka dem Mordanschlag seines Halbbruders Dingane (um 1795 bis 1840) zum Opfer; dieser folgte ihm als König nach. Zehn Jahre später führte Dingane mehrere Kriege gegen die Buren, die auf das Territorium des Zulureiches vorgedrungen waren. Es kam zu inneren Zerwürfnissen, denn ein Halbbruder Shakas, Mpande (1798–1872), verbündete sich mit den Buren gegen Dingane. 1840 verdrängte Mpande seinen Rivalen schließlich vom Thron. Er regierte anschließend über 30 Jahre lang, und 1872 bestieg sein Sohn Cetshwayo (um 1826–84) den Thron. Dann aber griffen die Briten ein: Sie wollten endlich ein geeintes Südafrika formen.

1879 marschierten die Briten scheinbar grundlos in Cetshwayos Reich ein – und wurden vernichtend geschlagen. In der Schlacht von Isandlwana hatten 1200 britische Soldaten keine Chance gegen 20 000 Zulukrieger. In den darauffolgenden Schlachten jedoch – bei Rorke's Drift, Khambula und Gigindlovu – trugen die Briten den Sieg davon. Die Briten gliederten das Reich der Zulu 1887 ihren Besitzungen ein.

Inder in Natal

Zwischen 1860 und 1911 wurde das südafrikanische Völkergemisch noch ein wenig bunter, denn in jenen Jahren warben die Zuckerrohrfarmer von Natal mehr als 150 000 indische Arbeitskräfte an. Vertraglich waren die Arbeiter fünf Jahre lang an einen Farmer gebunden. Sie konnten diese Frist einmal um weitere fünf Jahre verlängern und danach freie Verträge aushandeln – oder nach Indien zurückkehren. Ungeachtet der widrigen Umstände, blieb etwa die Hälfte der Inder im Land – als freie Bauern, Verkäufer oder Händler. Trotz diskriminierender Gesetze waren viele Inder aus Natal wirtschaftlich sehr erfolgreich.

Diamanten & Gold

Mit den Diamanten- und Goldfunden von 1866 und 1886 setzte eine tief greifende Veränderung der südafrikanischen Gesellschaft ein. War die Wirtschaft bisher von Landbau und Handel bestimmt, drehte sich plötzlich alles um Bergwerke. Moderne Technik erreichte das Landesinnere, und 1885 war sogar Kimberley ans Bahnnetz angeschlossen.

1866 fiel einem 15-jährigen Jungen auf einer Farm bei Hopetown am Oranje ein glitzernder Kiesel auf. Dieser entpuppte sich als Diamant. Fünf Jahre später stießen Diamantensucher im späteren Kimberley auf vulkanisches Gestein, das reich mit Diamanten besetzt war. Sofort brach das Diamantenfieber aus: Innerhalb von zwei Jahren war die kleine Bergarbeitersiedlung Kimberley auf 50 000 Einwohner angewachsen, und die Diamantlagerstätte entwickelte sich zum *Big Hole*, einem 200 Meter tiefen Abbaukrater. Schon bald traten Kapitaleigner wie Cecil John Rhodes und Barney

Barnato auf den Plan und wetteiferten um die Kontrolle über die Diamantenminen. Rhodes setzte sich durch. Seit 1890 liegt der Diamantenabbau in den Händen des von ihm gegründeten Unternehmens De Beers, das auch die Versorgung der Märkte steuert – bis auf den heutigen Tag.

1886 stieß der Landvermesser George Harrison auf die reichen Goldvorkommen im Gestein von Witwatersrand in Transvaal. Der Goldrausch erfasste die Menschen; Goldgräber gründeten die kleine Siedlung Johannesburg, die 1905 bereits 150 000 Einwohner zählte. Die Goldgräber, die auf eigene Rechnung tätig waren, stießen allerdings schon bald an ihre Grenzen, weil der Hauptflöz viel zu tief in der Erde lag. Auch hier trat Cecil Rhodes auf den Plan, diesmal mit seiner Firma Consolidated Gold Fields.

Agenten zogen damals über Land und warben Arbeitskräfte für die Goldminen an. Die Kolonialregierung leistete Beihilfe, indem sie auch auf dem Land eine Besteuerung einführte – die Afrikaner waren daher plötzlich gezwungen, Geld zu verdienen, um diese Steuern überhaupt zahlen zu können. Tausende Afrikaner verdingten sich daraufhin in den Minen, wo sie einer strengen Kontrolle unterworfen waren. Die Bezahlung war schlecht – doch um den Wettbewerb um höhere Löhne zu verhindern, durften sie sich nicht in Gewerkschaften zusammenschließen und auch nicht von einer Mine zur nächsten wechseln. Viele Arbeiter lebten fortan in Townships am Rande der Bergarbeiterstädte. Damals wurden erstmals die Bruchlinien sichtbar, die Südafrika mehr als ein Jahrhundert lang spalten sollten.

Die Burenkriege

Schon zu Beginn des 19. Jahrhunderts war es zu ersten Konflikten zwischen Großbritannien und den Buren gekommen; im Vertrag von Sand River von 1852 hatten die Briten dann aber den Oranje-Freistaat und Transvaal anerkannt. 1877 nutzten die Briten interne Streitigkeiten unter den Buren aus und marschierten in Transvaal ein. Die Buren nahmen den Übergriff nicht hin und widersetzten sich den Kolonialherren. 1880 begann der offene Aufstand, 1881 beendete der Vertrag von Pretoria den Ersten Burenkrieg: Transvaal blieb weitgehend autonom. Präsident von Transvaal, auch Südafrikanische Republik genannt, wurde Paul Kruger.

Mit den Diamanten- und Goldfunden von 1866 und 1886 setzte eine tief greifende Veränderung der südafrikanischen Gesellschaft ein.

Die Spannungen zwischen der Republik und den Briten beziehungsweise der Kolonialverwaltung am Kap verschärften sich allerdings nach den Goldfunden am Witwatersrand. Die *Uitlanders* („Ausländer") in der Republik, vor allem Engländer, forderten ihre Bürgerrechte ein, darunter auch das Wahlrecht. Die Briten unterstellten Kruger, er hintertreibe den Goldabbau, da er den Einsatz neuer Bohrtechniken nicht genehmige. 1895 unternahm eine von Cecil Rhodes unterstützte Gruppe einen Putschversuch gegen die Regierung von Transvaal, der jedoch scheiterte. Die Drahtzieher wurden zwar festgenommen, doch ein Krieg schien nun unausweichlich.

1899 brach der Zweite Burenkrieg aus. Immerhin gelang es den Buren zunächst, durch Belagerungen englischer Garnisonen beträchtliche Teile der britischen Truppen auszuschalten.

Nach den Anfangserfolgen der Buren setzten die Briten jedoch auf ihre zahlenmäßige Überlegenheit und schafften Verstärkung heran; am Ende standen 450 000 britische Soldaten den 90 000 Buren gegenüber. Die Briten besetzten Bloemfontein, Johannesburg und Pretoria. 1900 ging Präsident Kruger ins Exil nach Europa. Die regulären Kampfhandlungen waren schnell beendet, doch die Buren gaben nicht so schnell klein bei: Unter Christiaan de Wet (1854–1922) und Jan Smuts (1870–1950) eröffneten sie einen Guerillakrieg gegen den Gegner. Doch die Briten kannten keine Gnade: Sie brannten die Farmen der Buren nieder und internierten sie in Konzentrationslagern, in denen viele den Tod fanden. Der Frieden von Vereeniging beendete 1902 den Krieg auch offiziell; die Burenrepubliken verloren ihre Unabhängigkeit und unterstanden fortan der britischen Krone.

Die Union

Im Jahr 1910 schlossen sich die Kapkolonie, Natal und die ehemaligen Burenrepubliken Oranje-Freistaat und Transvaal (Südafrikanische Republik) zur Südafrikanischen Union zusammen. Der neue Staat war allerdings ein Staat für Weiße: Von wenigen Ausnahmen in der Kapkolonie abgesehen, gestand man den Schwarzen kein Wahlrecht zu.

In der ersten Hälfte des 20. Jahrhunderts lag die politische Macht bei der von Louis Botha (1862–1919) und Smuts gegründeten Südafrikanischen Partei und in den Händen von B. M. Hertzog (1866 bis 1942) mit seiner kleinen Nationalen Partei. Die Südafrikanische Partei setzte sich für die Aussöhnung von Engländern und Buren ein und vertrat vornehmlich Englands Wirtschaftsinteressen; die Nationale Partei propagierte einen afrikanischen Nationalismus und stützte sich vorwiegend auf die weiße Arbeiterschicht. Gemeinsam war beiden allerdings die feste Absicht, Schwarze von der politischen Bühne fernzuhalten.

Gandhi in Südafrika

1893 kam ein junger Rechtsanwalt namens Mohandas Gandhi, der soeben in Indien sein Examen abgelegt hatte, nach Durban. In Natal wandte Gandhi sich erstmals gegen eine Kolonialmacht: Er kämpfte für die Rechte der dort ansässigen Inder, reichte Petitionen ein und organisierte politische Veranstaltungen. Und er gründete 1894 eine wichtige politische Vereinigung, den Natal Indian Congress. 1902 mischte sich Gandhi auch in die Politik von Transvaal ein und wurde deshalb mehrfach ins Gefängnis gesperrt. In Afrika entwickelte Gandhi seine berühmt gewordene Strategie des passiven Widerstandes. 1914 kehrte er nach Indien zurück – als gewiefter Politiker.

Weg in den Nationalismus: Schon seit Anfang des 20. Jahrhunderts bedrängten Intellektuelle und die politischen Führer der Schwarzen die britische Regierung und bestanden auf einer gewählten Vertretung für alle Bewohner des Landes. Ihre Bemühungen blieben jedoch fruchtlos, und in der Union von 1910 war keine Rolle für Schwarze vorgesehen. Die Schwarzen

ANC-Anhänger feiern 1989 die Rückkehr ihrer Führer aus dem Exil nach Soweto

gründeten daher zwei Jahre später eine Vereinigung, deren Name 1923 noch einmal geändert wurde: den Afrikanischen Nationalkongress (ANC). Der ANC unter seinem Führer John Dube (1871–1946) hatte es gleich zu Beginn mit einem der schlimmsten Fälle von rassistischer Gesetzgebung zu tun: Im Natives Land Act von 1913 wurde festgeschrieben, dass die Schwarzen, also 76 Prozent der Bevölkerung, nicht mehr als 7,6 Prozent der Landesfläche (später 13 Prozent) besitzen durften. Der ANC kämpfte erbittert gegen diese Beschränkung, der Protest verhallte freilich wirkungslos.

Eine andere Form von Nationalismus – derjenige der Afrikaans sprechenden Nachfahren der Buren – wurzelt im späten 19. Jahrhundert. Den sogenannten Afrikaanern ging es darum, ihre Sprache in den Rang einer Amtssprache zu erheben. Politisch machte sich die Nationale Partei als Interessenvertretung der weißen Arbeiterschicht diese Forderung zu eigen. Zulauf erhielt die Partei vor allem von jenen Weißen, denen der britische Imperialismus nach wie vor ein Dorn im Auge war.

Die Zeit der Apartheid

1948 fiel der Sieg an die Nationale Partei, die eine Politik der strikten Rassentrennung vertrat. Sie blieb bis 1994 an der Regierung. 1961 sagte sich Südafrika von Großbritannien los und erklärte sich zur Republik.

Rassismus und Diskriminierung waren im Land auch zuvor schon allgegenwärtig gewesen – die Engländer hatten sich darin kaum von den niederländischen Afrikaanern unterschieden. Zum ersten Mal allerdings verschaffte eine Regierung dem Rassismus eine gesetzliche Grundlage. Die Führer der Nationalen Partei, allen voran der Ideologe Hendrik Verwoerd

(1958–66 Premierminister), schufen eine Alltagswelt, die von erbarmungsloser Diskriminierung geprägt war: Mischehen, ja sogar Geschlechtsverkehr zwischen Weißen und Schwarzen wurden unter Strafe gestellt, und selbst im öffentlichen Raum hatten Schwarze sich von Weißen fernzuhalten – im Postamt ebenso wie im Park, am Strand oder an allen öffentlichen Orten. Die Wohngebiete wurden streng getrennt, und Schwarzen war der Besuch „weißer" Universitäten untersagt. Nach getaner Arbeit hatten die Schwarzen sich wieder in ihre eigenen „Länder" zurückzuziehen – die Homelands.

Bei der Parlamentseröffnung im Februar 1990 leitete Premierminister Frederik Willem de Klerk (geb. 1936) eine sensationelle Kehrtwende ein. Nur eine Woche später verließ Nelson Mandela nach 28 Jahren seine Gefängniszelle.

Zunehmend schärfere Gesetze waren erforderlich, um schwarze Oppositionsparteien wie die Kommunistische Partei und später den ANC sowie den Panafrikanischen Kongress in Schach zu halten. Dissidenten wurden ohne Gerichtsverhandlung unter Hausarrest gestellt oder in Gewahrsam genommen. Erst in den 1980er Jahren ließ die Macht der Nationalen Partei allmählich nach; Militär und Polizei traten an ihre Stelle. Wiederholt verhängte die Regierung den Ausnahmezustand, um Gegner unbehelligt foltern und beseitigen zu können.

Der Widerstand der Schwarzen

Der ANC verhielt sich anfangs im Umgang mit den staatlichen Behörden sehr zurückhaltend; die Interessen der verarmten Schwarzen vertraten eher die Kommunisten und die Gewerkschaften. Erst nach 1948, mit dem Beginn der eigentlichen Apartheid, bezog der ANC eine klare Gegenposition: Er organisierte Proteste, und Tausende seiner Mitglieder gingen dafür ins Gefängnis.

1959 kehrte der charismatische Robert Sobukwe (1924–1978) dem ANC den Rücken und gründete den militanteren Panafrikanischen Kongress (PAC). Zehntausende folgten einem Aufruf des PAC und protestierten gegen die verhassten *passbooks*, die jeder Schwarze ständig mit sich führen musste. Am 21. März 1960 eröffnete die Polizei in Sharpeville im südlichen Transvaal das Feuer auf unbewaffnete Demonstranten: 69 Menschen starben, 180 wurden verletzt – das „Massaker von Sharpeville" wurde weltweit verurteilt. Die Regierung erklärte daraufhin den Ausnahmezustand und verhängte ein Verbot über den ANC und PAC. Den Schwarzen blieb jetzt nur noch der bewaffnete Widerstand. Oliver Tambo (1917–93) ging ins Exil und leitete von dort aus den ANC. Nelson Mandela (1918–2013) und andere Vertreter von Umkhonto we Sizwe („Speer der Nation", MK) organisierten Sabotageakte gegen strategisch und wirtschaftlich lohnende Ziele. 1963 wurde allerdings nahezu die gesamte Führungsriege des MK vor Gericht gestellt. Mandela und acht Gefährten wurden zu lebenslanger Haft verurteilt und nach Robben Island gebracht.

Da alle Führer im Ausland oder im Gefängnis saßen, ließ sich der schwarze Widerstand mehr als zehn Jahre lang eindämmen. Bis 1976: Da protestierten Schuldkinder im „schwarzen" Soweto bei Johannesburg gegen den Zwangsunterricht in der Sprache Afrikaans. Die Polizei tötete sogar Kinder, der Protest steigerte sich zum landesweiten Aufruhr. Seit dieser Zeit befand sich Südafrika in einem verkappten Bürgerkrieg. Schwarzen Repräsentanten wie dem Erzbischof Desmond Tutu (geb. 1931) gelang es, die internationale Gemeinschaft von Boykottmaßnahmen auf wirtschaftlichem, sportlichem und künstlerischem Gebiet zu überzeugen. Als auch die mächtigen Gewerkschaften zu Boykottmaßnahmen und Streiks aufriefen, zeichneten sich erste Folgen für die Wirtschaft ab.

Der Weg zur Demokratie

Ende der 1980er Jahre nahm das weiße Regime Geheimverhandlungen mit dem ANC auf. Bei der Parlamentseröffnung im Februar 1990 erklärte Premierminister Frederik Willem de Klerk (geb. 1936), dass alle Restriktionen politischer Aktivitäten aufgehoben seien. Nur eine Woche später verließ Nelson Mandela das Gefängnis. 1994 wurde zum ersten Mal demokratisch – und friedlich – gewählt. Der ANC errang einen überwältigenden Sieg,

Nelson Mandela betritt die Zelle, in der er fast 30 Jahre seines Lebens verbrachte

und Nelson Mandela war der erste demokratisch legitimierte Präsident des Landes. Eine neue Verfassung trat in Kraft, die jedermann Bürgerrechte und Grundrechte zuerkannte. Zur Aufarbeitung der Vergangenheit rief man eine Wahrheits- und Versöhnungskommission ins Leben, und Hunderte bezeugten vor diesem Tribunal die Menschenrechtsverletzungen während der Zeit der Apartheid. 1999 zog Mandela sich aus der Politik zurück, und Thabo Mbeki (geb. 1942) übernahm das Präsidentenamt. Seit 2009 amtiert Jacob Zuma (geb. 1942) als Präsident. 2012 wurde sein Mandat erneuert, sodass er seine Präsidentschaft bis 2019 fortsetzen wird. ■

Essen & Trinken

Südafrikas Küche ist so unterschiedlich wie seine Bevölkerung und seine Klimazonen. Die Kapregion, das Highveld und die subtropische Provinz KwaZulu-Natal tragen mit Weinen, Früchten, Fleisch, Fisch und Gemüse zu dieser Vielfalt bei. Gleichzeitig haben Afrika, Asien, die Niederlande und Großbritannien die südafrikanische Küche bereichert.

Die ursprüngliche südafrikanische Küche beruht vor allem auf gekochtem oder gebratenem Fleisch und *pap*, einem festen, weißen Brei, der aus gemahlenem *mielies* (Mais) hergestellt wird und häufig mit grünem Gemüse, wie dem spinatähnlichen *morogo* (wie es in der Sprache der Sotho heißt) oder *imifino* (in der Sprache der Zulu), serviert wird. Heute wird dieses Gericht häufig zusätzlich mit Chili, Tomaten oder Zwiebeln verfeinert. Außer-

Lambert's Bay hat sich auf Meeresfrüchtegerichte spezialisiert, die am Strand serviert werden

dem ersetzt Hühnerfleisch oft Rindfleisch oder Wild. Wer ein typisches Xhosa-Gericht probieren möchte, sollte *umngqusho* kosten, das auf *samp* (zerstoßenen Maiskörnern) und Limabohnen basiert und mit würzigen Zutaten wie Kräutern, Zitrone, Zwiebeln und Chilischoten verfeinert wird. Abenteuerlustige Besucher können die Mopanewürmer versuchen, die getrockneten Raupen von *Gonimbrasia belina*, einem Falter aus der Familie der Pfauenspinner. Die Restaurants in den größeren Städten servieren heute Gerichte des gesamten Kontinents, unter anderem aus Zutaten wie Couscous, Erdnüssen, Hirse und Süßkartoffeln sowie gegrilltes Fleisch.

Besonders typisch für Südafrika ist die unter dem Namen *Cape Malay* bekannte Küche, eine Kombination aus der Küche der Kapholländer mit der Kochtradition der aus Indonesien mitgebrachten Sklaven. Zu den bekannten Gerichten dieser Küche zählen *bobotie*, mit Curry gewürztes Hackfleisch mit Ei-Vanille-Sauce; leckere *bredies*, Eintöpfe mit Lamm oder Tomaten, die aber immer *waterblommetjies* (das Laichkrautgewächs der Kapregion) enthalten, sowie *sosaties*, würzige Kebabs aus Huhn, Lamm, Schwein oder Rind. Zum Hauptgericht wird häufig Reis gereicht, der mit *borrie* (Kurkuma) und *blatjang* (würziges Chutney aus unterschiedlichen Früchten, meistens Aprikosen) gelb gefärbt wird.

Die von den holländischen Siedlern am Kap abstammenden Afrikaaner entwickelten eine noch heute beliebte Küche. Zu diesen Gerichten zählen *biltong* – luftgetrocknetes Fleisch, das mit Salz und Koriander gewürzt und in lange, dünne Streifen geschnitten wird –, *boerewors* („Bauernwurst") aus grob gehacktem, ebenfalls mit Koriander gewürztem Fleisch sowie *potjiekos*, Gemüse und Fleisch, meist Lamm, Rind oder Wild, das nach dem individuellen Geschmack des Kochs gewürzt und über offenem Feuer gekocht wird. Frittierter Teig ist auch sehr beliebt, vor allem als Beilage zu Fleisch in Form des *vetkoek* („fetter Kuchen") oder als Nachspeise mit den *koeksusters*, zu Zöpfen geformten Teigstreifen in einem sehr süßen Sirup. Eine in der holländischen Kapregion häufig auf Speisekarten zu findende Nachspeise ist auch *malva*-Pudding, eine Art karamellisierter Rührkuchen mit Aprikosenkonfitüre, häufig mit Ingwer gewürzt und heiß zusammen mit Eiscreme oder Vanillesauce serviert.

Kein Besucher Südafrikas kommt ohne *braaivleis* (wörtlich: „gebratenes Fleisch"; meist zu *braai* verkürzt) davon, eine bei allen Südafrikanern beliebte Grillfleischvariante. Besonders begeisterte Freunde dieser Küchenrichtung sind sehr stolz auf ihre geheimen Rezepte für Marinaden und

Junge Verkäufer bieten in der Provinz Ost-Kap ihre Waren vorbeifahrenden Autofahrern an

Saucen und ihre jeweiligen Methoden, um Feuer und Kohlen genau richtig hinzubekommen. Alle Fleischsorten – Steaks, *boerewors*, Koteletts, Huhn, *sosaties* – können zum Einsatz kommen, ebenso wie Fisch und Gemüse und auch *mielies*, Kartoffeln und Zwiebeln. Als Beilagen zu *braai* werden oft grüne Salate und Kartoffelsalat gereicht, als Getränke Rotwein und Bier.

In den Restaurants an der Küste gibt es frische Meeresfrüchte. KwaZulu-Natal ist auf Seefische, Garnelen und Shrimps spezialisiert. Knysna, im Herzen der Garden Route der Provinz West-Kap, ist für seine frischen Austern bekannt. In Kapstadt lohnen *kingklip* oder *kabeljou*, beides Fische mit festem, weißem Fleisch. Die Westküste von Kapstadt bis Lambert's Bay ist für Hummer und Muscheln berühmt.

Die Küchenchefs haben eine individuelle Fusionsküche entwickelt, die lokale und internationale Speisen miteinander kombiniert. Carpaccio vom Springbock oder Strauß oder sogar geräucherter Krokodilschwanz sind nun ebenso auf Speisekarten zu finden wie geriebenes *biltong* zum Würzen frittierter Camemberts oder Salate. Gäste sollten Ausschau nach Gerichten wie Kudu in schwarzer Kirschsauce, Flusskrebsrisotto, Lachs auf Süßkartoffelbrei oder Straußenfilet mit Ziegenkäseravioli halten. In Durban finden sich zahlreiche indische Restaurants.

Carpaccio vom Springbock oder Strauß oder sogar geräucherter Krokodilschwanz sind nun ebenso auf Speisekarten zu finden wie geriebenes *biltong* zum Würzen frittierter Camemberts oder Salate.

Weinliebhaber haben in Südafrika die Qual der Wahl. In der Provinz West-Kap herrscht mediterranes Klima, seit 1688 wird hier Weinanbau betrieben. Heute gibt es Hunderte unterschiedlicher Weine auf dem Markt: rote, weiße, Schaumweine und weinhaltige Getränke.

Unter den Rotweinen herrschen die Rebsorten Cabernet Sauvignon, Merlot und Shiraz vor, die häufig auf schöne Weise miteinander kombiniert werden. Besucher sollten Pinotage kosten, eine 1924 in Südafrika entwickelte Kreuzung aus Pinot Noir und Cinsault. Unter den Weißweinen basieren die populärsten auf den Rebsorten Sauvignon Blanc, Chardonnay, Chenin Blanc und Colombard.

Wer einen guten Portwein mag, sollte die Sorten kosten, die in der Umgebung von Calitzdorp im West-Kap von den Weingütern Boplaas oder De Krans produziert werden. Ebenfalls aus dieser Region kommt ein (allerdings kostspieliger) Port, der vom winzigen Weingut Axe Hill produziert wird. In Südafrika gibt es einige exzellente Sherrys sowie fünf bis zehn Jahre gelagerte Branntwein. Zum Dessert sollte man einen süßen Wein – Muscadet oder aus der Hanepoort-Traube – trinken. Nach dem Essen sind die südafrikanischen Liköre zu empfehlen: Cape Velvet oder Amarula Cream, der aus den Früchten des einheimischen Marulabaums hergestellt wird.

Biertrinker kommen ebenfalls nicht zu kurz. Die große Brauerei SABMiller dominiert mit ihrem allgegenwärtigen „Castle Lager" den Markt. In der Provinz West-Kap produzieren die kleinen Privatbrauereien Mitchell's in Knysna und Birkenhead in der Nähe von Hermanus hochwertiges Flaschen- und Fassbier. Wer Bier nach deutscher Brauart bevorzugt, sollte nach dem „Windhoek" fragen, das nach dem deutschen Reinheitsgebot gebraut wird und aus Namibia stammt. Wer neugierig ist, kann das traditionelle lokale Bier kosten. Dessen Herstellung ist Frauen vorbehalten, die es aus Mais und Sorghummalz brauen. Diese Zutaten werden mit Hefe und Wasser kombiniert, gekocht und gefiltert. Das Ergebnis ist ein trübes, cremiges Getränk mit drei Prozent Alkohol. ■

ERLEBNIS:
Brauereibesichtigungen

In einem Land, das in erster Linie für seinen Wein bekannt ist, sollte auch die Brauereibranche nicht unterschätzt werden. Europäische Rezepte werden hier mit afrikanischen Zutaten – wie Sorghum – zu einem einzigartigen Getränk kombiniert.

Mehrere Brauereien in der Umgebung von Kapstadt bieten Führungen an. Das beste Ziel findet sich jedoch an der Bier-Route im nordwestlichen KwaZulu-Natal. Die bei Durban beginnende Route schlängelt sich durch die Landschaft und führt an acht Brauereien vorüber. Zu den Höhepunkten gehören die gigantische **SABMiller Brewery** in Prospecton *(9–11 Jeffels Rd., Tel. 031/910 11 11)*, die winzige **Zululand Brewing Company** in Eshowe *(45 km nordwestlich von Dukuza, R66 & N2, Tel. 035/474 49 19, www.zulubeer.com)* und die **Shongweni Brewery** im Shongweni Valley *(neben der B1, Tel. 031/769 20 61, www.shongwenibrewery.com)*.

Obwohl man auch Pauschaltouren buchen kann, ist es am besten, ein Auto zu mieten. Informationen, Karten, Besichtigungszeiten und Hinweise zur Unterbringung finden sich auf *http://beer.kzn.org.za*.

Natur & Landschaft

Südafrika besteht aus einer riesigen Hochebene, die von Gebirgszügen umgeben ist, hinter denen wiederum eine schmale Küstenebene liegt. Innerhalb dieses Rahmens bietet das Land eine erstaunliche landschaftliche Vielfalt: die smaragdgrünen Drakensberge, den spektakulären Blyde River Canyon, die Dünen und den Sumpf von St. Lucia, die raue Schönheit der Halbwüste Karoo und des Richtersveld National Park, die rote Wüste Kalahari und die Cape Fold Mountains.

Südafrika ist ein riesiges Land. Es besitzt zwischen dem warmen Indischen Ozean im Osten und dem kälteren Atlantik im Westen eine Gesamtfläche von 1 219 912 Quadratkilometern und verfügt über eine Küstenlinie von insgesamt rund 3000 Kilometern Länge. Der höchste Punkt ist der zu den Drakensbergen gehörende Gipfel des Njesuthi mit einer Höhe von 3408 Metern. Sieht man von der Ostküste ab, fällt in den meisten Regionen Südafrikas sehr wenig Niederschlag. Es gibt nur zwei größere Flüsse. Der 2187 Kilometer lange Gariep (früher Oranje), entspringt im Hochland von Lesotho und fließt im äußersten Nordwesten bei Alexander Bay ins Meer. Sein Nebenfluss, der Vaal, entspringt im östlichen Mpumalanga und fließt dann 1120 Kilometer lang bis zu seinem Zusammenfluss mit dem Gariep südwestlich von Kimberley.

Küste

Palmen und eine üppige Vegetation dominieren die Landschaft an der subtropischen Ostküste von KwaZulu-Natal. In dieser Region und entlang der nur dünn besiedelten Wild Coast (der Nordküste des Ost-Kap) säumen großartige Sandstrände den Indischen Ozean. Die Küste des Ost-Kap wird von malerischen Flussdeltas, häufig mit Klippen und Lagunen, dominiert. Hier münden kleinere Flüsse ins Meer, etwa an dem Urlaubsort Gonubie in der Nähe von East London und bei Kenton-on-Sea.

Die Küstenlinie in östlicher Richtung von Mossel Bay aus bis hinter Plettenberg Bay ist als Garden Route bekannt. Ihre Seen, Lagunen, grünen Berge, Küstendünen und schönen Strände machen sie zu einem der beliebtesten Touristenziele Südafrikas. Der hiesige Tsitsikamma National Park ist die Heimat einiger von Südafrikas letzten noch erhaltenen Waldgebieten der gemäßigten Klimazone.

Während die Küste in Richtung Südwesten zum südlichsten Punkt Afrikas am Cape Agulhas und dann nach Nordwesten nach Kapstadt führt, wird es nach und nach trockener, kühler und felsiger. Die Westküste Südafrikas am Atlantik und dem kühlen Benguelastrom ist völlig anders als die mediterran anmutende Seite am Indischen Ozean. Dies ist eine Region kalter Gewässer, mit starker Brandung und langen Stränden.

Berge

Die hinter der Küstenebene mehr oder weniger parallel zur Küste verlaufenden Gebirgszüge bilden eine deutliche Grenze zum Großteil des

Das Giant's Castle Game Reserve, eine Weltnaturerbestätte in den Drakensbergen

südafrikanischen Binnenlandes. In der südwestlichen Landesecke gehören die nordwestlich von Kapstadt und dem Hex River liegenden Cedarberge, die Gebirgszüge Riviersonderend und Tsitsikamma sowie die Outeniqua Mountains allesamt zu einer einzigen geologischen Formation. Diese als Cape Fold Belt („Kap-Faltengürtel") bekannten Berge entstanden vor 400 Millionen Jahren, als sich dicke Sedimentschichten im südlichen Ozean ablagerten. Dann faltete vor 250 Millionen Jahren eine gigantische Erschütterung der Erdkruste den quarzhaltigen Sandstein in die so beeindruckende Formation. Einige spektakuläre Pässe winden sich durch diese Berge der Provinz West-Kap. Besucher mit einem Auto sollten sich die Zeit nehmen, über den hoch gelegenen Swartberg Pass zwischen Prince Albert und den Cango-Höhlen oder zumindest über die leichter zugänglichen Pässe Meiringspoort, an der N12 unmittelbar nördlich von De Rust, oder dem Seweweekspoort, neben der R62 in der Nähe von Ladismith, zu fahren. Wer diese Strecken wählt, wird mit einem atemberaubenden Blick auf gewaltige Felsbänder belohnt. Die Cape Fold Mountains sind auch der Ursprung zahlreicher heißer Quellen. Die berühmtesten finden sich in Citrusdal, Caledon, Montagu und Barrydale.

Ende August und im September kommen die Touristen in Scharen und erfreuen sich an den zahllosen orangefarbenen, violetten, weißen und roten Korbblütlern und den blühenden Sukkulenten.

Die Drakensberge, die sich durch die Provinzen KwaZulu-Natal und Mpumalanga entlang der Ostseite Südafrikas erstrecken, blicken auf eine deutlich jüngere geologische Geschichte zurück. Vor etwa 180 Millionen Jahren stiegen große Mengen Basaltgesteins auf, erodierten im weiteren Verlauf der Jahrtausende und formten so diese Berge mit ihren steilen Klippen und hoch aufsteigenden Gipfeln aus. In Mpumalanga hat die Erosion das Great Escarpment (Große Randstufe) – wo das Hochland steil zum Lowveld hin abfällt – sowie landschaftliche Wunder wie den Blyde River Canyon erschaffen. In KwaZulu-Natal bietet der Ukhuhlamba-Drakensberg grasbewachsene Abhänge, die von klaren Bergbächen durchschnitten werden.

Highveld & Lowveld

Highveld (*Veld* ist ein Afrikaans-Wort, das „offener ländlicher Raum" bedeutet) bezeichnet das zentrale Hochplateau Südafrikas auf einer Höhe von 1370 bis 1820 Metern über dem Meeresspiegel. Früher war der größte Teil des zentralen und südlichen Bereichs dieses Gebiets von Grasland bedeckt. Heute ist der Großteil bewohnt oder wird landwirtschaftlich genutzt, besonders für den Anbau von Mais und Sonnenblumen. Der nördliche, etwas niedriger liegende Bereich des Highveld, vor allem in der Provinz Limpopo, hat sich einen großen Teil seiner Bushveld- und Waldvegetation erhalten. Hier finden sich der Südafrikanische Laubbaum *(Terminalia sericea)*, der stattliche Marulabaum *(Sclerocarya birrea)* und der eindrucksvolle Krokodilbaum *(Acacia nigrescens)* mit seinem dornenbesetzten Stamm.

Sonnenaufgang über dem Kgalagadi Transfrontier Park, Nord-Kap

Am Fuß der östlichen Randstufe liegt das Lowveld, die Heimat des Kruger National Park. Diese heiße, feuchte Region ist im Süden durch dichte Dornenwälder mit Fieberbäumen *(Acacia xanthophloea)* und im trockeneren Norden durch den Mopanebaum *(Colophospermum mopane)* gekennzeichnet. Hier hat der Besucher gute Chancen, die *Big Five* Südafrikas zu sehen.

Trockenes Binnenland

Die Halbwüste Karoo erstreckt sich im Binnenland. Sie entstand vor rund 240 bis 190 Millionen Jahren. Die von Bergen umgebene Region war ursprünglich der Grund eines Binnenmeeres, in dem sich über einen Zeitraum von 50 Millionen Jahren hinweg Sedimente absetzten. Das Meer trocknete aus und hinterließ Sedimentschichten, die zahlreiche Fossilien bergen.

Touristen bevölkern die trockene Ebene des Namaqualandes, die sich nordwestlich von Kapstadt erstreckt. Ende August und im September jedoch kommen sie in Scharen und erfreuen sich an den orangefarbenen, violetten, weißen und roten Korbblütlern.

Im Nordwesten Südafrikas liegt die Mondlandschaft des Richtersveld. Besucher, die meinen, am Horizont einen Menschen zu sehen, täuschen sich vermutlich – es handelt sich um einen *halfmens*, die an die menschliche Gestalt erinnernden Sukkulente *Pachypodium namaquanum*. ■

Giraffen inmitten vom Baumwipfeln im Sibuya Game Reserve

Die Tierwelt

Die reiche Fauna Südafrikas zieht jedes Jahr Scharen von Touristen an. Die *Big Five* sind die Hauptattraktion, doch ebenso faszinierend sind die vielen Antilopen, Affen, weiteren Säugetiere, Reptilien und Vögel. Es folgen nun einige der Spezies, die der Besucher vermutlich zu Gesicht bekommen wird.

Säugetiere

Klippschliefer: Besucher der Berge des West-Kap werden wohl die kleinen, agilen braunen Klippschliefer dabei beobachten können, wie sie sich auf den Felsen sonnen. Auch wenn es unwahrscheinlich erscheint: Klippschliefer sind anatomisch mit den Elefanten verwandt.

Giraffe: Sie besitzt eine ideale Tarnung. Wer eine Giraffe entdeckt, sollte sehr genau hinsehen, da sich oft noch weitere dort aufhalten.

Flusspferd: Das Flusspferd ist trotz seines drolligen Aussehens ein gefährliches Tier. Besucher sollten Ausschau nach seinen aus dem Wasser ragenden Ohren und Augen halten und auf seine tiefen Grunzlaute lauschen.

Stachelschwein: Stachelschweine sind scheue, nachtaktive Tiere. Besucher bekommen sie selten zu Gesicht, finden aber relativ häufig ihre spitzen, schwarz-weißen Stacheln auf dem Boden.

Warzenschwein: Mit ihren vorstehenden Hauern, dem borstigen, grauen Körper, der kurzen Schnauze und dem steil nach oben gerichteten Schwanz wirken diese kleinen, kompakten Tiere recht lustig. Im Frühsommer kann man sehen, wie Eltern mit ihren Jungen im Gänsemarsch durch den Busch spazieren.

Zebra: Das schwarz-weiß gestreifte Zebra kann recht leicht beim Grasen beobachtet werden. Wenn es Gefahr wittert, gibt es einen hohen Laut von sich.

Antilopen

Elenantilope: Die große, beigegraue Elenantilope grast in Herden von bis zu 50 Tieren. Sie ist an ihrem dicken Hals und dem behaarten Kehllappen zu erkennen.

Spießbock: Die in den Halbwüsten Südafrikas vorkommenden Spießböcke sind an ihren sehr langen, geraden Hörnern, ihren schwarz-weißen Beinen und Gesichtern zu identifizieren.

Impala: Diese kleinen, graziösen, rostfarbenen Antilopen mit weißem Bauch und geschwungenen Hörnern sind die im Bushveld häufigste Antilopenart. Sie leben in großen Herden.

Kudu: Die Männchen sind groß, graubraun, tragen am Körper weiße, vertikale Streifen und haben spiralförmige Hörner.

Nyala: Sie sind auf den ersten Blick leicht mit Kudus zu verwechseln, da sie ähnlich gestreift sind. Ihre Hörner sind aber weniger verdreht, und sie haben charakteristische gelbe Beine und eine Bauchmähne.

Springbock: Der Springbock ist klein, zimtfarben mit weißer Unterseite und einem breiten, schokoladenbraunen Streifen an den Flanken. Die Hörner sind wie eine Leier geformt. Die Tiere kommen in der Karoo und anderen Halbwüsten vor.

Gnu: Von dieser grauen Antilope mit nach oben und nach außen weisenden Hörnern gibt es zwei Arten. Streifengnus sind größer und haben einen schwarzen Schwanz, Weißschwanzgnus sind kleiner mit einem weißen Schwanz.

Affen

Pavian: Paviane mit ihrer langen, schwarzen Schnauze, ihren eng beieinander liegenden Augen sind in Südafrika weit verbreitet und können in großen Familiengruppen beobachtet werden. Zumeist hält ein Männchen Wache. Obwohl sich

Eine Impala im Hluhluwe-iMfolozi Park; sie ist in vielen Savannen die vorherrschende Spezies

Grüne Meerkatze, Sodwana Bay

Paviane mancherorts an Menschen gewöhnt haben, sollte man sie niemals füttern, da sie gefährlich werden können.

Grüne Meerkatze: Die kleinen hellgrauen Primaten mit langem Schwanz sind am schwarzen Gesicht zu erkennen. Sie leben in Gruppen von bis zu 20 Tieren.

Vögel

Brillenpinguin: In der Provinz West-Kap leben zwei Kolonien dieser Vögel, bei Boulders in der Nähe von Simon's Town und an der Betty's Bay. Sie tragen auf der Brust einen schwarzen Streifen. Die einzige in Afrika brütende Pinguinart.

Der beste Ort, um den anmutigen Paradieskranich, Südafrikas Nationalvogel, zu beobachten, ist die Overberg-Region des West-Kap.

Paradieskranich: Der beste Ort, um den anmutigen Paradieskranich, Südafrikas Nationalvogel, zu beobachten, ist die Overberg-Region des West-Kap. Der große Vogel lebt in Gruppen von zehn oder mehr Tieren.

Helmperlhuhn: Haushuhngroß mit roter Kappe, blauem Hals und dunkelgrauem, weiß getüpfeltem Rumpf.

Südlicher Gelbschnabeltoko: Es gibt in Südafrika mehrere Spezies der Nashornvögel; die im Bushveld am weitesten verbreitete Art ist die mit einem gelben Schnabel, roter Haut um die Augen und mit einem schwarz-weißem Federkleid.

Ibis: In Südafrika sind zwei Arten dieser Familie heimisch, beide mit langen, gebogenen Schnäbeln. Der Hagedasch hat ein braunes Federkleid mit blaugrünem Schiller. Der Heilige Ibis, weiß mit schwarzem Kopf, Hals und Schwanz, bewohnt Sümpfe.

Riesentrappe: Die nur selten außerhalb von Schutzgebieten zu sehende Riesentrappe ist 1,35 Meter groß und der schwerste flugfähige Vogel der Erde.

Gabelracke: Mit seiner blauen Unterseite, dem braunen Oberkörper und seiner violetten Brust und Kehle ist dieser Vogel leicht zu erkennen.

Greifvögel: In Südafrika sind viele Greifvögel heimisch, u. a. Bartgeier, Schreiadler, Schakalbussard und Habicht.

Sekretär: Dieser Vogel wird bis zu 1,50 Meter groß und ist an seinem orangefarbenen Gesicht, den schwarzen Federn hinter dem Kopf, seinem grauen Rumpf mit schwarzer Unterseite und seinen gelben Beinen zu erkennen.

Reptilien

Krokodil: Im Norden und Osten Südafrikas lebt das Nilkrokodil.

Schlangen: In Südafrika leben Hunderte Schlangenarten, einige von ihnen giftig, einige wenige sogar tödlich.

Bindenwaran: Dieses Tier ist mit seinen bis zu 1,60 Meter Länge die größte Echse Afrikas.

Rechts: Südafrika-Kronenkranich, Umbeni River Bird Park

Kunst & Literatur

Von den Höhlenmalereien der frühen San bis zur zeitgenössischen bildenden Kunst, von der verbotenen Literatur während der Apartheid bis hin zu nobelpreisgekrönten Romanen – die Kunst blüht in Südafrika.

Literatur

Die südafrikanische Literatur hat mittlerweile eine fast 200 Jahre zurückreichende Geschichte. Diese Literatur spricht viele Sprachen: Xhosa, Zulu und weitere afrikanische Sprachen sowie Englisch und Afrikaans. Sie berichtet von den Erfahrungen der Europäer und vom Gefühl der Enteignung, des Verlusts und von der Rebellion der Ureinwohner.

Schwarzafrikanische englischsprachige Literatur: Der erste herausragende schwarzafrikanische Autor, der in Englisch schrieb, war der Zeitungsherausgeber und prominente ANC-Intellektuelle Sol Plaatje (1876–1932). Neben politischen Schriften veröffentlichte er vor allem den Roman „Mhudi" (1930), eine Geschichte über Liebe und Krieg und über Mhudi, eine Frau aus Botsuana. Der Zulu-Autor Herbert Dhlomo (1903–56) schrieb in den 1930er und 1940er Jahren Werke über schwarzafrikanische Führer wie die Zulukönige Shaka und Cetshwayo.

Aufführung von „The Lion King (König der Löwen)", Johannesburg

Nach dem Zweiten Weltkrieg erschien eine Reihe von Romanen und autobiografischen Werken, die die Lebensrealität der schwarzafrikanischen Bevölkerung dokumentierte. Peter Abrahams (geb. 1919) schildert 1946 in „Mine Boy" die Diskriminierung von Wanderarbeitern in den Minen Johannesburgs und 1954 in „Tell Freedom" die Geschichte seiner Jugend. „Down Second Avenue" (1959) von Ezekiel Mphahlele (1919–2008) ist ein bewegender Bericht über die Kindheit des Autors im Transvaal der 1920er und 1930er Jahre. William (Bloke) Modisanes (1923–86) Autobiografie „Blame Me on History" (1963) wurde von der Apartheidregierung aufgrund ihrer kritischen Haltung verboten. Modisane war gemeinsam mit Mphahlele, Can Themba (1924 bis 1969) und Todd Matshikiza (1921–68) eine Schlüsselfigur der sogenannten Drum-Generation. Diese Autoren verfassten Kurzgeschichten und Reportagen für die schwarzafrikanische Zeitschrift *Drum*, die in den 1950er Jahren ungeheuer populär war. Sie pflegten einen urbanen, von amerikanischer Literatur beeinflussten Stil und schrieben über eine Welt, die von *tsotsis* (Gangstern), Schönheitsköniginnen, Jazz und *shebeens* (illegalen Bars) geprägt wird.

Viele schwarzafrikanische Autoren gingen von den 1960er bis in die 1990er Jahre ins Exil. Jene, die blieben, verlegten sich auf den Protest. Die Lyrik erlebte eine Renaissance, wobei Mongane Wally Serote (geb. 1944), Sipho Sepamla (1932–2007), Oswald Mtshali (geb. 1940), Mafika Gwala (geb. 1946) und der Dichter und Musiker Mzwakhe Mbuli (geb. 1958) bei politischen Versammlungen ihre Werke vor einem riesigen Publikum lasen. Das Literaturmagazin *Staffrider* bot Protestdichtern das erforderliche Forum. Der Roman „Emergency" (1964) von Richard Rive (1932–89) behandelt die Unruhen im Gefolge des Sharpeville-Massakers, während „Buckingham Palace: District Six" (1987) die Zerstörung der gemischten Wohnviertel seiner Jugend thematisiert.

Südafrikanische Literatur heute

Seit 1994 haben viele Autoren dafür gesorgt, dass ihre Werke auch in Englisch vorliegen. André Brink veröffentlicht in dieser Sprache; ebenso erfolgreiche Romanautoren wie der Afrikaaner Étienne Van Heerden („30 Nagte in Amsterdam"), und auch Zakes Mda seinen Roman „The Whale Caller" (deutsch „Der Walrufer").

Die Afrikaans-Lyrikerin Antjie Krog hat sich mit ihren englischsprachigen Werken, unter ihnen „Country of My Skull", das sich mit der Arbeit der Wahrheitskommission beschäftigt, eine bemerkenswerte Reputation erworben.

Einer der aufregendsten Autoren der Zeit nach der Apartheid ist Ivan Vladislavic, dessen fiktionale Werke „The Folly" (1993), „The Restless Supermarket" (2001) und „Exploded View" (2004) Südafrikas Weg in eine neue Gesellschaft nachzeichnen.

Afrikaanse Literatur: Literatur in Afrikaans kam Ende des 19. Jahrhunderts gemeinsam mit den Bestrebungen auf, diese Sprache als eigenständig zu etablieren. Das Schrifttum entwickelte sich ernsthaft aber erst mit der zweiten Sprachbewegung der 1920er Jahre.

Einer der ersten bedeutenden Autoren war Totius (eigentlich Jakob Daniel Du Toit, 1877–1953), der die Bibel ins Afrikaans übersetzte. Die Werke von Eugene Marais (1871–1936) sind zum Teil auch ins Englische übersetzt worden. Sein bekanntestes Werk ist „The Soul of the White Ant" (Afrikaans 1925, englisch 1937). Weitere wichtige Schriftsteller waren Jan Celliers (1865–1940) und Louis Leipoldt (1880–1947). In den 1930er Jahren erschien mit N. P. van Wyk Louw (1906–70) ein bedeutender Autor auf der Bildfläche. Seine bekanntesten Werke sind die Gedichtbände „Alleenspraak" (1935; „Monolog"), sein Epos „Raka"

(1941), das Gewalt und Kultur thematisiert, sowie das historische Drama „Germanicus" (1956). D. J. Opperman (1914–85) erregte mit seinen Gedichten „Heilige beeste" („Heiliges Vieh") 1945 erste Aufmerksamkeit.

Die umstrittenen *Sestigers* (Autoren der 1960er Jahre) mit den Romanciers Étienne Leroux (1922–89) und André Brink (geb. 1935) sowie den Lyrikern Ingrid Jonker (1933–65) und Breyten Breytenbach (geb. 1939) brachten frischen Wind in die *afrikaanse*-Literatur. Diese Autoren waren stark von der französischen Avantgarde beeinflusst.

Südafrikanische englischsprachige Literatur: Die erste englischsprachige südafrikanische Autorin, die auch international beachtet wurde, war Olive Schreiner (1855–1920). Die freigeistige Schreiner war in ihren Romanen „Story of an African Farm" (1883; „Geschichte einer afrikanischen Farm") und „Trooper Halkett of Mashonaland" (1897) ihrer Zeit weit voraus und thematisierte Aspekte des Feminismus, Agnostizismus, der Rassenbeziehungen und des britischen Imperialismus in Südafrika.

Das Leben im Südafrika des 19. Jahrhunderts bildet den Hintergrund der satirischen Romane von Douglas Blackburn (1857–1929). Seine Werke waren „Prinsloo of Prinsloosdorp" (1899) und „A Burgher Quixote" (1903).

1925 gründete eine Gruppe rebellischer Autoren – Roy Campbell, Laurens van der Post und William Plomer – das satirische Literaturmagazin *Voorslag* („Peitschenschlag"). Alle drei hatten großen Erfolg, zunächst in Südafrika, später in Europa.

In der Zeit zwischen den beiden Weltkriegen waren Pauline Smith (1882–1959) und Sarah Gertrude Millin (1889–1968) die wichtigsten Schriftsteller neben der Voorslag-Gruppe.

Herman Charles Bosman (1905–51), bis heute einer der beliebtesten Schriftsteller Südafrikas, war ein genialer Kurzgeschichtenautor. Seine Geschichten vom Leben im Distrikt Groot Marico im Nordwesten Südafrikas sind ironisch, satirisch und extrem lustig zugleich. Schon früh in seinem Leben musste Bosman wegen Mordes vier Jahre im Gefängnis verbringen. Mit „Cold Stone Jug" (1949) beschreibt er diese Zeit.

Ein Zeitgenosse von Bosman war Alan Paton (1903–88), ein liberaler Politiker und Autor. Patons Roman „Cry, the Beloved Country" (1948; „Denn sie sollen getröstet werden") ist vielleicht der berühmteste südafrikanische Roman überhaupt.

In den Jahren nach dem Sharpeville-Massaker porträtierten einige Autoren die Ungerechtigkeit in ihrem Land. Der Dramatiker Athol Fugard (geb. 1932) schrieb viele Theaterstücke, wie „Boesman and Lena" (1969) und „Sizwe Banzi Is Dead" (1972), in denen er das Übel der Apartheid dokumentierte. Nadine Gordimer (geb. 1923), eine langjährige politische Aktivistin und 1991 mit dem Nobelpreis für Literatur ausgezeichnet, hat zahlreiche Kurzgeschichten und Romane veröffentlicht, die sich mit der Situation in Südafrika befassen. In ihren Werken übte sie scharfe Kritik am Apartheidregime, das mehrere ihrer Bücher verbot. Auch einige Romane von André Brink wurden verboten. Südafrikas zweiter Nobelpreisträger, der Romancier J. M. Coetzee (geb. 1940), porträtiert in Werken wie „Waiting for the Barbarians" (1980; „Warten auf die Barbaren"), „Life and Times of Michael K." (1983; „Leben und Zeit des Michael K.") und „Disgrace" (1999; „Schande") die Probleme in seinem Land auf eine weniger direkte, eher allegorische Weise.

Ursprüngliches Dorf und traditionelles Kunsthandwerk, Lesedi Cultural Village

Einheimische Kunst, Lalibela Game Reserve

Bildende Kunst

Die Zeiten, in denen südafrikanische Kritiker eine scharfe Linie zwischen Kunst und Kunsthandwerk zogen, sind längst vorbei. Heute arbeiten die Künstler mit allen erdenklichen Materialien – Draht, Perlen, Federn, Zement, Gummi, digitale Medien – oder in den traditionellen Gattungen Malerei, Grafik und Skulptur.

Weißafrikanische Künstler: Aus Europa stammende Künstler der Kolonialzeit, deren berühmtester Thomas Baines (1820–75) war, verfassten in erster Linie detaillierte Berichte über ihre neue Heimat. Die südafrikanische Kunst begann erst um die Jahrhundertwende, lokale Themen um ihrer selbst willen in den Blick zu nehmen: durch die Bronzen von Anton van Wouw (1862–1945) und die Gemälde von Hugo Naudé (1869–1941). Die Leinwände von J. H. Pierneef (1886–1957) fangen das Licht und die Landschaft des Highveld in einem ausgeprägt geometrischen Stil ein.

Irma Stern (1894–1966) entwickelte ihre eigene afrikanische Form des Expressionismus, während Maggie Laubscher (1886–1973) postimpressionistische Bilder der südafrikanischen Landschaft malte. Die stilisierten Formen und kühnen Farben des Fauvismus finden sichin den Werken von Maurice van Essche (1906–77) wieder. In Johannesburg entstand um Bill Ainslie (1934–89) eine Schule des abstrakten Expressionismus. Der in Italien geborene Edoardo Villa (1915–2011) schuf abstrakte Metallskulpturen.

In den 1950er und 1960er Jahren bezogen zahlreiche Künstler ihre Inspiration aus der afrikanischen Kunst. Cecil Skotnes (1926–2009) wurde zum Meister des Holzschnitts und stellte Motive in Schwarz-, Rot- und Brauntönen dar. Walter Battiss (1906–82) entwickelte einen farbenfrohen Malstil, der deutlich von der Felskunst der San beeinflusst war. Alexis Preller (1911–75) malte in surrealistischer Manier afrikanische Motive.

In den Jahrzehnten des offenen Kampfes gegen die Apartheid erlebte die Protestkunst naturgemäß eine Blütezeit. Das herausragende Einzelwerk aus dieser Zeit sind die „Butcher Boys" von Jane Alexander (geb. 1959). In diesem Skulpturenensemble sitzen drei gehörnte, nackte und teilweise gehäutete Figuren still da und strahlen eine unheimliche Aura des Bösen aus.

Schwarzafrikanische Künstler: Die Künstler Südafrikas artikulierten sich jahrhundertelang durch Felsmalereien, Keramik und farbenfrohe Perlenstickerei. Im 20. Jahrhundert jedoch haben schwarzafrikanische Künstler begonnen, in westlichen Kunstformen – wie Ölgemälden, Skulpturen und Grafiken – zu arbeiten. Diese Werke sind viele Jahre lang vom Kunst-Establishment schlicht ignoriert worden, aber seit Ende der 1980er Jahre wird diese Kunst in wachsendem Maße wahrgenommen und ausgestellt. Eine wichtige Ausstellung in der Johannesburg Art Gallery, „The Neglected Tradition" („Die vernachlässigte Tradition"), zeigte 1988 die Arbeiten schwarzafrikanischer Künstler. Einer dieser Künstler ist Gerard Sekoto (1913–93), dessen Ölgemälde mit der Tradition brachen und Szenen aus den Townships zeigten. Sekoto verbrachte die zweite Hälfte seines Lebens im Exil in Paris. George Pemba (1912–2001) blieb sein Leben lang in Port Elizabeth.

Zwei in den 1950er und 1960er Jahren gegründete Zentren förderten schwarzafrikanische Künstler. Aus dem 1952 eingerichteten Johannesburg's Polly Street Art Center kamen Künstler wie Sydney Kumalo (1935–88) und Ezrom Legae (1937–99). In der Rorke's Drift Art School in KwaZulu-Natal wurde Radierung und Siebdruck gelehrt. Zu den bekannten Künstlern dieser Schule zählen John Muafangejo (1943–87), Paul Sibisi (geb. 1948) und Dan Rakgoathe (1937–2004).

Daneben machten sich mehrere sehr individuelle Künstler, zumeist Autodidakten, einen Namen, unter anderem der religiöse Holzbildhauer Jackson Hlungwane (1923–2010) sowie Dumile Feni (1942–91). Viele Künstler nutzten von den 1960er bis in die 1990er Jahre hinein ihre Kunst als Protest gegen die Apartheid, z. B. Willie Bester (geb. 1953), der, u. a. aus Abfallmaterial, kraftvoll das Unrecht im Land thematisierte.

Im Auge behalten

Weitere zeitgenössische Künstler, nach deren Arbeiten Interessierte Ausschau halten sollten, sind unter anderem William Kentridge (geb. 1955), ein Grafiker, Videokünstler, Film- und Theaterregisseur, dessen Arbeiten bereits in aller Welt ausgestellt worden sind; der verspielte postmoderne Metallbildhauer Brett Murray (geb. 1961); Kevin Brand (geb. 1953) mit seinen kraftvollen bildhauerischen Formen sowie Walter Oltmann (geb. 1960), der eigenartige, wunderbare Skulpturen aus Kupfer und Stahldraht produziert.

Architektur

In Südafrikas Städten und Vororten findet sich dieselbe Architektur wie in der angelsächsischen Welt: Hochhäuser mit Glasfassaden, Einkaufszentren aus Beton, Wohnblocks und zweigeschossige Wohnhäuser. Daneben hat das Land auch zwei typische Formen der privaten Architektur entwickelt: die elegante kapholländische und die farbenfrohe Ndebele-Architektur.

Kapholländische Architektur: Die kapholländische Architektur geht auf unterschiedliche Einflüsse zurück, vor allem auf die Baustile der holländischen und französisch-hugenottischen Kap-Siedler (spätes 17. Jh.) sowie auf die Kunstfertigkeiten der indonesischen Sklaven.

Die kapholländische Architektur hat bäuerliche Wurzeln. Ursprünglich wurden diese Bauernhäuser auf einem rechteckigen Grundriss mit einem steilen Reetdach gebaut. Nach und nach wurden die Häuser größer, und die charakteristischen Merkmale der kapholländischen Architektur traten hervor, etwa der große zentrale Giebel an der Längsseite über der Vordertür. An das Hauptgebäude wurden Seitenflügel angefügt. Herausragende Beispiele sind in Stellenbosch sowie auf den Anwesen Groot Constantia, nahe Kapstadt, und Vergelegen in Somerset West zu sehen.

Ndebele-Architektur: Seit dem späten 19. Jahrhundert haben die Ndebele im Norden Südafrikas einen dekorativen Baustil entwickelt. Das Grundmodell besteht aus einem zylindrischen Haus mit einem konischen Reetdach. Umgeben wird das Haus von einem Hof, der von einer Mauer begegrenzt wird.

Südafrika rühmt sich einer langen, stolzen Musikgeschichte. Der Beitrag des Landes besteht vor allem in verschiedenen Musikstilen, die den importierten Jazz mit afrikanischen Melodien und Rhythmen verschmelzen.

Musik

Südafrika rühmt sich einer langen, stolzen Musikgeschichte. Der Beitrag des Landes besteht vor allem in verschiedenen Musikstilen, die den importierten Jazz mit afrikanischen Melodien und Rhythmen verschmelzen.

Der schwarze südafrikanische Jazz entstand im Arbeitermilieu der Bergbaustädte des Witwatersrand. Die erste einheimische Jazzmusik, die eine gewisse Bedeutung erlangte, war in den 1920er Jahren eine als *marabi* bekannte Spielart des Swing. Auf *marabi* folgte später *kwela*. Die südafrikanische Jazzmusik erreichte in den 1950er Jahren in der Drum-Ära (nach dem Magazin *Drum*) ihren Höhepunkt, als alle Rassen sich zum Rhythmus der hervorragenden Musiker in Johannesburgs Sophiatown bewegten. Diese Musiker verbanden *marabi* und *kwela* miteinander, um den äußerst beliebten neuen Jazzstil *mbaqanga* zu kreieren.

Zu den herausragenden Sängerinnen jener Zeit gehörten Miriam Makeba (1932–2008), die später sogar Weltruhm erlangen sollte, sowie Dolly Rathebe (1928–2004). Der Sophiatown Modern Jazz Club war in den

1950er Jahren ein wichtiges Zentrum dieser Musik. Er wurde von so bekannten Musikern wie Dizzy Gillespie (1917–93) und Charlie Parker (1920 bis 55) beeinflusst. Die in diesem Club gegründete Band Jazz Epistles brachte Koryphäen wie den Pianisten Abdullah Ibrahim (Dollar Brand; geb. 1934), den Saxophonisten Kippie Moeketsi (1925–83) und den Trompeter Hugh Masekela (geb. 1939) hervor. Auch die Musikszene wurde vom Apartheid-

Joseph Shabalala, Paul Simon und die Band Ladysmith Black Mambazo

regime ab den 1960er Jahren unterdrückt, die besten Jazzmusiker verließen das Land. Sie kehrten erst in den 1990er Jahren zurück.

Die erfolgreichste Musikgruppe der 1970er Jahre war eine aus Zulus bestehende A-cappella-Gruppe namens Ladysmith Black Mambazo. Die Gruppe wurde international bekannt, als sie auf dem Album „Graceland" mit Paul Simon zusammenarbeitete. Einige Jahre später kreierte der auch „Weißer Zulu" genannte Johnny Clegg (geb. 1953) gemeinsam mit Sipho Mchunu (geb. 1951) eine Fusion aus westlichem Pop mit der Musik und den Tänzen der Zulus. Cleggs Bands Juluka und später Savuka wurden weltweit populär. Ein Phänomen der 1980er Jahre stellten erfolgreiche „alternative" weiße Musiker dar, die sich gegen das Apartheidregime stellten. Hierzu gehörten die Bluesband Cherry-Faced Lurchers von James Phillips (1959–95) und Sänger wie Johannes Kerkorrel (1960–2002) oder Koos Kombuis (geb. 1954).

In Südafrikas Großstädten hat auch die klassische Musik eine Heimat. Viele unterhalten Sinfonieorchester sowie Kammerorchester. Die Oper hat sich seit 1994 von einer ausschließlich „weißen" Musikgattung zu einer von schwarzafrikanischen Sängern dominierten Musikrichtung entwickelt. ■

Eine weltoffene, historische Hafenstadt, an einer strahlend blauen Bucht gelegen, die von zerklüfteten Bergen überragt wird

Kapstadt & die Kaphalbinsel

Erster Überblick 56–57

Kapstadt 58–73

Rundgang: Schritte zur Freiheit 60–61

Erlebnis: Cape-Malay-Gerichte kochen 64

Special: Gesunkene Schatzschiffe 70–71

Erlebnis: Mit dem Weißen Hai auf Tuchfühlung 71

Erlebnis: Hochseeangeln 73

Die Kaphalbinsel 74–81

Erlebnis: Wandern, Radfahren & mehr 77

Erlebnis: Die Fischer von Kalk Bay 80

Hotels & Restaurants 281–284

Am Cape Point treffen angeblich der Atlantik und der Indische Ozean aufeinander

Kapstadt & die Kaphalbinsel

Kapstadt ist voller Kontraste. Im Sommer dominieren Palmen, das blaue Meer und weiße Strände. Im Winter mildern Kaminfeuer die verregnete Jahreszeit. Doch Kapstadt ist ein gesegnetes Fleckchen Erde zwischen Ozean und Granit: Das milde mediterrane Klima und das steil aufragende Massiv des Tafelbergs erschaffen eine landschaftliche Schönheit, die das Auge verwöhnt.

Am Rande der Bucht, die sich von einem Ende des Horizonts zum anderen erstreckt, entwickelte sich Kapstadt im Laufe der Jahrhunderte aus einem Handelshafen. Als erster Europäer ankerte der portugiesische Entdecker Vasco da Gama in der Table Bay. Er gab der Halbinsel mit ihren weißen Stränden den Namen *Cabo de Boa Esperanza* – „Kap der Guten Hoffnung". Doch wenn die Nordwestwinde meterhohe Wellen auftürmen, verwandelt sich die Bucht in ein stürmisches Gewässer. Dann wäre eigentlich ein anderer Name viel angemessener: *Cabo Tormentoso* – „Kap der Stürme".

Kapstadt und die Table Bay liegen auf der Westseite der Kaphalbinsel, die in den Südatlantik bis zum zerklüfteten Cape Point hinausragt. Die Halbinsel wird von massiven Granitbergen dominiert. So bestehen die Twelve Apostles aus bizarren Felsspitzen, die sich von Camps Bay bis Hout Bay erstreckten. In den stadtnahen Buchten liegen mondäne Ortschaften wie Clifton, Camps Bay und Llandudno. Hier hat sich der internationale Jetset an den Berghängen teure Villen erbaut, die durch die Berge im Sommer vor dem Südostwind geschützt sind.

Praktisch gegenüber den Twelve Apostles liegt die False Bay: Die ersten europäischen Seefahrer verwechselten diese Bucht mit der Table Bay. Der warme Agulhasstrom ermöglicht hier eine artenreiche Unterwasserwelt. Taucher können Fische, Seesterne, Seeanemonen, Seeigel und Tintenfische entdecken, jedes Jahr kalben Wale in den Gewässern.

Multikulturelle Einflüsse

Wie bei allen großen Häfen sind auch in Kapstadt viele kulturelle Einflüsse zu spüren. Die Nomadenvölker der Khoikhoi und San bevölkerten die Küste schon etliche Jahrhunderte, bevor die Europäer kamen. Die Portugiesen ankerten 1492 auf der Suche nach einer Handelsroute

NICHT VERSÄUMEN

Rundgang: Schritte zur Freiheit 60

Im Bo-Kaap-Viertel ein Cape-Malay-Gericht kochen 64

Den lebhaften Treffpunkt Victoria & Alfred Waterfront 68

Ein Besuch auf Robben Island 69, 72–73

Einen afrikanischen Sonnenuntergang an einem der vielen Strände Kapstadts 74

Mit der Drahtseilbahn oder zu Fuß auf den Tafelberg 76–77

Ein Sommerkonzert, ein Picknick oder einen Spaziergang im Kirstenbosch National Botanical Garden 77–78

Die Fischer im malerischen Kalk Bay 80

Einen Ausflug zum Cape Point 80f

gen Osten am Kap. 1652 folgten die Niederländer, die für ihren Gewürzhandel mit Asien eine Versorgungsstation einrichteten. Später ließen sich auch französische Hugenotten nieder. Und schließlich tauchten auch die Briten hier auf, die das Land 1806 zur Kronkolonie machten.

Daneben kamen auch Malaien, Deutsche, Chinesen, Inder (Muslime wie Hindus) sowie amerikanische Seeleute, die auf dem Konföderierten-Kriegsschiff *Alabama* dienten. All diese Einwanderer hinterließen ihre kulturellen Spuren, so auch in der Architektur. Die Briten bauten spätgeorgianische Gebäude, die Malaien farbenfrohe Häuser, die Muslime Moscheen, die Hindus Tempel und die Niederländer errichteten ihre Bauernhöfe im kapholländischen Stil.

Heute ist Kapstadt eine pulsierende Metropole mit exzellenten Restaurants und einer spannenden Musikszene. Die Häuser des 18. Jahrhunderts stehen in Kontrast zu den Hochhäusern aus Glas und Chrom, während in den Weinbergen weißgetünchte Gebäude aus dem 17. Jahrhundert dominieren. ■

Kapstadt

An der Südwestspitze Afrikas glänzt Kapstadt mit kultureller Vielfalt und landschaftlicher Schönheit. Es gibt nur wenige Orte weltweit, die auf engem Raum so etwas zu bieten haben: Die Bandbreite reicht vom bunten Bo-Kaap-Viertel bis zur königlichen Victoria & Alfred Waterfront, vom Kap bis zum Tafelberg.

Die Victoria & Alfred Waterfront ist die meistbesuchte Attraktion Südafrikas: eine wundervolle Mischung aus Läden, Unterhaltung, erstklassigen Hotels und Yachthafen

Kapstadt

Karte S. 57

Besucher-information

Cape Town Tourism Information Center, Burg St. & Castle St.

021/487 68 00

www.tourismcapetown.co.za

www.capetown.gov.za

Castle of Good Hope

Im Herzen der Stadt liegt das Castle of Good Hope, die Keimzelle der Metropole. Die fünfeckige Festung wurde im 17. Jahrhundert von der Niederländischen Ostindien-Kompanie (VOC) errichtet. Der finstere, abweisende Bau liegt an einer belebten Hauptstraße. Dennoch hat er bereits mehr als 300 Jahre überstanden – ein Zeugnis wechselvoller Geschichte.

Als Jan van Riebeeck 1652 in der Table Bay an Land ging, traf er auf die Khoikhoi („Männer von Männern") und die San. Diese Völker hatten das Kap schon seit Jahrhunderten bewohnt, die europäischen Entdecker betrachteten sie verständlicherweise voller Misstrauen.

Van Riebeeck begann mit den Einheimischen arglos einen Viehhandel. Doch für die Khoikhoi waren Schafe und

Rinder wichtige soziale Statussymbole. Die Stammesältesten waren deshalb nicht geneigt, genau das einzutauschen, was ihren gesellschaftlichen Reichtum ausmachte. Die Schmuckstücke und Armbänder, die man ihnen dafür anbot, hatten in ihrer Kultur weder symbolischen noch materiellen Wert. Verschlimmert wurde die Situation durch die Anlage eines Gartens, was einer Enteignung von Weideflächen der Khoikhoi gleichkam. Um ihre Tiere vor den Attacken der Khoikhoi zu schützen und die englischen und französischen Handelskompanien abzuwehren, ließ van Riebeeck an der Küste ein Fort errichten.

Die ursprüngliche Festung (Fort de Goede Hoop) war ein schlichter Bau aus Lehm und Holz, mit vier Ecktürmen und einem Wassergraben. Schon nach zehn Jahren reichte das Fort angesichts der beständigen Gefahr durch die Engländer nicht mehr aus. Also errichteten die Niederländer eine größere, mächtigere Festung – heute das älteste Gebäude seiner Art in Südafrika.

Der Bauplatz der neuen Festung lag rund 220 Meter östlich des ursprünglichen Forts; der Grundstein wurde 1666 gelegt. Acht Jahre später konnte die Anlage bezogen werden, auch wenn sie erst 1679 fertiggestellt wurde. Nach dem Vorbild Vaubans entstanden fünf Bastionen. Die Anlage wurde aus Stein, Mörtel und Holz errichtet. Für die Arbeiten ließ man nicht nur die Sklaven der Ostindien-Kompanie schuften, sondern auch abkommandierte Seeleute, Sträflinge und jene Khoikhoi, die bereit waren, körperliche Arbeiten zu verrichten. Das Ergebnis ist ein Zeugnis niederländischer Baukunst. Allerdings brechen sich nicht mehr die Wellen der Table Bay an den Außenmauern, da das Meer durch Landgewinnung einige Kilometer entfert liegt. Für den lohnenswerten Besuch der historischen Stätte werden auch Führungen angeboten.

INSIDERTIPP

Kapstadt ist einer der schönsten Orte der Welt, um bei einer Schiffstour Vögel zu beobachten. Vor allem im Winter sieht man viele majestätische Seevögel und Meeressäuger.

CAGAN H. SEKERCIOGLU
NATIONAL GEOGRAPHIC-Experte

Rundgang durch die Festung: Man betritt die Anlage durch ein Tor (1684), das vom **Glockenturm** gekrönt wird. Die Glocke wurde in Amsterdam gegossen; sie läutet stündlich sowie zu Begräbnissen von Prominenten.

(Fortsetzung auf S. 62)

Castle of Good Hope
✉ Buitenkant St.
☎ 021/464 12 60
$ $

www.castleofgoodhope.co.za

Rundgang: Schritte zur Freiheit

Als Jan van Riebeeck Kapstadt gründete, lebte er in einer Welt, in der Sklaverei und Folter zum Alltag gehörten und regelmäßig öffentliche Hinrichtungen stattfanden. Diese Geschichte spiegelt sich an den Stationen dieses Rundgangs wider.

Der Bell Tower des Castle of Good Hope

NICHT VERSÄUMEN

Castle of Good Hope • District Six Museum • Greenmarket Square • Houses of Parliament

Startpunkt ist ein Besuch des **Castle of Good Hope** ❶ (siehe S. 58f & 62). Sehenswert ist hier die **William Fehr Collection** mit ihrer Sammlung von Ölgemälden, Möbeln und Kunsthandwerk. Wenn man die Festung verlässt und die Buitenkant Street überquert, führt ein kurzer Spaziergang über die Darling Street zur von hohen Dattelpalmen gesäumten **Grand Parade** ❷ gegenüber der City Hall. Zur Zeit der Niederländischen Ostindien-Kompanie wurden hier Militärparaden abgehalten sowie Hinrichtungen und Auspeitschungen durchgeführt. Nun geht es zurück zur Buitenkant Street und in Richtung Tafelberg bis zum **Old Customs House** ❸. Das alte Zollhaus (frühes 19. Jh.) wurde auch als Getreidespeicher, Frauengefängnis und Büro des Friedensrichters genutzt.

In derselben Straße befindet sich das **District Six Museum** ❹ *(25A Buitenkant St., Tel. 021/466 72 00, geschl. So, €)*, das über eines der größten sozialen Verbrechen der Apartheid aufklärt. Das Stadtviertel ist für die Gemeinde der *District Six*. Hier lebten 66 000 überwiegend „farbige" Menschen, bis man die Häuser dem Erdboden gleichmachte und die Bewohner vertrieb, um das Viertel in eine „weiße" Wohngegend zu verwandeln.

In der Buitenkant Street 78 ist in einem Haus aus dem 18. Jahrhundert das **Rust en Vreugd Museum** ❺ *(78 Buitenkant St., Tel. 021/481 39 03, geschl. Fr–Mo)* untergebracht. Hier wird ein Teil der Fehr-Sammlung ausgestellt: Drucke, Zeichnungen und Gemälde von der niederländischen Kolonialzeit bis zur Zeit der britischen Herrschaft. Danach geht es zurück über die Buitenkant Street und links in die Albertus Street. Rechts geht

es in die Corporation Street; ein kurzes Stück weiter erreicht man die Spin Street. Auf der Verkehrsinsel in der Straßenmitte gedenkt eine Tafel des **Slave Tree**. Unter dem „Sklavenbaum" verkaufte die VOC ihre Sklaven. Einige Schritte weiter sieht man an der Ecke Bureau und Parliament Street die **Groote Kerk** 6 *(43 Adderley St., Tel. 021/422 05 69)*. Im Jahr 1704 errichtet, ist sie die älteste Kirche und das Mutterhaus der niederländisch-reformierten Kirche Südafrikas. Die **Slave Lodge** *(Bureau & Adderley Sts.)* wurde 1679 zur Unterbringung der Sklaven erbaut.

Nun geht es rechts in die Adderley Street, anschließend die erste Straße links in die Longmarket Street zum **Greenmarket Square** 7 – seit 1696 Marktplatz. Heute wird hier afrikanisches Kunsthandwerk angeboten. Das **Old Town House** *(Greenmarket Square, Tel. 021/481 39 33, geschl. So)* wurde 1761 errichtet und ist Sitz der Michaelis Collection, die niederländische und flämische Kunstwerke (16.–18. Jh.) präsentiert.

Zurück an der Adderley Street, führt der Weg nun in Richtung Tafelberg. Wo die Straße nach rechts abbiegt, erheben sich die **Houses of Parliament** 8. Hier werden die drei Friedensnobelpreisträger gewürdigt: Nelson Mandela, F. W. de Klerk und Desmond Tutu. Unter der Woche gibt es Führungen; man kann Eintrittskarten für den Besuch einer Parlamentssitzung erwerben. Ausländische Besucher benötigen dazu ihren Reisepass.

Siehe auch Umgebungskarte S. 57
Castle of Good Hope
2,7 km
1 Std.
Houses of Parliament

Michaelis School of Fine Art
- 32–37 Orange St.
- 021/480 71 11

www.michaelis.uct.ac.za

National Gallery
- Government Ave., Adderly St. & Wale St.
- 021/481 39 70
- Geschl. Mo
- $, Sa Eintritt frei

www.iziko.org.za

St. Mary's Cathedral
- 16 Bouquet St.
- 021/481 11 67
- nur nach vorheriger Anmeldung

www.stmaryscathedral.org.za

Jewish Museum
- 88 Hatfield St.
- 021/465 15 46
- Geschl. Sa
- $

www.sajewishmuseum.co.za

Ein Abstecher führt in die furchterregende Dunkelheit der **Folterkammer** und des **Donker Gat** („Schwarzes Loch"), die angeblich von den Geistern der hier einst gefolterten Gefangenen heimgesucht werden.

Im **Cellar Museum** sind Ausgrabungsfunde in einer Kellergrube ausgestellt; zu sehen sind u. a. Knochen, Gemälde und altes Geschirr.

Mehr Liebreiz zeigt dagegen der elegante **Lady Anne Barnard Room**. Es ist nach einer englischen Adligen benannt, die von 1797 bis 1802 in der Festung lebte. Auch der **Dolphin Pool** ist interessant, dessen Bezeichnung auf die im mediterranen Stil gestaltete Statue eines Delfins zurückgeht. Die Renovierung wurde 1982 abgeschlossen und basierte auf Skizzen von Lady Anne Barnard.

Herzschlag

Die erste Herztransplantation wurde am 3. Dezember 1967 in Kapstadt durchgeführt. Unter Leitung von Dr. Christiaan Barnard pflanzte ein Team von 30 Spezialisten dem Kaufmann Louis Washkansky das Herz einer jungen Frau ein, die tags zuvor bei einem Autounfall gestorben war. Das Heart of Cape Town Museum im Groote Schuur Hospital *(Main Rd., Observatory, Tel. 021/404 19 67, www.heartofcapetown.co.za)* zeigt Fotos und Instrumente der Operation.

Het Bakhuys (das „Backhaus") wurde ebenfalls renoviert und beherbergt nun das De Gouwerneur Restaurant *(Tel. 021/787 12 60, geschl. So)* und eine Teestube.

Unter Kommandant van Rheede van Oudtshoorn wurde der **Kat** erbaut, ein mächtiger, quer durch die Anlage verlaufender Verteidigungswall aus Stein. Später wurden entlang des Kat weitere Gebäude errichtet; in einem ist die **William Fehr Collection** mit Dokumenten und alten Gemälden der Kapregion untergebracht. Zu sehen ist auch eine Skulptur von Anton Anreith (1754 bis 1822). Gerichtsentscheidungen und Ankündigungen wurden vom **Kat Balcony** verlesen, dem schönsten Bauteil der Festung.

Company's Gardens

Die Kapstädter nennen das ruhige Paradies mit den von Eichen gesäumten Spazierwegen schlicht „Gardens". Ihr Ursprung geht auf den Gemüse- und Obstgarten von Jan van Riebeeck zurück, der die Versorgung mit frischen Lebensmitteln für die VOC-Schiffe sichern sollte. Heute ist der botanische Garten mitten im Stadtzentrum ein öffentlicher Park. Hier sieht man oft ins Gespräch vertiefte Parlamentarier oder Kunststudenten aus Hiddingh Hall, wo die **Michaelis School of Fine Art** der Universität Kapstadt un-

St. Mary's Cathedral mit der Statue von Louis Botha

tergebracht ist. Im Little Theatre proben die Nachwuchsschauspieler der universitären Drama School für das Leben auf der Bühne.

Hinter dem Eingang erkennt man links die **Houses of Parliament**, ein hervorragendes Beispiel neoklassizistischer Architektur. In den Gardens ist der Besuch der **National Gallery** ein Muss. Es war das erste Kunstmuseum Südafrikas. Nachdem die Sammlung 1871 durch eine Erbschaft gegründet worden war, zog man 1931 in das heutige Gebäude. Gezeigt werden bedeutende Werke britischer, französischer, niederländischer, flämischer und südafrikanischer Künstler. 1990 wurde die Ankaufspolitik geändert. Heute sind deshalb mehr vorkoloniale und zeitgenössische Kunstwerke aus Südafrika und Afrika insgesamt ausgestellt: traditionelle Perlenketten, Skulpturen und kleinere Objekte.

Nahe der National Gallery steht **St. Mary's Cathedral**. Sie wurde zwischen 1840 und 1851 erbaut und seitdem mehrfach umgebaut. Ebenfalls in der Nähe befindet sich der atemberaubende moderne Bau des **Jewish Museum**. Der Komplex ist mit Steinen aus Jerusalem verkleidet und schließt auch die **Old Synagogue** (1863), die **Great Synagogue** (1905) sowie das **Holocaust Centre** mit ein.

Am oberen Ende des Parks harrt das **South African Museum** der Erkundung. Hier stehen die Entwicklung der Fauna und Flora Südafrikas sowie audiovisuellen Shows des **Planetariums** im Vordergrund.

South African Museum

✉ 25 Queen Victoria St.

☎ 021/481 38 00

$ $

www.iziko.org.za/museums/south-african-museum

Planetarium

✉ 25 Queen Victoria St.

☎ 021/481 39 00

🕒 Geschl. 1. Mo im Monat

$ $

www.iziko.org.za/museums/planetarium

Houses of Parliament

✉ Parliament Ave. (Besuchereingang, 120 Plein St.)

☎ Informationen: 021/403 29 11, Führungen: 021/403 36 83

www.parliament.gov.za

ERLEBNIS: Cape-Malay-Gerichte kochen

Die enorme Bandbreite der gastronomischen Genüsse Südafrikas reicht von exotischen Delikatessen wie gebratenen Mopanewürmern, Krokodilsteaks und Hühnerfüßen bis zu Eintöpfen und Currys, die in den meisten Küchen vor sich hin dampfen. Zwei einzigartige Koch-„Schulen" bieten eine Einführung in die Cape-Malay-Küche. Im Bo-Kaap-Viertel, wo sich dieser Küchenstil entwickelte, geht es zunächst vom Bo-Kaap Museum aus durch die bunten, steilen Gassen, um die Zutaten für das geplante Gericht einzukaufen. Gekocht wird in einer Wohnung, wo die Teilnehmer lernen, welche Gewürze zusammenpassen und wie man Currys zubereitet oder Samosas (Teigtaschen) zusammenlegt. Danach können die Köche ihr Essen genießen, während ihre Gastgeberin Geschichten über Bo-Kaap erzählt. Buchungen erfolgen bei Andulela Experience *(Tel. 021/790 25 92, www. andulela.com).*

Eine Alternative sind die Kochvorführungen von Cass Abrahams, der unangefochtenen Königin der Cape-Malay-Küche. In ihrem Restaurant in den Weinbergen von Paarl, knapp außerhalb von Kapstadt, erfährt man bei einem Gläschen Wein Interessantes über Geschichte, Kultur und Gerichte der Cape-Malay-Bevölkerung. Danach steht eine Führung durch den Weinberg auf dem Programm; Buchungen bei **Cape Fusion Tours** *(Tel. 021/461 24 37, www.capefusion.co.za).*

Houses of Parliament

Der Gebäudekomplex ist von historischem Interesse, nicht zuletzt weil das Wunder eines friedlichen Übergangs von einem rassistischen Regime zu einer repräsentativen Demokratie gelang.

Südafrika ist eine junge Demokratie, demokratische Prinzipien werden daher hochgehalten. Die Debatten im Parlament und ihre protokollarische Aufzeichnung (Hansard) erfüllen deshalb alle Südafrikaner mit sehr großem Stolz.

Der Gebäudekomplex wurde 1885 vollendet und ist ein schönes Beispiel des englischen neopalladianischen Stils. Eindrucksvoll sind die korinthischen Säulen, die geräumigen Portiken und die hoch aufragende Kuppel. Doch der Bau verlief nicht ohne Verzögerungen. Der erste Architekt, Charles Freeman, wurde gefeuert, weil er die Fundamente falsch berechnet hatte, sodass Henry Greaves das Projekt abschloss. 1910 erbaute Sir Herbert Baker, der bekannteste Vertreter der britischen Imperialarchitektur, im neoklassizistischen Stil den Anbau für das **House of Assembly**. Ein Blickfang sind die zentrale Kuppel und die Pavillons der **Library of Parliament**. In den **Parliamentary Gardens** wurde 1887 eine Statue Königin Viktorias zu deren 50. Krönungsjubiläum erbaut.

Besucher können die Parlamentssitzungen als Zuschauer verfolgen und an Führungen teilnehmen; ausländische Gäste benötigen für die Buchung einen Reisepass.

Bo-Kaap-Viertel

Bo-Kaap bedeutet in Afrikaans „oberhalb des Kaps". Der Name bezieht sich auf die attraktive Lage an den Hängen des Signal Hill oberhalb der Wale Street. Am besten fährt man mit dem Taxi hierher. Jeden Samstag führt Monique le Roux von Andulela Experience (siehe Kasten S. 64) zwischen 8 und 14 Uhr durch das Viertel. Touristen sollten die Gegend aus Sicherheitsgründen nicht allein erkunden.

Bo-Kaap wird von den Nachfahren der Sklaven aus Sri Lanka, Indonesien, Indien und Malaysia bewohnt, die im 17. und 18. Jahrhundert aus den niederländischen Kolonien nach Südafrika verschleppt wurden. Die meisten Bewohner sind Muslime, in letzter Zeit haben sich aber auch Studenten angesiedelt. Die steilen, schmalen Gassen und die Architektur machen das Viertel zu einer der größten Sehenswürdigkeiten Kapstadts.

Die schlichten Handwerkerhäuser zeigen eine Mischung verschiedener Baustile: von kapholländisch über georgianisch bis zu edwardianisch. Die Wände sind grellbunt bemalt: in Pink, Türkis, Hellgrün und Orange. Die alten Moscheen (die Auwal-Moschee wurde 1768 errichtet), die schlanken Minarette und der Gebetsruf des Muezzin verstärken die außergewöhnliche Atmosphäre. Gregoire Boonzaaier (1909 bis 2005), einer der angesehensten Maler Südafrikas, verbrachte viele Stunden damit, die Schönheit dieser Gassen zu dokumentieren.

Das historische Bo-Kaap-Viertel war einst als „Malay-Viertel" bekannt

Koopmans-De Wet House
35 Strand St.
021/481 39 35
Geschl. Fr–Mo
www.iziko.org.za/

Gold of Africa Museum
96 Strand St.
021/405 15 40
Geschl. So
$
www.goldofafrica.com

Das **Bo-Kaap Museum** *(71 Wale St., Tel. 021/481 39 38, geschl. So, $)* war ursprünglich das Haus von Abu Bakr Effendi (1835–80), einem bekannten türkischen Gelehrten und Sprecher der muslimischen Gemeinschaft. Das Haus (1763–1768) wurde 1978 zum Museum umgewandelt, eingerichtet im Stil eines muslimischen Wohnhauses des 19. Jahrhunderts. Die Muslime haben einen großen Beitrag zur kulturellen Vielfalt am Kap geleistet.

Als man 1914 das wenige Straßen nordwestlich gelegene **Koopmans-De Wet House** in ein Museum umgestaltete, war es das erste Wohnhaus, das für die Öffentlichkeit zugänglich wurde. Die Fassade des Gebäudes aus dem 18. Jahrhundert wird dem französischen Architekten Louis Michel Thibault (1750–1815) sowie dem deutschen Bildhauer Anton Anreith zugeschrieben. Das Museum zeigt eine Sammlung an Möbeln, chinesischen und japanischen Keramiken, blaue Delfter Kacheln sowie eine erstklassige Auswahl an Glas- und Silberexponaten.

Cape-Malay-Küche: Die Cape-Malay-Küche Kapstadts ist einzigartig. Der Küchenstil entstand im Bo-Kaap und ist vielleicht das einzig positive Erbe des Sklavenhandels im 18. Jahrhundert (siehe Kasten S. 64). Die Sklaven brachten ihre Fertigkeiten mit: Die Männer waren oft begabte Schneider, Fassbinder oder Zimmerleute, die Frauen ausgezeichnete Köchinnen.

Louis Leipoldt, einer der größten südafrikanischen Afrikaans-Dichter, war ebenfalls ein begeisterter Hobbykoch. Sein Buch „Cape Cookery" verfolgt die Wurzeln der Cape-Malay-Küche bis ins 18. Jahrhundert zurück. Damals kochten die Frauen würziges *bobotie* (gewürztes Hackfleisch mit Milchkruste überbacken), Marsala-gewürztes Biryani, kühlende Sambals und pikante Obst-Atchars (eine Art Chutney). Damit verwandelten sie die lokale Küche in eine Entdeckungsreise der Sinne. Die Gewürze wurden zunächst per Schiff nach Kapstadt gebracht, später gaben die anspruchsvollen Hausfrauen ihre Bestellungen direkt bei den Schiffskapitänen auf.

INSIDERTIPP

Das Gold of Africa Museum ist ein absolutes Muss. Es erläutert die Geschichte des Goldes und zeigt kunstvolle Arbeiten. In einer Werkstatt kann man einem Goldschmied über die Schulter schauen.

ERIN MONRONEY
National Geographic Kids-Autor und Forscher

Ein Relikt dieses Gewürzhandels ist **Atlas Trading** *(94 Wale St., Tel. 021/423 43 64, geschl. So)*. Der Laden versetzt den Besucher fast in die Zeit von Dickens zurück und ist voller verführerischer Aromen: In der Luft liegt der Duft von Knoblauch, Chili, Bockshornklee, Kreuzkümmel, Kurkuma, Kardamom und Zimt. Eine Seite des Raums wird von einer Theke eingenommen, vor der Hausfrauen, trendige Gastronomen, Gourmets und Touristen in der Warteschlange das Aroma genießen. Die Verkäufer geben den Kunden gern Ratschläge.

Cape-Malay-Gerichte stehen in mehreren beliebten Restaurants auf der Speisekarte. Im Biesmiellah Restaurant *(2 Upper Wale St., Tel. 021/423 08 50, geschl. So)* kann man die besten *boboties* und Currys genießen. Ähnlich ist das Noon Gun Tea Room & Restaurant *(273 Longmarket St., Tel. 021/424 05 29, geschl. So)*, das von der Misbach-Familie geführt wird und traditionelle Drei-Gänge-Abendessen anbietet. Dazu gehören Hauptgerichte wie *bobotie*, Huhn-Biryani oder ein Lamm-Curry, das ein intensives Geschmackserlebnis verspricht.

In der Nähe

Unzählige Antiquitätenläden säumen die Long Street in unmittelbarer Nähe des Bo-Kaap-Viertels. Dort findet man alles: von soliden silbernen Kerzenleuchtern aus der Zeit König Georgs III. bis zu Holzmobiliar aus Bauernhofküchen. In den gut sortierten Antiquariaten finden sich wertvolle Bücher und Kuriositäten.

Das **Mount Nelson Hotel** *(76 Orange St., Tel. 021/483 10 00, www.mountnelson.co.za)* wurde bereits 1899 eröffnet und ist eine Institution in Kapstadt. Das Äußere des „Nellie" leuchtet noch immer im originalen Pink, doch die öffentlichen Bereiche und die

Jazzmusiker an der Victoria & Alfred Waterfront

John H. Marsh Maritime Research Centre
Union Castle House, Dock Rd.
021/405 28 80
http.//rapidttp.co.za/museum

Gästezimmer sind im dezenten englischen Landhausstil gehalten. Empfehlenswert ist ein frühes Abendbrot (am späten Nachmittag): Sandwiches sowie eine leckere Auswahl an Kuchen und Gebäck.

Unechte Karettschildkröte im Two Oceans Aquarium

Victoria & Alfred Waterfront

Die Victoria & Alfred Waterfront ist ein beliebter Treffpunkt, denn hier gibt es Einkaufsläden, Kunsthandwerkmärkte, Theater, Livekonzerte und Unterhaltungsangebote.

Der Name bezieht sich auf Prinz Alfred, den zweiten Sohn Königin Viktorias. 1860 versenkte er beim Bau der dringend benötigten Hafenerweiterung den ersten Stein im Meer. Doch im dynamischen Zeitalter der Dampfmaschinen reichte das Alfred-Becken schon bald nicht mehr aus, um die wachsende Zahl der Schiffe aufzunehmen – also wurde das größere Viktoria-Becken gebaut

1988 begann die Sanierung, die mehrere Nationaldenkmäler miteinschloss. Es entstanden Uferpromenaden und viele erstklassige Restaurants. Im Angebot sind auch Bootsausflüge, Flüge mit Hubschraubern und Wasserflugzeugen.

Das neu gestaltete **John H. Marsh Maritime Research Centre** im Union Castle Building an der Uferpromenade beherbergt eine Sammlung von Schiffsmodellen und weiteren Objekten aus der Seefahrt. Im Mittelpunkt stehen dabei die Postschiffe der Union Castle. Im Archiv des Forschungszentrums befinden sich Schiffslogbücher, die zum Teil aus dem 19. Jahrhundert stammen, sowie mehr als 19 000 Negative und Fotos von 9200 Schiffen von 1920 bis 1970.

Zu den weiteren Sehenswürdigkeiten zählt der viktorianische **Clock Tower** von 1882, in dem einst das Büro des Hafenmeisters untergebracht war. Im obersten Stockwerk befand sich der Uhrenmechanismus. Vom zweiten Stock aus konnte der Hafenmeister mithilfe mehrerer Spiegel das Geschehen im Hafen im Auge behalten. Darunter kontrollierte ein Tidenmessgerät den Gezeitenhub im Hafen.

Neben dem Dock House Hotel steht der **Time Ball Tower** von 1894. Zu einer bestimmten Zeit ließ man hier eine Kugel fallen, wonach die Schiffe im Hafen ihre Uhren stellen konnten.

Der **Drachenbaum** *(Dracaena draco)* in der Nachbarschaft ist eigentlich auf den Kanarischen Inseln zu Hause. Der Baum soll von einem durchreisenden Seemann gepflanzt worden sein.

Schon seit den Tagen der Niederländischen Ostindien-Kompanie war **Robben Island** ein Gefängnis. In jüngerer Zeit saßen hier politische Gefangene ein, darunter Nelson Mandela. Eintrittskarten gibt es im **Robben Island Exhibition & Information Centre** – nahe dem Uhrenturm. Eine 30-minütige Katamaranfahrt bringt Besucher auf die Insel, wo es per Bus und zu Fuß weitergeht. Meist sieht man auf der Kaimauer bei Bertie's Landing Restaurant eine Robbenkolonie.

Um die Ecke befindet sich das frühere **Breakwater Prison**. Das Gefängnis wurde 1860 für jene Häftlinge errichtet, die beim Hafenausbau arbeiten mussten. Heute ist die einst strenge Zuchtanstalt Sitz der Graduate School of Business sowie der Breakwater Lodge.

Genau gegenüber liegt das **Two Oceans Aquarium**, das größte Aquarium Afrikas. Hier kann man die Unterwasserwelt der Kapregion sowie mehr als 3000 Meereslebewesen bewundern, darunter Robben, Schildkröten und Pinguine. Neben abenteuerlichen Tauchtouren mit Haien bietet das Aquarium pädagogische Veranstaltungen für Kinder. Seine Schwerpunkte sind der Schutz der Haie und die Erforschung der Mondfische. Ein Tipp ist der Bereich mit den Tropenfischen. Der Haitank kann etwas einschüchtern, da man diesem Raubfisch sehr nahe kommt.

INSIDERTIPP

Probieren Sie namibische Austern und Flusskrebse bei Willoughby & Co. *(www.willoughbyand-co.co.za)*. Das beliebte Restaurant an der Victoria & Alfred Waterfront liegt zwischen Einkaufsläden und Jazzclubs.

DAVID CASE
National Geographic-Autor

Robben Island

Schon der Autor Lawrence G. Green nannte Robben Island die „Insel der Verbannten" – und dies noch bevor Nelson Mandela hierher kam.

(Fortsetzung auf S. 72)

Robben Island Exhibition & Information Centre

✉ Tickets im Robben Island Exhibition and Information Center in der Nähe des Uhrenturms an der Victoria & Alfred Waterfront. Die Fähren legen am Mandela Gateway ab

☎ Buchungen: 021/413 42 00

$ Führungen: $$–$$$

www.robben-island.org.za

Breakwater Prison

✉ Portswood Rd.

☎ 021/406 19 11

www.breakwaterlodge.co.za

Two Oceans Aquarium

✉ Victoria & Alfred Waterfront

☎ 021/418 38 23

$ $$

www.aquarium.co.za

Gesunkene Schatzschiffe

Die Bezeichnung „Kap der Stürme" ist sehr treffend. Während die Bucht im Sommer nahezu paradiesisch wirkt, peitschen im Winter orkanartige Stürme das Meer auf. Allein in der Table Bay liegen über 350 Schiffswracks.

Ein Gemälde aus dem 17. Jahrhundert zeigt niederländische Galeonen in der Table Bay

Die schwerfälligen portugiesischen Karavellen waren bei ihrer Rückkehr aus dem Fernen Osten überladen und eine leichte Beute für die Stürme am Kap. Ähnlich erging es den klobigen niederländischen Handelsschiffen. In einer einzigen Nacht, am 17. Mai 1865, sanken zwischen Mitternacht und Morgengrauen 18 hochseetüchtige und 30 kleinere Schiffe.

Der Chronist Lawrence G. Green war der Auffassung, dass die Winterstürme am Kap mehr Menschen das Leben gekostet haben als an irgendeiner anderen Küste der südlichen Hemisphäre. Der Bergungsingenieur George Austin war einer der fanatischsten Schatzsucher von Kapstadt. Er schätzte nach Recherchen in den Archiven, dass rund 22 Millionen Pfund Sterling auf dem sandigen Grund der Table Bay liegen.

Einige der bekanntesten Schiffswracks: 1694 wurde die kleine ***Dageraad*** zur St. Helena Bay geschickt, um Schatztruhen an Bord zu nehmen, die vom Ostindiensegler ***Gouden Buys*** der VOC gerettet worden waren. Dieses Schiff war auf Grund gelaufen; bis auf zwei Personen starb die Besatzung an Skorbut. Auf dem Rückweg lief die *Dageraad* an der Westküste der Robben Island ebenfalls auf Grund. 16 Besatzungsmitglieder starben; mit dem Schiff versanken acht der 17 Schatzkisten.

Am 26. Mai 1698 zerschellte der neue Schnellsegler ***Het Huijs te Crayesteijn*** im dichten Nebel an einem Riff, rund

INSIDERTIPP

Weiße Haie lieben die südafrikanische Küste. Zwischen Gansbaai und Dyer Island schwimmen sie durch einen engen Kanal, den „Shark Alley" – der Anblick ist fantastisch.

CERIDWEN DOVEY
National Geographic-Autor

4,5 Kilometer südlich von Camps Bay. Von den Schatztruhen an Bord konnten kurz nach dem Unglück 16 Truhen gerettet werden. Eine Kiste wurde noch an Bord aufgebrochen und geleert, während zwei Truhen mit dem Schiff versanken. Sporttaucher besuchen oft das Wrack. Einige der Kanonen haben sich zwischen den Felsen verfangen; auch große Mühlsteine, die als Ballast benutzt wurden, sind zu sehen. Der sandige Meeresgrund gibt hin und wieder Kanonenkugeln und Holzstücke frei.

Am 3. April 1702 befand sich der niederländische Ostindiensegler ***Meresteijn*** mit Silber auf dem Weg von Amsterdam nach Kapstadt. Das Schiff hielt auf die Küste zu. Doch der Steuermann verrechnete sich – das Schiff sank vor Jutten Island. Es gab keine Überlebenden. Gelegentlich erinnern angespülte Silbermünzen an die Katastrophe; dabei handelt es sich um Dukaten, die leicht mit spanischen Silberlingen verwechselt werden können. Sie tragen den Kopf des spanischen Königs Philipp IV. Die Münzen wurden in Brüssel geprägt, damals die Hauptstadt der Spanischen Niederlande.

Im Juni 1722 trieb ein Sturm die holländischen Handelsschiffe ***Zoetigheid, Standvastigheid, Lakenman, Schotse Lorrendraaier*** und ***Rotterdam*** auf die Küste zu, wo sie zerschellten. Sie befanden sich auf dem Weg nach Asien und hatten Geldmünzen an Bord.

ERLEBNIS: Mit dem Weißen Hai auf Tuchfühlung

Weiße Haie werden in Kinofilmen gern als gnadenlose Mörder gebrandmarkt. Doch die Haie selbst standen nach brutalen, unnötigen Jagden auf der Liste der bedrohten Tierarten. Seit sie unter Schutz gestellt wurden, haben sich diese scheuen, großartigen Geschöpfe vor allem vor Gansbaai wieder erholt. Der Ort liegt zwei Autostunden von Kapstadt entfernt und gilt weltweit als „Hauptstadt des Weißen Hais". Die Haie können vor der Küste auf einer Bootstour beobachtet werden. Abenteuerlicher sind die Tauchtouren in einem Unterwasserkäfig. Auf diesen Exkursionen fährt das Boot zur Shark Alley, einem sechs Meter tiefen Kanal zwischen Dyer Island und Geyser Island. Dort wird man im Taucheranzug in einem Stahlkäfig ins Wasser gelassen.

Kritiker werfen ein, dieses Vorgehen führe dazu, dass Haie Menschen als Futter betrachten – doch wenn das Tauchen verantwortungsbewusst durchgeführt wird, sind die Sorgen unbegründet. Veranstalter sollten die Haie niemals mit rohem Fleisch füttern, sie verletzen oder unnötig stören. Diese friedlichen Exkursionen können sogar dazu beitragen, dass die Mythen ausgeräumt werden, aufgrund derer die Tiere beinahe ausgerottet wurden. Buchungen und weitere Informationen bei **Marine Dynamics** *(Tel. 028/384 10 05, www.sharkwatchsa.com)*, **White Shark Projects** *(Tel. 021/405 45 37, www.whitesharkprojects.co.za)* oder **Shark Diving Unlimited** *(Tel. 028/384 27 87, www.sharkdivingunlimited.com)*. In der durchschnittlichen Gebühr von 1300 Rand ist der Shuttleservice von Kapstadt enthalten.

Ein Besuch des Gefängnisses auf Robben Island

Mandela war 27 Jahre auf Robben Island inhaftiert. Daneben saß eine ganze Reihe weiterer Antiapartheidkämpfer auf der Insel ein. Das Gefängnis wurde weltweit als ein Symbol für die Unterdrückung in Südafrika betrachtet. Die Portugiesen verbannten bereits 1525 erste Gefangene auf dieses unwirtliche Eiland. Zwischen dem 17. und 20. Jahrhundert war Robben Island zunächst ein Zuchthaus, später ein politisches Gefängnis. Es diente auch als „Hospital" für sozial unerwünschte Menschen, wie Leprakranke und Geisteskranke, sowie als Militärstützpunkt. Die Kanonen aus dem Zweiten Weltkrieg wachen noch heute über die Zufahrt zur Table Bay. Heute ist das einstige Hochsicherheitsgefängnis eine Touristenattraktion und gibt Einblick in die politische Unterdrückung und die Brutalität des Apartheidregimes.

Weitere Sehenswürdigkeiten: Der niederländische Name *Robbe Eiland* bedeutet „Robbeninsel". In früheren Tagen lebten hier Tausende von Robben sowie Pinguine und Schildkröten – und Wale. Damals boten die Gewässer rund um die Insel für die Aufzucht des Nachwuchses ausgezeichneten Schutz.

Doch im späten 19. Jahrhundert wurde der Walfang im großen Stil betrieben. Als man den kommerziellen Walfang 1940 endlich stoppte, lebten von den Südkapern (Südlichen Glattwalen) in dieser Region nur noch zehn bis 30 Weibchen. Vom selben Schicksal waren auch die Robben und Pinguine betroffen, die ebenfalls gejagt wurden.

1999 wurde Robben Island zur Weltkulturerbestätte erklärt: Seither wurden viele Anstrengungen unternommen, die Insel wieder ins ökologische Gleichgewicht zu bringen. Schon 1991 war das Eiland in das Naturerbeprogramm des Landes aufgenommen worden. Dabei wurde die Nordspitze der Insel zum Vogelschutzreservat erklärt. Kaninchen, zahlreiche Gazellenarten sowie 132 Vogelarten sind hier zu Hause.

Sofern es das teils unbeständige Wetter am Kap erlaubt, starten täglich Besichtigungstouren zur Insel. Im Preis sind die Fährfahrt enthalten, eine Gefängnistour und eine Fahrt über die Insel zu den Kalksteinbrüchen, wo

INSIDERTIPP

Bei der offiziellen Busrundfahrt über Robben Island sollte man unbedingt an der Küste aussteigen: Dort lassen sich herrliche Aufnahmen des Tafelbergs machen.

RICHARD WHITAKER
NATIONAL GEOGRAPHIC-Mitarbeiter

die Gefangenen Zwangsarbeit verrichten mussten. Die Gefängnisbesichtigung wird von einem ehemaligen Insassen geleitet. Zu sehen sind die **Garnisonskirche** (1841), der **Leuchtturm** (1863), die **Leprakirche** (1895), das **Gasthaus** (1895) und ein **muslimischer Schrein**. Bewegend sind die „Zellengeschichten" in den 40 Isolationszellen. Für den Ausflug sollte man 3,5 Stunden einrechnen und im Voraus buchen. Die Fähren verkehren in regelmäßigen Abständen vom Nelson Mandela Gateway unweit des Uhrenturms an der Victoria & Albert Waterfront.

Helikoptertouren

Helikoptertouren bieten eine einzigartige Möglichkeit, die Kaphalbinsel und die Tafelbergkette zu genießen. Sie können einen 20-minütigen Flug an der Atlantikküste oder einen gemütlicheren Ausflug zu den Winelands buchen. Wer abenteuerlustiger ist, genießt eine simulierte Kampfmission im Tiefflug über Meer, Strände und Hügel nördlich von Kapstadt in einem alten Huey-Helikopter. ■

Sport Helicopters
✉ V&A Waterfront, Kapstadt
☎ 021/419 59 07
$ $$$$$
www.sport.helicopters.co.za

ERLEBNIS: Hochseeangeln

Seine 3000 Kilometer Küstenlinie machen Südafrika zum Traumland für Petrijünger. Die hervorragenden Angelmöglichkeiten reichen vom knietiefen Wasser der Lagunen bis zu Angeltörns auf hoher See. Da es unzählige Fischarten und Schwierigkeitsstufen gibt, sollte man sich am besten auf eine Art konzentrieren. Südafrika ist für Gelbflossenthunfische bekannt, die man am besten am Cape Point fängt. Während der Saison kann ein durchschnittlicher Thunfisch bis zu 55 Kilogramm wiegen. Gegenwärtig ist es in Mode, die Fische mit Fliegenruten zu fangen.

Viele Touranbieter organisieren Ganztagesausflüge. Empfehlenswert ist **Two Oceans Sport Fishing** *(Tel. 082/460 82 80, www.twooceanssportfishing.com)* in Simon's Town, dessen bemerkenswerter Besitzer, David Christie, ein Ehrendiplom in Meeresbiologie und 18 Jahre Angelerfahrung in den örtlichen Gewässern hat. Auf seiner Webseite findet man aktuelle Fangberichte.

Auch das Marlinangeln in den wärmeren Gewässern Natals ist sehr spannend; diese Riesenfische können bis zu 68 Kilogramm wiegen. Tourenbuchungen bei **Sport and Safaris** *(Tel. 086/010 48 00, www.sportandsafaris.com)* in Chaka's Rock.

Die Kaphalbinsel

Von der rauen Wildnis des Tafelbergs und den Weinbergen Groot Constantias erstreckt sich die Halbinsel mit ihren malerischen Sandsteinhügeln bis zur Südwestspitze Afrikas: Cape Point am Kap der Guten Hoffnung. Der Atlantik brandet im Westen an die Halbinsel, während bei der False Bay auf der Ostseite die Gewässer wärmer und ruhiger sind. Die Küste säumen viele Strände und Orte.

Dias Cross, Table Mountain National Park

Die Strände

Die Strände am Kap sind sehr unterschiedlich: Manche sind angesagt und gut besucht, andere einsam. In Kapstadt gibt es, ähnlich wie in Südkalifornien, eine ausgeprägte Strandkultur. Doch es finden sich auch kilometerlange Sandstrände, die menschenleer sind. Dort ziehen nur Albatrosse und Seeschwalben ihre Runden, während ab und zu ein Angler sein Glück im grün schimmernden Wasser versucht. Die Strände am Kap werden allgemein in die „kalte Seite" und die „warme Seite" unterteilt. Die kalte Seite profitiert nicht vom milden Klima der False Bay, die Temperaturunterschiede sind deutlich spürbar. Ohne Neoprenanzug friert man im eiskalten Wasser des Clifton Beach schon nach fünf Minuten. In der False Bay herrschen im Sommer hingegen Wassertemperaturen von 20 bis 22 Grad Celsius. Das ist zwar auch nicht tropisch, aber zum Schwimmen und Surfen sehr angenehm.

Der **Clifton Beach** auf der kalten Westseite, nur zehn Autominuten vom Stadtzentrum entfernt, ist der angesagteste Strand Kapstadts. Er besteht aus fünf Bereichen, die bei Niedrigwasser miteinander verbunden, bei Hochwasser aber durch Felsvorsprünge voneinander getrennt sind. Die oft sehr subtilen Unterschiede zwischen den einzelnen Strandbereichen können nur von Eingeweihten wirklich nachvollzogen werden. Sie heißen schlicht First, Second, Third und Fourth Beach mit dem winzigen Moses Beach als Anhang. Letzterer wird von Monokini-Fans sehr geschätzt. Der **First Beach** gilt als Treffpunkt der jungen, schicken, sonnengebräunten Südafrikaner.

Nach weiteren fünf Autominuten beginnt der weite, bogenförmige **Camps Bay Beach**. Am Strand wachsen Palmen, an der Hauptstraße warten schicke Restaurants und Fast-Food-Läden auf Kundschaft. Durchgestylte Models fahren in Cabrios durch die Gegend. In den Villen an den Hängen wohnen Millionäre aus Moskau, Hedge-Fonds-Manager aus New York und Rockstars.

Der **Fish Hoek Beach** ist von ganz anderem Schlag: Der sichelförmige, drei Kilometer lange Sandstrand liegt an der warmen False Bay. Hier tummeln sich Familien mit Kindern, denn das Baden im warmen Indischen Ozean ist sicher und erfrischend. Auch hier trifft man auf die Schönen und Reichen, aber es geht nicht so international zu wie in Clifton Bay oder Camps Bay. Entlang dem felsigen Fußweg laden viele sichere Stellen (vor allem **Skellie Pool**) zum Schnorcheln ein. Zu den Meeresbewohnern zählen Zitterrochen, Seeigel, Seeanemonen, Steinfische und Meerbrassen.

Abenteuer

Wer Sportarten mit Nervenkitzel sucht, kommt bei diesen Firmen richtig ins Geschäft:
Abseil Africa *(Tel. 021/424 47 60, www.abseilafrica.co.za)* **ist auf Abseiltouren vom Tafelberg spezialisiert.**
Cape Xtreme *(Tel. 021/422 41 98, www.cape-xtreme.com)* **organisiert Touren zum Surfen, Radfahren, Klettern sowie Tauchgänge im Käfig.**
Downhill Adventures *(Tel. 021/422 03 88, www.downhilladventures.com)* **bietet Rad- und Quadtouren, Sandboarding, Paragliding, Klettertouren sowie Cage Diving.**

In Fish Hoek kann man je nach Saison die traditionelle Fangmethode des *treknetting* beobachten. Die örtlichen Fischer kennen die Gewässer schon seit ihrer Kindheit und stechen manchmal mit zwei Langbooten vom Strand aus

Table Mountain Cableway
✉ Lower Cable Station, Tafelberg Rd.
☎ 021/424 00 15
$ $$–$$$$
www.tablemountain.net

in See. Sie nehmen ein langes, flaches Netz mit, rudern in einem Halbkreis und werfen das Netz ins tiefere Wasser. Beide Boote fahren dann in einem Abstand von knapp 200 Metern zum Strand zurück. Dann beginnt der *trek*, das Einholen des

Am Strand der Camps Bay

Table Mountain National Park
Karte S. 57
☎ 021/701 86 72 oder 021/465 85 15
www.tablemountainpark.com
www.tmnp.co.za

Netzes durch die Fischer, die in Teams arbeiten. Unterstützt werden sie von kleinen Jungen, Rentnern, Surfern und Schaulustigen. Der Fang wird langsam auf den Strand gezogen. Sobald das Netz das flache Uferwasser erreicht, wird die Wasseroberfläche von den gefangenen Fischen aufgewühlt. Im Netz finden sich zumeist Brassen und Meeräschen, die vor Ort als *haarders* bezeichnet werden. Nicht selten verfangen sich auch Adlerrochen, Red Romans (eine Art Meerbrassen), Baby-Haie und sogar Stachelrochen in den Maschen.

Tafelberg

Wenn man sich Kapstadt vom Meer aus nähert, taucht am Horizont als Erstes das mächtige Granit- und Sandsteinmassiv des 1086 Meter hohen Tafelbergs auf. Um diesen Berg ranken sich viele Legenden. Durch die rasanten Wetterwechsel ist die Bergspitze oftmals durch ein sprichwörtliches „Tischtuch" aus Wolken verhangen. An anderen Tagen verhindern starke Winde den Aufstieg. Doch an schönen Tagen sind Spaziergänge und Wanderungen im Table Mountain National Park (siehe unten) ein Genuss – ebenso wie eine Fahrt mit der **Table Mountain Cableway**. Die Drahtseilbahn führt von der Tafelberg Road zum flachen Gipfelplateau hinauf. Eine Besonderheit sind die rotierenden Kabinen, die einen fantastischen Ausblick ermöglichen.

Die Drahtseilbahn wurde vor über 80 Jahren eröffnet und hat mehr als 16 Millionen Menschen auf den Tafelberg befördert. Am Fuße des Berges schmiegt sich die Innenstadt an die Ausläufer des Massivs. Ein Café und Souvenirläden dürfen an der Bergstation natürlich nicht fehlen.

Der **Table Mountain National Park** umfasst das ikonische und szenische Massiv des Tafelbergs, das sich vom Signal Hill im Norden bis zum Cape Point am Kap der Guten Hoffnung im Süden

INSIDERTIPP

Besteigen Sie den Tafelberg zu Fuß! Dafür benötigt man eine gute Karte, und man sollte keine Abkürzungen nehmen. Das Wetter kann binnen weniger Minuten umschlagen und die Sicht nehmen. Bei Regen sollte man die Skeleton Gorge meiden.

THURE CERLING
National Geographic-Experte

erstreckt. Fauna und Flora im Nationalpark sind so einzigartig, dass der Park zur Weltnaturerbestätte erklärt wurde. Besucher sind von den Sportmöglichkeiten im Park begeistert: Im Angebot stehen spektakuläre Wanderungen, Mountainbiketouren, Drachenfliegen und Parasailing (siehe Kasten unten).

Der Zutritt zum Park ist im Allgemeinen kostenlos; nur am Kap der Guten Hoffnung sowie in Boulders und Silvermine wird ein Entgelt erhoben. Für manche Aktivitäten muss man vorab eine Erlaubnis einholen; Informationen erhält man im Hauptbüro der Parkverwaltung.

Kirstenbosch National Botanical Garden

Kirstenbosch ist einer der schönsten botanischen Gärten weltweit, seine Lage am Osthang des Tafelbergs

Kirstenbosch National Botanical Garden

Karte S. 57
Rhodes Dr., Newlands
021/799 87 83
$
www.sanbi.org/kirstenbosch

ERLEBNIS: Wandern, Radfahren & mehr

Die vielen Wanderwege im Table Mountain National Park sprechen ein breites Publikum an. Passionierte Wanderer lieben den **Hoerikwaggo Trail**. Die dreitägige geführte Tour wird von der Parkverwaltung organisiert und ist vergleichsweise luxuriös. Das Gepäck wird getragen, Vollverpflegung ist inklusive. Auf der Strecke gelangt man aus der Stadt hinaus in die naturbelassene Landschaft des Tafelbergs.

Die **Platteklip-Gorge-Wanderung** lässt sich auch ohne Führung absolvieren. Die Strecke führt von der Talstation der Drahtseilbahn an der Tafelberg Road in Serpentinen steil bergan; nach zwei bis drei Stunden erreicht man das Gipfelplateau.

Auf dem Gipfel führen mehrere einfache Routen zu verschiedenen Aussichtspunkten. Die **Maclear's-Beacon-Wanderung** führt zum Beispiel in 35 Minuten vom oberen Ende der Platteklip Gorge zum „Vordertisch", von dem man über die False Bay blickt.

Ein weiterer Wanderweg beginnt an den Kirstenbosch Gardens (siehe S. 78). Von dort geht es durch die Skeleton Gorge über den **Smuts' Track** auf den Tafelberg hinauf. Der Nursery Ravine Trail startet ebenfalls in Kirstenbosch; diese Rundwanderung dauert gut fünf Stunden.

Routen für Mountainbiker beginnen im Park bei Tokai Forest, Silvermine, Kloofnek, Mowbray Ridge und am Kap der Guten Hoffnung. Kletterer werden durch berühmte Routen wie „Africa Face" herausgefordert. Weitere Informationen gibt der **Mountain Club of South Africa** *(Tel. 021/465 34 12)*.

Drachenflieger und Paraglider finden am Lion's Head und bei Silvermine ausgewiesene Startplätze.

Groot Constantia

Karte S. 57
Groot Constantia Rd., an der M 41
021/794 51 28
Weinproben: $$

www.grootconstantia.co.za

könnte nicht spektakulärer sein. Auf 36 Hektar zeigt der 1913 gegründete Garten die Pflanzenvielfalt Südafrikas.

An den Berghängen wächst auf einem 528 Hektar großen Gelände vor allem Fynbos. Diese zumeist kleinblättrige, wetterfeste Pflanzengemeinschaft findet sich

INSIDERTIPP

Wer von Kirstenbosch bergan durch die Skeleton Gorge und zurück durch die Nursery Ravine wandert, sieht auf dem Hinweg oft die rote Orchideenart *Disa uniflora*, auf dem Rückweg die Königsprotea, die in Südafrika heimische Protea-Art.

RES ALTWEGG
NATIONAL GEOGRAPHIC-Experte

nur in den Bergen und an der Küste des südwestlichen Kap. Der afromontane Wald wird von immergrünen, breitblättrigen Bäumen dominiert. Am schönsten ist die Gegend im südafrikanischen Frühling zwischen August und Oktober, wenn die Namaqualand-Korbblütler (Venidien) und viele andere Pflanzen blühen. Im botanischen Garten sind rund 6700 der 20 000 in Südafrika heimischen Pflanzenarten anzutreffen. In den höheren Bereichen wachsen im **Cycad Amphitheatre** die ungewöhnlichen Sagopalmfarne. Im **Protea Garden** gedeiht eine große Fülle an Proteus- und Silberbaumgewächsen.

In Kirstenbosch gibt es auch ein Restaurant, Läden und ein Besucherzentrum.

Groot Constantia

Das Weingut Groot Constantia schmiegt sich in das Constantia Valley. Der kapholländische Stil ist ein gutes Beispiel für die elegante Baukunst jener Zeit. Bereits 1685 wurde die Farm dem Gouverneur Simon van der Stel vermacht. Im 18. Jahrhundert wurde sie für ihre süßen Dessertweine berühmt. 2003

Gartenkonzerte

Im Sommer kann man sich jeden Sonntagnachmittag an einem Open-Air-Konzert im **Kirstenbosch National Botanical Garden** erfreuen. Zum Programm gehören alle erdenklichen Musikrichtungen, darunter Jazz, Klassik, Rock und Folk. Die Stimmung ist entspannt. Die Gäste sitzen, mit Picknickkörben ausgerüstet, im Garten, hören der Musik zu und trinken dazu einen Wein. Infos und Buchungen unter *Tel. 021/761 28 66*, *www.sanbi.org*.

Wer Südafrika im Winter bereist, sollte sich die Jazz- und Klassikkonzerte im **Walter Sisulu National Botanical Garden** in Johannesburg vormerken. Auch sie finden sonntagnachmittags statt; weitere Informationen unter *Tel. 086/100 12 78*, *www.sanbi.org*.

Ausritt am Strand von Noordhoek

nahm das Weingut die Herstellung des süßen Dessertweins „Grand Constance" wieder auf; die roten und weißen Muskateller waren letztmalig vor über 200 Jahren gekeltert worden.

Die Cloete-Familie erbte von Simon van der Stel einen Teil des Gutes und beauftragte im 18. Jahrhundert den französischen Architekten Louis Michel Thibault, Erweiterungsbauten zu errichten, darunter einen zweistöckigen Weinkeller, der von einem Relief geziert wird: Ganymed, Mundschenk der Götter, umgeben von Engeln.

Die Tore in Groot Constantia sind untypisch gestaltet: geradlinig und neoklassizistisch. Ganz anders ist jedoch der extravagante Giebel, der fast doppelt so hoch ist wie allgemein üblich. In einer Nische ist eine Skulptur zu sehen, die den Überfluss symbolisiert – ein Werk, das Anton Anreith zugeschrieben wird. Das Haupthaus ist gut erhalten, seine Inneneinrichtung gilt als einprägsames Beispiel für Landhäuser im kapgeorgianischen Stil.

1993 wurde das Weingut vom Groot Constantia Trust erworben, der in Zusammenarbeit mit den South African Museums eine Dauerausstellung zur Sklaverei auf Landgütern einrichtete. Touristen können zudem das Weinmuseum besichtigen, eine Weinprobe machen oder in den Restaurants Simon's und Jonkerhuis speisen.

Kalk Bay

Kalk Bay ist der malerische Hafenort unweit von Fish Hoek. Entlang der Main Street haben sich Antiquitätenläden, Cafés, Restaurants und winzige Läden für Kunst-, Nippes- und Buchliebhaber angesiedelt. Mehrere Restaurants an der Uferpromenade sind sehr einladend, darunter das Brass Bell *(Waterfront,*

Tel. 021/788 54 55) und das Harbour House *(Kalk Bay Harbour, Tel. 021/788 41 33)*. Dort genießt man Muscheln in Knoblauch, gegrillten Hummer oder Fisch. Für ein gutes Frühstück ist das Olympia Café and Deli *(34 Main St., Tel. 021/788 63 96)* eine gute Adresse.

Simon's Town

Ein Stückchen weiter südlich liegt diese reizvolle viktorianische Stadt. Der flache Badestrand liegt etwas außerhalb der Stadt und bietet schöne Blicke über die False Bay bis zum Cape Hangklip.

An der Straße von Simon's Town zum Cape Point ist **Boulders Beach** für seine Pinguinkolonie bekannt. Die Pinguine haben sich auf den Stränden rund um Boulders gemütlich eingenistet.

Cape Point & Kap der Guten Hoffnung

Für Touristen hat ein Ausflug zum Cape Point eine ähnliche Wirkung wie ein Ausflug zu den Victoriafällen: Die Landschaft ist großartig, die Klippen sind zerklüftet und sehr hoch, das Wasser ist absolut ungebändigt. Francis Drake (1540–95) passierte Cape Point 1580 und nannte es »das schönste Kap der Welt«.

Mehrere Routen führen zum Cape Point, von denen jede ihren eigenen Reiz hat. Am spektakulärsten ist jedoch die kurvenreiche Strecke entlang dem **Chapmans Peak** zwischen Noordhoek und Hout Bay. Die acht Kilometer lange Straße wurde hoch über dem Meer in die Berghänge gesprengt. Unwillkürlich hält man öfters an, um die Küste mit ihren steilen

ERLEBNIS: Die Fischer von Kalk Bay

Die charismatischen, schlagfertigen Fischer von Kalk Bay sind für ihre bunt bemalten Boote und blumig ausgemalten Storys bekannt. Da wird ein Ausflug zum Hafen schnell zu einem wahren Kulturerlebnis. Die Fischer sind zu Recht stolz auf ihre Vergangenheit. Sie widersetzten sich als einzige Gemeinschaft Südafrikas erfolgreich dem Apartheidregime und verhinderten ihre Umsiedlung. Seit Jahrhunderten leben sie vom Fischfang und fahren noch heute jeden Tag vor dem Morgengrauen aufs Meer hinaus. Daran ändern auch die größeren Fischkutter weiter draußen nichts.

Ein Hafenspaziergang lohnt sich vor allem zur Mittagszeit, wenn die Fischerboote voll beladen zurückkehren. Sogar ganze Schlangenmakrelen *(Cape Snoek)* werden einem für geringes Geld geradezu nachgeschmissen. Der zarte, schmackhafte Fisch ist für seine extrem scharfen Zähne berüchtigt. Bis heute wird er nach altem Brauch mit einer Handschnur geangelt. Wer diesen Fisch kauft, dem wird er, in Zeitungspapier eingepackt, zusammen mit kostenlosen Zubereitungstipps überreicht. Zitronenbutter ist dabei nicht gefragt, stattdessen sollte man ein traditionelles Gericht wie „Snoek mit Aprikosengelee und Zwiebeln" probieren oder eines der Rezepte, die den Fischern gerade so einfallen.

Die Fischer nehmen Interessierte auch auf ihren hölzernen Booten mit, damit sie den Fischfang unmittelbar miterleben können.

Klippen zu bewundern. Eine alternative Strecke führt von Fish Hoek entlang der Küste nach Simon's Town. Von dort geht es über die Küstenstraße weiter zum **Cape Peninsula National Park**. Eine Besonderheit sind Bärenpaviane – sie haben die Angewohnheit, auf die Autos zu springen.

Auf der Weiterfahrt bietet sich einer der traumhaftesten Panoramablicke auf Erden: Die lange, felsige Spitze von Cape Point erstreckt sich in den südlichen Atlantik hinaus. Das Meer ist hier aufgewühlt und oft von Stürmen gepeitscht.

Ein Wanderweg führt zum Leuchtturm, spektakulär ist die 238 Meter lange Fahrt mit der Seilbahn, die vom Parkplatz zu einem Aussichtspunkt unterhalb des Cape-Point-Leuchtturms fährt.

Der **Leuchtturm** ist einer von vielen, die auf den Klippen des Cape Point errichtet wurden, um unachtsame Kapitäne vor den gefährlichen Untiefen und Riffs zu warnen. 1857 wurde ein Leuchtturm erbaut, der nahezu wertlos war, weil er zu hoch oben stand und oftmals im Nebel verschwand. Der heutige Leuchtturm ist wesentlich effektiver und der stärkste an der südafrikanischen Küste. Sein Licht hat eine Reichweite von 63 Kilometern; alle 30 Sekunden leuchtet es dreimal kurz hintereinander mit einer Lichtstärke von zehn Millionen Candela auf.

Leuchtturm am Cape Point

Das **Two Oceans Restaurant** *(Tel. 021/780 92 00)* wurde auf einer Klippe am Cape Point errichtet. Hier sind atemberaubende Ausblicke über die False Bay garantiert. Während man Meeresfrüchte genießt, sichtet man vielleicht sogar einen Wal.

Scarborough

Auf dem Rückweg vom Kap liegt Scarborough, unmittelbar nördlich des Cape of Good Hope Nature Reserve. Dieser Vorort von Kapstadt schmiegt sich an die Berghänge des Slangkop und des Red Hill. An den Sandstränden sind Angler, Surfer, Windsurfer und Kajakfahrer in der Überzahl gegenüber Badefreunden, die wegen der Strömung vorsichtig sein müssen. Im Sommer wird es am Strand richtig voll. ■

Highlights an der Westküste sind die Wildblumenblüte im Frühling, die Weintouren und die Langusten-*braais* am Strand

Die Westküste

Erster Überblick 84–85

Darling & seine Weinregion 86–87

Die Swartland-Weinstraße 88–89

Die Westküste entlang 90–95

Erlebnis: Angeltouren 92

Special: Paradiesische Meeresfrüchte 96–97

Erlebnis: Ein *braai*-Schmaus am Strand 97

Hotels & Restaurants 285–286

Ein Feld voller Wildblumen nahe Citrusdal

Die Langebaan Lagoon ist ein Paradies für Wassersportler

Die Westküste

Wenn Kapstadt wie ein guter Champagner ist, elegant und perlend, dann ist die Westküste wie ein strenger, zurückhaltender Weißer Burgunder. Diese Region hat ihre eigenen Reize, und im September und Oktober verwandelt sie sich während der Frühlingsblüte in ein farbenprächtiges Blütenmeer.

NICHT VERSÄUMEN

Darlings Wildblumen und die herrliche Weinstraße **86**

Flamingos und Pinguine im West Coast National Park **90**

An der Saldanha Bay mehrere Walarten beobachten **91**

Rund um Britannia Bay zu den Schiffswracks tauchen **92–93**

Bei Paternoster Langusten fischen **93**

Eine Führung bei Steenberg's Cove mit dem exzentrischen Oom April Snyders **94**

Im Cederberg Astronomical Observatory die Sterne bewundern **95**

Ein Strandmahl im Freien mit fangfrischem Fisch und Meeresfrüchten **97**

Die Westküste ist typisch für Südafrika, auch wenn sie nicht gerade im üblichen Sinne als schön bezeichnet werden kann. Doch wer eine Zeit hier verbracht hat, lernt das kräftige Preußischblau ebenso zu schätzen wie den fahlen Glanz der Strände. Karen Blixen, Autorin des Romans „Jenseits von Afrika", beschreibt die Küste treffend: »Die Landschaft vermittelte eine göttliche, saubere und karge Großartigkeit ...«.

Die Region zieht sich von Kapstadt 400 Kilometer nach Norden. An der gelegentlich etwas trostlosen Küste ist die Langebaan Lagoon ein echtes Highlight. In den vielen kleinen Fischerhäfen dominieren bescheidene Fischerkaten das Bild. Im Hinterland sind die weitläufigen Weizenfelder und die Weinberge von Swartland und Sandveld ebenso typisch wie die Rooibosplantagen und Zitronengärten. Auch die Weingüter des Olifants River Valley sowie der Gebirgszug der Cederberge sind einen Abstecher wert.

Natur pur

Die trockene Schönheit des Landes verwandelt sich zwischen Wintermitte und Frühlingsende radikal, wenn die weltberühmten Wildblumen die Region in ein einzigartiges Farbenmeer tauchen. Die weißen Korbblütler künden die neue Saison an. Alles erstrahlt in Orange, Pink, Gelb und Violett, wenn der Fynbos in voller Blüte steht. Rund um Darling, Langebaan, Paternoster, Saldanha und die St. Helena Bay sowie zwischen Vredenburg, Velddrif und Hopefield finden sich mehrere Wildblumenschutzgebiete.

Einige der beliebtesten Wanderwege der Region folgen einfach der Küste, so zum Beispiel von Swartriet nach Tietiesbaai und von Paternoster nach Stompneusbaai. Der West Coast National Park und das Rocherpan Nature Reserve bieten ebenfalls Wanderrouten an.

In der Cederberg Wilderness Area ist man der Natur so nah wie an kaum einem anderen Ort. Diese Wildnis ist für ihre Gesteinsformationen berühmt. Mit allradbetriebenen Autos kann man auf Erlebnistour gehen, oder man unternimmt eine Wander- oder Klettertour. Wanderpfade unterschiedlichster Schwierigkeitsgrade führen durch die Wildnis. Klettern ist fast überall in der Cederberg Wilderness Area erlaubt. ■

Darling & seine Weinregion

Nach einer spektakulären Fahrt von Kapstadt über die R27 Richtung Norden – zwischen den Cape Fold Mountains und dem Atlantik – ist Darling ein perfektes Wochenendziel. Man kann die Weingüter erkunden, den Strand im nahe gelegenen Yzerfontein aufsuchen oder die Swartland-Weinstraße befahren.

Das Restaurant und Varieté Evita se Perron, Bahnhof Darling

Darling
Karte S. 85
Besucherinformation
022/492 33 61
www.darlingtourism.co.za

Darling liegt nur 75 Kilometer nördlich von Kapstadt, zwischen Weinbergen und Weizenfeldern. Fast das ganze Jahr über scheint der Ort im Dornröschenschlaf versunken. Die Straßen werden von Bäumen und im kapholländischen und viktorianischen Stil erbauten Häuschen gesäumt. Doch im Frühling, also im September und Oktober, strömen die Besucherscharen nach Darling, um die Farbenpracht der Blütezeit mitzuerleben. Mehr als tausend Blumenarten verwandeln die Wiesen und Hügel in ein einziges Blütenmeer, dessen intensive Farben die Sinne betören.

Die unglaubliche Artenvielfalt führte 1915 zur Gründung der örtlichen Wildflower Society; schon zwei Jahre später wurde die erste *Wildflower Show* organisiert. Seither findet die Wildblumenschau alljährlich am dritten Wochenende im September statt, gleichzeitig lockt eine Orchideenschau Besucher an.

In der Nähe liegen mehrere private Naturschutzgebiete, Pflanzenschulen und Bauernhöfe, die während der Blüte für Publikum geöffnet sind. Das **Tienie Versfeld Wildflower Reserve** *(R315, 12 km westlich von Darling)* ist während der Blütezeit ein guter Tipp. Das **Rondeberg**

INSIDERTIPP

Während der Darling Wildflower Show am dritten Wochenende im September öffnen mehrere Naturreservate ihre Pforten, um die schönsten und seltensten Pflanzen zu präsentieren.

ANTON PAUW
National Geographic-Experte

Nature Reserve *(R27, 25 km südwestlich von Darling, Tel. 022/492 30 99, www.rondeberg.co.za, $)* bietet geführte Touren durch die Fynbosvegetation der Tiefebene an.

Um 1853 begannen sich die Höfe rund um die Dutch Reformed Congregation auf der Langefontein-Farm zur Siedlung zu entwickeln. Der Name Darling geht auf den Kapgouverneur Sir Charles Henry Darling (1809–70) zurück. Stadtrechte erhielt der Ort erst 1955.

Die Darling Creamery wurde 1902 gegründet und war einst eines der wichtigsten Unternehmen der Stadt. Im **Darling Museum** *(Pastorie St., Tel. 022/492 33 61)* wird die damalige Butterproduktion erläutert. Das Museum ist im alten Rathaus (1899) untergebracht.

Seit 2004 besitzt Darling eine eigene Weinstraße *(Tel. 022/492 33 61, www.darlingtourism.co.za)*. Angeschlossen sind das Weingut **Cloof**, die **Darling Cellars, Groote Post**, **Ormonde** sowie die **Oudepost Estates**. Auf den Weingütern werden nach Anmeldung auch Weinproben arrangiert.

Im alten Bahnhof ist das **Evita se Perron** eingerichtet, ein Varieté und Restaurant, das von Pieter-Dirk Uys geführt wird. Der Künstler steht selbst auf der Bühne. ■

Kunstszene

Darling ist voller Kunsthandwerkgalerien, die sich auf den typischen euroafrikanischen Stil der westlichen Kapregion spezialisiert haben. Im !Khwa Ttu Arts & Craft Shop ***(an der R27, westlich von Darling, Tel. 022/492 29 98)*** **stehen Kunstwerke der San im Vordergrund. Wie wäre es zum Beispiel mit einer Straußenei-Halskette? Ouma's Treasures** ***(Pastorie St., Tel. 022/492 33 61)*** **zeigt Sammlerstücke, Nippes und örtliches Kunsthandwerk; entlang der Main Street und Pastorie finden sich weitere Läden.**

Cloof
Karte S. 85
Bei den Darling Cellars links abbiegen, Richtung Cloof ausgeschildert
022/492 28 39
Geschl. So
www.cloof.co.za

Darling Cellars
Karte S. 85
R315, Mamre Way Station
022/492 22 76
www.darlingcellars.co.za

Groote Post
Karte S. 85
Darling Hills Rd., an der R307
022/492 28 25
www.grootepost.com

Ormonde Vineyards
R27, nordwestlich von Darling
022/492 35 40
Geschl. So
www.ormonde.co.za

Oudepost Estate
R307
022/492 23 68
Nach Voranmeldung

Evita se Perron
Arcadia St.
022/492 28 31
Geschl. Mo; Shows Fr, Sa nachmittags & abends, So nachmittags
www.evita.co.za

Die Swartland-Weinstraße

Das Swartland ist nach dem Renosterbos („Nashornbusch") benannt, der sich im Winter schwarz färbt. Es reicht von Darling östlich bis Riebeek West und Riebeek Kasteel und von Malmesbury im Süden bis nach Piketberg im Norden.

Das Weingut Cloof

Der größte Teil des *Renosterbos* wurde für den Weizenanbau untergepflügt, die Region gilt als Kornkammer Südafrikas. Seit 1986 ist das Swartland auch für seine Shiraz-Weine bekannt. Die Reben gedeihen bestens auf dem trockenen Buschland. Die „Buschweine" haben etwas kleinere Trauben als die im konventionellen Spalier wachsenden Rebsorten, ihr Aroma ist wesentlich dichter. Die Trauben wachsen in der hügeligen Landschaft vor dem Hintergrund des Perdeberg und des Kasteelberg. Mittelpunkt eines Weinguts ist meist ein großes Gutsgebäude mit einem weißen Giebel, der für die kapholländische Architektur typisch ist.

NICHT VERSÄUMEN

Swartland Winery • Riebeek Kasteel & den Riebeek-Valley-Markt • Het Vlock Casteel • Allesverloren

Von **Darling** (siehe S. 86f) aus führen die R315 und R45 nach Osten Richtung

Malmesbury. Erster Stopp an der Swartland-Weinstraße ist die **Swartland Winery** ❶ *(Tel. 022/482 11 34, www.swwines.co.za)*; dieses Weingut ist schon seit 1948 im Geschäft.

Weiter geht es auf der R45 und auf der R46 zum **Meerhof Wine Cellar** ❷ *(Tel. 022/487 25 24, www.meerhof.co.za)*. Dieses Gut war einst eine Farm, seit 1961 wird hier Weinbau betrieben.

Ein kurzes Stück weiter liegen an der R46 die **Kloovenburg Vineyards** ❸ *(Tel. 022/448 16 35, www.kloovenburg.com)*. In den Worten der Besitzer „hängt das Weingut wie ein Schwalbennest unterhalb des Kasteel Mountain". Hier wird seit Mitte des 18. Jahrhunderts Weinbau betrieben – aber richtig ernsthaft erst 1998 mit dem Shiraz.

Gelangt man auf die R311, sieht man in der Ferne die weißen Kirchtürme von **Riebeek Kasteel** und **Riebeek West** aufragen. In Riebeek Kasteel befinden sich rund um den Hauptplatz eine Reihe von Kunstgalerien sowie Restaurants und Cafés. Am ersten Samstagmorgen im Monat bietet der **Riebeek-Valley-Markt** frische Lebensmittel der Region.

Het Vlock Casteel ❹ *(Tel. 022/448 14 88, www.hetvlockcasteel.co.za)* produziert neben Wein auch Oliven und Obst. Das Gebäude am Eingang des Weinguts ähnelt der Festung in Kapstadt. Während der Saison kann man Wein, Pfirsiche, Trauben, Orangen und Eingemachtes kaufen. Von Weihnachten bis März werden dreistündige Führungen angeboten. Voranmeldungen sind erforderlich.

Über die R311 gelangt man Richtung Norden nach **Allesverloren** ❺ *(Tel. 022/461 23 20, www.allesverloren.co.za)*. Der Name bezieht sich auf die Geschichte des Gutes: Als die Siedlerfamilie 1704 von einem Ausflug nach Stellenbosch zurückkam, war das Haus niedergebrannt und das Ackerland verwüstet. Doch die Familie baute den Hof wieder auf.

Weiter geht es über die R311 und anschließend über die N7 zurück nach Malmesbury und über die R315 nach Darling.

Siehe auch Umgebungskarte S. 85
Darling
145 km
3–4 Std., je nach Anzahl der Stopps
Darling

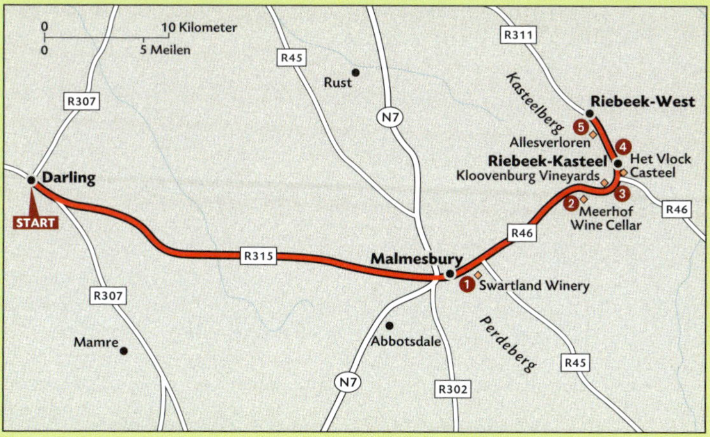

Die Westküste entlang

Die Westküste mit ihren langen Stränden, den Vogelschwärmen in einer stillen Lagune und mit den Fischerdörfern bietet Ruhe und Abgeschiedenheit.

Der Hafen der Saldanha Bay

West Coast National Park

Karte S. 85

An der R27, 11 km nördlich der R315

022/772 21 44 oder 022/772 21 45

$

www.sanparks.org/parks/west_coast

West Coast National Park

Rund 120 Kilometer nördlich von Kapstadt, südlich der Saldanha Bay, liegt dieser Nationalpark. Der Park wurde 1985 als Natur- und Vogelschutzgebiet eingerichtet. Das Feuchtgebiet (29 700 ha) ist als Ziel vieler Zugvögel, die von der Arktis bis hierher fliegen, von internationaler Bedeutung. Die Vögel treffen ziemlich erschöpft im September ein. Im Nationalpark finden sie reichlich Nahrung und können sich wieder erholen, ehe sie sich im März für die Rückreise sammeln. Neben den Tausenden von Zugvögeln sind die farbenfrohen Wildblumen im Frühjahr eine Attraktion.

Fußabdrücke und andere Spuren prähistorischen Lebens, die bis zu 120 000 Jahre alt sind, wurden im Park und in der Nähe gefunden.

Innerhalb des Parks kann man sich in Kraalbaai ein Hausboot mieten. Im Geelbek Information Center serviert eine Teestube leichte Mahlzeiten. Wenige Schritte weiter wurde ein Aussichtspunkt zur Vogelbeobachtung eingerichtet. Bei Churchhaven stehen Unterkünfte zur Verfügung; diese Bucht ist für ihre Flamingos berühmt.

Langebaan Lagoon: Im Herzen des Parks liegt diese blaue Lagune, die zweimal täglich durch die Gezeiten mit nährstoffreichem Wasser aus der Antarktis überflutet wird. Da kein Fluss in die Lagune mündet, ist das Wasser salzhaltig. Auf den Inseln in der Lagune brüten Pinguine, Tölpel, Kormorane, Möwen, Austernfischer und viele andere Vögel.

Vogelkundler interessieren sich vor allem für die Brillenpinguine, die rosafarbenen Flamingos, die Watvögel und Mohrenweihen, die Gleitaare, Kapfrankoline, Dominikanermöwen sowie die vom Aussterben bedrohten Schwarzen Austernfischer und die Weißstirnregenpfeifer.

Das Gebiet rund um den **Postberg** ist von August bis September geöffnet, wenn die Wildblumen blühen und mehrere Antilopenarten sowie Zebras anzutreffen sind.

Zu beiden Seiten der Lagune ziehen sich entlang der Atlantikküste goldene Sandstrände bis zum Horizont. Doch das Meer ist kalt, denn der Benguelastrom bringt eiskaltes Wasser aus der Antarktis mit. Jeder, der sich im Wasser aufhalten möchte, benötigt einen Neoprenanzug – dennoch ist Wassersport angesagt. Besucher haben die Qual der Wahl: Paragliding, Windsurfen, Segeln sowie Kanu- und Kajaktrips. Die wellenfreie Lagune ist ideal für Windsurfschüler.

Saldanha Bay: Unmittelbar nördlich der Lagune gelegen, wurde die Bucht nach Antonio de Saldanha benannt. Der portugiesische Kapitän segelte 1503 mit der Flotte von Alfonso d'Albuquerque nach Südafrika. Wegen der abgeschiedenen Lage und dem Mangel an Trinkwasser entwickelte sich die Region nur langsam. Die Saldanha Bay ist ein wunderbarer Naturhafen. Hierher werden junge Marinerekruten zur Grundausbildung geschickt. Die Fischereiflotte fängt noch immer Muscheln, Austern, Langusten, Tintenfische, Seehechte, Meeräschen und Schlangenmakrelen *(snoek)*. Der nur in Südafrika vorkommende, silberne und knochige *snoek* hat scharfe Fangzähne.

INSIDERTIPP

Der West Coast National Park erwacht nur zur Frühlingsblüte richtig zum Leben. Spektakulär ist das Gebiet rund um den Postberg, der für Besucher im August und September geöffnet ist.

JON MINSTER
Reisejournalist

In der Saldanha Bay erkunden Taucher mehrere Schiffswracks. Man kann aber auch zu einer Kajaktour auf dem Meer oder zu einer Angeltour aufbrechen: Yellowtails

Jacobsbaai
Karte S. 85

Britannia Bay
Karte S. 85

(Makrelen) und Thunfische sollen leicht zu fangen sein. Robben sonnen sich auf den kleinen Inseln, Südkaper schwimmen von August bis November in diesen Gewässern. Buckelwale sind von Oktober bis November anzutreffen, Brydewale ganzjährig.

ERLEBNIS: Angeltouren

Die Westküste ist für ihren Fischreichtum berühmt. Die Frage ist nur, wie man die Fische für ein *braai* (siehe S. 97) aus dem Meer holt. Neben Fisch stehen auch Langusten, Muscheln und Seeohren (Abalone) hoch im Kurs. Anker *(Kontakt: André Kleynhans, Tel. 083/480 49 30)* ist eine örtliche Firma in Paternoster, die traditionelle Angelausflüge anbietet. Dabei wird mit Speeren gefischt, nach Langusten getaucht oder vom Boot aus geangelt.

Auch Hotels bieten Angeltrips, wie das Blue Dolphin an der Warrelklip Street in Paternoster *(Tel. 022/752 20 01)*, das auf Langusten spezialisiert ist.

Natürlich kann man auch einfach die altbewährte Methode wählen, indem man sich eine Angelrute und Würmer besorgt – und schon kann's losgehen.

Jacobsbaai

Der abgeschiedene Küstenort Jacobsbaai befindet sich auf halbem Weg zwischen der Saldanha Bay und Paternoster. Jacobsbaai besitzt sieben kleinere Buchten: Die **Kwaibai** ist ideal zum Surfen; in der **Jacobsbaai, Smalbaai** und **Moerie** kann man Boote zu Wasser lassen, die **Bamboesbaai** und **Toothrock** ziehen Schnorcheltaucher, Taucher, Angler und Langustenfischer an. Die langen Küstenpfade sind für Dünenritte und Wanderungen geeignet.

Bereits im frühen 19. Jahrhundert trieben hier die Farmer mit der Stefan Brothers Company Handel; verschuldete Bauern verpachteten ihr Land für 99 Jahre an die Firma, um ihre Schulden abzutragen. Schließlich verfügte die Firma über so viel „privates" Land, dass sie andere Geschäftsleute verdrängte. 1990 entdeckte ein Angestellter im Grundbuchamt von Kapstadt, dass die Pachtverträge ausgelaufen waren und das Land wieder zu kaufen sei. Das brachte einen Aufschwung und den Bau schicker Ferienunterkünfte.

Britannia Bay

Noch weiter im Norden liegt Britannia Bay. Die Stadt wurde nach der *Britannia* benannt, die am 22. Oktober 1826 fünf Kilometer vor der Küste auf ein Riff lief. Die Besatzung konnte sich retten. Ein ortsansässiger Bauer kaufte das Wrack und rettete einen Teil der Ladung.

Die Küstengewässer sind mit gesunkenen Schiffswracks übersät. Allein zwischen der Britannia Bay und Dassen Island sind etwa 240 Wracks offiziell verzeichnet, und regelmäßig begeben sich Taucher auf Schatzsuche. Tauchschulen bieten Kurse für Anfänger wie Fortgeschrittene an; am besten kontaktiert man André Kleynhans *(Tel. 083/480 49 30)*, der zu vielen Wracks Tauchexpeditionen organisiert und leitet.

Die Strände der Britannia Bay sind für Badefreunde attraktiver, da der eiskalte Benguelastrom die Bucht nicht erreicht; das Wasser ist also etwas wärmer. Von Juni bis September halten sich Südkaper und Buckelwale in Küstennähe auf, während sich Schwarz- und Heaviside-Delphine rund um die kleinen Boote tummeln.

Ein Restaurant in Paternoster

Paternoster

Paternoster
Karte S. 85

Einige Kilometer weiter entlang der Küste wartet Paternoster, ein weiteres idyllisches Fischerdorf. Am Strand liegen bunte Holzboote, während die weiß getünchten Häuser in den Dünen oberhalb der Felsblöcke verstreut sind. In einigen der älteren Häuser gibt es extravagante Kamine. Abends treffen sich die Leute im alten **Paternoster Hotel** *(Main Rd., Tel. 022/752 27 03, www.paternosterhotel.co.za)*, um über Gott und die Welt zu plaudern. Die Fischerei ist nach wie vor der Haupterwerbszweig der 1500 Einwohner. Von November bis April werden überwiegend Schlangenmakrelen *(snoek)* sowie Langusten, Sardinen und Sardellen gefangen.

Einige Künstler- und Töpferstudios bereichern das bunte Straßenleben, die Restaurants und Bars an der Uferpromenade laden zu einer Pause ein.

Der **Leuchtturm** am Cape Columbine, rund fünf Kilometer außerhalb von Paternoster, war einst der erste Leuchtturm Südafrikas mit einem Leuchtturmwärter. Der Zeltplatz auf dem Strand

St. Helena Bay
Karte S. 85

Berg River Estuary
Main Rd., Richtung Piketberg (gegenüber dem Flamingo Restaurant), Velddrif
022/783 18 21

Rocherpan Nature Reserve
Karte S. 85
Nördlich von Velddrif, an Dwarskersbos vorbei, Schotterpiste Richtung Elands Bay
022/952 17 27
Geschl. Okt.–März

zwischen den Granitblöcken ist ein Refugium in der Wildnis.

Das Kap erhielt seinen Namen von der *Columbine*, die 1829 an den Klippen zerschellte. Die überlebenden portugiesischen Seeleute dankten mit einem *Paternoster* – dem Vaterunser. So kam der Ort zu seinem Namen.

Oom April Snyders

Wer mehr über die Region erfahren möchte, sollte sich dem über 80-jährigen Oom („Onkel") April Snyders aus Steenberg's Cove anvertrauen. Er ist in der Bucht ein echtes Original. Der ehemalige Schiffsbauer hat ein fantastisches Gedächtnis und kann die Geschichte der Region besser als jeder Historiker erzählen. Snyders kennt alte Brunnen, die längst von Flugsand verschüttet wurden; er weiß von antiken Scherben und Straußeneiern, die man in seiner Jugend in der Nähe seines Hauses fand, und seine Geschichten über Fische sind ein Muss.

St. Helena Bay

Rund um die Bucht liegen mehrere kleine Fischerorte. Mehr als die Hälfte der südafrikanischen Fischverarbeitung erfolgt in den Orten Stompneus Bay, West Point, Sandy Point und Steenberg's Cove.

Der portugiesische Entdecker Vasco da Gama ankerte am 8. November 1497 in der Bucht. Über seinen Aufenthalt berichtete er: »Die Bucht war sehr sauber und schützte gegen alle Winde, ausgenommen die Nordwestwinde (...). Wir nannten sie St. Helena.«

Die ruhigen Gewässer der Bucht bieten den Südkapern perfekte Bedingungen, um im August zu kalben und bis November vor Ort zu bleiben. Buckelwale werden zwischen Oktober und November gesichtet, wenn sie sich auf dem Weg von Westafrika in die Antarktis befinden.

Berg River Estuary

Die vielen Wattvogelarten an der Küste finden im **Mündungsgebiet des Berg River** bei Velddrif einen weiteren sicheren Rückzugsort. Vogelkundler können von einem Beobachtungspunkt aus das Watt der Flussmündung überblicken; den Schlüssel dazu erhält man im Flamingo Restaurant auf der anderen Straßenseite. Mehr als ein Viertel aller südafrikanischen Vogelarten sind hier anzutreffen. Besondere Tipps für Vogelkundler hält der örtliche Cape Bird Club bereit *(www.capebirdclub.org.za)*.

Rocherpan Nature Reserve

Rund 25 Kilometer nördlich von Velddrif befindet sich zwischen dem Sandveld und dem Atlantik ein weiteres Vogelparadies: das Naturschutzgebiet Rocherpan. Hier gibt

INSIDERTIPP

Die Bokkoms Alley in Velddrif gleicht einer kleinen Zeitreise. Beim gemütlichen Bummel an der Lagunenmündung kommt man mit den örtlichen Fischern ins Gespräch. Gearbeitet wird allerdings nur an Werktagen. Auf keinen Fall die Kamera vergessen!

SAMANTHA REINDERS
NATIONAL GEOGRAPHIC-Fotografin

es zwei Vogelbeobachtungspunkte. Ein Besucher beschrieb sein Erlebnis: »Einige Vögel hielten sich an festgelegte Flugrouten, andere landeten, um aufzutanken oder durch die Schilfkanäle zu ihren Nistplätzen zu gelangen. Die Flussinseln wurden von Nilgänsen, Gelbschnabelenten und Wasserhühnern bevölkert, während Riedscharben und Graureiher Nestbaumaterial sammelten. Ein einsamer Fischadler überwachte den Luftraum.«

Das Reservat ist das wichtigste Brutgebiet für Kap-Löffelenten. Vogelkundler kommen auch wegen der seltenen Schwarzen Austernfischer, der Rosapelikane sowie der Rosa- und Zwergflamingos, die von der Weltnaturschutzunion auf die Rote Liste bedrohter Tierarten gesetzt wurden.

Olifants River Valley

Landeinwärts geht es über die N7 durch Buschland nordwärts ins Tal des Olifants River, wo Weinreben wachsen. Bei **Citrusdal** erstrecken sich Rooibos- und Zitronenplantagen. Gut wandern kann man in den **Cederbergen**. Für Bergsteiger sind die Felsformationen Wolfberg Arch and Cracks, das Maltese Cross sowie der Tafelberg und der Sneeuberg attraktiv. Leichter zu erreichen sind der Maalgaat Rock Pool sowie die Stadsaal Caves. Dort gibt es Felszeichnungen der San.

Das **Cederberg Astronomical Observatory** *(www.cederbergobs.org.za/index)* hat ein 40,6-Zentimeter-Teleskop auf der Farm Dwarsrivier. Hier kann man samstagabends (außer bei Vollmond) den Sternenhimmel beobachten. Die Anfahrt erfolgt von der N7 nach Norden Richtung Clanwilliam, dann rechts ab Richtung Algeria Forest Station gut 48 Kilometer weit über eine Schotterpiste. Das Observatorium liegt an der Maltese Cross Road.

In der Nähe betreiben die **Cederberg Cellars** *(Tel. 027/482 28 25, www.cederbergwine.com)* auf knapp 1050 Metern die höchstgelegenen Weinberge Südafrikas.

Keinesfalls sollte man die heißen Quellen **The Baths** verpassen. Das Wasser ist vor allem nach einer anstrengenden Wanderung sehr entspannend für die Muskeln. ■

The Baths

Karte S. 85

Von der N7 rechts Richtung Cistrusdal; nach 1 km wieder rechts abbiegen und 16 km weit der ausgeschilderten Strecke folgen

022/921 80 26

www.thebaths.co.za

Paradiesische Meeresfrüchte

Für Liebhaber von Meeresfrüchten ist die Westküste ein wahres Paradies. Langusten gibt es im Überfluss. Sie werden in Lambert's Bay beim alljährlichen Festival gefeiert. Köstlich sind die Seeohren (Abalone), die Austern, Muscheln und Schlangenmakrelen. Hier einige Tipps zu den örtlichen Spezialitäten.

Der Tagesfang in Lambert's Bay

Wer in einen Pub geht und den Barmann etwas lauter als normal fragt, wie man am besten Meeresfrüchte zubereiten sollte – dem erklären binnen weniger Minuten Fischer, Rechtsanwälte, Taucher, Hausfrauen, Sekretärinnen, Kapitäne und Tramper so detail- wie gestenreich, wie man Meeresfrüchte richtig auf den Tisch bringt. Das einzige Problem ist nur, dass jeder eine andere Methode empfiehlt.

Kenner wickeln die frisch gefangenen Krustentiere schlicht in braune Seetangblätter und grillen sie am Strand über einem offenen Holzfeuer. Hier heißt diese Art des Grillens *braai*. Sobald der Seetang sich grün verfärbt und die Schalen der Langusten so rot wie eine Hibiskusblüte werden, ist das Fleisch zart durchgegrillt. Andere lassen die Langusten einfach in Meerwasser kochen.

Seeohren, lokal als *perlemoen* bezeichnet, gelten als die Krönung der Meeresfrüchte. Unter einer einzigen krustigen Schale lebt das Seeohr, das auch als Abalone oder *ormer* bekannt ist, eine Kurzfassung des französischen *oreille de mer.*

Insider behaupten, dass geklopfte Seeohrensteaks in einer Eier- und Brotkrumenpanade gewälzt werden müssen, ehe sie kurz angebraten und mit einer Zitronenscheibe serviert werden. Einen Versuch wert ist das alte kapholländische Rezept *Paarl Lemoen*: Das geklopfte Seeohrensteak wird in kleine Stücke ge-

INSIDERTIPP

Wer ein gutes Restaurant besucht, sollte die Speisen vor dem Essen erst fotografieren, so erhält man ein schönes Souvenir. Mit dem Blitz kommen die Farben der Speisen richtig zur Geltung.

TINO SORIANO
NATIONAL GEOGRAPHIC-Fotograf

Fischer bei Paternoster

schnitten und in einen Topf gegeben, in dem eine Tasse Salzwasser, ein Glas Weißwein und ein Butterwürfel zum Kochen gebracht wurden. Dazu kommen ein Schuss Zitronensaft und etwas schwarzer Pfeffer. Das Ganze sollte auf kleiner Flamme gut zwei Stunden vor sich hin köcheln.

Das ultimative Austernerlebnis hat man nur an der Westküste. Am besten reicht man sie mit einem Schuss Himbeeressig, der mit roten Zwiebeln oder Schalotten angereichert worden ist.

Muscheln serviert man hier mit Saucen – von Knoblauchbutter über Sahne bis zu Frühlingszwiebeln.

Eine weitere Spezialität sind *bokkoms*. Den Trockenfisch sieht man entlang der Bokkums Alley am Ufer des Berg River in Velddrif in der Sonne trocknen.

ERLEBNIS: Ein *braai*-Schmaus am Strand

In Südafrika werden Grillfeste am Strand *braais* genannt. Das Ganze wird sehr unkompliziert gehandhabt: Man lädt einige Freunde ein, besorgt Meeresfrüchte und geht zur Küste hinunter.

Fische mit festem Fleisch, wie Schwert- oder Thunfisch, fallen auf dem Grill nicht auseinander. Krabben und Shrimps sind auch gut geeignet, doch die Kap-Langusten übertreffen berechtigterweise alles andere.

Steine werden zu einem Kreis ausgelegt, der mit Kohle gefüllt wird. Holz ist eher ungeeignet, weil es wesentlich schneller als Kohle abbrennt .

Abhängig von den vorhandenen Zutaten und den eigenen Kochkünsten, gibt es mehrere Zubereitungsmethoden. Zum Beispiel kann 10 bis 15 Zentimeter über der Kohle ein Rost platziert werden; auch ein Grillspieß lässt sich leicht in Stellung bringen. Alternativ kann das Essen in Alufolie gewickelt und zwischen die Kohlen gelegt werden. Rezepte geben immer nur die Richtung vor, der Rest ist Intuition.

Wer ambitionierter ist, sollte viel Butter oder Weißwein verwenden. Die Kochflächen und alles, was nicht in Folie gewickelt ist, sollten zudem gut mit Olivenöl eingefettet werden. Eine Alternative ist eine Sauce aus Olivenöl, Zitronensaft, Knoblauch und einer Prise Salz.

Langusten lassen sich durch eine Füllung hervorragend verfeinern: Der Schwanz kann mit einer Sauce aus Knoblauch, Aprikosenpüree, Sojasauce, Zitronensaft, schwarzem Pfeffer und Cayennepfeffer gefüllt werden. Dazu sollten einige Flaschen Chardonnay oder aber ein einheimisches Bier griffbereit stehen. Und es versteht sich von selbst, keinen Müll zu hinterlassen.

Herrliche Wildtiere, edle Weingüter und die botanischen Juwelen der Garden Route – das wohl beliebteste Reiseziel in Südafrika

West-Kap

Erster Überblick 100–101

Kap-Weinland 102–105

Erlebnis: Wein verkosten 103

Erlebnis: Die Perlenstickerei der Zulu erlernen 105

Rundfahrt durchs Kap-Weinland 106-107

Oudtshoorn & Umgebung 108-109

Erlebnis: Straußenfarmen in Oudtshoorns 109

Garden Route 110–115

Erlebnis: Gleitfahrt durch die Baumkronen 111

Hotels & Restaurants 286–293

Tropfsteine in den Cango-Höhlen

West-Kap

Das West-Kap erstreckt sich von Kapstadt entlang der Garden Route bis Plettenberg Bay und ins Kap-Weinland: eine faszinierende Region.

Die Weinberge des Stellenbosch-Weinlands

Das West-Kap ist eine klassische Naturschönheit: Schroffe Berge, menschenleere Strände und sanfte Hügellandschaft, zu einer reichen Montage kombiniert, machen es im herkömmlichen Sinn zweifellos zur schönsten Provinz Südafrikas.

Zwei Ozeane – der Indische Ozean im Süden und der Atlantik im Westen – umgeben das West-Kap, das sich von Lambert's Bay im Westen bis Plettenberg Bay im Osten erstreckt. Hier liegt das liebliche Kap-Weinland mit gepflegten Weinbergen und kapholländischen Giebelhäusern. Das Ganze wirkt wie eine Postkartenlandschaft. Hier verläuft auch die malerische Garden Route. Der etwa 370 Kilometer lange, fruchtbare Küstenstreifen von atemberaubender Schönheit führt von Mossel Bay bis zum Storms River. Seine Wälder und Berge, die einsamen Strände und Flussläufe sind wahre

NICHT VERSÄUMEN

Eine Weinprobe im malerischen Franschhoek 104–105

Ein Essen in Franschhoeks legendärem Restaurant Tasting Room 104

Eine gemächliche Fahrt durch das Kap-Weinland 106–107

Die spektakulären Cango-Höhlen 109

Den Besuch einer Straußenfarm in Oudtshoorn 109

Eine Fahrt mit dem Outeniqua Choo-Tjoe 111

Einen Dämmerschoppen und Austernverkostung an der Knysna Lagoon 113

Eine Wanderung durch den Tsitsikamma National Park 114

botanische Schatzkammern. Hier kann man Wale und Delfine beobachten, Wandern, Schwimmen und Surfen. Die meisten Besucher fahren die Garden Route mit dem Auto ab; eine Alternative bietet der Outeniqua Choo-Tjoe: Der letzte Dampfpersonenzug Afrikas lädt zu einer Tour von George nach Knysna ein.

Richtung Norden

Nordwärts liegt die Kleine Karoo, eine wüstenartige Landschaft mit weiten, offenen Räumen, sanften Hügeln und den Straußenfarmen von Oudtshoorn. Letztere sind das Vermächtnis jenes Modefimmels für riesige Federn zu Beginn des 20. Jahrhunderts. Im Vorgebirge der Swartberge kann man die Kalksteinhöhlen von Cango besichtigen. Außerdem ist die Kleine Karoo die östlichste Weinbauregion des Landes.

Wie wäre es mit einer Erkundung der Cederberge – die ausgedehnte, wenig besuchte Gebirgskette birgt eine Reihe spektakulärer Felsformationen. An klaren Tagen kann man vom Gipfel des Sneeuberg den Ozean sehen.

Jede Jahreszeit entfaltet in dieser Provinz ihre eigenen Reize: Wildblumen im Frühling, Obstplantagen im Sommer, das sonnenverbrannte Gold des Herbstlaubs und die schneebedeckten Berggipfel im Winter. Die Region Boland ist überreich an Weizenfeldern und Obstplantagen.

Viele Südafrikaner nehmen ihren Jahresurlaub im Dezember. ■

Kap-Weinland

Von Kapstadt aus ist es nur eine Autostunde auf dem Highway N1 Richtung Nordosten. Das Gebiet ist berühmt für seine edlen Weine und seine Natur.

Rund um die historischen Orte Stellenbosch, Franschhoek und Paarl und die dazugehörigen Täler breitet sich das Kap-Weinland aus, ein Paradies für Weinfreunde. Der Boden ist so fruchtbar, dass die Farmer angeblich nur ein Zehntel der Düngemittel brauchen, die europäische Bauern auf der gleichen Fläche verwenden.

Kleine Ortschaften wechseln sich hier mit hochmodernen Weingütern ab, die ein breites Angebot von Weinen im Stil der Alten wie der Neuen Welt erzeugen; darunter die Chardonnay-Pinotage-Cuvée Haute Cabrière, ein köstlicher, sommerlicher Rosé, sowie Sherry und Weinbrand. Es gibt sogar einen vollmundigen Ratafia für diejenigen, die die Süffigkeit dieses ungewöhnlichen Weins schätzen. Ursprünglich trank man ihn, um den Abschluss von Verträgen zu feiern (daher der Name, abge-

Die Figur auf dem Hugenottendenkmal mit der zerbrochenen Kette und der Bibel symbolisiert Religionsfreiheit

INSIDERTIPP

Das Weingut Fairview (*www.fairview.co.za*) bei Paarl ist wegen seiner preisgekrönten Käsesorten und der ausgezeichneten Weine einen Besuch wert.

RES ALTWEGG
National Geographic-Experte

leitet vom lateinischen *rata fiat* – „es ist vollbracht"); er passt auch perfekt zu Foie gras, Käse oder zum Dessert.

Neben Weingütern und preisgekrönten Restaurants finden sich hier auch Wanderwege durch die Weinberge und schöne Golfplätze. Helikopterflüge oder Heißluftballonfahrten, Kunstflüge und Tandem-Gleitschirmfliegen lassen sich über die örtlichen Tourismusbüros arrangieren. Oder man entscheidet sich für eine Wanderung durch eines der vielen unberührten Fynbos-Naturschutzgebiete der Region: Für den Anfang sind das Naturreservat Mont Rochelle in Franschhoek und das Vogelschutzgebiet in Paarl zu empfehlen.

Zur stressfreien Fahrt durch das Gebiet siehe S. 106f.

ERLEBNIS:

Wein verkosten

Vermutlich denkt man bei dem Wort „Weinkurs" nicht unbedingt an Südafrika – andererseits ist die Region dank dreier Jahrhunderte erfolgreicher Weinerzeugung zweifellos dafür qualifiziert. Wer gern Wein probiert, für den bietet die Cape Wine Academy *(Tel. 021/889 88 44, $$$$$, www.capewineacademy.co.za)* eine Auswahl an Veranstaltungen, darunter einen Einführungskurs, der sich auf südafrikanische Weine konzentriert. Sie nehmen an einem Kurs *garagisté* („im kleinen Maßstab") zur Weinproduktion teil. Unter Anleitung eines Professors der Universität Stellenbosch werden dort „selbst gemachte" Weine verkostet. So gewinnen die Teilnehmer ein Verständnis der verschiedenen Sorten und lernen, wie sie zu Hause selbst eine Flasche perfektionieren können. Informationen unter *www.garagiste.org*; Reservierungen über Prof. Wessel du Toit *(Tel. 021/808 45 45, E-Mail: wdutoit@sun.ac.za, $$$$$)*.

Stellenbosch

Stellenbosch, die zweitälteste Stadt des Landes, wurde 1679 im Herzen des Kap-Weinlands gegründet. Mit ihren malerischen Gebäuden im kapholländischen Stil erscheint die Dorp Street wie ein Museumsstück.

Das **Village Museum** *(18 Ryneveld St., Tel. 021/887 29 48)* in der Altstadt besteht aus vier restaurierten Gebäuden, von denen jedes eine Stilepoche der vergangenen 300 Jahre repräsentiert. Stellenbosch beherbergt außerdem die älteste Musikschule des Landes, das **Conservatoire** von 1905. Besuchenswert sind der altmodische Gemischtwarenladen **Oom Samie se Winkel** *(84 Dorp St., Tel. 021/887 07 97)*, der **Van Ryn Distillery and Brandy Cellar** *(Van Ryn Rd., außerhalb der Stadt an der R310, Tel. 021/881 38 75, geschl. So)*, der den berühmten unverschnittenen, zwölf Jahre alten Brandy im Pott-Still-Verfahren destilliert, und die am Hang gelegenen Keller von **The Bergkelder** *(Pappagaaiberg, Adam Tas Rd., Tel. 021/809 80 25, geschl. So)*, ein Weincenter, das Verkostungen und Führungen anbietet. Im Sommer finden im **Oude Libertas Amphitheatre** *(Oude Libertas Centre, Adam*

Stellenbosch

Karte S. 101

Besucher-information

36 Market St.

021/883 35 84

www.stellenbosch tourism.co.za

Boschendal Wine Estate

16 km westlich von Franschhoek über die Hauptstraße nach Paarl & die R310

021/870 42 10

$

www.boschendal.com

Franschhoek
Karte S. 101

Besucherinformation
Franschhoek Vallée Tourisme, 28 Huguenot Rd.
021/876 28 61
www.franschhoek.org.za

La Petite Ferme
Franschhoek Pass
021/876 30 16
www.lapetiteferme.co.za

Tas & Oude Libertas Rds., Tel. 021/809 74 73) Veranstaltungen unter freiem Himmel statt, u. a. mit Picknick.

Boschendal Wine Estate

Das Weingut Boschendal, vor den Drakenstein-Bergen (zwischen Franschhoek und Stellenbosch), erzeugt einige der bekanntesten Weine Südafrikas. Das kapholländische Herrenhaus wurde 1812 erbaut (heute ein Museum). Für die **Boschendal Wine Tasting Centre Cellar Tour** sollte man sich vorher anmelden. Auf dem **Schauweinberg** kann man den Weinbau aus nächster Nähe beobachten.

Franschhoek

Südafrikas „Hauptstadt des Geschmacks" ist für ihr Essen und ihren Wein berühmt. Die kleine Stadt, 1688 von französischen Hugenotten gegründet, schmiegt sich in ein fruchtbares Tal. Früher hieß sie Olifants Hoek oder Elephants' Corner wegen der riesigen Elefantenherden, die die Gegend durchstreiften.

Wegen der Herkunft der Siedler und des ausgeprägten Nationalstolzes der Franzosen wurde der Name in Franschhoek oder French Corner geändert; einige Siedler benannten ihre neuen Farmen nach ihren Herkunftsregionen. Viele dieser Farmen sind renommierte Weingüter, viele bieten Führungen durch ihre Weinkeller an, kombiniert mit einer Weinprobe. La Motte, La Cotte, Provence, Chamonix, Dieu Donné und La Dauphine zählen zu den ältesten Weingütern.

Die Weingüter des Tals und das kulinarische Renommee der Region haben einige der besten südafrikanischen Köche hierher gelockt. Da überrascht es nicht, dass acht der Top-100-Restaurants Südafrikas in dieser Stadt angesiedelt sind – besonders erwähnenswert ist die preisgekrönte Cuisine von Margot Janse im **Tasting Room** im Le Quartier Français Hotel *(Ecke Berg & Wilhelmina St., Tel. 021/876 21 51, www.lequartier.co.za;* siehe S. 286). Die Architektur des Ortes folgt weitgehend dem kapholländischen Stil. Die Touristeninformation in Franschhoek arrangiert Führungen; man kann auch eine Kutschfahrt durch die Stadt oder zu den Weingütern buchen. Naturliebhabern

INSIDERTIPP

Reservieren Sie fürs Mittagessen einen Tisch im La Petite Ferme, einem Landgasthof und Weingut südöstlich von Franschhoek mit weitem Blick über das Franschhoek-Tal.

ERIN MONRONEY
NATIONAL GEOGRAPHIC KIDS-Experte und Autor

bietet das **Mont Rochelle Nature Reserve** *(Tel. 021/876 30 62)* ein hügeliges Terrain im Schatten der Franschhoekberge.

Huguenot Monument: Am Ortsrand Franschhoeks steht das Huguenot Monument, das an diese Glaubengemeinschaft erinnert. Die ersten Hugenotten kamen 1685, nach der Aufhebung des Ediktes von Nantes. Erste Flüchtlinge waren ab 1671 nach Südafrika übergesiedelt, 1688 und 1689 nahm die Zuwanderung größere Ausmaße an. Ein 1701 aufgestellter Rahmenvertrag der Niederländischen Ostindien-Kompanie legte fest, dass an den Schulen ausschließlich auf Niederländisch unterrichtet wird. Zur Mitte des 18. Jahrhunderts war die französische Sprache weitgehend verschwunden. Das **Huguenot Memorial Museum** *(zwei Straßen vom Huguenot Monument entfernt, an der Lambrecht St., Tel. 021/876 25 32, www.museum.co.za, $)* dokumentiert die Geschichte jener Siedler.

Paarl

Diese Stadt bildet einen Kontrast zum behaglichen Stellenbosch und dem europäisch geprägten Franschhoek.

Im **Afrikaans Language Museum and Monument** *(11 Pastorie Ave., Tel. 021/872 34 41, geschl. Sa, So)* erfährt man Interressantes über die Geschichte Südafrikas. Sehenswert ist das **Paarl Mountain Nature Reserve**, und das **Paarl Bird Sanctuary** (Vogelschutzgebiet; *Drommendaris St., Tel. 021/868 20 74*) ist Lebensraum für über 140 Vogelarten. ■

Paarl

Karte S. 101

Besucherinformation

216 Main St.

073/708 28 35

www.paarlonline.com

Paarl Mountain Nature Reserve

Jan Phillips Mountain Dr., Paarl

021/872 36 58

Huguenot Monument

Lambrecht St., Franschhoek

021/876 25 32

www.museum.co.za

ERLEBNIS: Die Perlenstickerei der Zulu erlernen

Ein weiblicher Teenager aus dem Volk der Zulu ruft vermittels eines hübschen blauen Perlenarmbands seinem Liebsten in der Ferne zu, dass sie bis zu seiner Rückkehr auf ihn warten wird. Gelb spricht von Neid und Zorn, während Rot schlicht „Ich liebe dich" bedeutet.

Über Jahrhunderte haben die Zulu, ebenso wie viele andere südafrikanische Kulturgruppen, sich mit Schmuck aus Knochen, Horn, Holz oder Stein verschönert. Mit den Europäern kam eine Vorliebe für farbenfrohe Keramik- und Glasperlen, später auch für Plastik ins Land. Trotz aller Modernisierung bleibt die Perlenstickerei ein wichtiger Teil des traditionellen Lebens.

Bei der Stickerei geht es nicht nur um Ästhetik, sie bietet auch Einblick in die verschlungenen Wege der traditionellen Lebensweise. Weil die Farben jeweils eine bestimmte Bedeutung haben, werden sie zu „Liebesbriefen" verarbeitet, kunstvolle Arbeiten übermitteln persönliche Botschaften. Jedes Schmuckstück erzählt etwas über die Person, die es trägt. Gemeindemitglieder können daran das Alter einer Frau, ihren Familienstand oder das Geschlecht ihrer Kinder erkennen.

Andulela Experience *(Tel. 021/790 25 92, $$$$$, www.andulela.com)* bietet in Kayamandi bei Stellenbosch eine Township-Tour, die mit einer Führung beginnt und mit einem Perlen-Workshop im Gemeindezentrum endet.

Rundfahrt durchs Kap-Weinland

Kaum eine Stunde Fahrt von Kapstadt entfernt, führt die Weinland-Route zu spektakulären Bergketten, an deren Hängen sich ein Flickenteppich von Weinbergen ausbreitet.

Das Restaurant Le Quartier Français in Franschhoek

In diesem Gebiet befinden sich einige der ältesten Weinberge Südafrikas, die von frühen europäischen Siedlern angelegt wurden. Die Weingüter beeindrucken mit ihren großen Herrenhäusern und den schönen Gärten. Stellenbosch ist der Ausgangspunkt für die **Stellenbosch Hills Wine Route** *(www.wineroute.co.za)*, an der einige Weingüter in einem Umkreis von zwölf Kilometern liegen.

Von Kapstadt geht es auf der N2 bis zur R310 nach **Stellenbosch** ❶ (siehe S. 103), der Hauptstadt des Weinlandes. Eichengesäumte Straßen, kapholländische Häuser und die Lage am Eerste River verleihen der Stadt ein bilderbuchhaftes Aussehen, für jugendliche Frische sorgen die Studenten der University of Stellenbosch.

NICHT VERSÄUMEN

Stellenbosch • Lanzerac Manor & Winery • La Motte Wine Estate • Stony Brook Vineyard

Bekanntlich erzeugen die hiesigen, alteingesessenen Güter einige der besten Weine. **Lanzerac Manor & Winery** *(nahe Jenkershook, Tel. 021/887 11 32, Führungen Mo–Fr 11 & 15 Uhr, www.lanzerac.co.za)* liegt im Herzen von Stellenbosch, ein paar Straßen östlich des Bahnhofs. Das Gut hat weltweit den ersten Pinotage gekeltert; seit den 1920er Jahren wird hier Wein abgefüllt. Es bietet außerdem luxuriöse Unterkünfte. Ein Halt lohnt sich auch bei weiteren alteingesessenen Weingütern, wie **Uiterwyk** *(Kloof Rd., Tel. 021/881 37 11, www.uiterwyk.co.za)* oder **Eikendal** *(9,5 km südlich von Stellenbosch über die R44, Tel. 021/885 14 22, Führungen Mo–So, www.eikendal.com,)* mit seinen Kellern unter einem Tonnengewölbe.

Von Stellenbosch aus geht es Richtung Nordosten über den **Helshoogte Pass** auf der R310 zur R45, am **Boschendal Wine Estate** (siehe S. 103) vorbei nach **Franschhoek** ❷ (siehe S. 103ff). Kurz vor dem Ortseingang sollte man bei **La Motte Wine Estate** *(Tel. 021/876 31 19, www.la-motte.com, geschl. So)* halten. La Motte, Ende des 17. Jahrhunderts gegründet, ist weit mehr als ein Weingut. Hier werden auch ätherische Öle gewonnen. In den Verkostungsräumen können Besucher den Wein probieren.

Vier Kilometer hinter dem Hugenottendenkmal, nahe der Hauptstraße, bietet der **Stony Brook Vineyard** *(Tel. 021/876 21 82, www.stonybrook.co.za)* noch eine Gelegenheit für einen Zwischenhalt. Das Gut hat montag- bis samstagmorgens geöffnet (am besten vorher anrufen). Von Franschhoek geht es zurück auf die R45 und weiter Richtung Norden nach **Paarl** ❸ (siehe S. 105). Unter den vielen Weingütern ist **KWV Wine Emporium** *(Kohler St., Tel. 021/807 30 07, $, www.kwvwineemporium.co.za)* eines der größeren im Kap-Weinland; es liegt mitten in der Stadt. Führungen werden täglich angeboten.

Der **Fairview Wine Estate** *(Tel. 021/863 24 50, www.fairview.co.za)*, gleich außerhalb der Stadt an der Suid-Agter-Paarl Road gelegen, ist ein Familienbetrieb, der sich über 300 Hektar am Fuß der Paarl Mountains erstreckt. Im Angebot stehen mehr als 30 Weinsorten.

Dies sind nur einige Beispiele für die Weingüter des West-Kap. Bestimmt könnte man in dieser herrlichen Landschaft länger verweilen und weitere Weingüter besuchen.

- Siehe auch Regionalkarte S. 101
- Stellenbosch
- 160 km
- Ein halber Tag oder länger, je nach Stopps
- KWV Wine Emporium, vor Paarl

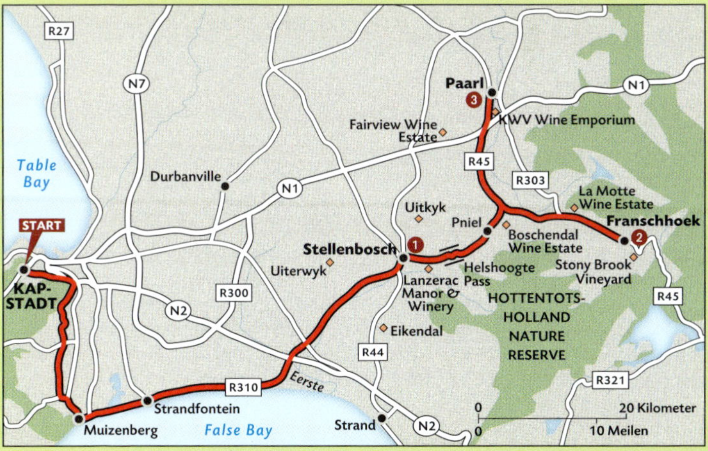

Oudtshoorn & Umgebung

Die Kleine Karoo ist eine fruchtbare Region, die weiter nördlich in die Halbwüste der Großen Karoo übergeht. Kleine Ortschaften aus dem 18. Jahrhundert sind ideale Ausgangspunkte für Wanderungen und Ausflüge.

In Oudtshoorn und der Umgebung befinden sich die meisten Straußenfarmen weltweit

Oudtshoorn
Karte S. 101
Besucher-information
Baron van Reede St.
044/279 25 32
www.oudtshoorn.com

Oudtshoorn

Oudtshoorn liegt von der Küste aus 65 Kilometer landeinwärts und ist bekannt für seine Straußenfarmen, das Klein Karoo Arts Festival und die Cango-Höhlen.

Als Straußenfedern um die Wende zum 20. Jahrhundert Eingang in die Haute Couture fanden, errichteten sich einige wohlhabende Federnhändler große Herrenhäuser.

Das Klein Karoo National Arts Festival *(Tel. 044/ 203 86 00)* wird alljährlich im März gefeiert. Dann versammeln sich Afrikaans sprechende Kunstliebhaber zu einer Woche voller Tanz, Film, Kabarett, Comedy, zeitgenössischer Musik, Theater, Literatur, Kunst und Poesie. Das Ereignis genießt internationales Ansehen.

Auf der **Cango Wildlife Ranch** gleich außerhalb der Stadt wartet auf die Besucher eine Begegnung „von Angesicht zu Angesicht" mit Geparden. Die äußerst erfolgreiche Aufzuchtstation für be-

Touren durch die Cango-Höhlen

Ein Besuch in den Cango-Höhlen kann je nach Wunsch ruhig oder abenteuerlich verlaufen. Man sollte mindestens zehn Minuten früher vor Ort sein, da die Besucher fünf Minuten vor Beginn der eigentlichen Tour in die Höhlen geführt werden. Es stehen zwei Möglichkeiten zur Wahl:

Standardtour *($$)*: Ein moderater Spaziergang durch die ersten beiden Höhlen bis zur African Drum Chamber. Dabei sind mehrere Treppen zu bewältigen.

Abenteuertour *($$)*: Eine anspruchsvolle Tour mit aufregenden Passagen und engen Kaminen. Die Führung dauert etwa 1,5 Stunden; sie ist nur 1,2 Kilometer lang, aber es müssen 416 Stufen erklommen werden.

Der Tunnelabschnitt an der Rückseite der Höhlen (Devil's Chimney) grenzt an Extremsport; hierher sollten nur Menschen vordringen, die körperlich fit sind. Für kleine Kinder oder schwergewichtige Erwachsene ist der Bereich nicht empfehlenswert.

ERLEBNIS: Straußenfarmen in Oudtshoorn

Die erste kommerzielle Straußenfarm in Südafrika wurde 1860 gegründet. Um die Wende zum 20. Jahrhundert stellten Farmer fest, dass ihre Strauße auch in Dürrezeiten prächtig gediehen. Daraufhin verlegten sich etliche Farmen ausschließlich auf die Straußenzucht. Heute gibt es in und um Oudtshoorn 400 Straußenfarmen. Drei dieser Farmen sind als Schaufarmen für Besucher geöffnet. Möchten Sie einmal – unter sorgfältiger Aufsicht – auf einem Strauß reiten? Die Vögel, bis zu 2,40 Meter groß und hundert Kilogramm schwer, können eine echte Herausforderung sein. Vorsicht! Ihre weichen Schnäbel sind zwar harmlos, aber ein Straußentritt kann lebensgefährlich sein. Niemand sollte eine Farm wieder verlassen, ohne das wohlschmeckende Straußenfleisch oder ein Omelett aus Straußenei probiert zu haben. Jedes Ei wiegt 1,5 Kilogramm – da möchte man vielleicht lieber teilen. Die drei Schaufarmen sind: Cango Ostrich Farm ***(Cango Valley, 14 km von Oudtshoorn entfernt, Tel. 044/272 46 23, $$, www.cangoostrich.co.za, $$);*** **Chandelier Game Lodge & Ostrich Show Farm** ***(7 km von Oudtshoorn entfernt, an der N12, Tel. 044/272 67 94, www.chandelier.co.za)*** **und Safari Ostrich Show Farm** ***(7 km von Oudtshoorn entfernt, an der R62, Tel. 044/272 73 11, $$, www.safariostrich.co.za, $$).***

drohte Tierarten ist eine der ältesten auf der Südhalbkugel.

Cango-Höhlen

Etwa 29 Kilometer nördlich von Oudtshoorn liegen die unter Denkmalschutz stehenden Cango-Höhlen. Nur ein bestimmter Bereich ist für die Allgemeinheit zugänglich, allerdings müssen Besucher in einigen Abschnitten auf allen Vieren kriechen oder auf dem Bauch robben – zum Beispiel am Devil's Chimney („Teufelskamin"; siehe Kasten S. 108).

Jahrtausendelang blieben die Höhlen unentdeckt. Vor etwa 10 000 Jahren nutzten die Khoisan den Eingangsbereich als Unterstand; wohl aus einem Aberglauben heraus scheinen sie aber nicht tiefer ins Innere der Höhlen vorgedrungen zu sein. Der Eingangsbereich der Höhlen war ursprünglich reich durch Malereien der Khoisan geschmückt; mit der Zeit wurden sie jedoch beschädigt. Die Khoisan haben das Gebiet vor etwa 500 Jahren verlassen.

Seit dem späten 17. Jahrhundert sind die Höhlen eine Touristenattraktion; die erste offizielle Führung fand 1891 statt. Im Laufe der Zeit sind immer mehr Kammern und Säle entdeckt worden, zum Beispiel zwischen 1972 und 1975 Cango 2, 3, 4 und 5. Die Tour führt 1,2 Kilometer weit in das Höhlensystem hinein.

Die Temperatur in den Cango-Höhlen liegt bei etwa 18 °C bei gleichzeitig hoher Luftfeuchtigkeit; leichte Kleidung ist sehr zu empfehlen. Die gute Beleuchtung sorgt dafür, dass Unebenheiten und Stufen leicht zu erkennen sind. Und natürlich bietet sich dann auch die Gelegenheiten, um Fotos zu schießen. ■

Cango Wildlife Ranch

- ✉ 3 km außerhalb von Oudtshoorn an der R62 in Richtung Cango Caves
- ☎ 044/272 55 93
- $ $$$

www.cango.co.za

Cango Caves

- Karte S. 101
- ✉ 129 km nördlich von Oudtshoorn an der R328
- ☎ 044/272 74 10
- $ $$

www.cangocaves.co.za

Garden Route

Die Garden Route zieht sich von Mossel Bay bis zum Storms River in den östlichsten Ausläufern des West-Kap – eingebettet zwischen Bergen mit der größten zusammenhängenden Fläche afromontanen Waldes und den Buchten und Stränden am Indischen Ozean. Wunderschöne Landschaften.

Die historische Dutch Reformed Mother Church in George

George

Karte S. 101

Besucherinformation

124 York. St.

044/801 92 95

www.visitgeorge.co.za

George

George, das Portal zur Garden Route, liegt etwa auf halbem Weg zwischen Kapstadt und Port Elizabeth. Die Stadt ist auch das Zentrum der südafrikanischen **Golf-Route** *(George Golf Club, Tel. 044/873 61 16, www.georgegolfclub.co.za)* mit Weltklasseplätzen wie Oubaai und Le Grand George. Der Fancourt Golf Estate war 2003 Austragungsort des President's Cup. Nicht nur Golf wird hier gespielt: Die Rugby-Spitzenteams aus aller Welt treffen sich im Outeniqua Park zum South Africa Sevens, einem Turnier der IRB Sevens World Series.

Zu den Sehenswürdigkeiten in George zählt das **Outeniqua Transport Museum** *(2 Mission Rd., Tel. 044/801 82 88, geschl. So)*, das eine große Sammlung von Dampflokomotiven und alten Waggons sein Eigen nennt. An der Ecke Hibernia Street und York Street steht eine Stieleiche, die 1811 gepflanzt wurde. Sie wird **Slave Tree** („Sklavenbaum") genannt, weil in den Stamm eine große

Kette und ein Schloss eingewachsen sind; der Baum steht unter Denkmalschutz. Unter den Kolonialgebäuden ist die **King Edward VII Library** ein schönes Beispiel für edwardianische Architektur. Sehenswert ist auch der **Garden Route Botanical Garden**.

In George legen die meisten Gäste auf dem Weg zum Tsitsikamma National Park (siehe S. 114) einen Halt ein oder besteigen den Outeniqua Choo-Tjoe.

Mossel Bay

40 Kilometer südöstlich von George, an der N2 Garden Route, liegt Mossel Bay, benannt nach den Muscheln (holländisch *mossels*), die die ersten europäischen Siedler hier fanden. Die industrielle Entwicklung der 1980er Jahre mit Offshorebohrinseln und den Anlagen zur Erdgasverarbeitung hat dieses Paradies allerdings beschädigt. Doch die Strände und das historische Stadtzentrum lohnen noch immer einen Besuch.

Bartolomeu Diaz ging hier 1488 vor Anker, gefolgt von Vasco da Gama 1497 und Admiral João da Nova 1501. Erst 1787 begann eine dauerhafte Besiedlung.

Um das 500. Jubiläum von Diaz' Landung zu feiern, eröffnete die Stadt den **Bartolomeu Dias Museum Complex.** Hier ist ein Nachbau der Karavelle zu sehen, mit der Diaz 1488 das Kap umrundete. Besuchenswert sind auch das **Maritime Museum** und das **Shell Museum** mit Muscheln aus aller Welt sowie lebenden Krebstieren.

Der **Leuchtturm** von **St. Blaize**, 1864 erbaut, ist ein toller Platz, um Wale und Delfine zu beobachten. Der 13 Kilometer lange **St. Blaize Trail** nach Dana Bay beginnt

Garden Route Botanical Garden

49 Caledon St., George

044/874 15 58

$

www.botanicalgarden.org.za

Mossel Bay

Karte S. 101

Bartolomeu Dias Museum Complex

1 Market St., Mossel Bay

044/691 10 67

www.diasmuseum.co.za

ERLEBNIS: Gleitfahrt durch die Baumkronen

Im grünen Herzen der Garden Route bietet Stormsriver Adventures ***(101 Darnell St., Storms River Village, Tel. 042/281 18 36, www. stormsriver.com)*** **Besuchern die Gelegenheit, einen Blick aus der Vogelperspektive auf den heimischen Tsitsikamma-Regenwald zu genießen. Auf der Tsitsikamma Canopy Tour gleiten Sie an einem Stahlseil 30 Meter über dem Waldboden von einer Baumkrone zur anderen. Auf dem Weg entdecken Sie die einheimischen Baumarten sowie Riesenfarne. Sie erhalten zudem die Chance, Vervetmeerkatzen und selbst so scheue Vogelarten wie den Narinatrogon oder den Federhelmturako aus der Nähe zu betrachten. Ihr Baumwipfel-Erlebnis beginnt mit einer Sicherheitseinführung, nach der Sie mit einer Ganzkörpermontur ausgerüstet werden. Eine kurze Fahrt durch den Wald bringt Sie zu Ihrem Startplatz. Die nächsten zweieinhalb bis drei Stunden gleiten Sie an Seilen zwischen zehn Plattformen auf den Spitzen riesiger Bäume durch die Baumkronen. Dabei werden Sie von erfahrenen Führern begleitet, die Sie über die Ökologie des Waldes informieren.**

Sedgefield
Karte S. 101

Besucher-information
30 Main St.
044/343 20 07

www.tourismcapetown.co.za/leisure-travel/town/sedgefield

Wilderness
Karte S. 101

Besucher-information
Beacon Rd., Millwood Village
044/877 00 45

www.tourism-wilderness.co.za

Knysna
Karte S. 101

Besucher-information
40 Main St.
044/382 55 10

www.tourismknysna.co.za

an der Bats' Cave unterhalb des Leuchtturms.

Sedgefield & Wilderness

Der Badeort Sedgefield und das nahe gelegene Wilderness am Kaaimans River, östlich von George an der N2 Garden Route, sind von einer Seenkette umgeben – Langvlei, Rondevlei, Swartvlei und Groenvlei –, die ein schmaler Dünenstreifen vom Indischen Ozean trennt. Dicht bewaldete Berge bilden hier die Kulisse. Die Flussmündungen und der immergrüne Wald sind die Heimat vieler Vogelarten.

INSIDERTIPP

Verpassen Sie nicht die herausragenden frischen Produkte auf dem samstäglichen Farmers Market und Scarab Craft Market, gleich westlich von Sedgefield, an der N2.

RICHARD WHITAKER
NATIONAL GEOGRAPHIC-Mitarbeiter

Auf halbem Weg zwischen Sedgefield und Knysna liegt das für seinen Familienstrand bekannte **Buffalo Bay** mit sicheren Badebereichen und den etwas böigeren Abschnitten zum Surfen. Für wunderbare Ausritte am Strand und durch den Wald der Gegend wenden Sie sich an Cherie von **Cherie's Riding Center** *(Tel. 082/962 32 23)*.

Groenvlei, der einzige Süßwassersee an der Garden Route, ist ein beliebter Angelplatz und Teil des **Goukamma Nature Reserve** *(nahe der N2 in Buffalo Bay, Tel. 044/483 01 90 oder 021/659 35 00, www.capenature.co.za)*, das vor allem Vogelbeobachter und Wanderer anzieht. Sichere Strände sowie Naturpfade machen diese Ferienregion so beliebt.

Knysna

Knysna, 25 Kilometer östlich von Sedgefield an der N2 Garden Route gelegen, breitet sich am Rand einer wunderschönen Lagune aus. Sie öffnet sich zwischen zwei hohen Sandsteinklippen, den *Heads* („Köpfe"). Ein Aussichtspunkt auf dem **Eastern Head** eröffnet einen grandiosen Rundblick. An der Hauptstraße der Stadt finden sich Restaurants und Boutiquen.

Knysnas Geschichte begann 1804 mit der Ankunft eines mysteriösen Mannes, der sich George Rex nannte – offenbar ein königlicher Name. Er pflegte einen Lebensstil, der Gerüchte aufkommen ließ, er sei der illegitime Sohn König Georgs III. Er selbst sollte sich nie zu diesen Gerüchten äußern. George Rex erwarb den Melkhoutkraal am Ufer der Lagune und ließ sich mit seiner Familie und einer ansehnlichen Entourage in Knysna nieder.

Austernfest in Knysna

Als offizielle Austernhauptstadt Südafrikas veranstaltet Knysna natürlich ein Austernfest *(www.oysterfestival.co.za)*. Jedes Jahr im Juli kommen Feinschmecker aus dem ganzen Land zehn Tage lang an der Garden Route zusammen, um die Austern der Stadt zu probieren. Knysna-Austern zählen zu den schmackhaftesten der Welt. Normalerweise werden während des Festes über 200 000 Austern verspeist.

Damit die kulinarischen Genüsse nicht ansetzen, können Schlemmer während des Festivals an vielen Sportveranstaltungen teilnehmen, wie einem Mountainbike- und einem Straßenrennen, einem Marathonlauf und einem Angelwettbewerb. Hinzu kommt ein unvergleichlich vielfältiges Programm, zu dem ein Whiskey- und ein Jazzfest, Helikopterflüge sowie zahlreiche Kurse und Workshops gehören.

Das **Millwood House Museum** *(Queen St., Tel. 044/302 63 20, geschl. So)* hat die Stadtgeschichte zum Thema.

Der umliegende **Knysna Forest** ist der größte Urwald Südafrikas mit Pflanzenarten des afromontanen Waldes – Stinkwood *(Ocotea bullata)*, Yellowwood (Steineibe), White Pear *(Apodytes dimidiata)*, Terblans Beech *(Faurea macnaughtonii)* und Assegai *(Curtisia dentata)* – sowie mit Blackwood (Afrikanischer Grenadilla), Eisenholz, Weißerle, Kapkastanie und Fynbos. Die Schönheit dieser Wildnis kann man zum Beispiel im **Diepwalle Forest** erleben *(16 km außerhalb von Knysna, an der R339, Tel. 044/382 97 62)*.

Knysna Elephant Park

Der Elefantenpark Knysna, 23 Kilometer westlich von Knysna an der N2, ist ein privater Tierpark. Er wurde 1994 eröffnet, um dem letzten verbliebenen Elefanten in Knysna sowie verwaisten Elefanten aus dem Kruger National Park eine Heimat zu geben. Der 60 Hektar große Park bildet ein riesiges Freigehege.

Plettenberg Bay

Eine 20-minütige Fahrt Richtung Osten auf der N2 führt in dieses Dorf. Nur im Dezember platzt es aus allen Nähten, wenn Urlauber aus dem ganzen Land an die Strände strömen, deren größter der 4,2 Kilometer lange **Robberg Beach** ist. Am anderen Ende des Strandes liegt die **Robberg-Halbinsel**. Ein elf Kilometer langer Wanderweg führt entlang der zerklüfteten Küste. Angrenzend liegt der **Central Beach**; hier steht das **Beacon Isle Hotel** *(Tel. 044/533 11 20)*.

Nature's Valley

Das Dorf am Mündungsgebiet des Groot River gehört zum **De Vasselot**-Abschnitt des Tsitsikamma National Park. In den Wäldern wachsen Steineiben und Baumfarn, die Küste ist ein schmaler Streifen mit einsamen Stränden und Felsklippen.

Knysna Elephant Park

✉ 22 km westlich von Knysna an der N2

☏ 044/532 77 32

$ $$$$

www.knysnaelephantpark.co.za

Plettenberg Bay

Karte S. 101

Besucherinformation

✉ Tourism Bureau, Melville's Corner Center, Main St., Plettenberg Bay

☏ 044/533 40 65

www.plettenbergbay.co.za

Der hübsch gelegene Fancourt Golf Estate

Tsitsikamma National Park
Karte S. 101
An der N2 östlich von George, 8 km westlich der Storms River Bridge
042/281 16 07
$$$
www.sanparks.org/parks/garden_route

Laingsburg
Karte S. 101
Besucherinformation
Laingsburg Library, Voortrekker & Meiring Sts.
023/551 18 68

Tsitsikamma National Park

Der Park steht – gemessen an der Besucherzahl – unter den südafrikanischen Nationalparks an dritter Stelle, und der Grund dafür ist leicht zu erkennen.

Das Khoisan-Wort *Tsitsikamma* bedeutet „Ort mit viel Wasser". Entlang der 80 Kilometer langen Küste gehören auch die küstennahen Gewässer zum Park. Somit stehen elf Prozent der Südküste Südafrikas unter Schutz. 1964 wurde er zum Meeres-Nationalpark ernannt: der erste seiner Art in Afrika.

Im dichten Wald aus Bergfynbos sowie Farnen, immergrünen und blühenden Pflanzen sind Affen und kleine Antilopen, Otter und viele Vögel heimisch. Über Plattformen und Stahlseile kann man eine Tour durch Baumwipfel unternehmen. Zahlreiche Wanderpfade werden Richtung Meer zu felsigen Wegen, darunter der 42 Kilometer lange **Otter Trail** von der Mündung des Storms River bis Nature's Valley, der in fünf Tagen zu bewältigen ist. Im Park gibt es außerdem Höhlen- und Felskunst der Khoisan zu sehen.

Weiter entfernt

Laingsburg liegt in der semiariden Karoo, 280 Kilometer nordöstlich von Kapstadt. Der kleine Ort besitzt eine alte Steinkirche, die **Dutch Reformed Church**, und – in der Library Hall – die **Wolfaardt Collection** *(Van Riebeeck St., Tel. 023/551 10 19)*. Ausgestellt sind Artefakte der Khoisan und der Niederländer, darunter Musikinstrumente, landwirtschaftliches Gerät und Haushaltsgegenstände.

Auch für Geologen ist die Region interessant. Eine weiße, quarzähnliche Gesteinsschicht verläuft von Matjiesfontein über Laingsburg bis in die Provinz Ost-Kap. Seltsame Felsformationen und Fossilien sind auf dem **geologischen Pfad** zu sehen, der auf dem Gelände der Geelbeksbrug-Farm bei dem **Anglo-Boer War Blockhouse** liegt.

Das Dorf **Matjiesfontein** liegt über die N1 30 Kilometer westlich von Laingsburg. Die Gemeinde wurde 1884 von James Logan gegründet. Der Bahnschaffner auf der Route Kapstadt–Pretoria hatte festgestellt, dass die trockene Luft der Karoo seinen Lungen guttat. Er ließ sich hier nieder und machte den Ort und seine gesundheitsfördernde Luft bekannt. Bald schon wurden Prominente angelockt, etwa der Sultan von Sansibar, Lord Randolph Churchill (Winston Churchills Vater), Cecil Rhodes, Edgar Wallace und Rudyard Kipling.

Während des Burenkriegs (1899–1902) diente Matjiesfontein den Briten als Militärstützpunkt, das viktorianische **Lord Milner Hotel** *(an der N1 in Matjiesfontein, Tel. 023/561 30 11)* wurde als Lazarett genutzt. Im Jahr 1970 wurden das Dorf und das Hotel restauriert und unter Denkmalschutz gestellt.

Das Bahnhofsgebäude beherbergt das **Matjiesfontein Museum**, auch als Marie Rawdon Museum bekannt. Präsentiert werden hier Kleider vergangener Tage und eine voll ausgestattete Apotheke. Das **Transport Museum** *(hinter dem Lord Milner Hotel, Tel. 023/561 30 11, $)* zeigt eine Oldtimer-Sammlung aus der Zeit der historischen Tankstelle, die noch heute in Betrieb ist.

Zwei Züge legen hier einen Halt ein, damit Besucher den Ort besichtigen können: der luxuriöse **Blue Train** *(Tel. 021/334 84 59, www.bluetrain.co.za)* sowie **Rovos Rail** *(Tel. 021/323 60 52, www.rovos.co.za)*. ■

Bungee-Jumping

Wer den besonderen Nervenkitzel sucht, findet an der Garden Route eine konkurrenzlose Gelegenheit: den weltweit höchsten kommerziellen Bungee-Jump. Der Sprung geht über dem Bloukrans River kolossale 216 Meter tief hinab und bietet spektakuläre Ausblicke. Wir möchten allerdings wetten, dass man die auf dem Weg nach unten nicht wirklich wahrnimmt.

Wer weniger abenteuerlustig ist, kann sich auch für eine Brückenwanderung auf den Bogen der Bloukrans-Brücke entscheiden. Auf dem Weg können Sie die großartige Aussicht genießen und die Bungee-Springer beim Absprung beobachten.

Kontaktadresse sowohl für das Bungeejumping als auch für die Brückenwanderung ist Face Adrenalin *(Tel. 042/281 14 58, $$$$$, www.faceadrenalin.com)*.

Anglo-Boer War Blockhouse

⊠ 12 km nördlich von Laingsburg an der N2

☎ Einlass nach Anruf in Die Blokhuis nebenan, Tel 023/551 17 74

Matjiesfontein

Karte S. 101

⊠ 30 km südlich von Laingsburg an der N1

☎ 023/561 30 11

www.matjesfontein.com

BIKO
18/12/1946 - 12/9/1977

Vielleicht die abwechslungsreichste Provinz Südafrikas; die Heimat von Nelson Mandela, Steve Biko und anderen Nationalhelden

Ost-Kap

Erster Überblick 118–119

Port Elizabeth 120–123

Erlebnis: Auf der Promenade 123

Rund um Port Elizabeth 124–131

Special: Surfen in Jeffrey's Bay 126–127

Erlebnis: Surfen lernen 127

Erlebnis: Beten 131

In die Karoo 132–133

East London & Umgebung 134–137

Wild Coast 138–139

Hotels & Restaurants 293–295

Bronzestatue des Black-Consciousness-Führers Steve Biko vor dem Rathaus von East London

Ost-Kap

Eingezwängt zwischen West-Kap und KwaZulu-Natal, den beiden beliebtesten Provinzen Südafrikas, ist das Ost-Kap ein unentdecktes Juwel. Die Küste erstreckt sich vom Umtamvuna River in KwaZulu-Natal bis zur Mündung des Storms River an der Garden Route im Westen und bis zur Grenze nach Lesotho im Norden. Die Provinz umfasst außerdem die überwiegend von der Xhosa-Kultur geprägten Homelands Ciskei und Transkei aus der Zeit der Apartheid.

Wer von Kapstadt auf der Garden Route Richtung Osten reist, erlebt hier zum ersten Mal das Gefühl, tatsächlich in Afrika zu sein – direkt am Rand der Wildnis. Das Ost-Kap bietet 800 Kilometer unberührter Küstenlinie. Allein Port Elizabeth besitzt insgesamt 40 Kilometer lange Sandstrände und zählt zu den weltbesten Segelrevieren. Jeffrey's Bay ist ein Topsurfspot, während die Wild Coast, ein Paradies zwischen East London und Port Edward, zu den am wenigsten erschlossenen Regionen des Landes gehört. Viele Schiffe sind an den Riffen vor der Küste zerschellt, aber die einsamen Strände und Flussmündungen laden zum Wandern ein. Das Ost-Kap ist malariafrei und ideal für Safaris.

NICHT VERSÄUMEN

- Einen Bummel durch Bayworld in Port Elizabeth **121–122**
- Den Addo Elephant National Park und seine großen Tiere **124–125, 128–129**
- Surfen in Jeffrey's Bay, der Heimat der perfekten Welle **126–127**
- Eine Bootsfahrt auf den Kanälen von Cape St. Francis, dem „Venedig Südafrikas" **129**
- Kariega Beach mit seinen großartigen Sanddünen **129**
- Vögel im Sibuya Game Reserve beobachten **130**
- Graaff-Reinet, das Herz der Karoo **133**
- Ein Besuch des faszinierenden Owl House in Nieu-Bethesda **133**
- Angeln vor der Wild Coast **138**

Westliche Region

Die westliche Region erstreckt sich entlang der Küste vom Tsitsikamma National Park über Port Elizabeth bis Port Alfred. Sie hat die höchste Konzentration von Elefantenherden in Südafrika vorzuweisen, besonders im Addo Elephant National Park und, im kleineren Maßstab, in den privaten Wildreservaten Shamwari und Lalibela.

Weiter landeinwärts geht die Hügellandschaft in die trockene Hochebene der Karoo über, die sich bis zu den Sandsteinformationen und den nackten Felsen der Sneeuberg-Kette erstreckt. Der höchste Punkt, der Mount Kompas, erreicht 2504 Meter. Die Bergkette bildet die Wasserscheide zwischen dem Sundays River und Great Fish River. Das Gebiet, früher Settler Country („Siedlerland") genannt, wurde in den 1820er Jahren von Briten kolonisiert. Diese bewirtschafteten hier riesige Parzellen und verteidigten die Ostgrenze gegen die Xhosa. Der Boden eignet sich nur für den Bewässerungsanbau. Noch heute erwirtschaften vor allem Schaf- und Safarifarmen ein akzeptables Auskommen.

Östliche Region

An den Stränden der Sunshine Coast zwischen St. Francis Bay und East London existiert eine üppige Flora und Fauna. Von East London nordwärts bis Port Edward erstreckt sich die Wild Coast: eine zerklüftete, felsige Küste mit hoch aufragenden Sanddünen und unerschlossenen Stränden. Es ist ein Paradies für Rucksacktouristen, in dem nur wenige Straßen asphaltiert oder überhaupt auf einer Karte verzeichnet sind. Wanderer gelangen auf sandigen Wegen von Dorf zu Dorf. ■

Port Elizabeth

Port Elizabeth in der Nelson Mandela Bay Municipality ist für viel Sonnenschein und sichere Sandstrände bekannt. Die Stadt liegt an der Algoa Bay an der Südostküste Südafrikas, etwa 800 Kilometer östlich von Kapstadt. 1820 ließen sich etwa 4000 Briten hier nieder. Seit dieser Zeit hat sich PE, wie die Einheimischen die Stadt nennen, zur fünftgrößten Stadt Südafrikas entwickelt.

Denkmal für den mythischen Priesterkönig Johannes und die portugiesischen Entdecker Südafrikas

Port Elizabeth (Nelson Mandela Bay Municipality)

Karte S. 119

Besucherinformation

Donkin Reserve Lighthouse Complex, Belmont Terr., Central

041/585 88 84

www.nmbt.co.za

Urlauber kommen vor allem wegen der Wassersportmöglichkeiten hierher, jedoch die Stadt besitzt auch einige Sehenswürdigkeiten.

Die Briten haben der Architektur von Port Elizabeth unübersehbar ihren Stempel aufgedrückt, wie ein Bummel über den zentralen **Marktplatz** mit etlichen historischen Gebäuden zeigt. Mitten auf dem Platz erhebt sich das **Rathaus** (1858) mit seinem Glockenturm. An der Ecke Whites Road und Main Street steht das 1835 erbaute Gerichtsgebäude mit einer eindrucksvollen Buntglaskuppel. Heute beherbergt es die **Stadtbibliothek**.

In der Nähe liegt der **St. George's Park**. Hier befinden sich der weltberühmte Port Elizabeth Cricket Club (mit der Möglichkeit zu einem aufregenden Probespiel) und das älteste Bowling-Green des Landes.

In einer der ältesten noch bestehenden, aus dem Jahr 1827 stammenden Siedlerhütte ist **No. 7 Castle Hill Museum** *(Castle Hill Rd.)* untergebracht. Zu sehen sind viktorianisches Mobiliar und Haushaltsgegenstände.

Die steile **Donkin Street** führt zu gepflegten viktorianischen Häusern hinauf. Am oberen Ende der Straße hat Sir Rufane Donkin, seinerzeit amtierender Gouverneur der Kapkolonie, ein **Denkmal** für seine Ehefrau Elizabeth errichten lassen, die in Indien starb und die der Stadt den Namen gab. Eine Tafel an der Steinpyramide ehrt sie mit den Worten: „Eines der vollkommensten menschlichen Wesen, das der Stadt dort unten ihren Namen gab."

Das **Informationszentrum** der Stadt ist im alten Leuchtturm von 1861 untergebracht. Dort gibt es Karten und Infos über die Region; empfehlenswert ist die Karte über den fünf Kilometer langen **Donkin Heritage Trail**. Er führt durch den Stadtteil Hill und das Zentrum, vorbei an 47 historischen Stätten.

Am Eingang zum Hafen steht ein **Campanile** mit einem Glockenspiel. Er erinnert an die Ankunft der britischen Siedler im Jahr 1820. Besucher können die 204 Stufen erklimmen und von oben den großartigen Blick auf die Stadt genießen.

Das **St. Croix Motor Museum** in Newton Park zeigt über 80 Autos aus der Zeit ab 1900 bis in die 1960er Jahre. Eine Besichtigung kann telefonisch vereinbart werden.

Red Location Museum

Das im Stadtgebiet New Brighton gelegene Red Location Museum dokumentiert die Geschichte der Apartheid und lädt den Besucher dabei zur aktiven Teilnahme ein. Die Exponate werden in hoch aufragenden, roten, metallenen „Erinnerungsboxen" ausgestellt, die die Besucher in selbst gewählter Reihenfolge betreten und erkunden können. 2006 wurde das Design des Museums vom Royal Institute of British Architects mit einem Preis ausgezeichnet.

INSIDERTIPP

Für einen Einblick in die Geschichte von Port Elizabeth empfehlen sich der Donkin Heritage Trail, die alten Autos im St. Croix Motor Museum sowie der Blick vom Campanile auf die Stadt.

CAGAN H. SEKERCIOGLU
National Geographic-Experte

An der Küste

Die meisten Besucher am Strand von Port Elizabeth zieht wohl **Bayworld** an, einer der besten und größten

St. Croix Motor Museum
✉ Mowbray St., Newton Park
☎ 083/463 52 86
🕒 nach tel. Vereinbarung

Bayworld
✉ Beach Rd., Humewood
☎ 041/584 06 50
$ $–$$
www.bayworld.co.za

Red Location Museum
✉ Ecke Olaf Palme & Singaphi St., New Brighton
☎ 041/408 84 00
🕒 sonntags geschl.
$ $
www.freewebs.com/redlocationmuseum

Delfine und Trainer im Bayworld Ozeaneum

Seaview Predator Park
Karte S. 119
Abseits von N2, westlich von Port Elizabeth
041/378 17 02
$$
www.seaviewpredatorpark.com

Museumskomplexe Südafrikas, mit Ozeanum, Reptilienpark und Museum. Im Ozeaneum leben zwei Indopazifische Große Tümmler, die vor- und nachmittags vor Zuschauermassen ihre Show zeigen. In zwei weiteren großen Meerwasserbecken tummeln sich Südafrikanische Seebären und große Südliche See-Elefanten neben allerlei Meeresgetier, darunter Rochen, Haie und Schildkröten.

Im **Reptilienpark** leben Land- und Sumpfschildkröten, Eidechsen und Leguane, Krokodile und Schlangen.

Das **Museum** zeigt Dinosaurierknochen bis hin zu modernen Gegenständen, aber auch Kunst und Perlenstickerei.

Strände: Die sauberen, wirklich grandiosen Strände von Port Elizabeth, die geschützt in der Algoa Bay liegen, bieten das ganze Jahr über angenehme Wassertemperaturen. Highlights sind der berühmte zwei Kilometer lange **Kings Beach**, der **Hobie Beach**, gleich neben dem Shark Rock Pier gelegen, und der **Humewood Beach**.

INSIDERTIPP

Shamwari, Amakhala und andere private Schutzgebiete haben auf ertragsarmem Farmland die ursprüngliche Vegetation wiederhergestellt und die heimischen Tiere neu angesiedelt. Sie bieten Tagestouren, darunter auch Safaritrips.

JOHN SEATON CALLAHAN
National Geographic-Mitarbeiter

Zu den Surfrevieren zählen die wilde **Bluewater Bay**, die sich gleich nördlich von Port Elizabeth erstreckt, sowie **The Fence**, **The Pipe** und **Millers Point**.

Wildtiere beobachten

Mehrere Wildtierreservate liegen in erreichbarer Entfernung von Port Elizabeth. Das nächstgelegene ist der **Seaview Predator Park** (25 km westlich der City). Hier können sich Löwen, Giraffen, Zebras, Gnus, Impalas und etwa 40 weitere Tierarten frei bewegen. Hauptattraktion des Parks ist die Möglichkeit, mit vier bis neun Monate alten Löwenjungen zu spielen *($)*. Zuvor wird eine kurze Einführung zum sicheren Umgang mit den Tierkindern gegeben.

Das private **Shamwari Game Reserve** liegt auf halbem Weg zwischen Port Elizabeth und Grahamstown. Das 25 000 Hektar große Reservat hat fünf der sieben Biome Südafrikas vorzuweisen und beherbergt eine vielfältige Flora und Fauna. Besucher können das Terrain auf Safaritrips erkunden und die **Born Free Foundation Centers** besuchen – eine Zufluchtsstätte für misshandelte Großkatzen. Das Reservat präsentiert die *Big Five*. Jede der sechs luxuriösen Lodges bietet ein eigenes Ambiente.

Das **Amakhala Private Reserve** spielt eine bedeutsame Rolle dabei, Weideland des 20. Jahrhunderts in seinen Naturzustand zurückzuversetzen. Die Unterkünfte sind bequem bis luxuriös. ■

Shamwari Game Reserve

Karte S. 119
65 km östlich von Port Elizabeth auf der N2 Richtung Grahamstown
041/509 30 00 oder 877/354 22 13
www.shamwari.com

Amakhala Private Reserve

Karte S. 119
65 km östlich von Port Elizabeth über die N2 Richtung Grahamstown
046/636 27 50
www.amakhala.co.za

ERLEBNIS: Auf der Promenade

Auch Jahrhunderte nach der Ankunft von 4000 englischen Zuwanderern in Port Elizabeth ist der britische Einfluss noch überall in der Küstenstadt spürbar. Rathaus und Stadtbücherei lassen bis heute an den efeuüberrankten Backstein der viktorianischen Zeit denken, und die Promenade *(www.suninternational.com/boardwalk)* mit Blick auf die wunderschönen Strände der Stadt erinnert mit ihrem Glitzern an das englische Seebad Brighton. Diese teils anachronistische, teils absonderliche, von Touristen und Einheimischen gleichermaßen geschätzte Einkaufs- und Unterhaltungsmeile sollte man wirklich gesehen haben. In den klassischen, rot-weißen Gebäuden, die abends hell erleuchtet sind, reihen sich Geschäfte, Restaurants, Unterhaltungsarkaden und zahlreiche Attraktionen für Kinder aneinander. Hier findet jeder den passenden Laden: Im Billabong Store gibt es den allerneuesten Surfdress, bei EzamaXhosa traditionelles Kunsthandwerk. Entspannen kann man in den zahlreichen Kneipen und Restaurants in Brooke's Pavilion an der Ecke Brooke's Hill und Beach Drive. Serviert werden Gerichte aus allen Teilen der Welt, von italienischen Spaghetti bis zum japanischen Sushi. Das Kasino bietet Spielern 802 Spielautomaten und 21 Spieltische. Und wer den unverfälschten Ausblick auf den Indischen Ozean allmählich leid ist, geht hinüber zum künstlichen See und füttert Enten.

Rund um Port Elizabeth

Das Ost-Kap rund um Port Elizabeth an der Sunshine Coast und der Shipwreck Coast ist relativ eben. Wenn man dagegen landeinwärts fährt, wird die Landschaft gebirgiger. Dort erstrecken sich das Zuurberg-Gebirge und das Sundays River Valley mit Wildreservaten und Wanderwegen.

Elefantenkühe mit Jungtieren im Addo Elephant National Park

Addo Elephant National Park

Karte S. 119

An der N2 Richtung Grahamstown, 72 km östlich von Port Elizabeth

042/233 86 00

$$–$$$

www.sanparks.org/parks/addo

Addo Elephant National Park

Der Park nimmt rund 164 000 Hektar im dicht bewaldeten Tal des Sundays River ein. 1931, als in dem Gebiet nur noch elf Dickhäuter lebten, wurde der ursprüngliche Elefantenbereich des Parks zum Nationalpark erklärt. Heute hat der Park über 480 Elefanten vorzuweisen, außerdem Afrikanische Büffel, Spitzmaulnashörner und verschiedene Antilopenarten. Im Addo leben die *Big Seven*: Elefant, Löwe, Büffel, Leopard, Nashorn plus Südkaper und Weißer Hai.

Fünf der sieben größeren Vegetationsbiome Südafrikas finden sich im Park. Im subtropischen Dickicht, *Valley Bushveld*, kann man die Elefantenpopulation und eine Vielzahl von Antilopen beobachten, darunter Kuh- und Elenantilopen, Kudus und Buschböcke. In den abgelegeneren Bereichen leben in der Großen Karoo Spießböcke, Weißschwanzgnus, Springböcke, Büffel und Spitzmaulnashörner. Auf Kap-Bergzebras, Bergriedböcke, Paviane, Blauducker und Rotkaninchen trifft man in dem Zuurberg-Gebirge.

Vogelliebhabern bietet **SASOL Red Bishop Bird Blind** – gegenüber dem Wasserloch im Hauptcamp – die Gelegenheit, Prachtfinken, Reiher, Wasserhühner und Oryxweber mit ihrem leuchtend orange- bis scharlachroten Gefieder zu beobachten. Der Hauptbereich präsentiert etwa 170 Vogelarten; insgesamt sind es etwa 450 Spezies, vom Braunkopfliest und Halsbandnektarvogel bis hin zur Kafferntrappe und zum Brillenpinguin. Hier befindet sich außerdem eines der wenigen Brutgebiete der Rosenseeschwalbe in Südafrika.

Die vor der Küste liegenden Inseln, Heimat der weltgrößten Brutpopulation des Kaptölpels und der zweitgrößten des Brillenpinguins, gehören ebenfalls zum Park.

Zwei Camps finden sich im Park: Das **Addo Rest-Camp** *(Tel. 042/233 86 00, E-Mail: addo-enquiries@sanparks.org;* siehe Reiseinformationen S. 293) nahe dem Eingangstor verfügt über 60 Unterkünfte. Angeboten werden geführte Safaritrips und Ausritte. Zur Anlage gehören ein Pool, ein Restaurant und ein Laden. Das **Camp Matyholweni** *(Tel. 041/468 09 16 oder 041/ 468 09 18, E-Mail matyholweni @sanparks.org;* siehe S. 293) liegt in der Nähe von Colchester an der Autobahn N2. Es ist 45 Autominuten vom Hauptcamp entfernt.

Private Lodges im Addo-Park

Darlington Lake Lodge *(Tel. 042/243 36 73)* im Gebiet des Darlington Dam des Parks ist eine gemütliche kleine Lodge im afrikanischen Kolonialstil.

Gorah Elephant Camp *(Tel. 044/501 11 11)* im Hauptbereich des Addo bietet eine Fünfsterneanlage mit luxuriösen Zeltcamps. Beim entspannten Teetrinken kann man Elefanten beobachten.

Nguni River Lodge *(Tel. 042/ 235 10 22, www.ngunilodges.co.za)* stellt acht luxuriöse Suiten, hoch auf einem Bergrücken gelegen, mit Blick über ein Wasserloch und auf den Zuurberg.

River Bend Lodge *(Tel. 042/ 233 80 00, www.riverbendlodge.co.za)* im Nyathi-Bereich des Parks ist eine Fünfsterneunterkunft im Schatten der Berge mit Wellnesscenter.

Unterwegs im Addo-Park: Sie können die Asphalt- und Schotterstraßen des Parks entweder mit dem eigenen Wagen befahren (Allradantrieb ist nur auf der ausgewiesenen 4WD-Route erforderlich) oder einen Safaritrip buchen, zum Beispiel diverse Fahrten (2 Std.) mit qualifi-

(Fortsetzung auf S. 128)

Surfen in Jeffrey's Bay

Surfen gewann in Südafrika in den 1960er Jahren stark an Popularität, die Musik der Beach Boys wurde auch hier zum Sinnbild der Strandkultur. Seither ist die Zahl der Surfer gewaltig gestiegen, einige Spots in Südafrika sind weltweit berühmt. Für Topsurfer gibt es kaum einen besseren Ort als Jeffrey's Bay.

Surfen in Jeffrey's Bay

Die meisten Surfer haben von der Brandung in **Jeffrey's Bay** gehört und träumen von der Dünung, den Tubes (hohlbrechenden Wellen) und von den beständigsten Wellenformationen Südafrikas. Die Wellen werden bis zu drei Meter hoch, doch ist der Strand auch für seine Sicherheit berühmt. Surfer pilgern zu Stränden mit Namen wie Magnatubes, Boneyards und Albatross. An einigen Stellen können sie mit Rides (Wellenritten) von bis zu drei Minuten rechnen.

Jedes Jahr im Juli steigt das weltberühmte Billabong Pro am **Supertubes** Beach. Dieser renommierte Wettkampf lockt die Topsurfer der Welt an.

Das Beste vom Besten

Gleich um die Ecke des Supertubes Beach liegt vor dem Beach Hotel das **Magnatubes' Reef**, berühmt für seine schnelle und schwere Dünung.

Am **Boneyards** gilt es, eine schnelle Wall zu bewältigen, die auf die Hauptstartzone am Supertubes zielt. Man kann sogar vor Boneyards starten, durch einige Barrel (Wellentunnel) fliegen, die das Herz zum Stillstand bringen, und am

ERLEBNIS: Surfen lernen

Südafrikas legendäre Surfspots wurden im Surfer-Kultfilm „Endless Summer" von 1966 kurz dargestellt. Das machte sie zu einem definitiven Traumziel auf der Wunschliste jedes ernsthaften Surfers, der die perfekte Welle sucht. Für neugierige Anfänger sind in den meisten Küstenstädten Surfschulen entstanden, die älteste ist **Gary's Surf School** *(34 Beach Rd., Muizenberg, Kapstadt, Tel. 021/788 98 39, zweistündige Kurse inkl. Ausrüstung, $$$$$, www.garysurf.com)* in Kapstadt. Dort kann man im relativ warmen Wasser von Muizenberg, wo konstante Wellen für perfekte Lernbedingungen sorgen, den Rausch aus erster Hand erleben. Einzelstunden sind möglich, und die gesamte Ausrüstung kann man in der Schule leihen. Tages- und Wochensurftrips sind ebenfalls im Angebot. Der Kontakt erfolgt über Gary Kleynhans. Unterricht im kultigen Jeffrey's Bay bietet **J-Bay Surf School** *(Island Vibe Backpackers, 10 Dageraad St., Jeffrey's Bay, Tel. 042/293 16 25, www.islandvibe.co.za, zweistündiger Unterricht inklusive Ausrüstung, $$$$$, www.islandvibe.co.za)*. Das Surfen in den Gewässern vor Durban ist eine exzellente Erfahrung. Den Versuch wert ist **Ocean Ventures** am Strand von Durban *(Tel. 031/332 99 49, einstündige Kurse inkl. Ausrüstung, $$$, www.oceanventures.co.za)*.

INSIDERTIPP

Die rechtsbrechenden Tubes am berühmten Supertubes Beach in Jeffrey's Bay sind die tollsten der Welt. Mieten Sie sich bei Billabong ein Board, und stürzen Sie sich ins Blaue.

THOMAS BERENATO
NATIONAL GEOGRAPHIC-Autor

Supertubes aussteigen. Am **Boneyards** werden die Wellen noch bis zu drei Meter hoch, wenn es anderswo schon nicht mehr viel Dünung gibt. **Albatross** ist der letzte Halt in einer langen Kette entlang dem Point bei Jeffrey's Bay.

Einsame Surferin am Big Bay Beach bei Kapstadt

Noch mehr Surfen in Jeffrey's

Oyster Bay besitzt einen unbeständigen Beach-Break mit sauberer, mittelhoher Dünung. Am besten surft es sich dort bei leichtem Nordnordostwind. Seal Point besteht aus zwei Abschnitten: einem äußeren und einem vollständigen Stop Rock, von dem das Inside bricht. Das Inside ist häufiger, ausgenommen von April bis September. Das Inside ist ein Pointbreak, der für 80 bis 100 Meter am Schelf entlangläuft. Die Außendünung muss oft um den Außenpunkt brechen, bevor sie **Seal Point** trifft.

Kenton-on-Sea

zierten Führern im offenen Landrover oder Truck. Reservierung ist zu empfehlen *(Tel. 042/233 86 21)*. Zur Auswahl stehen unter anderem eine Sonnenaufgangstour, bei der man vielleicht Büffel, Kudus und Löwen zu sehen bekommt, eine Tagesfahrt, auf der man ziemlich sicher Elefanten, Zebra- und Straußenherden sehen kann, sowie eine Nachtfahrt.

Man kann aber auch einen örtlichen Führer anheuern, der mit ins Fahrzeug steigt. Diese Führer sind normalerweise extrem gut informiert und zeigen genau, wo das Elefantenkalb oder der Blauducker zu entdecken sind, die man so wahnsinnig gern sehen möchte.

INSIDERTIPP

Addo ist kompakt und einer der besten Orte Afrikas, um Elefanten zu fotografieren. Nehmen Sie auf keinen Fall Zitrusfrüchte mit, denn die Elefanten lieben sie und beschädigen Ihr Auto, um sie zu ergattern.

JOHN SEATON CALLAHAN
National Geographic-Mitarbeiter

Eine weitere Möglichkeit ist eine Tour zu Pferd. Reitwege führen vom Hauptcamp zum Abschnitt **Nyathi** des Parks, wo es Großwild zu sehen gibt, darunter Elefanten, Afrikanische Büffel, Spitzmaulnashörner, Zebras und Antilopen. Die Ausritte werden von erfahrenen Führern geleitet. Vormittags wird ein zweistündiger Ausritt für Anfänger geboten, nachmittags eine Dreistundentour für erfahrenere Reiter. Auch im Parkabschnitt **Zuurberg** kann man reiten; dort gibt es allerdings kein Großwild, dafür aber eine großartige Fynbos- und Waldlandschaft.

Wandern ist im Addo ebenfalls möglich, und zwar vom einfachen **Cycad Trail** (1. Std.) bis zum vierstündigen **Doringnek Trail** am Zuurberg. Die Routen sind deutlich gekennzeichnet; Karten erhält man im Zuurberg-Büro (16 km vom Parkeingang). Auf Abenteuerlustige wartet die Zweitagestour auf dem **Alexandria Hiking Trail** (36 km) durch das größte Dünenfeld der Südhalbkugel sowie Strand und Wald. Übernachtet wird in Hütten. Eine Reservierung über das Camp Matyholweni ist erforderlich. Schließlich kann man auf dem **PPC Discovery Trail**, einem kurzen Spazierweg, mehr über die Flora und Fauna der Region erfahren.

Strände des Ost-Kap

Die Sunshine Coast gilt als Mekka für alle Wassersportfans und verfügt über eine blühende Surferkultur. Das weltberühmte **Jeffrey's Bay** (siehe S. 126f) ist westlich von Port Elizabeth gelegen. Die Stadt richtet den jährlichen Surfwettkampf **Billabong Pro** im Juli aus. Die Strände sind auch zum Baden perfekt geeignet.

Westlich von Jeffrey's Bay erstreckt sich das **St.-Francis-Gebiet**, das Port St. Francis, St. Francis Bay, Cape St. Francis und Oyster Bay umfasst. Der Ort St. Francis Bay liegt auf Cape St. Francis, wo der Kromme River mündet. Wegen seiner Kanäle wird der Ort gern „Klein-Venedig" genannt. Die Strände hier sind sehr sicher.

Nördlich von Port Elizabeth breiten sich bei **Kenton-on-Sea** schier endlose Strände aus. Der **Kariega Beach** wurde 2000 zum besten Strand Südafrikas gewählt. Nur etwas weiter östlich von Kenton-on-Sea, an der Küstenstraße R72, liegt **Port Alfred**. Das frühere Fischerdorf an der Mündung des Kowie River verfügt über einen modernen Yachthafen. Bootsbesitzer können aufs Meer hinausfahren oder den

Skimboarden

Skimboarden, ein zahmerer Vertreter unter den Extremsportarten, geht auf das Kalifornien der 1920er Jahre zurück und hat kürzlich Südafrika erfasst.

Ein Skimboard ist ein dünnes, ovales Teil aus lackiertem Holz oder Plexiglas. Um es zu reiten, braucht man eine gute Balance und einen flachen Sandstrand. Man rennt – mit dem Board in der Hand – parallel zu einer brechenden Welle, und sobald das Wasser zu einem dünnen Film verebbt ist, wirft man das Board hinein und springt auf. Damit lässt sich Eindruck schinden – es sei denn, man stürzt.

Die meisten Strände im Ost-Kap sind zum Skimboarden gut geeignet, die besten Stellen dafür sind aber wohl Kenton-on-Sea und Jeffrey's Bay.

Keryn's Dive School

✉ bei Outdoor Focus, Beach Rd.

☎ 082/692 61 89 oder 046/624 44 32

www.kerynsdiveschool.com

Kapbüffel im Lalibela Game Reserve

Sibuya Game Reserve

Karte S. 119

Kenton-On-Sea, 130 km östlich von Port Elizabeth über die R343

046/648 10 40

$$$$$

www.sibuya.co.za

Lalibela Game Reserve

Karte S. 119

90 km östlich von Port Elizabeth auf der N2

041/581 81 70

$$$$$

www.lalibela.co.za

Fluss erkunden. Mehrere Riffe vor der Küste eignen sich zum Tauchen; in **Keryn's Dive School** sind Tauchanfänger gut aufgehoben.

Sibuya Game Reserve

Sibuya – das Wort bedeutet „wir kommen wieder" – ist ein 2400 Hektar großes Wildreservat mit den *Big Four* (ohne Löwen) und ausschließlich mit Flussbooten zugänglich. Die Fahrt erinnert an den Film „African Queen" mit Humphrey Bogart und Katharine Hepburn. Parkplätze gibt es im Eingangsbereich in Kenton-on-Sea. Von dort aus werden die Besucher mit dem Boot zum Reservat und zum Flusscamp gebracht (12 km). Das Reservat ist ein Luxuscamp mit Zelten auf erhöhten Holzterrassen im **River Camp**; das **Forest Camp** ist noch luxuriöser.

Busch, Grasland und Küstenbereich bieten zahlreichen Tieren Lebensraum, wie Antilopen, Giraffen und Zebras. Sibuya ist außerdem ein Vogelparadies mit fast 300 Arten.

Begleitet wird man von erfahrenen Führern: per Safaritrip, Flussfahrt oder Buschwanderung.

Lalibela Game Reserve

Fünf der sieben Ökosysteme Südafrikas finden sich im Wildreservat Lalibela – das erklärt die atemberaubende Vielfalt von Flora und Fauna. Die Tiere, darunter die *Big Five*, Tüpfelhyänen, Zebras, Giraffen, Antilopen, Flusspferde und Geparde, leben hier auf etwa 7500 Hektar.

Das Gebiet ist Privatbesitz ohne öffentliche Straßen.

Lalibela besitzt drei Safari-Lodges: die **Lentaba Lodge** auf einem Hügel, **Mark's Camp** mit strohgedeckten Steinchalets und **Tree Tops**, ein Camp aus luxuriösen Safarizelten auf hohen Plattformen – mit Blick auf das Tal.

INSIDERTIPP

Scheuen Sie sich nicht, die Ansitze in der Tageshitze aufzusuchen – Sie werden staunen, wie viele Tiere sich auch dann zeigen, und Sie selbst bleiben ohnehin im Schatten.

KEVIN HALL
National Geographic-Experte

In der Nähe

Etwa 60 Kilometer von der Küste landeinwärts liegt im Settler Country der Ort **Grahamstown**, der 1812 als Festung zum Schutz der britischen Siedler gegründet wurde. Doch wiederholte Überfälle der Xhosa auf britische Farmen sorgten dafür, dass viele Siedler ihr Land aufgaben und in die Stadt zogen. Deren Einwohnerzahl stieg dadurch beträchtlich. Heute leben 100 000 Menschen in der Stadt. Im Stadtzentrum stehen viele Häuser im viktorianischen und edwardianischen Stil. Über das Jahr gibt es viele Feste. Das **National Arts Festival** (*www.nationalartsfestival.co.za*) im Juli zieht über 50 000 Besucher an.

Bathurst, 40 Kilometer südöstlich von Grahamstown an der R67 gelegen, ist ein kleines, 1820 gegründetes Dorf, inzwischen ein beliebter Rückzugsort für Künstler. Mit seinen gut erhaltenen Siedlerhäusern gleicht es einem englischen Städtchen des frühen 19. Jahrhunderts. Alljährlicher Höhepunkt im Feststagskalender ist der sogenannte *oxbraai* („Ochsenbraterei"; *www.oxbraai.co.za*) im Dezember; ein Ereignis, das den ganzen Tag dauert. ■

Grahamstown

Karte S. 119

Besucherinformation

63 High St., Grahamstown

046/622 32 41

www.grahamstown.co.za

ERLEBNIS: Beten

Ein Spaziergang durch Grahamstown, auch die „Stadt der Heiligen" genannt, ruft bei Menschen mit spirituellen Neigungen unbändige Begeisterung und bei weltlichen Reisenden eher verwirrende Ehrfurcht hervor. Innerhalb der Stadtgrenzen gibt es über 40 Kultstätten von vertrauteren (römisch-katholische, presbyterianische Kirche) bis zu unbekannteren Religionsgemeinschaften (Pinkster Protestante Kerk, apostolische Kirche). Es gibt Kirchen für Scientologen, Mormonen, Baptisten, äthiopisch-orthodoxe Christen und andere. Die größte Kirche der Stadt ist die Cathedral of St. Michael and St. George *(High St. am Church Sq.)* mit Südafrikas höchstem Kirchturm (54 m); Sonntagsgottesdienste werden um 7.30 und 9.30 Uhr gehalten. Auch für Nichtreligiöse ist die 1824 errichtete Kathedrale ein unbestritten schönes, historisch bedeutsames Denkmal. Diese und die vielen anderen – überwiegend christlichen – Kirchen erinnern an die Zeit der Missionare.

In die Karoo

Zwischen dem Valley of Desolation („Tal der Trostlosigkeit") und der Sneeuberg-Kette geht die Landschaft in die riesige, trockene Karoo über.

Silhouette eines Großen Kudus im Mountain Zebra National Park

Mountain Zebra National Park

- Karte S. 119
- Nördlich von Port Elizabeth über die N10 & R61
- 048/881 24 27 oder 048/881 34 34
- $$

www.sanparks.org/parks/mountain_zebra/

Das Khoisan-Wort *Karoo* bedeutet „Land des Durstes". Es bezeichnet Südafrikas gewaltiges Zentralplateau, ein Land der zerklüfteten Berge und ausgedörrten Ebenen. Es nimmt fast ein Drittel der Landesfläche ein und teilt sich in die Kleine Karoo im Süden und die Große Karoo im Norden. Früher zogen Springbockherden auf ihren Wanderungen durch die Karoo; heute ist sie eine Halbwüste, in der nur wenige Tiere und Pflanzen leben. Geheimnisvolle Felsmalereien, Fossilien sowie ein wunderschöner Sternenhimmel machen die Karoo zu einem magischen Ort.

Mountain Zebra National Park

Nördlich von Port Elizabeth liegt dieser Nationalpark, ein Refugium für das Kap-Bergzebra . Nur elf Tiere dieser Spezies lebten noch hier, als es 1937 zum Schutzgebiet erklärt wurde. Diese Zebraart unterscheidet sich von den anderen Zebras durch schmalere Streifen, das Fehlen von Schattenstreifen und eine hellorangefarbene Gesichtsfärbung. Mittlerweile beträgt die Population ca. 350 Tiere.

Hier sind aber auch Elenantilopen, Weißschwanzgnus, Kuhantilopen, Kudus, Spring- und Spießböcke, Afrikanische Büffel und Spitzmaulnashörner heimisch.

Tiere kann man vom eigenen Wagen aus beobachten; es gibt geführte Safaritrips *(Reservierung erforderlich, $$$)* und kurze Wanderungen. Besucher können im Gästehaus, Cottage oder auf dem Zeltplatz übernachten.

Graaff-Reinet

Die älteste Stadt des Ost-Kap und die viertälteste des Landes ist Graaff-Reinet, das im Herzen der Karoo am Sundays River liegt. Der Ort wurde 1786 von Gouverneur Cornelius Jacob van de Graaff und seiner Frau Cornelia Reinet gegründet. Über 200 Gebäude – von kapholländischen Giebelhäusern über viktorianische Herrenhäusern bis hin zu Sklavenhütten – stehen unter Denkmalschutz. Das **Reinet House** *(Naude & Murray St., Tel. 049/892 38 01, $)*, ursprünglich ein niederländisch-reformiertes Pfarrhaus, ist heute ein Museum. Das **Hester-Rupert Art Museum** *(Church St., Tel. 049/892 42 48, $)*, eine ehemalige niederländische Missionskirche, präsentiert zeitgenössische Gemälde und Skulpturen. Die **Old Library** *(Church & Somerset St., Tel. 049/892 38 01, $)* fungiert auch als Museum, mit Fotos, Felsmalereien und Fossilien.

Obwohl Graaff-Reinet in einem trocken-heißen Gebiet liegt, wird es von einem grünen Gürtel umgeben: dem **Camdeboo Park** *(Tel. 049/892 34 53, $)*, acht Kilometer von Graaff-Reinet entfernt, an der N9/Murraysburg Road. Im Park liegen der **Nqweba Dam** und das **Valley of Desolation**.

Nieu-Bethesda

50 Kilometer nördlich von Graaff-Reinet liegt dieser Weiler, ein Rückzugsort für Künstler wie Athol Fugard (geb. 1932); sein Stück „The Road to Mecca" spielt hier.

Die Hauptattraktion ist das **Owl House** *(River St., Tel. 049/841 17 33)* von Helen Martins. Zusammen mit Koos Malgas verwandelte die Künstlerin Haus und Umgebung in eine Galerie aus Glas- und Betonskulpturen. ■

Afrikaans für unterwegs

ja	Ja
nee	Nein
dankie	Danke
asseblief	Bitte
totsiens	Auf Wiedersehen
gesondheid!	Prost!
lekker dag!	Einen schönen Tag
Verskoon my! Jammer!	Verzeihung!

Graaff-Reinet

Karte S. 119

Besucherinformation

Church St.

049/892 42 48

www.graaffreinet.co.za

Nieu-Bethesda

Karte S. 119

Besucherinformation

Martin St.

049/841 16 42

www.nieu-bethesda.com

East London & Umgebung

Eine zerklüftete Küste säumt die ehemaligen Homelands Ciskei und Transkei, ein Gebiet, das bedeutende Führer der Schwarzafrikaner hervorgebracht hat.

Bewohner und Besucher des East London Aquarium

East London

Karte S. 119

Besucher-information

Shop 1 & 2 King's Entertainment Center, Esplanade

043/701 96 00

www.eastlondon.org.za

East London Museum

319 Oxford St. (Eingang an der Dawson Rd.)

043/743 06 86

$

www.elmuseum.za.org

East London

East London ist Südafrikas einziger Flusshafen. Die Stadt liegt am Buffalo River und wird oft auch Buffalo City genannt. Zu den 250 000 Stadtbewohnern kommen weitere 700 000 Menschen im Ballungsgebiet. Während der sogenannten Kaffernkriege zwischen Briten, Holländern und Xhosa diente East London als Nachschubbasis. 1858–62 kamen 3400 deutsche Einwanderer in East London an und wurden im Xhosa-sprachigen Gebiet angesiedelt. Zur Hundertjahrfeier ihrer Ankunft errichteten die Stadtväter Denkmäler für die deutschen Siedler in East London und King William's Town. In der Stadt gibt es einige gut erhaltene Gebäude aus dem 19. Jahrhundert, u. a.die 1899 erbaute **City Hall** *(Cambridge St.)* und das Daily **Dispatch Building** *(Caxton & Cambridge Sts.)*, wo seit 1897 Zeitungen gedruckt werden.

Zu den Sehenswürdigkeiten zählt das **East London Museum**, dessen Hauptattraktion ein präparierter Quastenflosser *(Coelacanthus)* ist. Dieser Fisch lebte 400 Millionen Jahre lang im Indischen Ozean und galt als ausgestorben, doch 1938 wurde er wiederentdeckt. Der Fang eines lebenden Quastenflossers im Hafen von East London war einer der bedeutendsten zoologischen Funde des Jahrhunderts.

Im **Queen's Park Botanical Garden**, westlich des Stadtzentrums gelegen, befindet sich ein kleiner Zoo mit rund 250 Tieren.

Auf der Esplanade rühmt sich das kleine, 1931 errichtete **East London Aquarium**, das älteste öffentliche Aquarium des Landes zu sein. Hier sind Brillenpinguine und Bewohner der Tiefsee zu sehen. Ein hölzerner Steg, der aus

INSIDERTIPP

East London ist das Portal zum weitgehend unerschlossenen Ost-Kap. African Heartland Journeys (*www.ahj.co.za*) leitet fünftägige Touren zu den grünen Hügeln, Steilküsten und einsamen Stränden der Region.

DAVID CASE
National Geographic-Autor

dem Foyer des Aquariums führt, ist ein Punkt auf der **MTN Cape Whale Route** *(Tel. 083/910 10 28)* und hervorragend geeignet, um Wale zu beobachten. Jedes Jahr ziehen hier zwischen Juni und November sowie zwischen Mai und Dezember Meeressäuger vorbei. Die besten Beobachtungsplätze sind mit blauen Flaggen markiert, sobald die Wale gesichtet werden.

East Londons lange Sandstrände locken Badegäste, Sonnenanbeter und Surfer an. Von hier aus kann man leicht Urlaubsziele an der Sunshine Coast (siehe S. 129) und der Wild Coast (siehe S. 138f) ansteuern und Ausflüge ins Landesinnere zu den Amatola Mountains unternehmen.

Nördlich der Mündung des Nahoon River erstreckt sich mit dem **Nahoon Beach** ein langer Sandstrand mit ausgezeichneten Wellen. Das Riff ist auch für erfahrene Surfer eine Herausforderung; hier finden Wettkämpfe im Surfen und Wasserski statt.

Gleich hinter dem Aquarium gegenüber Marina Glen liegt der **Eastern Beach** mit Imbiss-Buden und Umkleidekabinen.

Der **Orient Beach** am Ostufer des Buffalo River hieß Sandy Beach, bis hier 1907 ein russisches Schiff, die „SS Orient", auf Grund lief. Der Strand ist besonders sicher, weil die Hafenmolen für eine sanfte Dünung sorgen. Besucher schlendern über den Orient Pier oder fahren mit dem Water-Tube. Vor Ort finden sich auch ein Kinderbecken mit gefiltertem Wasser, Umkleidekabinen und ein Kiosk.

Weitere Strände in der Nähe: Der Strand von **Bonza Bay** liegt an der Quinera-

Queen's Park Botanical Garden

✉ Turnberry Ave., Bunkers Hill

☎ 043/705 26 37

East London Aquarium

✉ Esplanade

☎ 043/705 26 37

$ $

www.elaquarium.co.za

King William's Town

Karte S. 119

Besucherinformation

Public Library, Alexandria Rd.

034/642 33 91

Steve Biko Garden of Remembrance

Cathcart St. S, nach der Brücke an der 1. Straße links abbiegen

043/642 11 77 (Steve Biko Foundation)

www.sbf.org.za

Lagune; dort kann man angeln und baden.

Cove Rock, westlich des Buffalo River an der Küstenstraße gelegen, zieht Surfer und Taucher an. Viele Menschen kommen wegen der außergewöhnlichen Felsformationen hierher – ein guter Schutz für brütende Seevögel. Es ist außerdem ein perfekter Platz, um zu angeln und Wale zu beobachten. Ein Strandspaziergang von Cove Rock zum Lagoon Valley dauert etwa 45 Minuten.

Der **Gulu Beach** liegt vier Kilometer westlich von East London und wird vor allem von Freizeitanglern besucht.

Am **Igoda Beach**, 17 Kilometer westlich von East London zu finden, liegen die sichersten Badezonen an den Flussufern. Am Strand mit bewaldeten Sanddünen und im nahen Naturschutzgebiet sind Spazierwege angelegt. Das Dorf **Winterstrand** bietet sichere Strandparkplätze.

King William's Town

King William's Town wurde 1834 von der London Missionary Society als Missionsstation am Ufer des Buffalo River gegründet; die Bewohner sind überwiegend Xhosa aus dem einstigen Homeland Ciskei. Viele Gebäude der Stadt stammen noch aus der Zeit der Kaffernkriege.

Das **Amathole Museum** *(Alexandria Rd.)* besitzt eine umfassende Sammlung afrikanischer Säugetiere und ausgezeichnete Ausstellungsstücke zur Kultur der Xhosa. Das **Missionary Museum** *(Berkeley St.)* war früher Kirche und auch Schule für die Schwarzafrikaner.

King William's Town ist zusammen mit dem Ort Bhisho das administrative Zentrum des Ost-Kap und frühere Hauptstadt der Ciskei. Nelson Mandela und Thabo Mbeki, der ehemalige Staatspräsident und sein Nachfolger, stammen aus diesem Gebiet.

Steve Biko (siehe Kasten oben) wurde auf dem **Ginsberg Cemetery** beigesetzt.

Steve Biko

Einer der prominentesten Söhne der Region war Steve Biko, der 1946 in der schwarzen Township Ginsberg vor den Toren von King William's Town geboren wurde und in den 1960er und frühen 1970er Jahren Führer der Black-Consciousness-Bewegung war. Er war an den Protesten und Streiks gegen die Apartheid beteiligt, die 1976 in dem Aufstand in Soweto gipfelten. Steve Biko, der immer wieder verhaftet wurde, starb im Jahr 1977 in Polizeigewahrsam, nachdem er 26 Tage lang gemäß den Bestimmungen des südafrikanischen Terrorismusgesetzes festgehalten worden war.

Nelson-Mandela-Route

Als Sohn eines Thembu-Häuptlings wuchs Nelson Mandela in einer traditionellen Gemeinschaft auf und wurde darauf vorbereitet, selbst ein Stammesführer zu werden. Als erstes Kind in seiner Familie, das eine Schule besuchte, studierte er Jura und eröffnete mit Oliver Tambo die erste schwarze Anwaltspraxis in Südafrika. An der Universität hatte er begonnen, sich politisch zu betätigen, später wirkte er an der Bildung der Jugendliga des ANC (African National Congress) mit. Stets an vorderster Front in der Kampagne des zivilen Ungehorsams gegen Apartheid, wurde Mandela nach diversen Verhaftungen 1964 wegen Sabotage und Aufwiegelung vor Gericht gestellt und zu lebenslanger Haft verurteilt. Nachdem er 1990 freigelassen worden war, setzte er seinen Protest gegen die Apartheid fort. 1994 wurde Mandela bei den ersten wirklich repräsentativen demokratischen Wahlen zum Staatspräsidenten Südafrikas gewählt. 1999 verzichtete Mandela auf eine zweite Amtszeit.

Die Nelson-Mandela-Route verbindet Stätten, die in Mandelas Leben eine Rolle spielten.

Sie beginnt an der **University of Fort Hare**, an der Mandela studierte, und führt zur **Healdtown Institution** in Alice, wo er seine Ausbildung vollendete.

Nelson Mandela Museum: Das Museum wurde am 11. Februar 2000 eröffnet, dem zehnten Jahrestag von Mandelas Haftentlassung. Die drei Standorte sind **Mvezo**, Mandelas Geburtsort; **Qunu**, hier ist er aufgewachsen; im **Bhunga Building** in Mthatha, der früheren Hauptstadt der Transkei, wird Mandelas Lebensweg dokumentiert. ■

Im Nelson Mandela Museum, Mthatha

Nelson Mandela Museum

✉ Nelson Mandela Dr. & Owen St., Mthatha

☎ 047/532 51 10

🕒 So geschl.

$ Spende

www.nelsonmandelamuseum.org.za

Wild Coast

Zwischen East London und Port Edward erstreckt sich die weitgehend unbewohnte und ungezügelte Wild Coast. Die Gestade mit bewaldeten Hügeln und schroffen Klippen, bewachsenen Dünen und Stränden laden zur Erkundung ein. Auf Wanderwegen kann man traditionelle Xhosa-Dörfer entdecken.

Angeln an der Felsenküste, außerhalb von East London

Wild Coast

Karte S. 119

Besucher-information

043/701 96 00

www.wildcoast.co.za

Das Dorf **Gonubie** – auf Xhosa „Brombeere" – liegt im Mündungsgebiet des Gonubie River, etwa acht Kilometer nordöstlich von East London an der N2. Bei Ebbe geben die Gezeitentümpel der Lagune den Blick auf kleine Meeresbewohner frei. Ein langer Holzsteg lädt zum Bummeln ein und schützt zugleich die Primärdünen vor dem Betreten. An jedem ersten und letzten Samstag im Monat findet an der Hauptstraße ein Flohmarkt statt.

Etwa 75 Kilometer nördlich von East London liegt das Dorf **Haga-Haga** inmitten grüner Hügel. Von hier aus können Wanderer den **Wild Coast Trail** Richtung Süden nach Cintsa oder gen Norden nach Qora Mouth einschlagen. Der 86 Kilometer lange Küstenwanderweg ist samt Übernachtungen in sechs Tagen zu bewältigen.

Weiter die Küste hinauf

Weiter nördlich liegt der Badeort **Kei Mouth** am Ufer des Great Kei River. Einige Kilometer landeinwärts wartet **Morgan's Bay**, ein von steilen Klippen umgebenes Dorf, das durch ein Naturschutzgebiet mit gutem Badestrand und geschützter Lagune von Kei Mouth getrennt ist. Eine altmodische Pontonfähre befördert Wanderer und Autos auf dem Weg nach Coffee Bay oder zum legendären Hole in the Wall über den Kei River.

Der **Strandloper Trail**, ein 60 Kilometer langer, in fünf Tagen zu bewältigender Wanderweg, vermittelt das Gefühl der Einsamkeit an unberührten Stränden. Der Weg beginnt in Kei Mouth und führt bis Gonubie hinunter.

INSIDERTIPP

Sunray Farm *(Kei Mouth Rd., Haga-Haga, Tel. 043/831-1087)* arrangiert Ausritte am Strand bis zur Felsspitze der Morgan's Bay oder entlang der Mündung des Kei River.

DAVID CASE
NATIONAL GEOGRAPHIC-Autor

Mazeppa Bay, von Morgan's Bay aus nach 40 Kilometern die Küste hinauf zu erreichen, ist berühmt für seine ausgezeichneten Angelmöglichkeiten. Vom **First Beach** aus gelangt man über eine hundert Meter hohe Hängebrücke auf die Insel von Mazeppa Bay.

Hole in the Wall

Der hoch aufragende Felsblock in Coffee Bay, von Mazeppa Bay 80 Kilometer die Küste hinauf entfernt, weist in der Mitte einen großen Durchbruch auf. Bei stürmischem Wetter hört man die Meeresbrandung bis ins Tal.

Port St. Johns

Der Mount Thesiger und Mount Sullivan an der Mündung des Umzimvubu River werden die Tore von Port St. Johns genannt. Drei schöne Strände und ausgezeichnete Fischgründe machten von sich reden. In der Stadt ist es durchaus nicht ungewöhnlich, die *kwaito*-Rhythmen der Xhosa zu hören oder einen *sangoma* (Medizinmann) zu sehen. ■

Port St. Johns

Karte S. 119

Besucherinformation

Hauptstraße

047/564 11 87

www.portstjohns.org.za

Falsche Vorhersage

1856 erklärte das 14-jährige Xhosa-Mädchen Nongqawuse, es habe während des Badens Geister gesehen. Diese hätten ihm mitgeteilt, dass die uralten Xhosa-Krieger am 18. Februar 1857 von den Toten auferstehen und die britischen Siedler vom Land der Xhosa vertreiben würden, sofern die Xhosa all ihr Vieh schlachteten und ihre Ernten zerstörten. Wenn die Krieger ihre Aufgabe beendet hätten, würden die Geister Ernten und Vieh wieder auffüllen und obendrein Krankheit und Alter auslöschen. Die Xhosa hatten unter den Briten schwer zu leiden. Auf Rat ihrer Häuptlinge vertrauten sie Nongqawuses Prophezeiung und vernichteten ihre Nahrung und 400 000 Stück Vieh. Der Tag der Abrechnung sollte mit einer blutroten Sonne beginnen, doch der 18. Februar brach ohne Zeichen an. Ohne Nahrung – und ohne Geisterkrieger –, hungerten 25 000 bis 75 000 Xhosa, viele wurden zu Kannibalen. Nongqawuse flüchtete zu den Briten, die sie auf Robben Island festsetzten.

Die Tradition der Zulu, das pulsierende Stadtleben in Durban, eine spektakuläre Bergregion, Surferstrände und Naturschutzgebiete

Durban & KwaZulu-Natal

Erster Überblick 142–143

Durban 144–151

Die Goldene Meile 146–147

Special: Unterwasserfreuden 152–153

Erlebnis: Tauchen an den besten Spots in KZN 153

Rund um Durban 154–156

Erlebnis: Ein Hole-in-one schlagen 155

Erlebnis: Einen *Sangoma* konsultieren 156

Das wahre Afrika 157–171

Erlebnis: Reiten in den Drakensbergen 159

Rundfahrt: Maloti Mountains 162–163

Erlebnis: Inselo! 170

Hotels & Restaurants 295–299

Eine Zulu flicht Hüte und Körbe

Durban & KwaZulu-Natal

KwaZulu-Natal, von den Einheimischen schlicht „KZN“ genannt, ist die nordöstlichste Provinz Südafrikas und erstreckt sich vom Ost-Kap im Süden bis zum Nachbarland Mosambik im Norden.

Das Amphitheater in den Drakensbergen

Dieses subtropische Paradies gibt Besuchern eine Kostprobe des wahren Afrika. Die rote Erde, Schirmakazien, Hitze und Feuchtigkeit verleihen KZN das Erscheinungsbild viel entfernterer und exotischerer Gebiete Afrikas – etwa im benachbarten Mosambik oder in Kenia.

Zwischen den Flüssen Tugela und Pongola dominieren traditionelle Zulusiedlungen – strohgedeckte, geflochtene Rundhütten, die um einen Kral stehen und von einem Zaun umgeben sind.

Der schmale Flachlandstreifen am Indischen Ozean wird gen Norden immer breiter und geht in eine hügelige Hochebene über, die Natal Midlands. Zwei Gebirge prägen die Landschaft: die Drakensberge im Westen und die Lebombo Mountains im Norden. Die Drakensberge erreichen nahe der Grenze zu Lesotho eine Höhe von 3482 Metern. Die Lebombo Mountains bilden eine Bergkette, die von Swasiland aus nach Süden verläuft.

In den tiefen Schluchten der Küstenregion wächst afromontaner Wald, der vom Valley of a Thousand Hills bis zu den Midlands in Weideland übergeht. Weite Savannen prägen den Norden, während die Region der Drakensberge überwiegend aus Grasland besteht.

In der Küstenregion herrscht feuchtes, subtropisches Klima, nach Norden hin wird es zunehmend tropisch.

KZN bereisen

Das kosmopolitische Herz der Provinz ist Durban, die drittgrößte Stadt des Landes und ein sehr betriebsamer Hafen. Seit dem Ende der Apartheid haben sich Menschen aus allen Regionen des Landes hier angesiedelt und das Stadtzentrum zu einer Mixtur aus moderner Architektur,

NICHT VERSÄUMEN

Durbans Goldene Meile 146

Den von Gewürzen überquellenden indischen Basar in Durban 148, 151

Einen Tauchgang in Aliwal Shoal, wo es Korallen, Schwämme und den Schildzahnhai zu entdecken gibt 152–153

Die warmen Gewässer vor den schönen Stränden der South Coast 154

Einen Besuch in einem Zuludorf 156

Die Felskunst der San in den Drakensbergen 158

Die unheimliche Atmosphäre der Golden Gate Highlands 160

Flusspferde, Krokodile, Unechte Karett- und Lederschildkröten im Feuchtgebiet St. Lucia 164

viktorianischen Häusern, Moscheen, Tempeln und Basaren gemacht.

In der Nähe warten grandiose Strände, u. a. Widenham, Scottburgh, Ramsgate und Marina Beach. Das Valley of a Thousand Hills ist die Heimat der Zulu, die eine traditionelle Lebensweise bewahrt haben. Jenseits des Tals winkt eine Kostprobe des wilden Afrika: der uKhahlamba-Drakensberg National Park. Er umfasst die faszinierenden Drakensberge, die zum Weltnaturerbe der Unesco gehören. Etwa 600 Felswände und Höhlen im Park tragen Felszeichnungen, die die San vor rund 4000 Jahren angefertigt hat. Hier erstreckt sich auch der Hluhluwe-iMfolozi Park, eines der ältesten Schutzgebiete des Landes.

Nach Norden entlang der Küste umschließt der iSimangaliso Wetland Park mehrere Schutzgebiete, darunter die Naturreservate Maphelane und Kosi Bay, in denen die subtropische Küstenlandschaft eine enorme Artenvielfalt hervorbringt.

Der Nordostzipfel der Provinz wird *Elephant Coast* genannt. Im Mkhuze Game Reserve und im Tembe Elephant Reserve kann man die Dickhäuter sehen. ■

Durban

Durban wurde nach Sir Benjamin D'Urban, einem englischen Gouverneur, benannt. Bis zum Bau des Sueskanals nahmen britische Schiffe den langen Weg rund ums Kap, Durban war ein reizvoller Zwischenstopp auf dem Weg nach Indien. Eine Zeit lang galt Durban sogar als „der letzte Außenposten des britischen Empire". Der koloniale Einfluss ist nicht zu übersehen.

Die eindrucksvolle Durban City Hall, erbaut nach dem Vorbild des Rathauses im nordirischen Belfast

Durban

Karte S. 143

Besucher-information

90 Florida Rd.

031/322 41 64

www.durbanexperience.co.za

Mit 3,5 Millionen Einwohnern ist Durban die drittgrößte Stadt Südafrikas, und sie wächst auch weiterhin. Die Industriestadt besitzt den wichtigsten Seehafen Afrikas.

Durban mit seinem großartigen ethnischen Gemisch bewegt sich nach einem modernen afrikanischen Beat; viele Einwohner strömten in die Stadt, nachdem die Zugangsbeschränkungen der Apartheid aufgehoben worden waren. Die vorherrschende Kultur ist die der Zulus; die Kriegerstämme der „Himmelssöhne" prägten das Gebiet, bevor die Briten sie Ende des 19. Jahrhunderts unterwarfen. Heute sprechen etwa 63 Prozent der Einwohner von Durban Zulu. Ein hoher Prozentsatz indischer Einwanderer hat mit Hindutempeln, Moscheen und Basaren ebenfalls der Stadt seinen Stempel aufgedrückt. Viele Inder arbeiteten vor hundert Jahren auf den Zuckerrohrfeldern.

Goldene Meile

Hauptanziehungspunkt in Durban ist die mehrere Kilometer lange Golden Mile (siehe S. 146f) mit Hotelhochhäusern und schicken Restaurants.

Sea World, im Themenpark **uShaka Marine World** direkt unterhalb der Goldenen Meile eingerichtet, vermittelt einen Eindruck davon, was man in den ruhigeren Buchten der abgelegenen Strände finden kann. Zu besichtigen sind unter anderem ein Meerwasseraquarium, eine Delfin- und Robbenstation und eine Pinguinkolonie. Das **Offshore Rocky Reefs Exhibit** präsentiert seltene Rifffische der Küste KwaZulu-Natals, und im **Rocky Touch Pool** dürfen Besucher Seesterne und Seegurken berühren. **Exhibits of the Deep Zone** hat Kreaturen aus den dunkelsten Tiefen vorzuweisen, und im **Xpanda Shark Cage** kann man Haie aus nächster Nähe erleben *($$$$)*.

Daneben gibt es die typischen Themenparkattraktionen wie Wasserrutschen und Fahrgeschäfte. Am Village Walk drängen sich Restaurants und Geschäfte.

Stadtzentrum

Im Stadtzentrum dominiert die neubarocke **City Hall,** eine Kopie des Rathauses im irischen Belfast, den Francis Farewell Square. Das **Natural Science Museum** *(Rathaus, Erdgeschoss, Smith St., Tel. 031/311 22 56)* befindet sich im selben Gebäude. Hier sind afrikanische Säugetiere, Vögel und Insekten zu sehen. Im ersten Stock zeigt die **Durban Art Gallery** Werke zeitgenössischer südafrikanischer Künstler, darunter Andrew Verster (geb. 1937) und Penny Siopis (geb. 1953). Sie besitzt – neben traditioneller und zeitgenössischer europäischer Kunst – eine bedeutende Sammlung von Kunst und Kunsthandwerk der Zulu.

INSIDERTIPP

Sonnenaufgänge über dem Indischen Ozean, von Durban aus gesehen, sind ein Lieblingsmotiv der Fotografen. Mit im Bild: Fischer auf den Piers, ein toller Blick auf Surfer und die fantastische Skyline der *Golden Mile*.

JOHN SEATON CALLAHAN
NATIONAL GEOGRAPHIC-Mitarbeiter

Neben dem Rathaus steht das **Old Court House Museum** *(Smith & Aliwal Sts., Tel. 031/311 22 29)*. Die Exponate in dem 1866 erbauten Haus beleuchten die Kolonialgeschichte von Natal sowie Berühmtheiten, z. B. den Zulukönig Shaka (siehe S. 28).

Einen Block vom Church Square entfernt steht die **St. Paul's Church** *(Pine St., Tel.*

(Fortsetzung auf S. 148)

uShaka Marine World

- ✉ 1 King Shaka Ave.
- ☎ 031/328 80 00
- $ $$$

www.ushakamarineworld.co.za

Durban Art Gallery

- ✉ City Hall, 2nd fl., Smith St.
- ☎ 031/311 22 64
- 🕒 Eine Woche vor dem Besuch wegen eines Termins Kontakt aufnehmen.

Die Goldene Meile

Die Goldene Meile – ein glitzernder Streifen Strand und Promenade in Durban, der in Wahrheit sechs Kilometer lang ist – führt parallel zum Geschäftsviertel von der Bay of Plenty und dem North Beach bis zum South Beach. Hinter dem goldenen Strand stehen Reihe um Reihe hoch aufragende Luxushotels.

Neonlicht prägt die *Golden Mile* in Durban

Der Name leitet sich von den Portugiesen ab, die den Sand an dieser Küste als „Sand aus Gold" bezeichneten.

Die Strände sind durch mehrere Piers voneinander getrennt und werden ganzjährig von Rettungsschwimmern bewacht. In den tiefen Gewässern angebrachte Netze verhindern, dass Haie in Strändnähe kommen. Die *Golden Mile*, vor allem der North Beach, Dairy Beach und die Bay of Plenty, ist auch bei Surfern beliebt; der South Beach ist für für Anfänger ideal.

NICHT VERSÄUMEN

Bay of Plenty • Sunken Garden & Amphitheatre • uShaka Marine World

Dutzende von Becken zum Schwimmen und Plantschen, Souvenirstände und Karussells säumen das Ufer. Unterwegs trifft man auf fliegende Händler, die Kunst-

Zulu-Rikschas

Die bunt bemalten Zulu-Rikschas werden von farbenfroh kostümierten Fahrern gezogen. Eine Fahrt in einer solchen Rikscha am Ufer entlang ist wirklich einzigartig.

handwerk der Zulu feilbieten. Am besten beginnt man den Bummel am **Natal Command** ❶, an der Ecke Argyle und Snell Parade am Nordende der *Golden Mile*, die zur Marine Parade wird.

In der Nähe liegt die **Minitown** ❷ *(114 Snell Parade, Lower Marine Parade, North Beach, Tel. 031/337 78 92, geschl. Mo, $)*, die Durbans interessanteste Gebäude in Miniaturform zeigt. Die Modelle sind in der halben Größe gehalten.

Während man in Richtung Süden schlendert, liegt linker Hand die **Bay of Plenty**, ein weltbekannter Surferstrand und im Juli Schauplatz des berühmten Gunston Surfing Contest.

Weiter geht es durch **Sunken Garden and Amphitheatre** ❸ gegenüber dem North Beach Garden Court bis zur Central Marine Parade. Der Senkgarten präsentiert Blumen, Teiche und Springbrunnen; abends ist er illuminiert. Mit etwas Glück wird im Freiluftamphitheater gerade ein Konzert gegeben. Sonntags findet hier normalerweise ein Flohmarkt statt.

An der Ecke Old Fort Road ehrt eine Statue den portugiesischen Entdecker Bartolomeu Diaz.

Nun kehrt man auf die Lower Marine Parade zurück und geht entlang dem Ufer von North Beach und Dairy Beach weiter nach Süden.

Am Ende der *Golden Mile* am South Beach liegt die **uShaka Marine World** ❹ (siehe S. 145), Afrikas größter mariner Themenpark. Zur Meeresweltausstellung gehören auch ein Aquarium und weitere Ausstellungsflächen auf dem Wasser.

Siehe auch Umgebungskarte S. 143
Natal Command
0,8 km
2 Stunden
uShaka Marine World

Bartel Arts Trust Centre
✉ SAS Inkonkoni Bldg., 45 Maritime Place, Small Craft Harbour, Victoria Embankment
☎ 031/332 04 68
www.batccentre.co.za

Durban Botanic Gardens
✉ Sydenham Rd., an der M8 in Berea
☎ 031/322 40 19
www.durbanbotgardens.org.za

031/305 46 66). 1853 errichtet, wurde sie 1906 nach einem Brand wieder aufgebaut.

Rund um Victoria Embankment

Am Victoria Embankment liegt der **Wilson's Wharf**, ein neuer Komplex mit Charterbooten, Restaurants, Theatern und Geschäften. Das **Bartel Arts Trust Centre** (BAT) widmet sich der lokalen Kunstszene, die das Erbe von KwaZulu-Natal reflektiert. Offene Ateliers, teure Kunstgalerien und angesagte Restaurants beleben die Szene.

Bluebottles

Vorsicht vor gallertartigen Klecksen, die entlang der *Golden Mile* in Durban im Sand stecken. Es könnte sich um *Bluebottles* – Portugiesische Galeeren – handeln. Dieses lebendig dahinsegelnde wunderschöne ist keine Qualle, wie man gemeinhin denkt, sondern vielmehr eine Kolonie winziger Polypen. Das Nesselgift der Portugiesischen Galeere ist besonders schmerzhaft und kann tödlich sein. Der seltsame Name geht auf die Luftblase dieses Organismus zurück, die er zur Fortbewegung nutzt: Diese ähnelt dem Segel einer alten portugiesischen Galeere.

Durban Botanic Gardens

Der botanische Garten Durbans ist mit einer Größe von 14,5 Hektar eine wahre Schatzkammer. Der 1851 angelegte Park ist die älteste Naturattraktion der Stadt und der älteste noch bestehende botanische Garten Afrikas. Hier wachsen 150 000 Pflanzen, u. a. Orchideen, Palmfarne und Palmen sowie Bromelien. Im Arboretum befinden sich afrikanische, amerikanische und asiatische Bäume.

Zur Anlage gehören Teiche, ein Senkgarten, eine Farnschlucht und ein Teehaus.

Zwischen der Sydenham Road und St. Thomas Hill Road am Fuß der Berea (ein Bergrücken oberhalb der Stadt) gelegen, ist der Garten von der Innenstadt aus leicht zu erreichen; vom Warwick Triangle sind es nur wenige Gehminuten.

Indisches Viertel

Inder stellen fast 20 Prozent der Einwohner Durbans. Sie bilden die größte indische Gemeinde außerhalb Asiens, und ihre Kultur prägt eindeutig diesen Teil der Stadt. Die beiden vergoldeten Minarette der **Juma Masjid Moschee** *(Grey & Queen Sts., Tel. 031/306 17 74, geschl. So)* erheben sich über dem lebhaften Viertel. Sie ist die größte Moschee der südlichen Hemisphäre, die bis zu 4500 Gläubigen Platz bietet. Eine Führung ist nach telefonischer Anmeldung möglich.

Gleich um die Ecke, in einer kleinen Gasse zwischen der Grey Street und Cathedral Road, quillt der Basar **Madressa Arcade** nicht nur von Besu-

Auf dem Markt in der Victoria Street werden Gewürze sorgfältig abgewogen

Killie Campbell Museum & Africana Collection

- 220 Gladys Mazibuko Rd. (ehemals: Marriott Rd)
- 031/260 17 22
- Nur nach Vereinbarung
- $

http://campbell.ukzn.ac.za

chern, sondern auch von Gewürzbergen, farbenfrohen Stoffen und anderen indischen Waren über.

An der Grey Street haben sich indische Lebensmittelläden auf das einzigartige Durban-Sandwich *bunnychow* spezialisiert: Es besteht aus einem halben, ausgehöhlten Brotlaib, der mit scharf gewürzten Fleisch- oder vegetarischen Currys gefüllt ist.

An der Ecke Queen und Victoria Street sorgen die Stände des bunten **Victoria Street Market** *(Tel. 031/306 40 21)* für indisches Flair. Es duftet nach Fleisch und Fisch, Obst und Gemüse, Gewürzen und Räucherstäbchen. Hier findet man auch geflochtene Körbe, Holzschnitzereien und weitere Waren.

Durban besitzt mehr als 20 Hindutempel. Der eindrucksvolle **Shree Ambalavaanar Alayam Hindu Temple** *(Bellair Rd., Umkumbaan, Cato Minor, Tel. 031/311 11 11)* liegt etwas abseits des indischen Viertels. Der 1883 errichtete Bau ist der älteste und größte Hindutempel Südafrikas.

INSIDERTIPP

Man kann das indische Viertel nicht verlassen, ohne ein *bunnychow* probiert zu haben. Das lokale Fast-Food-Currygericht wird in einem ausgehöhlten Brotlaib serviert.

ROBERTA COCI
NATIONAL GEOGRAPHIC-Mitarbeiterin

Killie Campbell Museum und Africana Collection

Die Killie Campbell Collection präsentiert wichtige Forschungsquellen zur Geschichte und Kultur von KwaZulu-Natal. Untergebracht ist die Sammlung im **Muckleneck**, dem im neukapholländischen Stil erbauten Anwesen von Sir

Marshall Campbell (1848 bis 1917), einem Zuckerbaron und Parlamentarier; sie besteht aus der Killie Campbell Africana Library, der William Campbell Furniture and Picture Collection und dem Mashu Museum of Ethnology. Die Sammlungen wurden von Sir Marshalls Tochter, der Afrikana-Sammlerin Dr. (Margaret) Killie Campbell, angelegt. Ihr Bruder William stiftete Muckleneck als Magazin für die Sammlung seiner Schwester, die seit ihrem Tod 1965 von der University of KwaZulu-Natal verwaltet wird. Hauptthemengebiete der **Killie Campbell Africana Library** sind die sozioökonomische, politische und kulturelle Geschichte von KwaZulu-Natal. Zu den Spezialthemen zählen frühe Erforschung und Reisen in Afrika, Missionen, der Zulukrieg, der Burenkrieg, die Bhambatha-Rebellion von 1906 sowie die James-Stuart-Archive, in denen Zulugeschichten aufgezeichnet sind.

Die **William Campbell Furniture and Picture Collection** zeigt die Einrichtung von Muckleneck zu der Zeit, als die Familie noch dort lebte. Das kapholländische Mobiliar gilt als das schönste in einer öffentlichen Sammlung außerhalb der Kapregion. Die Gemäldesammlung enthält zeitgenössische schwarzafrikanische Kunst von Künstlern wie Azaria Mbatha (geb. 1941), Trevor Makhoba (geb. 1956) und George Msimang (geb. 1948) sowie topografische Ansichten des 19. Jahrhunderts der südafrikanischen Flora und Fauna von

In der Campbell Furniture and Picture Collection

INSIDERTIPP

Rund um Durban kann man über 200 Vogelarten beobachten. Pelagische Vogelbeobachtungstouren werden vom Umgeni River Bird Park aus angeboten; sie bieten eine entspannte Möglichkeit, sich an den Vögeln zu erfreuen.

CAGAN H. SEKERCIOGLU
NATIONAL GEOGRAPHIC-Experte

Afrikana-Künstlern wie William John Burchell (1781 bis 1863), Thomas Baines (1820 bis 75) und Samuel Daniels (1775–1811). Das **Mashu Museum of Ethnology** zeigt eine schöne Sammlung von Artefakten, Holzschnitzereien, Skulpturen, Töpferarbeiten, Kleidung und Perlenstickerei. Die Studien einheimischer afrikanischer Kleidung der Künstlerin Barbara Tyrrell (geb. 1912) gelten als ein Highlight der Sammlungen.

Umgeni River Bird Park

Nur zehn Autominuten sind es vom Stadtzentrum zum Umgeni River Bird Park. Über 240 verschiedene Vogelarten nisten am dicht bewachsenen Umgeni River. Der Park befasst sich auch mit der Aufzucht gefährdeter Vogelarten.

Auf den leicht begehbaren Pfaden kann man u. a. Turakos, Kakadus und Papageien sehen. Begehbare Vogelhäuser ermöglichen den Blick auf Aras, Jägerlieste, Tukane und Flamingos. Bei den Freiflug-Vogelschauen *(tägl. 11 & 14 Uhr)* kann man Eulen, Störche, Nashornvögel und Kapgeier beobachten. ■

Umgeni River Bird Park

Karte S. 143

490 Riverside Rd., abseits der M4, Durban north

031/579 46 00

$

www.umgeniriverbirdpark.co.za

Gewürznation

Als die Briten im 19. Jahrhundert nach Durban kamen, brachten sie indische Arbeitskräfte mit. Und mit den Indern kamen die Gewürze – immerhin erzeugt Indien 86 Prozent aller Gewürze weltweit.

Geschichtlich war Durban der größte Hafen Afrikas, und natürlich spielte es im Gewürzhandel eine bedeutende Rolle. Bevor 1869 der Sueskanal vollendet wurde, umfuhren alle Schiffe, die von Europa kamen, Afrika und legten in Durban an, ehe sie in Richtung Ostindien weitersegelten.

Deshalb findet man heute in Durban faszinierende Gewürze sowie beißend scharfe und würzige Gerichte, die mit diesen Gewürzen zubereitet werden. Zu den berühmtesten Gerichten zählt das Durban-Curry, das mit roten Chilischoten und Cayennepfeffer bereitet wird.

Wer Gewürze kaufen möchte, geht am besten zum **Victoria Street Market** (siehe S. 149) an der Ecke Victoria und Queen Street. Unzählige Stände stellen ihr Angebot an exotischen Gewürzen in körnigen Pyramiden zur Schau, einige pur wie Safran oder Cayennepfeffer, andere in lokalen Mischungen mit seltsamen Namen wie „Schwiegermutter-Ausrotter" und „Flitterwochen-Barbecue".

Als würziger Snack an Ort und Stelle empfehlen sich Samosas (mit Curry gefüllte Teigtaschen) oder *bunnychow* (siehe S. 149).

Unterwasserfreuden

Die südafrikanische Ostküste am Indischen Ozean, die vom Agulhasstrom erwärmt wird, bietet das perfekte Umfeld für alle Arten von Wassersport. Vor allem die Küste, Riffe und Felsbuchten von KwaZulu-Natal verfügen über hervorragende Möglichkeiten zum Schnorcheln und Tauchen.

Sporttaucher und Indischer Rotfeuerfisch, Sodwana Bay

Kosi Bay (siehe S. 169f), ein Mündungsgebiet an der Grenze zu Mosambik, besteht aus vier miteinander verbundenen Seen, Teil des iSimangaliso (ein Zuluwort für „Wunder") Wetland Park, der früher Greater St. Lucia Wetland Park hieß und zu den Unesco-Welterbestätten zählt.

Der Park ist für seine artenreiche Meeresflora und -fauna bekannt, darunter die gefährdeten Leder- und Unechten Karettschildkröten, Krokodile und Flusspferde. In den Korallenriffen in der Mündung des Kosi River kann man gut Schnorcheln.

Etwas weiter südlich liegt die **Sodwana Bay** (siehe Kasten S. 153), ebenfalls ein Teil von iSimangaliso, mit den südlichsten Korallenriffen Afrikas. Benannt sind sie nach ihrer Entfernung vom Strand: vom 2-Mile Reef bis zum 9-Mile Reef. Am malerischsten ist wohl das 7-Mile Reef. Die Bedingungen in der Sodwana Bay ermöglichen das ganze Jahr über Tauchgänge, die beste Zeit ist aber im Sommer, von November bis Mai.

Taucher aus aller Welt haben **Aliwal Shoal** (siehe Kasten S. 153) unter die zehn besten Tauchplätze der Welt gewählt. Er liegt bei Umkomaas, 40 Autominuten südlich von Durban. Die Untiefe *(shoal)* ist eine versteinerte Sanddüne, vier Kilometer vor der Küste. Benannt ist sie nach der schiffbrüchigen *Aliwal*, die 1849 hier auf Grund lief; das Gebiet ist voller Felsvorsprünge und Höhlen, in denen Taucher Schwämme, Weich- und Steinkorallen, Warmwasser-Rifffische und Kaltwasserfische sowie Schildzahnhaie entdecken können.

Weiter südlich, in der Provinz Ost-Kap, finden Taucher an den **Protea Banks,** etwa acht Kilometer vor der Küste von Shelly Beach, einen weiteren Weltklassespot vor. Ab einer Tiefe von etwa 25 Metern kann man im Sommer Bullen-, Tiger- und Hammerhaie, im Winter Schildzahnhaie sehen, außerdem Bronze-, Fuchs- und Weiße Haie.

Am äußersten Ende des Ost-Kap liegt der **Tsitsikamma National Park** (siehe S. 114), der erste Meeresnationalpark Südafrikas.

Außerhalb von KZN

Kapstadt bietet ganzjährig ausgezeichnete Tauchmöglichkeiten, denn auf der einen Seite der Halbinsel befindet sich der kältere Atlantik (eher im Sommer), auf der anderen der wärmere Indische Ozean (besser im Winter). Beim Tauchen auf der kalten Seite findet man wunderschöne Braunalgenwälder. Die Westküste ist durchgehend kalt, mit Ausnahme der **Langebaan Lagoon** (siehe S. 90f). In der Nähe von Mafikeng in der Nordwest-Provinz liegt die **Wondergat** („Wunderhöhle"), ein wassergefüllter Karsttrichter (regelmäßig geschl., daher vorher erkundigen). Etwa 1460 Meter über dem Meeresspiegel können Taucher in bis zu 40 Meter Tiefe Süßwassergarnelen und den Sparrman-Buntbarsch aufstöbern.

INSIDERTIPP

Das wahre Abenteuer mit Meerestieren spielt sich am Ende der Aliwal Shoal ab. Veranstalter in Umkomaas, Scottburgh und Park Rynie bieten käfiglose Tauchgänge mit Tigerhaien an. Ein sicheres und unvergessliches Erlebnis!

JON MINSTER, *Reisejournalist*

ERLEBNIS: Tauchen an den besten Spots in KZN

Sodwana Bay und Aliwal Shoal bieten einige der aufregendsten Tauchmöglichkeiten in Südafrika. Taucher aus aller Welt kommen in Scharen hierher, um die reiche Vielfalt der Meeresflora und -fauna zu erleben. Dies sind die richtigen Plätze:

Sodwana Bay 7-Mile Reef: Voller Überhänge und Felsspitzen, die den Blick auf eine reiche Meeresflora und -fauna freigeben. Über 1200 verschiedene Fischarten sind hier zu bewundern. Zu sehen sind zum Beispiel Drachenköpfe, Kugelfische, Rochen und der seltene Schaukelfisch.

Anton's Reef (2-Mile Reef): Phänomenale Vielfalt an tropischen Fischen und Korallen.

Pinnacles: Flacher Tauchgang zu einem Labyrinth höhlenartiger Korallenformationen. Nicht versäumen: Unechte Karett- und Lederschildkröten kommen in Sommernächten zur Eiablage an die Strände; Kontakt über Elephant Coast Tourism *(Tel. 035/562 03 53).*

Aliwal Shoal Cathedral: Ein Amphitheater im Riff, von Rochen, Aalen und Schildzahnhaien bevölkert.

The Nebo: Schiffswrack, das mit Weichkorallen und Schwämmen überwuchert ist.

Raggies Cave: In der Höhle wimmelt es nur so von Schildzahnhaien.

Anmeldungen und Informationen über Aliwal Shoal Dive Centre *(Tel. 039/ 973 22 33, www.aliwalshoal.co.za)* oder South Coast Tourism *(Tel. 039/312 23 22).*

Rund um Durban

Durban ist der ideale Ausgangspunkt für Erkundungen. Im Norden und Süden der Stadt locken einsame Sandstrände. In Richtung Norden erwarten einen traditionelle Zuludörfer und Nationalparks mit einer einzigartigen Tierwelt.

Der preisgekrönte Strand in Margate

Hibiscus Coast

Karte S. 143

Besucher-information

Panorama Parade, Margate

039/312 23 22

www.hibiscuscoast.kzn.org.za

Strände an der Südküste

Die South Coast, eine 160 Kilometer lange, dichte Abfolge von Stränden und Badeorten, reicht von Durban bis Port Elizabeth. Die Küste wurde von den Zulu einst *Ugu* – „Rand des großen Wassers" – genannt. Heute gibt es hier viele Strandhotels und Ferienanlagen mit üppigen Bananenstauden, Palmen, Akazien und Lianen.

Etwa 45 Kilometer südlich von Durban liegt in **Widenham**, gleich hinter Umkomaas, ein geschützter Surf- und Badestrand mit malerischen, hochpreisigen Ferienhäusern ein Stück oberhalb des Strandes.

Etwas weiter südlich befindet sich der quirlige Ferienort **Scottburgh**. Der Badestrand wird von Rettungsschwimmern überwacht; Netze sollen vor Haien schützen. Die Wellen ermöglichen tolles Surfen, Windsurfen und Bodyboarden. Der einstige Fischereihafen ist heute ein Paradies für Sportangler.

Pennington umfasst ruhige Strände und die wunderschönen Buchten von Umdoni Park, Ocean View, Kelso, Sezela, Bazely Beach, Ifafa, Elysium und Mtwalume.

Das Gebiet von Hibberdene bis Port Edward wird **Hisbiscus Coast** genannt, denn hier wachsen diese blühenden Büsche im Überfluss. Die Orte Port Shepstone, Shelly Beach, Margate, Southbroom und Port Trafalgar besitzen schöne Strände und bieten Ferieneinrichtungen.

Eine Art touristisches Zentrum stellt **Margate,** 20 Kilometer südöstlich von Shepstone, dar. Der 1,6 Kilometer lange Strand zählt zu den schönsten der Welt. Schicke Boutiquen und kleine Läden gibt es zuhauf, und bei Sonnenuntergang erwacht *The Strip* zum Leben. Straßencafés, Restaurants, Bars und Clubs quellen über von Menschenmassen und Musik.

Ramsgate, ein Dorf südlich von Margate, ist das genaue Gegenteil. Die Strände liegen an einer parkähnlichen Anlage und bieten sich als beschaulicher Rückzugsort an.

Marina Beach, am Südrand der Provinz, hat einen Sandstrand und eine Gezeitenlagune zwischen Southbroom und San Lameer aufzuweisen.

Valley of a Thousand Hills

Auf halbem Weg zwischen Durban und Pietermaritzburg liegt das so poetisch benannte „Tal der tausend Hügel". Hier

Valley of a Thousand Hills

Karte S. 143

Besucherinformation

47 Old Main Rd., Botha's Hill

031/777 18 74

www.1000hillstourism.com

ERLEBNIS: Ein Hole-in-one schlagen

KwaZulu-Natals paradiesische subtropische Küste stellt die Kulisse für eines der begehrtesten Golfziele Südafrikas. Hier sind einige der besten Plätze:

Amanzimtoti *(1 Golf Course Rd., Athlone Park, Tel. 031/902 11 66)* ist ein Paradies für Slicer, weil so viele Löcher einen Fade begünstigen. Die letzten drei Löcher sind hart, wenn es windig ist.

Durban Country Club *(101 Walter Gilbert Rd., Tel. 031/313 17 77, www.dcclub.co.za)* hat zwei Plätze: Country Club und Beachwood. In Südafrika stehen sie auf Rang vier; beide sind in den Dünen angelegt und anspruchsvoll.

Kloof Country Club *(26 Victory Rd., Kloof, Tel. 031/764 05 55, www.kloofcountryclub.co.za)*, im hügeligen Nebelgürtel angelegt, bietet eine willkommene Abwechslung von der Feuchtigkeit an der Küste. Ein attraktiver Parkkurs mit hübschen Bäumen; Kloof verbindet Naturschönheit mit anspruchsvollen Wagnissen.

Margate Country Club *(Wingate Rd., Margate, Tel. 039/317 23 40, www.margategolf.co.za)* sieht einfach aus, ist aber extrem anspruchsvoll; ein angenehmer Kurs mit Wasserhindernissen. Die fünf Par-3-Löcher sind markant und hoch angesehen.

Royal Durban *(16 Mitchell Crest, Durban, Tel. 031/309 25 81, www.royaldurban.co.za)* ist flach, aber einer der anspruchsvollsten Kurse des Landes. Er sieht einfach aus, doch es gibt nur wenig Schutz vor dem Wind.

San Lameer *(Main Rd., Lower South Coast, San Lameer Estate, Tel. 039/313 51 41, www.sanlameer.co.za)* zählt in Südafrika zu den Top 30. Der Kurs liegt in einem Naturschutzgebiet mit reicher Vogel- und Tierwelt und hat viel Wasser. Hier wird konservatives Golf gespielt. Der Indische Ozean bildet die Kulisee für den wellenförmigen Kurs in **Scottburgh** *(Taylor & Williamson Sts., Scottburgh, Tel. 039/976 00 41, www.scottburghgolf.co.za)*. Er hat schmale Fairways mit Out of Bounds auf der rechten und Küstenwald auf der linken Seite. Der Wind hat schon vielen Golfern das Herz gebrochen.

Umgeni Steam Railways
- Karte S. 143
- Kloof Station
- 031/303 30 03 oder 082/353 60 03
- $$$–$$$$

www.umgenisteam railway.co.za

Isithumba Village
- Karte S. 143
- Isithumba Adventure Tourism, District, Road D1004, Botha's Hill
- 078/277 13 48

www.durbangreen corridor.co.za

leben Zulu noch in traditionellen Dörfern.

Schönheit und Ruhe des Tals ziehen seit Langem Künstler und Kunsthandwerker an. Stände an der **Old Main Road** in der Umgebung von Hillcrest und Botha's Hill verkaufen auch Agrarprodukte.

Für eine nostalgische Tour durch das Tal besteigt man die **Umgeni Steam Railways**. Die einstündige Fahrt von der Kloof Station bis zur Inchanga Station führt eine der steilsten Eisenbahnstrecken Südafrikas hinauf und durch einen der ältesten Tunnel. Die Inchanga Station von 1893 liegt in den Lower Midlands.

Zwei Zulu-Dörfer wurden in der nahen Umgebung von Botha's Hill für Touristen eingerichtet. Im **Isithumba Village**, in der KwaXimba Tribal Authority, zeigen erfahrene Führer den Gästen Zuluhäuser, strohgedeckte Rundbauten. Sie können an einem traditionellen Essen und an Tänzen teilnehmen sowie einen *Sangoma* (Medizinmann) (siehe Kasten unten) auftreten sehen. Um zu dem Dorf zu kommen, biegt man hinter Monteseel von der Old Main Road auf die District Road D1004 ab und folgt der Straße bis ins Tal.

Oder man unternimmt einen Abstecher zum nahe gelegenen **Phezulu Safari Park** *(5 Old Main Rd., im Gebiet von Botha's Hill, Tel. 031/777 10 00, www.phezulusafari park.co.za)*, um bei traditionellen Zulutänzen mitzumachen. ■

ERLEBNIS: Einen *Sangoma* konsultieren

Die Vorstellung, einem mit Perlen und Federn geschmückten Mann gegenüberzusitzen, der singt, bläst und eine Lederpeitsche schwingt, während er einem Knochen entgegenwirft, mag befremdlich wirken, ist aber eine einzigartige kulturelle Erfahrung. *Sangomas* – Medizinmänner – sind ein wesentlicher Bestandteil der Nguni-Kultur. Es heißt, sie besäßen die Macht, mit den Geistern der Vorfahren zu kommunizieren, die verehrt werden und von denen man glaubt, dass sie den Alltag bestimmen. Obwohl die Nguni regelmäßig Opfer darbringen, um ihre Vorfahren zufrieden zu stimmen, wird nicht immer das erwünschte Ergebnis erzielt. An dieser Stelle tritt der *Sangoma* auf den Plan. Unterstützt von den Stimmen der Vorfahren und der Hilfe eines *iNyanga* (Kräuterkundigen), ist ein *Sangoma* in der Lage, die Zukunft vorherzusagen und Krankheiten zu heilen. Auch wenn die fragwürdigen Aktivitäten einiger *Sangomas* die Tradition in den letzten Jahren in ein schlechtes Licht gerückt haben, gibt es doch viele „gute" *Sangomas*, denen man größeren Erfolg als westlichen Ärzte nachsagt.

Wer diese einzigartige Erfahrung sucht, kann mit Dr. Elliot Ndlovu im **Fordoun Spa Hotel** in den Midlands *(Nottingham Rd., Tel. 033/266 62 17, , $$$$$ pro Sitzung, www.fordoun.com)* eine Verabredung treffen. In der Umgebung von Kapstadt kontaktiert man **Charlo's Tours** *(Tel. 021/715 66 07, $$$$$ pro Tour, www.charlostours.co.za)*, die eine halbtägige Kultur- und Township-Tour anbieten, zu der auch die Konsultation eines *Sangoma* gehört. In Johannesburg erfolgt der Kontakt über **A Taste of Africa** *(Tel. 011/482 81 14, $$$–$$$$www.tasteofafrica.co.za)*.

Das wahre Afrika

Hier beginnt das ungezähmte Afrika mit seinen Savannen und der herrlichen Tierwelt. Farmer und Stammesangehörige führen ein einfaches Leben.

Die spektakulären Drakensberge

Die Drakensberge

Entlang der östlichen Großen Randstufe Südafrikas trennen die Drakensberge auf einer Länge von rund 965 Kilometern KwaZulu-Natal von Lesotho. Diese faszinierende Wildnis aus alpinem Grasland und Wäldern, Wasserfällen und Bächen könnte man tagelang durchwandern, ohne einer Menschenseele zu begegnen.

Die Topografie dieser Felswand, die von 1720 Meter bis auf fast 3500 Meter reicht, bedingt die große Vielfalt der Flora. In höheren Lagen wachsen vorwiegend endemische und gefährdete Arten der Alpinflora, in den Tälern überwiegen Kaprosen, Palmfarne, Baumfarne, Kohlpalmen und Yellowwoodbäume (Steineiben). Hinzu kommt eine Tierwelt von atemberaubender Fülle; sie reicht von Pavianen über Antilopenarten bis zu Schakalen, Luchsen und Ottern. Von den 299 Vogelarten sind 43 endemisch, darunter zehn, deren Erhalt von globaler Bedeutung ist, unter anderem Spiegelrallen, Kappapageien, Wachtelkönige, Rötelfalken, Klunkerkraniche und Gelbbrustpieper. Häufiger anzutreffen sind Eisvögel, Störche, Sekretäre, Nachtschwalben, Würger und Weber.

Drakensberge

Karte S. 143

Besucherinformation

036/448 15 57, 036/448 24 55 oder 083/485 78 08

www.drakensberg.co.za

uKhahlamba – Drakensberg National Park
Karte S. 143
033/845 10 00
$–$$$$
www.kznwildlife.com

Kamberg Game Reserve
Karte S. 143
Giant's Castle Abfahrt von der N3, Central Berg
033/845 10 00
$

Royal Natal National Park
Karte S. 143
N. Berg Rd., 19 km von der R74
036/438 63 03
$

Vulture Restaurant at Giant's Castle
Lammergeyer Hide
Giant's Castle anrufen
$$$$$ (einschließlich Transport zur Höhle)

INSIDERTIPP

Das Vulture Restaurant in Giant's Castle ist ein fantastischer Ort, die majestätischen, aber immer seltener werdenden Geier aus der Nähe zu bestaunen – und dabei zu wissen, dass die Einnahmen zu ihrem Erhalt beitragen.

CAGAN H. SEKERCIOGLU
National Geographic-Experte

An Unternehmungen gibt es das ganze Programm von Wandern über Fliegenfischen und Vögelbeobachten bis zu Reiten und Klettern. Von Ende Mai bis Anfang September kann man in Tiffindell in den südlichen Drakensbergen (Ost-Kap) sogar Ski laufen.

uKhahlamba-Drakensberg National Park

Ein Großteil der Drakensberge und das Umland bilden den uKhahlamba-Drakensberg National Park (243 000 ha), seit 2000 Unesco-Welterbestätte. Die Bezeichnung der Zulu für die ausgedehnte Bergkette bedeutet „Wand der aufgestellten Speere", womit die Basaltgipfel und Bergzinnen gemeint sind.

Die 15 Tore zum Park sind nicht durch eine Straße verbunden, sodass Besucher ein Gebiet zum Wandern oder Campen auswählen müssen. **Tendele** im Royal Natal National Park und Giant's Castle Game Reserve bieten Übernachtungsmöglichkeiten.

Felskunst in den Drakensbergen: Die Drakensberge sind aus archäologischer Sicht eine der bedeutendsten Regionen Südafrikas; Spuren menschlicher Besiedlung reichen 20 000 Jahre zurück. Seit der späten Steinzeit lebte hier das Volk der San in Höhlen und Unterständen und hinterließ in den letzten 4000 Jahren etwa 600 Stätten mit Felsmalereien in rund 35 000 Bildern.

Dies ist die höchste Konzentration von Felsmalereien im Afrika südlich der Sahara. Die Bilder sind von hoher künstlerischer Qualität. Die einfühlsame Wiedergabe von Tieren und Menschen deutet auf eine komplexe Verbindung der San mit der Natur. Die jüngsten Felszeichnungen stammen aus dem 19. Jahrhundert, einige erzählen von Zusammenstößen mit ersten Siedlern, die mit Gewehren bewaffnet sind.

Stätten mit Felskunst können im Royal Natal National Park, Giant's Castle Game Reserve und im Kamberg Game Reserve besichtigt werden. Manche sind im Verlauf eines Lehrpfades zu sehen, andere nur im Rahmen einer organisierten Tour.

Das **Kamberg San Rock Art Trail and Interpretative Centre** veranstaltet solche Touren. Hier haben Archäologen den „Rosetta-Stein" der

San gefunden – den Schlüssel zum Verständnis der Symbole im spirituellen Gehalt der Bilder. So erfuhren sie, dass die San-Jäger glaubten, sie könnten von den Tieren, die sie jagten, magische Kräfte gewinnen. Das Zentrum zeigt eine Videodokumentation über die Welt der San und vermittelt auch Kontakt zu den noch hier lebenden Nachfahren.

Royal Natal National Park: Eine der faszinierendsten geographischen Erscheinungen in den nördlichen Drakensbergen ist das **Amphitheater** im Royal Natal National Park; seine gewaltige Felswand macht es zu einem beeindruckenden, aufregenden Bergsteigerziel. Hier stürzt der Tugela River in fünf Stufen rund 914 Meter in die Tiefe – die **Tugela Falls** sind die höchsten Wasserfälle Südafrikas. Ein Wanderweg führt die Tugela-Schlucht hinauf.

Giant's Castle Game Reserve: Gewaltige Gipfel, windumtostes Grasland und eine grandiose Sammlung von San-Bildern sind die Höhepunkte des 34 398 Hektar großen Reservats südlich von Monk's Cowl.

Royal Natal National Park

- Karte S. 143
- N. Berg Rd., 19 km von der R74
- 036/438 63 10
- $

Giant's Castle Game Reserve

- Karte S. 143
- Giant's Castle Abfahrt von der N3, Central Berg
- 036/353 37 18
- $, Höhlen: $, Touren mit verbundenen Augen: $$$$$

ERLEBNIS: Reiten in den Drakensbergen

Die Drakensberge bieten einzigartige Möglichkeiten für Ausritte. Die Berge in dieser Welterbestätte eröffnen Ausblicke auf malerische Gipfel, in Kaskaden herabstürzende Wasserfälle und weite, offene Landschaften; zu Pferd kann man hier durch die nahe gelegenen Wildreservate streifen und dabei Giraffen, Nashörner und viele Antilopenarten zu Gesicht bekommen.

Wer sich für Geschichte interessiert, kann auf dem Pferderücken an einer geführten Tour über historische Schlachtfelder teilnehmen. Es geht zu Schauplätzen wie dem der **Battle of Blood River**, in der die *Voortrekkers* 1838 die Zulu zurückschlugen.

Und mit über 600 Plätzen mit Felskunst der San, die bis zu 4000 Jahre alt ist, werden in dem Gebiet auch die Wege nicht knapp, die in die frühen Epochen dieser faszinierenden Jäger zurückführen.

Touren zu Pferd führen auch zu modernen Zuludörfern, in denen man die Lebensstile im ländlichen Südafrika kennenlernt. Wer mag, kann sich sogar die Zeit für eine Konsultation bei einem *Sangoma* (traditioneller Heiler, siehe Kasten S. 156) nehmen.

Die gesamte Gebirgskette kann zu Pferd erkundet werden, Wege gibt es sowohl für Anfänger wie für erfahrene Reiter. Die Angebote reichen von Ponyreiten für die Kleinen bis zu zweistündigen malerischen Ausritten durch die Berge. Auch mehrtägige Touren, mit Koch und Führer, können in den meisten Resorts in den Drakensbergen organisiert werden. Wanderer können Lamas mieten, die bis zu 40 Kilogramm an Campingausrüstung und anderem Gepäck tragen: ein Erlebnis der besonderen Art!

Reservierungen erfolgen vor Ort oder bei einem der folgenden Anbieter: **Khotso Horse Trails** *(Tel. 033/701 15 02, www.khotsotrails.co.za)*, **The Northern Horse** *(Tel. 082/337 87 70, www.drakensberghorseriding.co.za)* und **Sengani Horse Trails** *(Tel. 036/352 15 95)*.

Golden Gate Highlands National Park
Karte S. 143
265 km südlich von Johannesburg
058/255 00 12; E-Mail: goldengate@sanparks.org
www.sanparks.org/parks/golden_gate

Park-Zugang: Zugangsscheine gibt es im KwaZulu-Natal Wildlife in Pietermaritzburg *(Tel. 033/845 10 00)*, im Central Drakensberg Information Centre *(Tel. 036/488 12 07, www.cdic.co.za)*, bei der Drakensberg Tourism Association *(Tel. 036/448 15 57, www.drakensberg.org.za)* und im Southern Drakensberg Escape Tourism Centre *(Tel. 033/ 701 14 71, www.drakensberg.org)*.

Golden Gate Highlands National Park

Zwischen der Nordwestecke von KwaZulu-Natal und Lesotho liegt das einzige Schutzgebiet in der Provinz Freistaat: der Golden Gate Highlands National Park. Die landschaftliche Schönheit der hoch aufragenden Zinnen – noch Teil der Drakensberge – macht den Park zu einem lohnenden Ziel. Der höchste Gipfel, der Ribbokkop, erreicht 2829 Meter. Die Südgrenze bildet der Little Caledon River. Das Hochlandbiotop umfasst 11 600 Hektar Fläche und ist reich an Highveld- und montaner Graslandflora, Afromontanwäldern und hochlandtypischem Alpingrasland. Der Ouhout („Altholz", *Leucosidea sericea*), eine immergrüne Art, ist der häufigste Baum im Park. Dieser ist ein Paradies für Vogelbeobachter. Zu den 140 Arten zählen Kapgeier, Bartgeier, Glattnackenrapp, Kampfadler und Falken. Zu den Wildtieren im Park gehören Weißschwanzgnus, Rehantilopen, Spring- und Bergriedböcke, Ducker, Stein- und Bleichböckchen, Kuh- und Elenantilopen, Blässböcke und Zebras. Das Gebiet ist außerdem reich an Fossilien. Der älteste je entdeckte Dinosaurierembryo – aus der Trias (vor 220 bis 195 Millionen Jahren) – wurde 1978 im Park gefunden.

Innerhalb des Parks präsentiert das kleine **Basotho Cultural Village** Aspekte des traditionellen Lebens der Basotho. Wanderwege zu Stätten mit Felskunst, geführte Wanderungen zur Erkundung von Heilpflanzen und anstrengen-

Operation Rhino

In Hluhluwe-iMfolozi startete in den 1960er Jahren die „Operation Rhino", eine Initiative zur Rettung des Breitmaulnashorns. Die Rettungsteams fingen viele Nashörner ein und siedelten sie hier erfolgreich an. Seitdem ist die Population des Breitmaulnashorns in Südafrika auf rund 6000 Tiere angewachsen: zwölfmal mehr als bei der Zählung 1960.

Heute konzentriert sich der Park auch auf die Rettung des gefährdeten Spitzmaulnashorns, dessen Population in den letzten zehn Jahren von 14 000 auf 2550 Tiere geschrumpft ist. Mindestens ein Fünftel des weltweiten Bestands an Spitz- und Breitmaulnashörnern findet sich heute in diesem Reservat.

dere Zweitageswanderungen zu den Gipfeln und Aussichtspunkten sind nur einige der möglichen Aktivitäten.

Unterkunft findet man unter anderem im Glen Reenen Rest Camp, Protea Hotel Golden Gate *(www.proteahotels.com/goldengate)*, Highland Mountain Retreat, Golden Gate Hot und im Qwa Qwa Rest Camp. Buchungsmöglichkeiten und Infos für alle Häuser unter *Tel. 012/428 91 11 oder 082/233-9111.*

Wandern im Hluhluwe-iMfolozi Wildlife Park

Hluhluwe-iMfolozi Wildlife Park

Zwischen dem Nordrand von Zululand und der Elephant Coast liegt der Hluhluwe-iMfolozi Wildlife Park, der nach den Flüssen Hluhluwe und iMfolozi benannt ist. Das 96 000 Hektar große Reservat wurde 1895 eingerichtet und ist das älteste Südafrikas. Das Gebiet ist sehr abwechslungsreich – nebelumhüllte Hügel, sonnengebleichte Savanne mit Fieberbäumen *(Acacia xanthophloea)* und Schirmakazien *(Acacia tortillis)*, traditionelle Zuludörfer und Zuckerrohrplantagen.

Neben den *Big Five* leben hier noch viele andere Arten, darunter Nilkrokodile, Flusspferde, Geparde, Hyänen, Streifengnus, Schakale, Giraffen, Zebras, Wasserböcke, Nyalas, Elenantilopen, Kudus, Impalas, Ducker, Riedböcke, Warzen- und Buschschweine, Mangusten und Paviane.

Vögel: Der Park ist eines der Hauptbrutgebiete in Südafrika; über 300 Vogelarten leben hier. Das Überschwemmungsgebiet des Hluhluwe River ist eine der wenigen Regionen Südafrikas, in denen sowohl Gelbkehl- und Rubinkehl- als auch Kappieper zu sehen sind. Zu den weiteren Arten zählen u. a. Afrikanische Binsenrallen, Bronzehalstauben, Zimttauben, Weißohr-Bartvögel, Graukehlnicatore, Flechtenfeinsänger sowie Gelbschnabel- und Rotschnabel-Madenhacker.

Wildtiere beobachten: Safaris werden von **Hilltop Camp** *(Tel. 035/562 08 48)* sowohl als Morgen- wie auch als Abendfahrten organisiert. Das **Hilltop Camp** im Hluhluwe-Bereich des Parks liegt hoch oben auf einem Steilhang, mit Blick auf das Zululand. Das **Mpila Camp**

(Fortsetzung auf S. 164)

Hluhluwe-iMfolozi Park

Karte S. 143

Bei der N2, Ausfahrt Hluhluwe; von dort führt ein Straße nach 14 km zum EIngang

033/845 10 00

Achtung: Der Hluhluwe–iMfolozi Park liegt in einem Malariagebiet, Schutzmaßnahmen sind also erforderlich.

Rundfahrt: Maloti Mountains

Die Strecke führt durch die attraktive Landschaft des östlichen Freistaats, entlang der Grenze zu Lesotho.

Golden Gate Highlands National Park

Die Route, die immer wieder über den Klein Caledon River führt, verläuft großteils durch Farmland, zur Linken erheben sich die oft schneebedeckten Maloti (oder Maluti) Mountains in Lesotho.

Spektakuläre Sandsteinformationen erscheinen im wechselnden Licht gelb, golden, braun, rosafarben und grau. Neben buschigen Pappeln und hoch aufragender Pyramidenpappeln sieht man auch Mais- und Weizenfelder. Ein kleiner Umweg führt zu Felsbildern der San.

Die Fahrt beginnt am **Golden Gate Highlands National Park** ❶ (siehe S. 160f); wenn man aus dem Park hinausfährt, ragen rechts und links eindrucksvolle Sandsteinfelsen empor.

Nach 18 Kilometern Fahrt auf der R712 durch eine sanfte Hügellandschaft erreicht man den kleinen Ort **Clarens** ❷. Er ist nach dem Schweizer Ort benannt, in dem Paul Kruger, einst Präsident der alten Transvaal-Republik, 1904 im Exil starb. Das von Hügeln umgebene Clarens hat sich zum Touristenziel entwickelt. Ein grasbewachsener Platz bildet das Zentrum, dort findet man auch **Clarens Destinations** *(Shop 8, Market St., Tel. 058/ 250 11 89)*; hier erhält man Infos zum Ort und zur Region. Wer die Felsbilder der San in Schaapplaats besichtigen will, kann hier buchen *($)* und sich nach dem Zustand der Schotterstraße erkundigen.

Clarens verlässt man auf dem Weg, den man gekommen ist, und biegt rechts

NICHT VERSÄUMEN

Golden Gate Highlands National Park • Clarens • Schaapplaats Farm • Fouriesburg

in die R711 Richtung Fouriesburg. Nach zwei Kilometern biegt man links ein; dort weist ein großes Schild nach Kgubetswana in der Gegenrichtung, kleinere Schilder nach Schaapplaats. Nach sechs Kilometern – zunächst auf Asphalt-, dann auf Schotterstraßen – gelangt man zur Farm **Schaapplaats** ❸ *(Tel. 058/256 11 76, www.ashgarhorses.co.za)*. Im Farmhaus kann man nach den San-Felsbildern fragen; ein Führer begleitet die Besucher auf dem zehnminütigen Spaziergang zu einer Höhle. Hier kann man Felsbilder von Antilopen und Schamanen mit Tierköpfen betrachten; einige Bilder sind viele tausend Jahre alt. Ein angemessenes Trinkgeld für den Führer sind 5–10 Rand.

Zurück auf der R711, geht es links weiter in Richtung Fouriesburg. Wenn man den Little Caledon erneut überquert hat, fährt man einen steilen Hügel hinauf und sieht gleich hinter der Bergkuppe ein Schild zum **Surrender Hill** ❹. Dort kann man parken. Eine Bronzetafel erzählt die Geschichte des Ortes: Hier ergaben sich während des Burenkriegs (1899–1902) über 4300 Buren den Briten.

Nach weiteren 1,6 Kilometern bietet ein Aussichtspunkt links einen herrlichen Blick auf das Little Caledon Valley sowie die Lesotho und die Maloti Mountains.

Von Clarens aus fährt man nach 36 Kilometern rechts nach **Fouriesburg** ❺. Wenn man den Ort erreicht, sieht man links **Matsoho Arts & Crafts** *(Tel. 072/230 32 06)*, wo es Kunsthandwerk zu kaufen gibt. Man sollte sich die Zeit nehmen, um durch Fouriesburg zu fahren. Es ist eine typische Kleinstadt des östlichen Freistaats. Ein nettes Lokal ist das alte Fouriesburg Country Inn *(Ecke Reitz/Theron St., Tel. 058/223 02 07)*.

Siehe auch Umgebungskarte S. 143
Golden Gate Highlands National Park
54 km
Halber Tag mit Zwischenstopps
Fouriesburg

iSimangaliso Wetland Park

Karte S. 143

Besucherinformation

Besucherzentrum zugänglich von Mtubatuba auf der R618. Hinter der Brücke nach rechts aus dem Kreisverkehr auf die McKenzie St. bis zur Besucherinformation und dem Parkeingang von St. Lucia.

035/590 16 33

www.isimangaliso.com

(Tel. 035/550 84 77), das zentral im iMfolozi- Bereich liegt, bietet nur Abendfahrten an.

Dank eines gut gepflegten Straßennetzes (mit Raststationen) können Besucher das Reservat auf eigene Faust im Auto erkunden. Außerdem vermitteln zwei Lehrpfade – am Hilltop Camp sowie im iMfolozi- Bereich – Einblick in die Tierwelt.

Ebenfalls im Angebot sind geführte Wanderungen, die von einem ausgebildeten und bewaffneten Ranger geleitet werden. Die kurzen, etwa zweistündigen Tageswanderungen starten von den Camps Mpila und Hilltop.

Der Hluhluwe-iMfolozi Park ist auch für seine holprigen **Wilderness Trails** berühmt. Interessenten haben die Wahl zwischen insgesamt vier geführten Wanderungen von zwei bis maximal fünf Tagen Dauer.

Unterkunft: Ezemvelo KwaZulu-Natal Wildlife (die Agentur, die für das Management der Biodiversität und natürlichen Ressourcen in KwaZulu-Natal zuständig ist) bietet Hütten oder Unterkünfte für Selbstversorger in den Camps Mthwazi, Hilltop, Muntulu und Munyawaneni im Hluhluwe-Gebiet an. Im iMfolozi-Gebiet stehen ähnliche Unterkünfte in den Camps Masinda, Mpila, Sontuli, Gqoyeni und Hlathikhulu zur Verfügung. Zelten ist nicht erlaubt.

iSimangaliso Wetland Park

Das frühere Greater St. Lucia Wetland Park genannte Ökosystem ist Südafrikas drittgrößtes Schutzgebiet und eine Unesco-Welterbestätte. Das 328 000 Hektar große Reservat erstreckt sich an 200 Kilometer Küstenlinie, von Mosambik im Norden bis

Hoffen auf Flusspferde im St. Lucia Estuary

nach Maphelane südlich des St.-Lucia-Mündungsgebiets.

Der Park vereint eine Reihe bekannter Ziele, darunter das Maphelane Nature Reserve, St. Lucia Marine Reserve, Cape Vidal, Mkhuze Game Reserve, Sodwana Bay, Lake Sibaya, Rocktail Bay und Kosi Bay Nature Reserve. Der Park schützt fünf einzelne, aber miteinander verflochtene Ökosysteme: das Meeressystem des Indischen Ozeans; das Küstendünensystem, das aus Dünen und subtropischen Wäldern, Küstengrasland und Feuchtgebieten besteht; die mit dem Mündungsgebiet verbundenen Seen von St. Lucia und Kosi Bay mit den vier Süßwasserseen Sibaya, Mgobezeleni, Bhangazi North und Bhangazi South; die Mkhuze und iMfolozi Swamps sowie Küstenterrassen und trockenen Savannenwälder der Western Shores.

Zulu-Handschlag

Mit einem Einheimischen einen Zulu-Handschlag auszutauschen, bringt garantiert Pluspunkte ein. Es ist ein dreiteiliges Ritual, das mit einem traditionellen Händeschütteln beginnt, dann in eine Armdrücker-Position übergeht und in den Ausgangszustand zurückkehrt. Die drei Phasen, die weich ineinander übergehen, werden von der üblichen Begrüßung begleitet: „Hallo" – „Wie geht's?" – „Danke, gut".

Die Besonderheit des Parks besteht in dem Mix aus subtropischer Küste, Feuchtgebieten und Tropenwald. Dieser Lebensraum bringt eine sehr große Artenvielfalt hervor. Neben Leoparden, Riesengalagos, Weißkehlmeerkatzen, Hyänen, Gnus, Impalas, Riedböcken, Büffeln, Afrikanischen Wildhunden, Geparden, Zebras, Krokodilen sowie Spitz- und Breitmaulnashörnern beherbergt der Park die größte Flusspferdpopulation Südafrikas. 2001 wurden Elefanten wieder eingeführt. Die riesige Vogelpopulation umfasst 520 Arten, darunter etwa 200 Wasservogelarten.

Von der Sodwana Bay aus schließt der Park in Richtung Norden nicht nur Strände, sondern auch Korallenriffe vor der Küste ein.

Von Juni bis November kann man Buckelwale sichten. Leder- und Unechte Karettschildkröten legen von November bis März ihre Eier an den Stränden ab.

Mit dem Quastenflosser ist hier eine weitere Rarität zu finden: Dieser Knochenfisch galt als ausgestorben – im November 2000 wurden drei Exemplare in einem submarinen Canyon unweit der Sodwana Bay gesichtet und fotografiert.

Neun Eingangstore führen in den Park; er bietet Wildnispfade, geführte Wanderungen, ein gutes Straßennetz, Walbeobachtungen,

Ein Mädchen aus dem Volk der Tsonga

St. Lucia
Karte S. 143
Besucher-information
083/584-7473
www.stluciasouthafrica.co.za

Maphelane Nature Reserve
Karte S. 143
Südrand des iSimangaliso Wetland Park
033/845 10 00

Cape Vidal
Karte S. 143
Nördlich von St. Lucia
035/590 90 12 oderr 082/841 59 53; Reservierung: 033/845 10 00; E-mail: info@kznwildlife.com
$$

Bootstouren und Kanufahrten. Das **Crocodile Center**, nahe bei St. Lucia, zeigt die drei afrikanischen Arten: Nil-, Panzer- und Stumpfkrokodil.

Unterkünfte gibt es im gesamten Park *(www.elephantcoast.kzn.org.za)*.

St. Lucia: Die Stadt St. Lucia, der südlichste Eingang zum Feuchtgebietpark und sein touristisches Zentrum, ist seit 1822 als Wildtier- und Angelrevier bekannt und wurde 1895 zum Schutzgebiet erklärt. In der Hochsaison ist die Stadt ein Touristenmagnet mit Restaurants und Souvenirläden.Sogenannte *Catch-and-release*-Touren haben Sportangeln im Angebot.

Auf dem südlichen Teil des 36 000 Hektar großen **St. Lucia Lake** – *The Narrows* genannt – kann man Bootsfahrten unternehmen *(KZN Wildlife Office, St. Lucia, Tel. 035/590 12 59; Reservierung erforderlich)* und dabei Fischadler, Pelikane, Flamingos, Löffler, Reiher, Eisvögel sowie Krokodile und Flusspferde sehen.

Maphelane Nature Reserve: Gegenüber der St.-Lucia-Mündung liegt der Maphelane-Abschnitt von iSimangaliso. Das abgelegene Schutzgebiet eignet sich für herrliche Spaziergänge durch Wald und Busch. Entlang der Strände ist das Brandungsangeln eine sehr beliebte Beschäftigung. Das **Maphelane Camp** besitzt zehn voll ausgestattete Blockhütten, jede mit zwei Schlafzimmern, Bad, Küche und Essbereich. Außerdem gibt es 45 Trailer und Zeltplätze mit modernen Sanitäreinrichtungen. Darüber hinaus sind hochpreisige Lodges verfügbar.

Cape Vidal: Cape Vidal ist ein großartiges Küstencamp in einer geschützten Bucht nördlich von St. Lucia. Hier gibt es Möglichkeiten zum Schnorcheln, bewaldete Sanddünen und schöne Strände. Ein beliebtes Gebiet innerhalb des iSimangaliso Wetland Park.

Das Camp hat einen Startplatz für Angelkajaks und -jetskis sowie Hochseefischerboote. Es gibt eine Tankstelle, einen Souvenirladen, ein Lebensmittelgeschäft, Block- und Fischerhütten sowie Zeltplätze.

Mkhuze Game Reserve: Mkhuze, die Nordostecke von Zululand, wird von den Lebombo Mountains im Westen, dem Indischen Ozean im Osten und Mosambik im Norden eingerahmt. Es liegt in einem Gebiet, das beiderseits der Grenze zu Mosambik vom Volk der Shangaan bewohnt wurde. Dieser Teil von iSimangaliso besitzt eine große landschaftliche Vielfalt: Berge, Savanne, Sümpfe, Waldgebiete sowie Auenwald.

Der topografischen Diversität ist die Vielzahl von Tierarten zu verdanken, die den Park bevölkern, darunter Spitzmaul- und Breitmaulnashörner, Elefanten, Giraffen, Nyalas – eine Antilopenart –, Streifengnus, Warzenschweine, Flusspferde, Impalas und Kudus. Seltener sind Geparde, Hyänen, Leoparden und Afrikanische Wildhunde.

Etwa 420 Vogelarten sind belegt, und in der Nähe der Bodensenken von Kubube, Kamasinga und Kwamalibala wurden drei Ansitze zum Beobachten der Wildtiere errichtet. Während der Wintermonate kann man an diesen Wasserlöchern auch große Wildkonzentrationen beobachten. **Nhlonhlela** und **Nsumo** sind die Heimat für Flusspferde, Krokodile, Rötel- und Rosapelikane sowie Enten und Gänse.

Tageswanderungen und Nachtfahrten arrangiert der Manager des **Mantuma Camp** *(Tel. 038/845 10 00)*. Das Camp hat Zelte und Chalets für Selbstversorger.

Sodwana Bay: Dank ihrer Möglichkeiten zum Sportangeln, Sporttauchen und Schnorcheln ist die Sodwana Bay sehr beliebt. Die Bucht beeindruckt mit einer großartigen Unterwasserlandschaften sowie mit einer bunten Meeresflora und -fauna.

INSIDERTIPP

Die Safarizelt-Camps in Mkhuze sind toll, aber man sollte die Zelte fest geschlossen halten, um die Affen vom Essen und von den Kleidern fernzuhalten. Auch Flusspferde darf man NICHT unterschätzen: Sie holen einen Menschen locker ein!

KEVIN HALL
National Geographic-Experte

Taucher und Schnorchler finden hier in reichem Maße Stein- und Weichkorallen, Schwämme, Muränen, große Fischschwärme, Zackenbarsche, Echte und Unechte Karettschildkröten, Suppen- und Lederschildkröten.

Auf den Dünen kann man wunderbar spazieren gehen, ein fünf Kilometer langer Lehrpfad führt zum **Lake**

Mkuzhe Game Reserve

Karte S. 143

iSimangaliso Wetland Park

035/590 16 33

$$–$$$$$

Sodwana Bay

Karte S. 143

Besucher-information

Nach der Abfahrt Hluhluwe von der N2 auf die SDI-Straße nach Mbazwana noch 80 km

035/590 16 33

Mgoboseleni. Von November bis Mai werden auch geführte Schildkrötentouren angeboten. Unterkünfte findet man in **Coral Divers** *(Tel. 033/345 65 31, www.coraldivers.co.za)* in Hütten und Safarizelten. Die Lodge in Coral Divers hat eine Tauchschule; dort kann man die Ausrüstung zum Gerätetauchen und Schnorcheln ausleihen. Die **Mseni Lodge** im Sodwana Bay National Park *(Tel. 035/571 00 51, www.mseni.co.za)* vermietet Hütten. **Ezemvelo KZN Wildlife** *(www.kznwildlife.com)* hat 20 Blockhütten für Selbstversorger mit je fünf bis acht Schlafplätzen.

Für Fahrten entlang der Küste sind Fahrzeuge mit Allradantrieb erforderlich. Malariaprophylaxe ist notwendig.

Lake Sibaya: Der größte Süßwassersee Südafrikas liegt nahe der Nordküste zwischen Sandstränden und hohen Sanddünen. Die weißen Strände des Sees gehen rasch in Wälder und Farmland mit traditionellen Wohnhäusern über, die den Park in diesem Gebiet begrenzen.

Der See besitzt die zweitgrößte Konzentration an Flusspferden und Krokodilen in KZN. Hier leben auch Weißschwanz- und Sumpfmangusten, Riedböcke, Weißkehlmeerkatzen sowie Rot- und Blauducker. In der geschützten Bucht sind etwa 280 Vogelarten heimisch, darunter Weißbrustkormorane, Grau- und Riesenfischer, Haubenzwergfischer, Fischadler, Graureiher, Schlangenhalsvögel und Silberreiher.

In Mabibi, nahe dem Lake Sibaya, liegt die **Thonga Beach Lodge** *(an der N2, 5 km vom Lake Sibaya, Tel. 035/475 60 00, nur Allradantrieb, vorher anrufen, um den Transport anderer Fahrzeuge zu arrangieren)*, die sich mit weitem Blick auf

Meeresbrandung an der Kosi Bay

INSIDERTIPP

Wer den Menschenmassen in Sodwana entgehen möchte, sollte nach Kosi Bay fahren. Dort gibt es die besten Möglichkeiten zum Schnorcheln und Tauchen, die Südafrika zu bieten hat.

KATE PARR
National Geographic-Expertin

die darunterliegenden Strände in den schönen Küstendünenwald schmiegt. Die strohgedeckten Suiten sorgen für völlige Abgeschiedenheit.

Rocktail Bay: Der exklusive Badeort liegt zwischen der Sodwana Bay und dem Kosi Bay Nature Reserve, an einer Reihe von Seen, Sümpfen, Korallenriffen und abgeschiedenen Stränden.

Mit 40 Kilometern unberührter Küste bietet Rocktail Bay ganz besondere Stranderlebnisse. Die warmen Gewässer locken viele Meerestiere an, darunter Leder- und Unechte Karettschildkröten, die während des Sommers hier ihre Eier ablegen. Schildzahnhaie versammeln sich an Felsriffen, und Große Tümmler spielen in den Wellen. Walhaie kommen aus Neugier oft nahe an die Boote heran; im Winter ziehen Buckelwale vorbei. Auf halbem Weg zwischen der Sodwana Bay und Kosi Bay liegt die **Rocktail Bay Lodge** *(Tel. 011/257 51 11, www.rocktail-bay.com)* auf den baumbestandenen Dünen.

Kosi Bay Nature Reserve: Kosi Bay, das nördlichste Gebiet in KwaZulu-Natal, besteht aus einem System tiefer, klarer, miteinander verbundener Seen mit einer Gesamtfläche von 37 Quadratkilometern, die durch Schilfrohrfelder voneinander getrennt sind. Ein schmales Mündungsgebiet ergießt sich bei Kosi Mouth in den Ozean. Die Seen beherbergen Krokodile und Flusspferde und sind vom Ozean durch hohe, bewaldete Dünen getrennt.

Zu süß

Wer über KwaZulu-Natal hinwegfliegt, dem fallen unweigerlich die grünen Zuckerrohrfelder auf, die sich über das Land erstrecken. Zucker ist in diesem Teil des Landes ein großes Geschäft, der Industriezweig bringt pro Jahr 4,2 Milliarden Rand (372 Mio. Euro) ein. Der Zuckeranbau schafft zwar Tausende Arbeitsplätze, führt aber zu Umweltschäden infolge Abholzung und Erosion. Noch vor einigen Jahren wurden etwa 257 bis 432 Liter Wasser benötigt, um 453 Gramm Zucker herzustellen. In jüngster Zeit ist die Industrie aber bemüht, umweltfreundlicher zu agieren.

Kosi Bay Nature Reserve

Karte S. 143

In Hluhluwe von der N2 auf die R22 in Richtung Sodwana Bay abbiegen; weiter nach KwaNgwanase, dem Hauptort an der Kosi Bay

035/592 02 36

Tembe Elephant Reserve

Karte S. 143

Besucherinformation

N2 bis zur Abzweigung hinter Mkuze, die befestigte Straße führt zum Eingangstor

031/267 01 44

www.tembe.co.za

Dieser Teil des iSimangaliso Wetland Park besteht aus Marschland und Mangrovensümpfen, verschiedenen Palmen sowie Eselsfeigenwäldern, in denen 250 Vogelarten leben. Viele dieser Arten erreichen hier den südlichen Rand ihres Verbreitungsgebiets, wie Zwergrallen, Palmgeier, Weißrücken- und Nachtreiher sowie Purpur- und Riedfischer. Kosi Bay bietet ausgezeichnete Möglichkeiten zum Angeln und Schnorcheln am Korallenriff, in dem eine Vielzahl bunter tropischer Fische lebt. Unterkünfte stehen in der **Kosi Forest Lodge** *(Tel. 035/474 14 73 oder 072/227 58 60)* zur Verfügung, außerdem gibt es eine Luxuslodge sowie Camping und Blockhütten für Selbstversorger, die von Ezemvelo KZN Wildlife unterhalten werden. Die Lodges haben Blick auf einen der vier Kosi-Lakes. Wer dort bucht, sollte darauf achten, dass er im Camp eine detaillierte Karte erhält, um den Weg zur Kosi Forest Lodge zu finden. Ein Fahrzeug mit Allradantrieb ist zu empfehlen. Malariaprophylaxe ist absolut notwendig.

Tembe Elephant Reserve

Das Reservat erstreckt sich an der Grenze zu Mosambik und wurde 1983 eingerichtet, um die Elefanten zu schützen, die sich einst frei zwischen KwaZulu-Natal und dem südlichen Mosambik bewegten. 1991 wurde der Park für die Allgemeinheit geöffnet; heute ist der 300 Quadratkilometer große Park Lebensraum für etwa 220 Elefanten.

Zu den verschiedenen Biotopen in Tembe zählen dichter Sandwald, Waldgelände, Gras- und Sumpfland, die den Elefanten und vielen anderen Tierarten ideale Lebensbedin-

ERLEBNIS: Inselo!

Diese Aufforderung wird wahrscheinlich nicht an Besucher gerichtet. In jedem Fall macht es aber Spaß, der Zulu-Einladung zu einem Stockkampf – einem zeremoniellen Kampf – zuzuschauen.

Mindestens seit 1780 gibt es den Stockkampf der Zulu, über die Jahre ist er aber von einem Kriegsspiel zu einer symbolischen Kulturgeste geworden. Stockkampf ist der Schlüssel zu verschiedenen Initiationsriten, wie *Thomba*, der männlichen Pubertätszeremonie, und *Umgangela*, einem organisierten Wettstreit zwischen den Stämmen, der häufig dem Schlichten eines Streits dient. Jeder Kämpfer erhält zwei Stöcke: einen für den Angriff, einen zur Verteidigung. Stechen ist nicht erlaubt; der Kampf endet, sobald jemand blutet. Damit es kein böses Blut gibt, hilft der Sieger anschließend, die Wunden des Verlierers zu versorgen.

In jüngster Zeit gab es Bemühungen, den Stockkampf zum Profisport zu machen. Nelson Mandela selbst hat ihn in seiner Jugend ausgeübt. Bei jeder Tour zu den Zuludörfern kann man dem Kampf, der einer Choreografie zu folgen scheint, zusehen.

Die Lodge im Tembe Elephant Reserve

INSIDERTIPP

Im wunderschönen Tembe-Reservat kann man mitunter Elefanten beobachten, deren Stoßzähne so groß sind, dass sie am Boden schleifen. Am Mahlasela-Ansitz gibt es das ganze Jahr über Wasser. Deshalb sieht man hier garantiert Elefanten, auch im Winter.

GABRIELLA FLACKE
NATIONAL GEOGRAPHIC-Expertin

gungen bieten. Über 340 Vogelarten sind verzeichnet, darunter die seltenen Flechtenfeinsänger, Rotbauchreiher, Natalnachtschwalben und Zuluschnäpper. Löwen wurden 2002 wieder in den Park eingeführt, und neben den *Big Five* leben hier auch andere Großsäuger.

Im Park angekommen, sollte man den Wagen am Konferenzzentrum parken. Dort wird man mit einem offenen Allradfahrzeug abgeholt und zum kleinen, luxuriösen Zeltcamp von Tembe gebracht.

Führer leiten Safaris in offenen Fahrzeugen mit Allradantrieb. Nachmittags und abends macht man Halt an Elefanten-Ansitzen. Besonders lohnend ist der **Mahlasela-Ansitz**. Vom **Ponweni-Ansitz** blickt man auf den Muzi Swamp. Aus Sicherheitsgründen sind ein Picknickbereich in **Manungu** und ein Spazierweg durch einen Elektrozaun vor Wildtieren geschützt. Von einem Aussichtsturm im Parkabschnitt **Gowanini** hat man einen weiten Rundumblick. ■.

Die Provinz schmückt sich mit einigen der strahlendsten Juwelen Südafrikas, etwa mit dem berühmten Kruger National Park

Kruger & Mpumalanga

Erster Überblick 174–175

Kruger National Park 176–184

Erlebnis: Höhepunkte im Kruger National Park 177

Special: Die *Big Five* 178–180

Erlebnis: Zu Fuß durch den Busch 185

Rund um den Kruger 186–193

Erlebnis: Goldrausch 189

Hotels & Restaurants 299–301

Gepardenfamilie in einem südafrikanischen Wildpark

Kruger & Mpumalanga

Die Provinz Mpumalanga hat Touristen einiges zu bieten; allein vier ihrer Sehenswürdigkeiten stehen auf der Liste der südafrikanischen Top 20: der Kruger National Park, der Blyde River Canyon, Pilgrim's Rest sowie – insgesamt betrachtet – die privaten Wildschutzgebiete.

Der Kruger National Park ist natürlich einer der weltweit besten Orte, um Wildtiere zu beobachten. In diesem südafrikanischen Vorzeige-Nationalpark wird man bei einer typisch afrikanischen Safari die *Big Five* – Löwen, Leoparden, Büffel, Elefanten und Nashörner – garantiert zu sehen bekommen. Und es gibt noch viel mehr: Wildniswanderungen, Astronomie-Exkursionen, Grillabende im Busch oder aber einfach Entspannen in einer Luxuslodge, wobei man mit Sicherheit Großwild sichten wird, ohne sich aus dem Sessel erheben zu müssen.

Der nordwestlich des Kruger gelegene Blyde River Canyon ist – nach dem Grand Canyon im Westen der USA und dem namibischen Fish River Canyon – die dritttiefste Schlucht der Welt. Die Felswände des kürzlich in Motlatse umbenannten Canyons erheben sich atemberaubend steil über das Flussbett, und hinter jeder Biegung kann es eine weitere Überraschung geben.

Das südlich der Schlucht gelegene Pilgrim's Rest erinnert an den Goldrausch der 1870er Jahre. Ein Großteil der historischen Bauten steht unter Denkmalschutz. Besucher können hier der National Goldpanning Championship beiwohnen oder selbst ihr Glück beim Goldwaschen versuchen.

Lage und Landschaft

Die Randstufe der Drakensberge unterteilt Mpumalanga in eine westliche Hälfte, die vorrangig aus hoch gelegenem Grasland besteht und Highveld genannt wird, und in das östliche, tiefer gelegene und subtropische Low- oder Bushveld, das von Savannen geprägt wird. Im Osten bilden die Lebombo Mountains die Grenze zu Mosambik. Die tiefer gelegenen Waterberge sind ein Biosphärenreservat der Unesco; hier lassen sich die *Big Five* ohne die Gefahr einer Malariainfektion beobachten.

Im trockeneren Hochveld und dem feuchteren Lowveld gedeihen Getreide, Sonnenblumen, Sojabohnen, Erdnüsse, Zuckerrohr, Obst und Gemüse, Kaffee, Tee, Baumwolle und Tabak. Viehwirtschaft spielt in Mpumalanga eine große Rolle; Rind- und Lammfleisch, Wolle, Geflügel und Milch sind die wichtigsten Agrarprodukte. Ebenso bedeutend ist

NICHT VERSÄUMEN

Auge in Auge mit den *Big Five* im Kruger National Park 176, 181

Eine Zeitreise im Sudwala Dinosaur Park 187

Fliegenfischen in Dullstroom 187–188

In Pilgrim's Rest Geschichte erleben 188

Den Blyde River Canyon 189

Den Blick von God's Window 190

Ein farbenfrohes Ndebele-Dorf in Siyabuswa 191

Die Ruinen des Königreichs Mapungubwe 191

der Bergbau. Die Mineralienvorkommen umfassen Gold, Platin, Silicium, Chromit, vanadiumhaltiges Magnetit, silberhaltiges Zink, Antimon, Kobalt, Kupfer, Eisenerz, Mangan, Kohle, Andalusit, Weißasbest, Kieselgur, Kalkstein, Talkum und Schiefer.

Mpumalangas Hauptstadt Nelspruit liegt im grünen Tal des Crocodile River im Lowveld. Die beste Zeit für einen Besuch sind Frühjahr und Frühsommer, wenn die farbenfrohen Bauhinien und Bougainvilleen blühen. Sehenswert sind der Lowveld National Botanical Garden mit Galeriewäldern und Wasserfällen am Ufer des Crocodile River und die daran angrenzende Krokodilfarm.

Das Königreich Mapungubwe

Den Mapungubwe National Park sollte man nicht versäumen. Hier befand sich vor rund tausend Jahren die Hauptstadt einer hochentwickelten afrikanischen Zivilisation, die von Archäologen 1933 ausgegraben wurde. Seit 2003 ist das Gebiet Unesco-Weltkulturerbestätte. ■

Kruger National Park

Der Kruger National Park, das größte Wildschutzgebiet Südafrikas, liegt im Herzen des Lowveld. Die Wildnis erstreckt sich vom Crocodile River im Süden bis zum Limpopo River im Norden. Der Nationalpark ist 64 Kilometer breit und bedeckt eine Fläche von etwa 20 000 Quadratkilometern.

Großwild im Lowveld, Kruger National Park

Kruger National Park
Karte S. 175
Zugang: 9 Tore, 410 & 600 km auf N1 oder N4 von Johannesburg
012/428 91 11 oder 082/233 91 11

www.sanparks.org/parks/kruger

Viele halten den Kruger fur den eindrucksvollsten Nationalpark Südafrikas. Hier leben 147 Säugetierarten – mehr als in jedem anderen afrikanischen Schutzgebiet; weltweit gilt der Park als Region mit der größten Artenvielfalt. Picknickplätze, Restcamps, Wasserlöcher und Unterstände sorgen für eine exzellente Infrastruktur.

Hier spürt man den Zauber der geheimnisvollen Stille Afrikas, begegnet der ursprünglichen Schönheit, die die ersten Jäger und Entdecker so berauscht hat. Nebelverhangene Hügel und baumbestandenes Land erwarten den Besucher – Akazien, Krokodilbäume, immergrüne Fieberbäume und im trockeneren Norden Mopane- und majestätische Affenbrotbäume. Mit etwas Glück begegnet man den *Big Five* – Elefant, Löwe, Leopard, Büffel und Nashorn –, vielleicht auch den *Little Five:* Pantherschildkröte, Rüsselspringer, Büffelweber, Nashornkäfer und Ameisenlöwe. Wer gern Vögel beobachtet, den erwarten die *Big Six:* Hornrabe, Riesentrappe, Ohrengeier, Kampfadler, Bindenfischeule und Sattelstorch.

Der Kruger National Park ist nahezu unberührt. Doch es hätte durchaus auch anders kommen können: Im 19. Jahrhundert reichte der Arm des Gesetzes noch nicht bis in die Wildnis. Es war die Blütezeit der wahllosen Jagd und hemmungslosen Wilderei nach Elfenbein. Ein Großteil der Tierarten, die heute im Nationalpark leben, wurde damals abgeschossen. Nach dem Zweiten Burenkrieg wurde Major James Stevenson-Hamilton 1902 zum ersten Wildwart dieses Territoriums ernannt. Als Geste der Versöhnung tauften die Briten 1926 das Reservat nach Paul Kruger, dessen Regierung sie in den Burenkriegen besiegt hatten. Der Kruger wurde der erste Nationalpark Südafrikas.

Parkbesichtigung

Neun Tore führen in den Nationalpark: Das Phalaborwa Gate bietet den besten Zugang zum nördlichen Teil, das Orpen Gate empfiehlt sich für die zentrale Region; das Paul Kruger Gate und das Malelane Gate erschließen den Süden.

Es gibt unzählige Möglichkeiten, den Park zu erkunden. Safaritrips und Wildniswanderungen sind sehr beliebt (siehe Kasten unten). Besucher können mit dem eigenen Auto fahren oder sich einer geführten Rundtour anschließen. Das gut ausgebaute Wegenetz ist 2600 Kilometer lang, davon sind 697 Kilometer asphaltiert.

(Fortsetzung auf S. 181)

ERLEBNIS: Höhepunkte im Kruger National Park

Die meisten Camps organisieren folgende Aktivitäten – alternativ können Sie sich an die Parkverwaltung wenden *(Tel. 012/ 428 91 11, www.krugerpark.co.za, E-Mail: reservations@sanparks.org).*

Adventure Trails: Für jene, die den wahren Busch erleben möchten, gibt es im Kruger vier Wege für Geländewagen mit Allradantrieb.

Busch-Braai: Der Safaritrip endet mit einem von Laternen und Lagerfeuer erleuchteten Grillfest im Camp.

Safaritrips: Pirschfahrten durch den Busch frühmorgens, nachmittags und nachts.

Geführte Buschwanderungen: Bewaffnete Führer vermitteln den Gästen auf frühen Morgen- und Spätnachmittagswanderungen ihre Kenntnis der Natur (siehe Kasten S. 185).

Lebombo Overland Trail: Der 500 Kilometer lange Öko-Trail durchquert den Park auf der gesamten Länge und gilt hinsichtlich der Vielfalt von Flora und Fauna als einer der besten im südlichen Afrika. Am intensivsten erlebt man ihn während einer fünftägigen Geländewagensafari.

Olifants Stargazing: Das Olifants Camp organisiert Pirschfahrten mit Schwerpunkt Astronomie. Dazu gehören eine Einführung in den südlichen Sternenhimmel, Sternbeobachtung durchs Teleskop und ein nächtlicher Safaritrip auf dem Rückweg.

Nächtliche Buschwanderungen: Für die abenteuerlustigsten Besucher; Abgeschiedenheit und Ruhe garantiert. Sie wohnen in einfachen Camps und erleben den Busch zu Fuß.

Die *Big Five*

Zu den *Big Five* zählen Löwe, Leopard, Elefant, Nashorn und Büffel. Ihren Beinamen verdanken sie den frühen Jägern, die von der Wildheit beeindruckt waren, mit der die Tiere reagierten, wenn sie sich in die Enge getrieben fühlten.

Ein Leopard hält ein Nickerchen im Baum; hier verzehrt er auch am liebsten seine Beute

Die Anziehungskraft dieser herrlichen Tiere wird erst in ihrem natürlichen Lebensraum verständlich. Der Anblick eines Leoparden, der in der Dämmerung auf einem Feigenbaum am Fluss ruht, die Begegnung mit einem Löwenrudel, das sich an einem Riss gütlich tut, eine Elefantenherde auf ihrem Marsch durch die Savanne – diese Momente wird man ein Leben lang nicht mehr vergessen.

Der **Afrikanische Elefant** *(Loxodonta africana)* ist das größte an Land lebende Säugetier. Wohl jeder ist von der Kraft und Eleganz dieser Tiere beeindruckt.

Der Elefant wiegt bei einer Schulterhöhe von 3 bis 4,5 Metern zwischen 3630 und 5990 Kilogramm. Seine Gehgeschwindigkeit liegt bei sechs Stundenkilometern; die Tiere können aber bis zu 40 Stundenkilometer erreichen, wenn sie wütend oder gereizt sind. Die intelligenten Tiere nutzen seismische Vibrationen auf Infraschallfrequenzen, um über große Entfernungen zu kommunizieren.

Elefanten nehmen täglich rund 45 Kilogramm Pflanzennahrung zu sich. Die abgenutzten Backenzähne werden durch nachwachsende ersetzt. Die letzten Zähne halten bis zu einem Alter von 65 bis 70 Jahren.

Elefantenkühe und deren Junge bilden eine Herde. Selten werden sie von Bullen begleitet, die sich den Herden nur zur Paarung anschließen. Nach 22-monatiger Tragzeit wird ein 90 Zentimeter großes, 20 Kilogramm schweres Kalb geboren. Bereits wenige Tage nach der Geburt kann es der Herde folgen.

Der **Löwe** *(Panthera leo)* ist eine große, fleischfressende Katze mit lohfarbenem Fell. Männchen tragen eine mächtige, dunklere Mähne an Hals und Schultern. Es überrascht kaum, dass der Mensch den Löwen respektiert und fürchtet. Die ambivalenten Gefühle, die wir Löwen und auch Leoparden gegenüber empfinden, wurzeln sicherlich in jenen Tiefen unserer Psyche, die noch vom Leben als Jäger und Sammler geprägt sind.

Löwen bevorzugen Savannen und weite Grasebenen und werden zwischen zehn und 14 Jahre alt. Ein Rudel besteht aus miteinander verwandten Weibchen, deren Nachwuchs und einigen dominanten Männchen. Im Alter von etwa zwei Jahren beginnen die Löwen, selbst zu jagen. Bevorzugte Beute sind Gnus, Impalas, Zebras, Büffel, Warzenschweine, Kudus, Kuh-, Oryx- und Elenantilopen. Die Löwinnen jagen gemeinsam, kreisen eine Herde ein und greifen das Tier an, das

INSIDERTIPP

Beste Zeit für die Tierfotografie in Südafrika ist der Winter: Der Busch ist dann etwas lichter als im Sommer. Die ideale Zeit, die Tiere vor die Kamera zu bekommen, sind der frühe Morgen und der Abend.

SAMANTHA REINDERS
National Geographic-Fotografin

ihnen am nächsten ist. Die Attacke ist kurz und schnell und endet mit einem kraftvollen Sprung. Löwinnen werden alle zwei Jahre trächtig und werfen nach einer Tragzeit von etwa 105 Tagen ein bis vier Junge. Da sie ihre Jungen gemeinsam aufziehen, säugt jede Löwin, die Milch hat, jedes Junge.

Der **Leopard** *(Panthera pardus)* zählt wohl zu den effizientesten Landraubtieren, ausgestattet mit kräftigen Muskeln, rasiermesserscharfen Krallen und starken Fangzähnen. Beweglich und elegant präsentiert sich der Leopard in einem Fellkleid von hellem Ocker mit dunklen, rosettenförmigen Flecken. Die Schulterhöhe beträgt 42 bis 79 Zentimeter; Männchen sind wesentlich größer als Weibchen und wiegen 34 bis 90 Kilogramm. Leoparden sind nahezu unsichtbare, nächtliche Jäger und schleichen sich dicht an ihre Beute heran, ehe sie zum

Breitmaulnashorn *(Ceratotherium simum)*

entscheidenden Angriff ansetzen. Dabei packen sie das Opfer am Hals und töten es mit ihren kräftigen Fangzähnen.

Obwohl Leoparden gelegentlich auch Menschen angreifen, meiden sie normalerweise den Kontakt zu ihnen. Die afrikanische Landbevölkerung betrachtet Leoparden dennoch mit Angst und Grauen. Die Tiere haben große Kräfte: Wenn sie mit einem erbeuteten Gnu auf einen Baum hochklettern, um es vor Aasfressern in Sicherheit zu bringen, stellen sie diese Kraft eindrucksvoll zur Schau.

Elefanten in einem privaten Wildschutzgebiet nahe dem Kruger National Park

Der **Afrikanische Büffel** oder **Kaffernbüffel** *(Syncerus caffer)* wird als gefährlichster Vertreter der *Big Five* angesehen – allerdings nur, wenn er von einem unachtsamen Jäger verwundet wurde.

Den Schädel mit mattschwarzen Hörnern über dem anthrazitfarbenen Körper erhoben, scheinen alte Büffelbullen ihr Gegenüber missbilligend und argwöhnisch aus kleinen Augen anzustarren. Und doch sind ihnen eiserne Härte und Erhabenheit nicht abzusprechen. Büffel haben ungeheure Kraft. Es braucht mehr als nur einen Löwen, um einen großen Bullen zu schlagen. Kühe und deren Nachwuchs bilden eine Büffelherde. Junge Bullen schließen sich zu Junggesellenverbänden zusammen, während die alten Bullen alleine leben. Im Alter von fünf Jahren bringen Kühe nach 11,5 Monaten Tragzeit ihr erstes Kalb zur Welt. Bevor es zur Herde darf, wird das Neugeborene zunächst versteckt. Die Kälber halten sich in der Mitte der Herde auf und werden von dieser beschützt. Nach zwei Jahren verlassen die Jungbullen die Büffelherde.

In Afrika leben zwei Arten von **Nashörnern:** das Spitzmaulnashorn (auch Schwarzes Nashorn, *Diceros bicornis*) und das Breitmaulnashorn (auch Weißes Nashorn, *Ceratotherium simum*). Die Namen rühren von ihrer Nasen- und Maulform: Das Spitzmaulnashorn besitzt als Laubfresser eine schmale, vorstehende Lippe, das Breitmaulnashorn als Grasfresser dagegen eine breite. Beide Arten tragen zwei Hörner auf dem Nasenbein. Sie sind mit 1,6 Meter Schulterhöhe ähnlich groß, doch wiegt das Breitmaulnashorn doppelt so viel wie das Spitzmaulnashorn.

Die erwachsenen Tiere leben vereinzelt und kommen nur in der Brunftzeit zusammen. Diese ist unabhängig von der Jahreszeit; die meisten Jungen werden gegen Ende der Regenzeit geboren.

Die Tragzeit beträgt 15 bis 16 Monate. Das Kalb wiegt nach der Geburt 35 bis 50 Kilogramm und kann bereits nach drei Tagen selbstständig seiner Mutter folgen. Mutter und Junges bleiben zwei bis drei Jahre, bis zur Geburt des nächsten Kalbes, zusammen.

Zahlreiche Restcamps bieten komfortable Unterkünfte. Innerhalb der Parkgrenzen sind Erkundungsfahrten nur von Sonnenauf- bis -untergang erlaubt. Beste Zeit für die Wildbeobachtung ist die winterliche Trockenzeit: Dann ist das Gras niedrig, die meisten Büsche und Bäume tragen keine Blätter. Dann kommen die durstigen Tiere an die Wasserlöcher, wo sie bequem zu beobachten sind.

Skukuza

Skukuza ist das größte Restcamp im Kruger. Zu den Einrichtungen zählen ein Restaurant, ein Geldautomat, ein Laden, ein Internetcafé, eine Tankstelle und eine Buchhandlung. Skukuza – wörtlich übersetzt „jener, der aufräumt" – war der Spitzname, den die Tsonga Major James Stevenson-Hamilton gaben. Der erste Wildwart des Nationalparks ließ viele Einheimische umsiedeln, als der Park eingerichtet wurde. Das **Stevenson-Hamilton Memorial Museum** beherbergt eine Sammlung interessanter Exponate.

Letaba Elephant Hall

Auch das Elefantenmuseum im Restcamp Letaba ist ausgesprochen spannend: Vor 30 Jahren durchstreiften sieben riesige Elefantenbullen mit mehr als 45 Kilogramm schweren Stoßzähnen auf ihren Wanderungen das Naturschutzgebiet. Der damalige Nationalparkchef machte mit diesen Giganten Werbung für den Kruger. Jeder Bulle bekam einen Namen, und gemeinsam hießen sie „die glorreichen Sieben". Als diese berühmten Elefanten starben, wurden ihre Stoßzähne und Schädel gesammelt. Sie sind nun in der Letaba Elephant

Im Shangana Cultural Village nahe dem Kruger National Park werden die Traditionen des Volkes der Shangaan bewahrt

Skukuza

Karte S. 175
Über das Paul Kruger Gate
013/735 42 65 oder 082/802 12 04

www.sanparks.org/parks/kruger/camps/skukuza

Stevenson-Hamilton Memorial Museum

Karte S. 175
Skukuza Rest Camp, Südufer des Sabie River
012/735 41 52

www.sanparks.org/parks/kruger/camps/skukuza

Letaba Elephant Hall

Letaba Rest Camp, im Norden des Kruger National Park, 48 km vom Phalaborwa Gate
013/735 66 36

www.sanparks.org/parks/kruger/elephants

Sabi Sands Private Game Reserve
Karte S. 175
Über Paul Kruger Gate
www.sabisands.co.za

Singita Lebombo
Am Ostrand des Kruger, 120 km vom Paul-Kruger-Tor entfernt
021/683 34 24
www.singita.com

Singita Sweni
Am Ostrand des Kruger, 120 km vom Paul-Kruger-Tor entfernt
021/683 34 24
www.singita.com

Singita Ebony
Vom Newington-Tor des Sabi-Sands-Reservat aus den Schildern nach Singita folgen (ca. 28 km)
021/683 34 21
www.singita.com

Singita Boulders
Vom Newington-Tor des Sabi-Sands-Reservat aus den Schildern nach Singita folgen (ca. 28 km)
www.singita.com

Hall ausgestellt. Die Stoßzähne von Dzombo, Joao, Kambaku, Mafunyane, Ndlulamithi, Shawu und Shingwedzi sind sehr eindrucksvoll.

Private Lodges im Kruger

Im Kruger National Park gibt es zahlreiche private Konzessionen für Lodges, die Fünf-Sterne-Luxus mit spektakulärer Wildbeobachtung kombinieren. Ganz oben stehen **Singita Lebombo** und **Singita Sweni** (siehe Reiseinformationen S. 301). Lebombo, hoch auf einem Hügel gelegen, ist die größere Lodge und besteht aus Suiten, deren Konstruktion aus Glas, Stahl und schmalen Holzbalken einen nahezu unverstellten Blick auf den umliegenden Busch erlaubt. Das kleinere Sweni mit weniger Wohneinheiten liegt näher am Fluss. In beiden Lodges genießen die Gäste die Wildbeobachtung von ihrer Terrasse aus.

Morgens und abends brechen Wildhüter mit den Gästen zu Safaritrips auf. Es werden auch geführte Buschwanderungen oder Mountainbiketouren angeboten. Anders als im eigentlichen Nationalpark dürfen die Fahrzeuge der privaten Lodges beim Safaritrip querfeldein fahren. Elefanten oder einem Löwenrudel kann man so aus nächster Nähe folgen. Weitere Informationen siehe Reiseinformationen S. 300f.

INSIDERTIPP

Die Exeter River Lodge in Sabi Sands eröffnet den Blick über den Sand River; auf den Safaritrips sieht man die *Big Five*, abends wird in der Holz-Boma Lamm aus der Karoo serviert, und zur Suite gehört ein privater Pool.

ERIN MONRONEY
National Geographic-Autorin

Sabi Sands Game Lodges

Das 65 000 Hektar große **Sabi Sands Private Game Reserve** an der Südwestgrenze des Nationalparks ist Südafrikas exklusivstes Privat-Wildreservat. Viele der luxuriösesten Lodges Südafrikas sind hier zu finden, darunter **Singita Ebony** (siehe S. 301) mit neun Luxussuiten unter riesigen Ebenholzbäumen und **Singita Boulders** (siehe Reiseinformationen S. 301) mit zwölf Luxussuiten am Sand River.

Londolozi ist zu Recht eine der bekanntesten Safarilodges in Sabi Sands. Angeblich sind hier die besten Wildsichtungen ganz Südafrikas möglich. Die Tiere sind an die Geländewagen gewöhnt, und die Chance, allen *Big Five* zu begegnen, ist groß. Vogelbeobachter werden von den 40 Greifvogelarten begeistert sein. Am Ufer des Sand River sind Paradiesschnäpper, Weißbrauenrötel, Waldnektarvögel und Rotnasen-Grüntauben zu finden.

Zudem erwarten den Besucher Abendessen im Mondlicht im Freien, auf Wunsch Frühstück im Busch und geführte „Sternguckertouren".

Londolozi bietet gleich mehrere Unterkunftsmöglichkeiten an: Das **Tree Camp** thront über dem Sand River; **Founder's Camp** verbirgt sich in den Galeriewäldern des Sand River; im **Pioneer Camp** ist die nostalgische Atmosphäre vergangener Zeiten förmlich spürbar.

MalaMala Game Reserve

Das preisgekrönte, international bekannte MalaMala Game Reserve zählt zu den ältesten privaten Wildschutzgebieten der Region. MalaMala zeichnet sich durch viel Liebe zum Detail aus.

Nach einem frühen Safaritrip im offenen Geländewagen, der von einem der erfahrenen Ranger von MalaMala gelenkt wird, entspannen die Gäste am Pool oder faulenzen bis zum Mittagessen auf der Aussichtsterrasse. MalaMalas Küchenchefs verwandeln jedes Gericht in eine Versuchung; afrikanische Trommeln rufen zum Dinner unter freiem Himmel in einer von Schilfmatten geschützten *boma*. MalaMala organisiert spezielle Safaris für Fotografen, Sternbeobachtung und Safaritrips bei Tag und Nacht. Auf Wunsch finden auch Buschwanderungen mit einem bewaffneten Ranger statt.

Unterkünfte in Zeltcamps: Das **MalaMala Main Camp** ist schlicht und traditionell eingerichtet. Intimer ist das

Ein privates Wildschutzgebiet in der Nähe des Kruger National Park

Londolozi

236 km nach dem Paul Kruger Gate nach links, dann 28 km Schotterstraße

013/735 56 53

www.londolozi.com

MalaMala Game Reserve

Karte S. 175

Vom Paul Kruger Gate 37 km zum Hinweisschild MalaMala, dann links 29 km auf Schotterstraße

013/735 92 00

www.malamala.com

Rattray's on MalaMala

MalaMala Game Reserve, 4 km den Sand River flussabwärts vom Hauptcamp entfernt

013/735 30 00

www.malamala.com/rattrays

Camp Jabulani

Karte S. 175

Kapama Game Reserve

012/460 56 05

www.campjabulani.com

Hoedspruit Endangered Species Centre

R40 zwischen Klaserie & Hoedspruit

015/793 16 33

$$$

www.wildlifecentre.co.za

Timbavati Game Reserve

Karte S. 175

Von Hoedspruit auf der R40 nach rechts; nach 8 km am Hinweisschild Timbavati links zum Tor und rechts am Schild Kings Camp; dann weitere 6 km bis zum Schutzgebiet

015/793 24 36

$$$

www.timbavati.com

Kurisa Moya Nature Lodge

Auf der N1 zur R71 in Richtung Univ. of Limpopo, dann am Lodge-Schild links. Nach 26 km wird die Straße kurz vor dem Lodge-Eingang rechts zur Staubstraße

015/276 11 31

www.krm.co.za

INSIDERTIPP

Ein einzigartiges Urwalderlebnis in entspanntem Ambiente verspricht die Kurisa Moya Nature Lodge im Magoebaskloof Forest Reserve; ein Muss für Freunde der Vogelbeobachtung, der Natur und des gesunden Lebens.

CAGAN H. SEKERCIOGLU
NATIONAL GEOGRAPHIC-Experte

Rattray's, dessen Haupthaus eine Aussichtsterrasse mit Teleskop und einen Barbereich besitzt. Das luxuriöse **Sable Camp** *(Tel. 013/735 92 00, www.malamala.com/sable)* liegt südlich des MalaMala-Hauptcamps.

Camp Jabulani

Das Camp Jabulani verbindet luxuriöse Unterbringung und Wildtier-Begegnungen. Es liegt in einem Reservat zu dem das **Hoedspruit Endangered Species Centre** gehört. Eine unvergessliche Erfahrung sind die Safaris auf Elefanten. Jabulani ist das einzige Camp, in dem auch nachts Elefantensafaris angeboten werden. Daneben gibt es Ballonfahrten. Im Camp entspannt man sich im Speisebereich.

Timbavati Game Reserve

Das private Wildreservat grenzt an den Kruger und liegt nördlich von Sabi Sands. Hier ist die Chance, die *Big Five* zu sichten, besonders gut. Die Unterkünfte im **Kings Camp** (siehe Reiseinformationen S. 301) sind ausgezeichnet. ■

Gäste auf Londolozi; die familiengeführte Lodge gehört zu den Pionieren des Ökotourismus

ERLEBNIS: Zu Fuß durch den Busch

Es gibt keine bessere Art, die Schönheit des afrikanischen Buschs zu erfahren, als ihn zu Fuß zu durchstreifen. Während bei einem Safaritrip vor allem die Augen angesprochen werden, sind bei einer Buschwanderung alle fünf Sinne gefragt.

Zu Fuß sieht man seltener größeres Wild, denn die Tiere verbergen sich hinter Buschwerk und hohem Gras, wenn Menschen sich nähern. Der erfahrene Wildhüter wird dafür viele kleinere Dinge erklären, die von einem Safariwagen aus meist übersehen werden – wie die charakteristischen Spuren von Raubtieren und verschiedenen Antilopenarten, die runden Abdrücke der Elefanten, die dreizehige Spur des Nashorns und die vierzehige des Flusspferdes. Vielleicht zeigt der Führer eine Stelle, an der Abdrücke, abgebrochene Zweige und Blutspuren von einem nächtlichen, verzweifelten Kampf und einem Riss erzählen oder Hörner und sonnengebleichte Knochen die Arbeit von Geiern und Hyänen dokumentieren.

Bei einer Buschwanderung lernen die Teilnehmer viel über Vögel, Insekten, kleinere Reptilien und die vielen verschiedenen Sträucher, Bäume, Schlingpflanzen, Blumen und Grasarten, die im Bushveld wachsen. Man erfährt, welchen praktischen Nutzen die einheimischen Gewächse haben, wie man etwa aus geflochtenen Rindenstreifen des Yellowwoodbaumes ein starkes Seil macht und welche Pflanzen gegen Kopfschmerzen oder Magenverstimmung wirken.

Naturerlebnis bei geführten Wanderungen in Singita Lebombo

Zur Spannung einer solchen Buschwanderung trägt auch das latente Gefühl von Gefahr bei. Sind Raubtiere und große Säugetiere in der Nähe, wird die Gruppe von einem bewaffneten Ranger begleitet. Im Gespräch wird man feststellen, dass die Ranger ihre Waffe selten bis nie haben abfeuern müssen. Allerdings sollte man ihre Anweisungen, wie man sich bei der Wanderung oder der Begegnung mit einem gefährlichen Tier zu verhalten hat, genauestens befolgen.

Absolutes Busch-Erlebnis verspricht eine mehrtägige Wanderung. **Siyabona Travel** *(Tel. 021/424 10 37, www.siyabona.com)* bietet zwei- bis fünftägige Buschwanderungen im Kruger und in den privaten Schutzgebieten an.

In den Luxuslodges des Kruger National Park, **Singita Lebombo** und **Singita Sweni** (siehe S. 182), führen Ranger die Gäste je nach Wunsch zwischen einer und mehreren Stunden durch die Wildnis.

Die Verwaltung des **Kruger National Park** organisiert von den meisten Camps aus Morgen- und Spätnachmittagswanderungen, verschiedene Wildnis-Trails mit drei Übernachtungen sowie Mountainbiketouren vom Olifants Camp aus. Für detaillierte Infos und Hinweise zu Ausrüstung und Kleidung einfach auf der Seite des Kruger National Park (auf der Website *www.sanparks.org)* „Activities" anklicken.

Rund um den Kruger

Auch außerhalb des Nationalparks präsentiert sich das Land typisch afrikanisch. Großwild zeigt sich je nach Laune, das Land ist mal karg, dann wieder üppig grün, alte Städtchen sind Zeugen einer längst vergangenen Geschichte.

Die 240 Millionen Jahre alten Sudwala Caves sind die ältesten Höhlen der Welt

Sudwala Caves

Karte S. 175

R539 (Sabie) Abzweigung der R539 (Sabie) von der N4 in Richtung Pretoria, dann 8 km in Richtung Sudwala Caves. Nach Verlassen der R539 überquert man den Houtboschloop River und fährt 1,6 km bergauf

013/733 41 52

$

www.sudwalacaves.co.za

Sudwala Caves

Die Sudwala Caves entstanden vor 240 Millionen Jahren und sind die ältesten bekannten Höhlen der Welt. Darin gefundene Werkzeuge aus der Steinzeit belegen, dass Menschen schon vor zigtausend Jahren in den Höhlen Zuflucht suchten. Noch vor 200 Jahren brachten sich hier Angehörige des Volkes der Swazi in Sicherheit.

Rund 5,5 Kilometer des Höhlensystems von Sudwala wurden bislang untersucht; weitere Forschungen dauern an. Nur knapp 600 Meter sind bislang für Touristen zugänglich. Am größten ist die runde **Owen Hall**. Sie misst 65 Meter im Durchmesser und ist 18 Meter hoch.

Es gibt zahlreiche Tropfsteine, die Namen wie **Lowveld Rocket**, **Samson's Pillar** oder **Screaming Monster** tragen. Da die Owen Hall über eine gute Akustik verfügt, dient sie auch als Veranstaltungsort: Hier einer Oper oder einem Theaterstück beizuwohnen ist ein großes Erlebnis.

Die Sudwala Caves sind in Privatbesitz und können nur im Rahmen einer Führung besichtigt werden. Die einstündigen Touren durch die Unterwelt finden mehrmals am Tag statt. Jeden ersten Samstag im Monat wird die fünfstündige Kristalltour angeboten. Abenteuerlustige Besucher können dabei zwei Kilometer tief bis zur spektakulären **Crystal Hall** mit

INSIDERTIPP

Bei einem Besuch in den Sudwala Caves benötigen Sie robuste Schuhe und Kleidung. Um die ältesten Höhlen der Welt zu besichtigen, müssen Sie sich zwei Wochen im Voraus anmelden und mindestens 16 Jahre alt sein.

JUSTIN KAVANAGH
National Geographic-Redakteur

ihren Aragonitkristallen vordringen. Auf dem Weg müssen die Teilnehmer teilweise durch schmale Schächte klettern, in denen manchmal das Wasser steht.

Der **Sudwala Dinosaur Park** neben den Höhlen erzählt anhand lebensgroßer und wissenschaftlich genauer Modelle prähistorischer Tiere anschaulich die Geschichte der Entwicklung des Lebens auf der Erde. Amphibien und Reptilien, Dinosaurier und ausgestorbene Säugetierarten bieten viel Wissenwertes für die ganze Familie.

Dullstroom

Dullstroom ist von Johannesburg in Richtung Kruger National Park nur drei Stunden Fahrt entfernt und gilt wegen der malerischen Landschaft, der Trödelläden, Pubs und Cafés und der entspannten Atmosphäre als touristisches Traumziel. Doch die Kleinstadt ist in erster Linie als Südafrikas Mekka der Fliegenfischer berühmt. An den Wochenenden belagern

Burenkrieg

Viele Einwohner von Dullstroom wurden im Zweiten Burenkrieg (1899–1902) von britischen Soldaten – getreu deren Taktik der „verbrannten Erde" – getötet. Die überlebenden Männer gingen in den Untergrund und nahmen den Guerillakrieg gegen die besser ausgerüsteten Engländer auf. Frauen und Kinder litten am meisten, denn sie wurden in Konzentrationslagern im nahen Belfast interniert, wo viele starben. In der Stadt erinnern eine Statue und ein Garten an die Toten. Wenn man an einem kalten Morgen (Dullstroom liegt 1964 Meter hoch) die Stadt durchstreift, hört man das Knirschen der Schuhe auf dem Boden, auf dem einst die Soldaten der Buren marschierten ...

Sudwala Dinosaur Park

Karte S. 175
Neben dem Parkplatz an den Sudwala Caves
013/733 41 52
$

Dullstroom

Karte S. 175

Pilgrim's Rest
Karte S. 175
Besucherinformation
Main St.
013/768 10 60
www.pilgrims-rest.co.za

Angler scharenweise die zahllosen Forellenteiche der Stadt.

Pilgrim's Rest

Die Stadt wurde zum nationalen Denkmal erklärt. Pilgrim's Rest ist ein Stück Geschichte, denn es versetzt die Besucher in die Zeit des Goldrausches in Transvaal.

Die Legende besagt, dass der Goldgräber Alec Patterson 1873 in der Umgebung nach Gold suchte. An einem Pilgrim's Creek („Pilgerbach") genannten Ort sah er im klaren Flusswasser einen riesigen Nugget leuchten. Vor Freude rief er aus: »*At last the pilgrim can rest!*« – »Endlich kann sich der Pilger ausruhen!«

Dieser Ausspruch wurde bekannt und hatte vorhersehbare Folgen. Die Goldvorkommen in den Flüssen rund um Pilgrim's Rest stellten sich als die besten ganz Südafrikas heraus. Goldgräber strömten aus allen Teilen des Landes herbei. Als die Vorkommen erschöpft waren, wurde die Stadt aufgegeben. 1972 kaufte die südafrikanische Regierung die Siedlung und erklärte sie zum nationalen Denkmal. In Pilgrim's Rest wurde ein umfassendes Restaurierungsprogramm gestartet; historische Bauten wurden wieder errichtet.

Viele der einst meist aus Wellblech und Holzbohlen gezimmerten Häuser säumen noch heute die Hauptstraße. Neben Läden und Museen findet sich hier das spätviktorianische **Royal Hotel** *(Tel. 013/768 11 00)*, das zu den bekanntesten Hotels Südafrikas zählt. Besucher können Häuser besichtigen wie das **Alanglade** *($)*, in dem der Manager der Transvaal Gold Mining Estate Ltd. lebte.

Das **House Museum** *($)* ist typisch für Pilgrim's Rest und zeigt Möbel und Ausstattung im spätviktorianischen Stil. Das **War Memorial** *(Main St.)* gedenkt der Soldaten aus Pilgrim's Rest und Umgebung, die in beiden Weltkriegen gefallen sind. Im

Die junge Frau trägt traditionelle Ndebeleperlen und -kleidung

ERLEBNIS: Goldrausch

Seit 1873 an diesem entlegenen Ort Gold entdeckt wurde, passiert hier kaum etwas, das nicht mit dem seltenen Metall zu tun hätte. In September bis Oktober finden in der Stadt die **South African Gold Panning Championships** *(www.sagoldpanning.co.za)* statt. Besucher können ihre Fähigkeiten als Goldwäscher im **Diggings Museum** *(R533, 2 km südlich der Stadt, $)* testen: Man nehme eine Waschpfanne und tauche sie etwa 15 Zentimeter tief in einen langsam fließenden Bach, dessen Strömung nicht zu schnell, aber auch nicht zu statisch sein darf. Die Pfanne wird mit Kies gefüllt und unter Wasser kreisförmig bewegt. Dabei entfernt man mit der Hand Stücke von Moos und Schlamm, bis nur noch feiner Sand übrig ist. Da Gold schwerer als die meisten anderen Sedimente ist, lagert es sich auf dem Pfannenboden ab. Nun muss man die Ablagerung nur noch aufmerksam nach Gold durchsuchen. Reich wird man nicht, aber es macht Spaß.

Informationszentrum *(Main St.)* erhält man Broschüren und Landkarten sowie Tickets für Stadtführungen und den Besuch der Museen. In Schaukästen werden geologische Exponate, Fotos und Gegenstände gezeigt, die mit dem Goldschürfen in Pilgrim's Rest in Verbindung stehen. Die Angestellten zeigen, wie man sein Glück beim Goldwaschen versuchen kann (siehe Kasten oben).

Blyde River Canyon

Der Blyde River Canyon, der erst kürzlich in Motlatse umbenannt wurde, ist eines der großen Wunder Afrikas und ein Muss für jeden Besucher. Selten erlebt man eine solche Naturschönheit und so atemberaubende Ausblicke.

Die 50 Kilometer lange Schlucht ist die zweitgrößte Afrikas und die drittgrößte der Welt. Sie entstand vor etwa 200 Millionen Jahren, als der Urkontinent Gondwana auseinanderbrach und Madagaskar und die Antarktis durch tektonische Kräfte von Afrika abgetrennt wurden. Damals wurde die Region westlich über das heutige Pretoria hinaus von einem riesigen Flachmeer bedeckt, das allmählich den aufgerissenen Rand des Kontinents anhob und den Canyon schuf.

Die gut ausgeschilderte, **Panorama Route** genannte R532 führt an den eindrucksvollsten Aussichtspunkten entlang – eine der schönsten Straßen Südafrikas, die durch die nördlichen Ausläufer der Drakensberge verläuft.

Die Route beginnt in der Stadt Graskop und passiert die Bourke's Luck Potholes, God's Window und die Three Rondavels. Dort, wo der Ohrigstad River von Westen in den schnell fließenden Blyde River mündet, hat man den **Blyde Dam** an einer Engstelle unterhalb des Zusammenflusses erbaut. Die Umgebung der Schlucht ist sehr wildreich. Am Canyonende

Blyde River Canyon

Karte S. 175

Östlich von Vaalhoek, Abzweigung von der R532

Die Bourke's Luck Potholes im Blyde River Canyon

bevölkern Zebras, Streifengnus, Wasserböcke und Kudus das Lowveld. Im durch den Blyde-Damm aufgestauten See kann man Krokodile und Flusspferde beobachten.

Den gesamten Canyon entlang gibt es Aussichtspunkte; zahllose Trails für Wanderer, Reiter und Mountainbiker führen durch die Schlucht. Die besten Aussichtspunkte und die exotischsten Urwaldpflanzen findet man im Nebelwald. Für die Wanderung sollte man ausreichend Proviant einpacken, denn der Weg in den Nebelwald ist außerordentlich steil und anstrengend. Wenige Meilen nördlich von Graskop führt eine kleine, kurvenreiche Straße zum **God's Window,** einem der weltweit schönsten Aussichtspunkte. Ihren Namen verdankt die Stelle dem atemberaubenden Panorama über das 900 Meter tiefer gelegene Bushveld. Seltene Baumarten wachsen an den Wänden der Klamm.

Die **Bourke's Luck Potholes** *(35 km nördlich von Graskop an der R532, Tel. 013/767 12 11)* verdanken ihren Namen dem Goldgräber Tom Bourke, der im 19. Jahrhundert in der Nähe einen Claim besaß. Bourkes Vorhersage, dass in der Region große Goldvorkommen entdeckt werden würden, bewahrheitete sich; sein eigener Claim aber blieb völlig unergiebig.

Das **Besucherzentrum Bourke's Luck** *(R532, Tel. 031/761 60 19)* erläutert die interessanten natürlichen und soziokulturellen Gegebenheiten der Region. Hier beginnt der bequeme, 685 Meter lange Weg zu den *potholes* genannten Strudellöchern. An der Einmündung des Treur River in den Blyde River entstehen Strudel aus Wasser, Sand und Steinen, die zylinderförmige Hohlformen ins Flussbett graben. Besucher gelangen über Fußwege und Brücken zu den bis zu 5,5 Meter tiefen Strudellöchern. Ein 137 Meter langer, behindertengerechter Rundweg führt vom Besucherzentrum zu seltenen Flechten.

Die **Three Rondavels**, 14 Kilometer nördlich der Bourke's Luck Potholes gelegen, sind eine weitere Sehenswürdigkeit am Blyde River. Die abgerundeten Felsen sehen den afrikanischen Rundhütten *(rondavels)* ähnlich.

INSIDERTIPP

Der Blyde River mäandert durch rötliche Felsen, die die Drakensberge von den Dschungeln des Lowveld trennen. Eine Raftingtour über die Stromschnellen (Grad III–IV) führt an spektakulären Amphitheatern und smaragdgrünen Klippen entlang.

CERIDWEN DOVEY
NATIONAL GEOGRAPHIC-Autor

Der Blyde River Canyon liegt im nördlichen Mpumalanga. Am besten erreicht man ihn, wenn man bis Phalaborwa fliegt und den Rest der Strecke mit dem Auto fährt. Noch günstiger ist es, den Besuch im Kruger National Park mit einer Mietwagentour zu kombinieren. *(Dazu verlässt man den Kruger durch das Phalaborwa Gate und fährt in Richtung Mica, dann weiter nach Ohrigstad, über den Abel Erasmus Pass und dann auf der abzweigenden R532 nach Graskop.)*

Siyabuswa

Die Gemeinde im kulturellen Kernland von Mpumalanga entstand in den 1970er Jahren. Für die Ndebele, die hier noch nach den alten Traditionen leben, ist sie von großer Bedeutung. Drei verschiedene Volksgruppen der Ndebele sind im Norden Südafrikas und jenseits der Grenze in Simbabwe beheimatet. Das Volk ist für seine farbenfrohen Muster, mit denen die Menschen Häuser und Kleidung schmücken, berühmt.

In Siyabuswa gibt es mehrere Ndebeledörfer, in denen man Kunsthandwerk kaufen kann. Man kann sich auch einer Führung anschließen, dabei viel über deren Kultur erfahren und einen königlichen Kral (Dorf) besuchen.

Königreich Mapungubwe National Park

Mapungubwe liegt in der Provinz Limpopo, im äußersten Norden Südafrikas an der Grenze zu Simbabwe und Botsuana. Die Silhouetten der Affenbrotbäume und hoch aufragende Inselberge akzentuieren die weiten Ebenen. Auf einer dieser Erhebungen wurde das Königreich Mapungubwe gegründet. Es zählt zu Südafrikas bedeutendsten archäologischen Stätten und wurde 2001 zum nationalen Kulturerbe erklärt. Seit 2003 ist Mapungubwe Unesco-Welterbe.

Von 1000 bis 1300 n. Chr. spielte Mapungubwe im

Siyabuswa

Karte S. 175

Besucher-information

10 km östlich von Marble Hill

Kingdom of Mapungubwe National Park

Karte S. 175

Von der N1 in Musina auf die R572, dann 68 km zum Parkeingang

012/428 91 11

$$

www.sanparks.org/parks/mapungubwe

Das goldene Nashorn von Mapungubwe

Der berühmteste Fund aus Mapungubwe ist das goldene Nashorn: Goldfolie wurde mit winzigen Nägeln auf einem sorgfältig geschnitzten Holzmodell oder einer Schablone fixiert. Das Fundstück gilt heute weithin als repräsentativ für diese Zivilisation.

Das Nashorn ist eine wunderbare Handwerksarbeit, der Künstler hat die massige Statur des Nashorns mit wirklich großem Geschick sehr naturgetreu eingefangen. Das erstaunlich modern wirkende Kunstwerk ist im Mapungubwe Museum *(Old Arts Bldg., Lynwood Rd., Pretoria, Tel. 012/420 31 46)* der Universität von Pretoria ausgestellt. In gleicher Technik wurden eine goldene Schale und ein goldenes Zepter angefertigt; beide Stücke stammen aus demselben Grab in Mapungubwe, in dem auch das Nashorn entdeckt wurde.

Bei der Untersuchung des Inhalts einer nahen historischen Abfallhalde, die unter dem Namen „K2" bekannt ist, konnten die Archäologen interessante Erkenntnisse über Ernährung und Alltag der Bewohner von Mapungubwe gewinnen.

Das kurzbeinige Nashorn mit nur einem Horn wurde 1933 gefunden

Seehandel auf dem Indischen Ozean eine wichtige Rolle. Gold wurde auf dem Landweg aus dem Königreich Monomotapa in Simbabwe über Mapungubwe nach Sofala an der Küste transportiert, dort von arabischen Händlern gekauft und auf Daus verladen.

Bevor es im 14. Jahrhundert aufgegeben wurde, hatte sich Mapungubwe zum größten Königreich im subsaharischen Afrika entwickelt. Wahrscheinlich haben Klimaveränderungen dazu geführt, dass die Bewohner nach Groß-Simbabwe auswanderten. Die Überreste des Palastbezirks und des gesamten Wohngebiets sowie zweier älterer Siedlungen sind nahezu unberührt erhalten. Darin gefundene, wertvolle Stücke wie das berühmte **goldene Nashorn** (siehe Kasten) sind von einzigartiger Schönheit. Als Mapungubwe entdeckt wurde, hielten die Archäologen seine genaue Lage aus

INSIDERTIPP

Fahren Sie die Route of Lost Kingdoms *(www.openafrica.org/route/route-of-lost-kingdoms)* entlang, einen Pfad der Mythen und Legenden. Er führt vom Kurger National Park durch Mapungubwe bis zur Kleinstadt Allydys.

JUSTIN CAVANAGH
National Geographic-Redakteur

Angst vor Plünderungen zunächst geheim. Die Fundstücke – Töpferwaren, Glasperlen, chinesisches Seladonporzellan, Keramikskulpturen, organische Reste, geschnitztes Elfenbein und Knochen – stammen aus der Zeit des Dau-Handels. Mapungubwe ist Zeugnis einer afrikanischen Hochkultur, die ihre Blüte vor der Kolonisierung durch die Europäer erlebte. Man unterhielt Handelsbeziehungen bis nach Indien und China. Die reiche Sammlung von Artefakten aus Gold und anderen Materialien wird in der Universität von Pretoria aufbewahrt. Dass es Klassenunterschiede innerhalb dieser Zivilisation gegeben hat, belegen die Funde in einigen der bislang freigelegten 23 Gräber. Die Körper dreier Verstorbener waren mit Luxusobjekten aus Kupfer, Gold sowie Glasperlen geschmückt. Die Forschungen belegen zudem, dass in Südafrika schon sehr früh Gold bearbeitet und geschmolzen wurde. Die Funde aus Mapungubwe und der benachbarten archäologischen Zone K2 sind eindeutig der Eisenzeit zuzurechnen. Handwerker schufen Gegenstände aus Ton, Holz, Elfenbein, Knochen, Straußeneiern, aus Schalen von Schnecken und Süßwassermuscheln, aus Eisen, Kupfer und Gold.

Besichtigung:
Mapungubwe liegt in einem Nationalpark mit Übernachtungsmöglichkeiten. Mapungubwes Hauptcamp, das **Leokwe Camp,** befindet sich im Ostteil des Parks.

Im **Besucherzentrum** erhält man Informationen über Mapungubwe. Sachkundige Führer bringen die Besucher zu dem Sandsteinfelsen, auf dessen Plateau Mapungubwe liegt, und erläutern die Ausgrabungen. Im Park gibt es auch Safari-Trips, Baumwipfel-Wanderungen und einen Picknickplatz am Zusammenfluss der Flüsse Shashe und Limpopo, wo Südafrika auf Botswana und Zimbabwe trifft. ■

Das kosmopolitische Johannesburg und die elegante Hauptstadt Pretoria – vor dem Hintergrund eines ungezähmten Binnenlandes

Johannesburg & das Binnenland

Erster Überblick 196–197

Johannesburg 198–210

Erlebnis: Ein Rugbymatch ansehen 199

Special: Musik in Johannesburg 202–203

Erlebnis: Helfen im Kampf gegen Aids 211

Soweto 212–215

Erlebnis: Ein Drink in einer Shebeen 213

Erlebnis: Besuch einer Township 214

Pretoria, Tshwane 216–224

Erlebnis: Freiwilligenarbeit mit Tieren 225

Wiege der Menschheit 226–231

Erlebnis: Bei archäologischen Grabungen zusehen 229

Tiefer ins Binnenland 232–243

Erlebnis: Aus der Luft 233

Special: Luxuszüge 234–235

Erlebnis: Durch die Baumkronen 240

Hotels & Restaurants 301–305

Eine Bewohnerin des Lesedi Cultural Village in traditioneller Tracht

Johannesburg & das Binnenland

Johannesburg, Provinzhauptstadt von Gauteng (Sotho für „Platz des Goldes"), ist ein riesiger Ballungsraum. In der Umgebung liegen das Township Soweto, Nationalparks mit einer Vielzahl an Wildtieren, Einkaufstempel und urwüchsige Ortschaften – Gründe genug, um Südafrikas Binnenland zu besuchen.

Johannesburg wurde auf dem Traum fabelhaften Reichtums errichtet, und noch heute ist die Gier, die das im 19. Jahrhundert entdeckte Gold auslöste, eine Triebfeder dieser gewinnsüchtigsten aller afrikanischen Städte. In Johannesburg herrscht eine Rücksichtslosigkeit, die sich nicht nur in ruinösen Geschäftsabschlüssen auf höchster Ebene manifestiert, sondern auch in der extrem hohen Verbrechensrate. Heute ist Gauteng die bei Weitem reichste Provinz Südafrikas und verfügt über die größte Wirtschaftskraft im Afrika südlich der Sahara.

Johannesburg – von älteren Weißen „Jo'burg", von Schwarzen und coolen jungen Weißen „Egoli" oder „Jozi" genannt – ist eine kosmopolitische afrikanische Stadt. Nachdem der ANC 1994 an die Regierung gekommen war, öffnete sich Südafrika gegenüber dem Rest des Kontinents. Zuwanderer aus ganz Afrika strömten nach Johannesburg, um ihr Glück zu machen. Als das Geschäftsviertel der Stadt sich zu verändern begann, zog das Big Business aus dem einstigen CBD (Central Business District) in die nördlichen Vororte, um dem Chaos des urbanen Niedergangs zu entkommen. Doch die Innenstadt erholt sich allmählich. Der interkulturelle Newtown Cultural Precinct ist gemeinsam mit dem Market Theatre und dem MuseuMAfrica ein Vorbote dieses urbanen Aufschwungs. Wer gern einkauft, sollte die Kreditkarte einpacken und die größte Shoppingmeile von Johannesburg aufsuchen: Sandton City. Das nahe gelegene Hyde Park ist das prestigeträchtigste Einkaufsviertel, zwischen beiden haben sich Outlets für viele Ultraluxusmarken niedergelassen.

Das Binnenland

Nahe Johannesburg liegt die Township Soweto, die während der Apartheid als Stadtteil für die erzwungene Unterbrin-

NICHT VERSÄUMEN

Livemusik in einem Nachtlokal in Johannesburg hören 202

Das Kulturzentrum Newtown 205

Johannesburgs Chinatown und seine indischen Viertel 206–208

Traditionelle Heilkundeläden an der Diagonal Street 207

In Gold Reef City etwas über Goldabbau lernen 208–209

Das eindrucksvolle Apartheid Museum 209–210

Eine Tour durch Soweto 214

Eine archäologische Ausgrabung in der Cradle of Humankind 229

Eine Übernachtung im Lesedi Cultural Village 232

Eine Nacht in Sun City spielen und Spß haben 233, 236

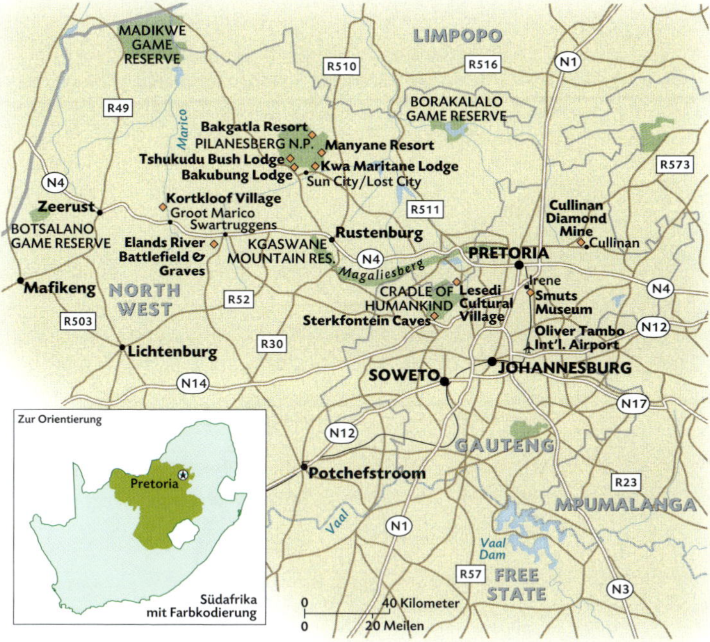

gung von Wanderarbeitern angelegt wurde. Heute ist dieser Ort ein kulturelles Zentrum. Pretoria, die Hauptstadt Südafrikas mit ihren Kunst- und Naturkundemuseen, der Architektur von Sir Herbert Baker und schicken Restaurants, ist nur 40 Autominuten entfernt.

Johannesburg liegt zudem in der Nähe der Wiege der Menschheit, wo man den Ursprüngen des Menschen nachspüren kann – einige der faszinierendsten paläontologischen Entdeckungen wurden hier gemacht –, oder man besucht die Magaliesberge.

Zum glitzernden Sun City sind es von Johannesburg aus zwei Stunden Fahrt. Nicht weit von den Hotels, Restaurants, Kasinos und Golfplätzen des Ferienorts liegt der Pilanesberg National Park.

Ein Wort der Warnung

Johannesburg ist leider auch für seine Kriminalität bekannt. Deshalb sollte man stets achtsam sein – und bestimmte Gegenden meiden. Sicherheitskräfte des Central Improvement District (CID) in grün-gelben Uniformen sind vielerorts stationiert. Dennoch besucht man die Innenstadt von Johannesburg am besten im Rahmen einer Stadtrundfahrt. Man sollte sich von Bezirken wie Hillbrow, Berea und Yeoville fernhalten. Carjacking und Autounfälle kommen relativ oft vor – daher gilt: Vorsichtig fahren, bei geschlossenen Fenstern und verriegelten Türen, und niemanden mitnehmen. Wer an einer roten Ampel hält und jemanden auf sein Auto zurennen sieht, sollte sofort losfahren. ■

Johannesburg

Johannesburg, das 1737 Meter über dem Meeresspiegel auf dem Highveld liegt, ist die Stadt Südafrikas, die sich am stärksten gewandelt hat. Die größte Stadt des Landes (6 Mio. Einwohner) kämpft gegen die Kriminalität und weist eine besondere Mischung der Kulturen und Sprachen auf.

Central Business District, gespiegelt in der Glasverkleidung eines Bürogebäudes in der Innenstadt

Johannesburg
Karte S. 197

Besucherinformation

195 Jan Smuts Ave., Parktown North

011 / 327 70 00

www.joburgtourism.com

Central Business District

Johannesburg besitzt zwei zentrale Geschäftsbezirke: den alten CBD in der Innenstadt und den neuen, voll arbeitsfähigen CBD in Sandton, einem der wohlhabendsten Vororte im Norden der Stadt.

Diese seltsame Doppelung ist eine Folge der gewaltigen sozialen Umwälzungen. Während der Apartheid war der alte CBD als reines Weißenviertel klassifiziert; Schwarze konnten also in der City arbeiten, durften aber nicht dort leben. Als der Group Areas Act 1991 abgeschafft wurde, strömten benachteiligte Schwarzafrikaner ins Stadtzentrum und nahmen oft ganze Gebäude in Beschlag. Viele Neuankömmlinge waren arbeitslos und sehr arm, die Kriminalitätsrate stieg.

Der alte CBD und seine Umgebung waren zuvor hochbegehrte Grundstücke gewesen; da Unternehmen jedoch in großem Umfang vom alten CBD in die nördlichen Vororte abwanderten, sanken die Immobilienpreise.

Die Provinzregierung von Gauteng hat ihren Sitz im alten CBD, es gibt Pläne, diesen Teil der City zu sanieren. Die Stadtverwaltung hat dort eine Reihe von Überwachungskameras installiert, dies soll die Kriminalitätsrate bereits gesenkt haben.

Bei allen Höhen und Tiefen des CBD bleibt Johannesburg ein Medienzentrum des Landes. Viele Zeitungen und Zeitschriften haben ihren Sitz im oder nahe dem Stadtzentrum. Einige Radio- und Fernsehsender sind allerdings bereits nordwärts gezogen oder werden dies bald tun. Vor den Toren des alten CBD, in Auckland Park, liegt die Zentrale der South African Broadcasting Corporation (SABC).

Der alte CBD besitzt einen sehr dynamischen afrikanischen Charme und bietet Besuchern typische Gegensätze. Verglaste Wolkenkratzer erheben sich über indische Basare, die süß nach Bockshornklee und Kardamom duften. Einzelhandelsgeschäfte bieten glamouröse Kleidung an, gleich daneben befinden sich afrikanische Läden für *muti* (Arzneimittel), in denen Medizinmänner Ratschläge und Heilkräuter verteilen. Straßenhändler verkaufen frisches Obst, und der unverkennbare Duft der „Russians" (beliebte würzige, sehr fette Würste), die überm Holzkohlerost brutzeln, liegt in der Luft – wo internationale Jets vom Oliver Tambo International Airport zu anderen Regionen Afrikas und der Welt unterwegs sind.

Diagonal Street (siehe S. 207) und der **Newtown Cultural Precinct** (siehe S. 205) sind interkulturelle Viertel, die alle Vorteile der multiethnischen Gegenwart mit einer entschieden optimistischen, ja euphorischen Zukunftssicht verbinden.

Ungeachtet des urbanen Verfalls, weist der alte CBD die größte Wolkenkratzerdichte

ERLEBNIS:
Ein Rugbymatch ansehen

Einen seiner stolzesten Momente erlebte Südafrika am 24. Juni 1995, als Nelson Mandela im Rugbytrikot der „Springboks" ebendieser südafrikanischen Nationalmannschaft die Siegtrophäe des Rugby World Cup überreichte. Südafrika war endlich als Nation zusammengekommen; das ganze Land feierte eine Sportart, die so viele Jahre lang für die weiße Minderheit reserviert gewesen war.

Rugby ist ein wichtiger Teil der südafrikanischen Kultur, und im mittlerweile berühmten Ellis Park Stadium, in dem 1995 das Weltcup-Finale ausgetragen wurde, ein Spiel live anzusehen, ist ein unvergessliches Erlebnis. Infos zu Spielen und Kartenkauf unter *www.ellispark.co.za*. Das Stadion liegt an der Ecke Currey und Staib Street in Doornfontein, Johannesburg. Für größere Begegnungen stehen kostenlose Park-and-ride-Einrichtungen zur Verfügung, um Verkehrsstaus zu verhindern und sicherzustellen, dass alle Besucher das Stadion rechtzeitig erreichen. Im Stadion kann man an zahlreichen Essens- und Getränkeständen Erfrischungen kaufen, außerdem gibt es acht Kneipen mit Alkoholausschank.

Carlton Centre
50 Commissioner St.
011/308 13 31
$

Standard Bank Gallery
Simmonds & Frederick Sts.
011/631 44 67
Geschl. So

www.standardbankarts.com/gallery

Afrikas auf – darunter das 223 Meter hohe **Carlton Centre**, noch immer das höchste Gebäude des Kontinents. Von seiner Aussichtsterrasse **„Top of Africa"** hat man einen herrlichen Panoramablick auf die Stadt. Einen Blick ganz anderer Art eröffnet die **Standard Bank Gallery**, die ebenfalls im Carlton Centre untergebracht ist. Dort kann man die Blüte der südafrikanischen Gegenwartskunst betrachten; Irma Stern, Gerard Sekoto und Cyprian Shilakoe haben hier bereits ausgestellt.

und Ehrgeiz, das durch ungenierten Prestigekonsum genährt wird. Der Unternehmens-, Handels- und Wohnbezirk im nördlichen Teil des Großraums Johannesburg ist entschieden auf Europa und Amerika fixiert und gilt als „reichste Quadratmeile Afrikas" und ökonomische Drehscheibe des Kontinents. Die Johannesburger Börse ist vor Jahren nach Sandton gezogen, gefolgt von größeren Finanzinstituten und Unternehmen der Informationstechnologie, von denen viele hier ihren Hauptsitz haben. Hier kann

Der Hillbrow Tower dominiert die Skyline von Johannesburg

Sandton und Rosebank

Der neue CBD liegt im vornehmen Sandton, dem Territorium der Neureichen – ein ultramodernes, lebenslustiges und kosmopolitisches Geschäftsviertel voller Vitalität man an einem Nachmittag ein Vermögen machen – oder auch verlieren.

Sandton ist purer Glamour. Es hat hervorragende Hotels, gute Restaurants, die jeden Geschmack – von Thaiküche

INSIDERTIPP

Unbedingt zu empfehlen ist ein Bummel über die Fourth Avenue in Parkhurst mit ihren vielseitigen Antiquitätenläden und Restaurants. Frühstück oder Mittagessen im Nice ist ein Muss – der Eierkorb ist meine sonntägliche Schwäche.

ROBERTA COCI
NATIONAL GEOGRAPHIC-Mitarbeiterin

über französische Klassiker bis zu kantonesischer und Pandschabküche – bedienen, und Einkaufszentren ganz besonders für jene, die die Neigung besitzen, ihren Reichtum zur Schau zu stellen.

Sandton quillt außerdem über von Nachtclubs, Musiklokalen, Spas, Buchhandlungen, Galerien, Antiquitätengeschäften und Showrooms für Luxuswagen. In den umliegenden ruhigen, grünen Vororten wie **Hyde Park** liegen neu erbaute Villen, wohl verwahrt hinter hohen Sicherheitsmauern; in den Auffahrten stehen Luxusvehikel.

Im nahen **Rosebank** geht es ebenfalls lebhaft zu. Als ein Ort, den Touristen besuchen und an dem Einheimische Geschäfte machen, besitzt dieser nördliche Vorort aber ein ausgeprägteres multikulturelles Flair als Sandton und kombiniert wirkungsvoll ein erfolgreiches Industriegebiet mit einer angenehmen Umgebung zum Arbeiten, Einkaufen und für die Freizeit. Im kompakten Rosebank ist alles bequem zu Fuß zu erreichen.

Rosebank ist aber nicht nur ein Geschäftsviertel, es bietet auch eine breite Auswahl an Freizeiteinrichtungen und Unterhaltung: Straßencafés, ausgezeichnete Restaurants, Pantomimen und Straßenkünstler, Nachtclubs, Kunstgalerien, Kinos, Luxushotels und Einkaufszentren, die wöchentlich auch Flohmärkte veranstalten. Es gibt einen ausgezeichneten **African Crafts Market** *(Baker St. & Craddock Ave.)*, in dem neben Touristenramsch auch authentische Antiquitäten aus Mali und Senegal zu finden sind. Eine der schönsten Einkaufspassagen in den nördlichen Vororten, **Zone@ Rosebank** *(177 Oxford St., Tel. 011/788 11 30, www.thezoneat-rosebank.co.za)*, umfasst ein großes Kino und Luxusläden.

In Rosebank ist immer etwas los. Wonach der Sinn auch stehen mag – Kunst in einigen der besten Galerien Südafrikas ansehen, Geld für Designerkleidung ausgeben, einen fremdsprachigen Film anschauen oder durch baumbestandene Straßen spazieren –, Rosebank erfüllt jeden Wunsch. Der Vorort besaß früher eine herausragende Jugendstilarchitektur. Leider wurden einige der schönsten Gebäude abgerissen.

(Fortsetzung auf S. 204)

Nice
✉ 14th St. & 4th Ave.
☎ 011/788 62 86
⏲ Frühstück und Mittagessen, Mo geschl.

Musik in Johannesburg

Der Reichtum der musikalischen Traditionen im heutigen Johannesburg ist beispiellos. Afrika ist riesig, seine Kulturen sind vielfältig, und die meisten seiner musikalischen Formen sind hier erkennbar. Vor einem Restaurant hört man vielleicht einen Straßenmusiker aus Sansibar Gitarrenriffs abspulen, während woanders Klänge aus Kenia, Nigeria oder Mali dominieren.

Die afrikanische Folkmusik von Vusi Mahlasela war vielen in der Antiapartheidbewegung eine Inspiration

Es gibt zahlreiche Lokale, in denen man Livemusik, einheimischen Diskoklängen oder *kwaito*, einer lokalen, pulsierenden Hip-Hop-Variante aus den Townships, lauschen kann. Das **Carfax** *(39 Pim St., Newtown, Tel. 011/834 91 87)* ist ein Magnet für die kulturelle und künstlerische Avantgarde von Johannesburg. Das lebhafte Kaleidoskop musikalischer Stilrichtungen und Kunstformen, die in diesem Club präsentiert werden, unterstreicht die Tatsache, dass Johannesburg heute für die unterschiedlichsten Künstler der angesagteste Ort Afrikas ist. Im Carfax geht es nicht nur um Musik; es ist typisch für eine breitere südafrikanische Kulturrevolution. Aus guten Gründen bezeichnet sich das Lokal als Südafrikas progressivster Treffpunkt der Kunstszene. Nur zehn Autominuten vom Carfax entfernt, findet sich das **Bassline** *(10 Henry Nxumalo St., Tel. 011/838 91 45)* im Newtown Cultural Precinct (siehe S. 205f) – das sich als Afrikas Kulturzentrum verkauft. Das Logo des Bassline verkündet „In Music We Trust" („Wir vertrauen auf Musik"), und es ist dieser Glaube an die Integrität guter Musik und hingebungsvoller Musiker, der den anhaltenden Erfolg des Lokals begründet. Ein tiefer Glaube an die Macht von Melodie, Text und Komposition, zu verbinden, zu besänftigten und zu inspirieren, zählt zu den Grundwerten des Bassline. An den meisten Abenden hört man hier Hip-Hop, *kwaito* oder ein anderes der häufig mutierenden Musikgenres.

Im bohemischen Melville befindet sich **Catz Pyjamas** *(12 Main Rd., Melville, Tel. 011/726 85 96, www,catzpyjamas.co.za)*, das 24 Stunden am Tag und sieben Tage die Woche geöffnet hat. Durch die Nähe zur Universität von Johannesburg ist das Publikum kosmopolitisch und besteht hauptsächlich aus Studenten sowie Leuten in den 20er- und 30er-Jahren. Im lässigen neo-industriellen Ambiente des Restaurants kann man eine große Bandbreite an Musik genießen – von klassischer Musik über Jazz bis hin zu zeitgenössischen Klängen. Es treten regelmäßig Live-Künstler und gelegentlich Stand-up-Comedians auf. Die Fusions-Küche ist wirklich schmackhaft.

INSIDERTIPP

Im August ist das Musikfestival Oppikoppi – nur zwei Stunden von Jo'burg entfernt – der beste Ort, um eine gute Mischung südafrikanischer Musik zu erleben. Eine authentische südafrikanische Kulturerfahrung.

SAMANTHA REINDERS
National Geographic-Fotografin

Wer zeitgenössische Musik mag, den zieht es nach Fourways nördlich von Johannesburg. Hier befindet sich das **Tanz Café** *(Shop 27, The Buzz Shopping Centre, Ecke Witkoppen & Nerine Rds, Fourways, Tel. 011/658 02 77)*, ein bei den betuchteren Einheimischen beliebtes Lokal, das zum Veranstaltungsort mit der besten Live-Musik der Stadt gewählt wurde. Hier treten einige der besten Solo-Künstler, Duos und Bands Südafrikas auf, die Akustikgitarre, Jazz, Folk, Blues und guten alten Rock 'n Roll spielen.

Der beliebte Musikclub Bassline und sein musikalisches Credo

Johannesburg Art Gallery

✉ Klein St., Joubert Park

☎ 011/725 31 30

🕒 Geschl. Mo

www.joburgculture.co.za

Johannesburg Art Gallery

Die Johannesburg Art Gallery (JAG) liegt im Joubert Park, am Rand des alten CBD. Das Viertel rund um die JAG ist nicht gerade das beste, aber es gibt in der Nähe einen bewachten Parkplatz.

Begründerin der JAG-Sammlung war die leidenschaftliche Kunstsammlerin Lady Florence Phillips, Frau des Grundbesitzers und Minenmagnaten Lionel Phillips. Als sie und ihr Mann Anfang des 20. Jahrhunderts auf dem Arcadia-Besitz in Johannesburg lebten, förderte sie lokales Handwerk und Kultur. Unermüdlich kümmerte sie sich um die Einrichtung der JAG, und 1916 konnte sie die erste Sammlung des Museums zusammenstellen.

Besuch der Gallerie: In dem Gebäude von Sir Edward Lutyens gibt es 15 Ausstellungsräume. Die Sammlung der Galerie ist so groß, dass immer nur ein Zehntel gezeigt werden kann.

Die **Sammlung afrikanischer Kunst** ist unschlagbar; Gemälde, Skulpturen, Fotografie, Drucke, neue Medien, Videos und Installationen reichen vom 19. Jahrhundert bis in die Gegenwart. Hier findet man Meisterwerke von Gerard Sekoto (1913–93), einem Pionier der urbanen schwarzafrikanischen Kunst, Alexis Preller (1911–75), dessen Werk den Surrealismus mit afrikanischer Kunst aus Swasiland und dem Kongo verbindet, sowie von dem Bildhauer und Maler Sydney Kumalo (1935–88), der von Henry Moore und Marino Marini ebenso inspiriert wurde wie von afrikanischen Traditionen.

Hier findet man eine Aufstellung traditioneller Stücke einschließlich der **Brenhurst Collection** und **Jacques Col-**

Exponate afrikanischer Künstler in der Johannesburg Art Gallery

Das Market Theatre

Eines der Highlights im Newtown Cultural Precinct ist das Market Theatre, dessen Theater-, Tanz- und Musikaufführungen zu den besten Südafrikas gehören. Die Halle, in der der Komplex eingerichtet ist, war einst eine Markthalle, in der frische indische Agrarprodukte verkauft wurden. Der Umbau begann 1975, als eine Gruppe engagierter Schauspieler Finanzmittel aufbrachte, um das alte Gebäude mit seinem originellen edwardianischen Eingangsdoppelturm zu retten, und einen Großteil der Sanierungsarbeiten selbst übernahm.

Der Komplex umfasst das **Main Theatre**, das **Barney Simon Theatre** und das **Laager Theater**. In den Jahren des Kampfes gegen die Apartheid veranstaltete es Protesttheater, und viele große Namen traten hier auf – wie Athol Fugard, Mbongeni Ngema (Autor und Komponist von „Sarafina!"), Barney Simon, John Kani, Winston Ntshona und Pieter-Dirk Uys. Führungen sind auf Anfrage möglich.

lection mit Kopfstützen, Stöcken, Perlenarbeiten und Schnupftabakdosen.

Zu besichtigen sind auch viele **europäische Kunstwerke:** Picasso, Degas, Pissarro und Monet sind vertreten. Außerdem gibt es niederländische Gemälde des 17. sowie europäische Werke des 18. und 19. Jahrhunderts, südafrikanische Kunst des 19. Jahrhunderts und der Gegenwart sowie eine repräsentative Auswahl internationaler Kunst des 20. Jahrhunderts.

Newtown Cultural Precinct

Die Gegend, in der heute der Kulturbezirk Newtown (auch Newtown Management District genannt) liegt, war früher ziemlich heruntergekommen. Inzwischen hat sich hier ein schickes und lebhaftes Kulturzentrum entwickelt. Es ist gleichsam ein Schaukasten für die dynamische Renaissance des afrozentristischen Kunstgewerbes, Theaters und einer Mischung hybrider Kunstformen, die man am ehesten als „Straßenkunst" bezeichnet.

Jeden Samstag findet ein farbenfroher **Flohmarkt** mit einer einzigartig afrikanischen Atmosphäre neben dem Market Theatre statt. Stände verkaufen Kunsthandwerk, Kuriositäten, Kleidung, Antiquitäten, Stoffe, Skulpturen und Perlenstickerei.

Der Bezirk nimmt ein Areal ein, das im Norden von Rangierbahnhöfen und Bahngleisen, der Autobahn M2 im Süden, der West Street im Osten und Quinn Street im Westen eingerahmt wird. Nicht vergessen: Seien Sie auf Ihre Sicherheit bedacht, vermeiden Sie exzessiven Alkoholkonsum, und gehen Sie nachts nicht allein durch die Straßen.

MuseuMAfrica: Im früheren Obst- und Gemüsemarkt, der an das Market Theatre grenzt, ist dieses hervorragende Geschichts- und Kulturmuseum untergebracht. Es wirft einen

Market Theatre
✉ 56 Margaret Mcingana St.
☎ 011/832 16 41
www.markettheatre.co.za

MuseuMAfrica
✉ 121 Bree St.
☎ 011/833 56 24
🕒 Geschl. Mo

Blick auf Südafrikas geologische, soziale, politische und wirtschaftliche Geschichte und zeigt geologische Muster ebenso wie Hütten, Werkzeuge, Kunstgewerbe und Kleidung der südafrikanischen Völker und Stämme. Es gibt eine Dauerausstellung über die **„Treason Trials"** (Hochverratsprozesse ab 1956), die u. a. Nelson Mandela auf die Gefängnisinsel Robben Island brachten (siehe S. 69, 72f). Zur Ausstellung **„Johannesburg Transformations"** zählen eine Baracke, ein Schlafsaal für Bergarbeiter und eine illegale Kneipe aus den 1950er Jahren.

Das Museum beherbergt außerdem das **Bensusan Museum of Photography**, das sich auf die Fortschritte der Fotosparte konzentriert, und das **Museum of South Africa Rock Art**, das Einblick in die Felskunst der San gibt.

Chinatown

Wie es zwei Central Business Districts gibt, so bestehen in Johannesburg auch zwei Chinatowns: die eine an der Commissioner Street nahe dem alten CBD, die andere an der Derrick Avenue in Cyrildene.

Zu Beginn des 20. Jahrhunderts wuchs die „First Chinatown" am westlichen Ende der **Commissioner Street** heran. Dort lebten chinesische Zuwanderer aus der Provinz Guangdong und betrieben Warenhäuser, Wäschereien, Gemüseläden, Teehäuser und wunderbare Restaurants; einige der besten liegen direkt im Schatten der Polizeistation John Vorster Square.

Es gibt hier ausgezeichnete Restaurants und Geschäfte, doch infolge des urbanen Niedergangs ist die chinesische Gemeinde in die „Second Chinatown" in **Cyrildene** abgewandert.

Cyrildene war früher ein vorwiegend jüdischer Bezirk, doch inzwischen hat Mandarin längst Jiddisch als Verkehrssprache abgelöst. An der **Derrick Avenue** reihen sich nun chinesische Restaurants und exotische Läden. Beide Straßenseiten werden von Schönheitssalons, Videoverleihe, Kräuterläden, Lebensmittelgeschäften und Lokalen gesäumt. Hier kann man Köstlichkeiten aus Kanton und Schanghai genießen.

INSIDERTIPP

Beim Teespezialisten Chinese Tea in der Derrick Avenue 28 findet man einzigartige Mitbringsel und kann sich mit einer frisch aufgebrühten Tasse Tee stärken.

ROBERTA COCI
NATIONAL GEOGRAPHIC-Mitarbeiterin

Essen in Chinatown: Zu den Esslokalen in der Chinatown in Cyrildene zählt das etablierte

Eines der vielen Restaurants an der Derrick Avenue in Chinatown

Long Men *(41 Derrick Ave., Cyrildene, Tel. 011/622 68 61)*. Hier werden täglich wechselnde frische Zutaten für eine im Wesentlichen kantonesische Küche verwendet. Das Dim Sum ist empfehlenswert. Am südlichen Ende der Derrick Avenue gibt es zwei ausgezeichnete Restaurants, die auf dampfgegarte Klöße spezialisiert sind: das **Shun Deck** *(23 Derrick Ave., Cyrildene, Tel. 011/615 71 68)* und **Chinese Northern Food** *(Südende der Derrick Ave.)*.

Das Essen ist toll. Doch aufgepasst: Wer kein Chinesisch spricht, muss seine Bestellung möglicherweise in Zeichensprache aufgeben.

Diagonal Street & Fordsburg

Die Diagonal Street im CBD kann es so nur in Afrika geben. Im Schatten des früheren Sitzes der alten **Johannesburg Stock Exchange** – einer wunderschönen, modernen Konstruktion aus blauem Glas und Stahl, die sich über die niedrige Bebauung der alten Straße erhebt – stößt man auf eine ungeordnete Reihe afrikanischer Heilkräuterläden. Man kann die Waren durchstöbern – getrocknete Echsenhäute, Hörner, Rindenstückchen von *Muti*-(Arznei-)Bäumen, Schädel, Knochen, Perlen sowie „magische" Arm- und Fußbänder –, ehe man eine Kurpfuscherei erwirbt, die Heilmittel gegen alles, von Asthma bis Tuberkulose, vorgibt zu sein. Möglicherweise steht ein *Sangoma* bereit, der die Zukunft vorherzusagen verspricht, indem er „die Knochen wirft".

Typisch für das Viertel ist das **Museum of Man & Science** – das gar kein Museum ist, sondern vielmehr ein dunkler, würzig duftender Laden, der sich „The King of

Museum of Man & Science

- 14 Diagonal St.
- 011/836 44 70
- Geschl. So

Oriental Plaza
Bree & High Sts., Fordsburg
011/838 67 52
Geschl. So
www.orientalplaza.co.za

Muti, Herbal and Homeopathic Remedies" nennt.

Das Fordsburg-Viertel ist zu einem wichtigen Zentrum südasiatischer Kultur geworden, und wer gern pakistanisches Curry isst, findet hier eine authentische Halal-Mahlzeit. Das vegetarische indische Angebot ist ebenso gut. An der **Oriental Plaza** *(eingerahmt von Bree, Malherbe, Lilian, & Main Sts., Tel. 011/838 67 52)* leben Muslime und Hindus in beneidenswerter Harmonie miteinander. Der Komplex birgt etwa 300 Läden. Berühmt ist die Plaza für ihre Stoffe: Baumwolle, fröhlich-bunte Synthetiks und Seidenstoffe. Alle Preisangaben sind nur Vorschläge – es versteht sich von selbst, dass der Kunde feilschen muss.

Beim Gang über die Plaza wird die Nase von verführerischen Düften gekitzelt. Die Gewürzläden (ein besonders beliebter unter ihnen ist das **Akhakwaya Masala Centre,** *Shop S263, Tel. 011/836 92 80*) verkaufen frisch gemahlene Curryzutaten.

Essen in Fordsburg: Die Auswahl an Restaurants in Fordsburg und an der Plaza ist riesig. Zwei der besten sind **Al Makka** *(50 Central Rd., Tel. 011/838 25 45)* und **World of Samoosas** *(Shop 186/7 Oriental Plaza, Tel. 011/833 11 39)*. **Bismillah** *(78 Mint Rd., Tel. 011/838 64 29)* ist bei Kennern indischen Essens bekannt.

Fordsburg ist Standort vieler südasiatischer Lebensmittelgeschäfte

Gold Reef City
Shaft 14, Northern Pkwy., Ormonde
011/248 68 00
Geschl. Mo–Di
$$$
www.goldreefcity.co.za

Gold Reef City

Gold Reef City (wie die berühmte Lost City in Sun City; siehe S. 233 & 236), fünf Kilometer vom Stadtzentrum entfernt am Northern Parkway gelegen, ist ein Themenpark. Er wurde am Standort einer ehemaligen Goldmine (Schacht Nummer 4 der Crown Mines) errichtet; ganze Straßenzüge wurden mitsamt den eingerichteten Häusern der Minenarbeiter originalgetreu wieder aufgebaut. Die Angestellten tragen sogar die authentische Kleidung des 19. Jahrhunderts.

Auf Kinder, Jugendliche und Adrenalinjunkies warten Fahrten mit **Anaconda, Flintstones, Miners' Revenge** und **Golden Loop**. Wer sich dafür interessiert, wie Gold geschürft wird, unternimmt eine Fahrt in eine der tiefsten Goldminen der Stadt. Oder man schaut zu, wie Gold in Barrenformen gegossen wird. Außerdem gibt es eine nostalgische Dampfzugfahrt, ein 4-D-Kino und das Apartheid Museum.

Kunst zu verkaufen

Die Menschen, die es aus dem gesamten afrikanischen Kontinent aus wirtschaftlichen Gründen nach Johannesburg zieht, bringen auch diverse Kunstgewerbe mit; viele stellen selbst Objekte her und verkaufen sie. Masken, perlenbestickte Puppen, Drahtkörbe und Holzschnitzereien zählen zu den geschätzten Objekten, die man auf Märkten und in Geschäften überall in der Stadt finden kann.

Eine Kostprobe gibt der riesige Flohmarkt in **Bruma** *(geschl. Mo)*. Der samstägliche Flohmarkt am **Market Theatre** (siehe S. 205) gilt als das Original. In der Rosebank Mall findet sonntags ein **Rooftop Market** statt, der gleichermaßen von Einheimischen und Touristen frequentiert wird. Und dies ist nur für den Anfang ...

Apartheid Museum

Man kann das heutige Südafrika nicht wirklich verstehen, ohne eine klare Vorstellung von den Auswirkungen, die von der Apartheid auf das ganze Land ausgingen, zu haben – genau darum bemüht sich das 2001 eröffnete Apartheid-Museum, das auf dem Gelände der Gold Reef City liegt. Die Ausstellungen stammen von einer interdisziplinären Gruppe von Kuratoren, Filmemachern, Historikern und Designern.

INSIDERTIPP

Einblick in Jo'burgs bunte Geschichte geben die faszinierenden historischen Spaziergänge des Parktown Heritage Trust *(www.parktownheritage.co.za)*. Mehrere Routen führen durch verschiedene Viertel der Stadt.

ROBERTA COCI
National Geographic-Mitarbeiterin

Besucher gewinnen schon beim Betreten des Gebäudes einen kleinen Eindruck von der Realität der Apartheid: Denn dort stufen Museumsmitarbeiter jeden nach Rasse und Hautfarbe ein. Ein wirklich erhellender und leicht

Apartheid Museum
- ✉ Gold Reef City, Northern Pkwy. & Gold Reef Rd., Ormonde
- ☎ 011/309 47 00
- 🕒 Geschl. Mo
- $ $

www.apartheidmuseum.org/

Einer der Ausstellungsbereiche im Apartheid Museum

verstörender Vorgang. Im Anschluss daran sollte man sich Filmmaterial, Fotos, Texttafeln, historischen Objekten und persönlichen Berichten über das Leben im alten Südafrika widmen.

Die Exponate, die in insgesamt 22 Ausstellungsbereichen aufgestellt sind, bilden alltägliche Szenen der Apartheid ab, auf TV-Monitoren sind Bilder vom Kampf („The Struggle") gegen das Regime zu sehen. Die Ausstellungen leiten den Besucher auf einer ergreifenden emotionalen Reise, die von der Geschichte dieses staatlich sanktionierten Systems ethnischer Unterdrückung erzählt.

Ein besonders eindringliches Display besteht aus 131 Schlingen, die vom Dach hängen. Jede Schlinge repräsentiert einen der politischen Gefangenen, die während der Ära der Apartheid gehenkt wurden oder „in der Haft verstarben". Weitere Darstellungen fangen tief greifende Ereignisse in der Geschichte der Apartheid ein: das berüchtigte „Massaker von Sharpeville", den Rivonia-Prozess, den Soweto-Aufstand und die Auslöschung des schwarzen District Six in Kapstadt.

Auch die entscheidenden Persönlichkeiten sind hier: der Architekt der „Grand Apartheid" H. F. Verwoerd, Südafrikas „starker Mann" B. J. Vorster und P. W. Botha – ebenso Desmond Tutu, F. W. de Klerk, Märtyrer Steve Biko und natürlich Nelson Mandela.

Museumsführung: Die vierstündigen Führungen starten das ganze Jahr über dienstags, mittwochs, donnerstags und freitags, einschließlich Abholung vom Hotel. ■

ERLEBNIS: Helfen im Kampf gegen Aids

Mit der HIV/Aids-Pandemie steht Afrika ein furchtbarer Feind gegenüber. Die tragische Krankheit ist ein unersättlicher Killer, und trotz der Anstrengungen, die Ausbreitung zu verhindern, steigt die HIV-Infektionsrate in vielen afrikanischen Ländern weiter an. Zusätzlich zu Armut und Mangelernährung, die bereits in weiten Teilen des Kontinents wüten, lähmt Aids die Lebens- und Wirtschaftskraft vieler Nationen. Südafrika ist da keine Ausnahme.

Die Krankheit macht Millionen Kinder zu Waisen, und die Zahl der elternlosen Familien in Südafrika gibt der Regierung Anlass zu wachsender Sorge. Es sind schlicht nicht genügend Ressourcen vorhanden, um diesen Kindern die Ausbildung und Fürsorge zu geben, die sie benötigen. Darüber hinaus haben HIV-Infizierte in Südafrika oft keinen Zugang zu den Medikamenten, die es ihnen ermöglichen würden, ein relativ gesundes, normales Leben zu führen.

Eines der größten Probleme, mit denen sich das Land konfrontiert sieht, ist der Mangel an hoch qualifizierten Arbeitskräften im Gesundheits- und Entwicklungsbereich, weil Aids vielen gut ausgebildeten Arbeitskräften das Leben gekostet hat und ihre gesunden Kollegen abschreckt. In den letzten Jahren hat es einen Massenexodus von Ärzten aus dem Land gegeben. In vielen Nationen Afrikas beträgt die durchschnittliche Lebenserwartung inzwischen weniger als 40 Jahre, mit sämtlichen negativen Konsequenzen für Gesundheitsfürsorge und wirtschaftliche Entwicklung.

Eine weitere Herausforderung ist die Aufklärung. Die Regierung hat Anstrengungen unternommen, um das Bewusstsein für die Gefahr einer Infektion zu erhöhen und über Möglichkeiten aufzuklären, diese zu verhindern. Doch es muss mehr getan werden. Die Übertragungsraten sind noch immer hoch.

Der Einsatz von Einzelpersonen ist entscheidend im Kampf gegen Aids in Südafrika. Freiwillige können auf vielfältige Weise helfen: bei der Gesundheitsfürsorge, Aufklärung oder Kinderbetreuung.

INSIDERTIPP

Aids ist in Südafrika ein wirkliches Problem. Deshalb gilt die „ABC-Regel": Abstain – Be Faithful – Condomize („enthaltsam sein – treu sein – Kondom benutzen").

RICHARD WHITAKER
NATIONAL GEOGRAPHIC-Mitarbeiter

Viele Programme schärfen das allgemeine Bewusstsein, indem sie Freiwillige in Gemeinden und Schulen schicken, um die Menschen zu informieren. Einzelne Freiwillige können bei diesem Prozess mithelfen, zum Beispiel Plakate erstellen oder Vorträge halten.

Auch direkte Hilfe für Familien, die von Aids betroffen sind, ist möglich. Freiwillige können Lebensmittel und Kleider ausliefern, mit Familien darüber sprechen, wie sie gesund bleiben können, und dringend benötigte moralische Unterstützung leisten. Angehörige medizinischer Berufe sind für die Behandlung von Patienten besonders gefragt, und motivierte Menschen mit wissenschaftlichem Background können in Labors aushelfen.

Darüber hinaus gibt es viele Programme, die Aufklärung, Gesundheitsfürsorge und Sozialhilfe für Millionen Aids-Waisen im Land zur Verfügung stellen, andere kümmern sich um HIV-Tests und die Beratung von Erwachsenen. Freiwillige benötigen keine besonderen Fähigkeiten oder Qualifikationen, allerdings brauchen sie ein gewisses Maß an Mitgefühl, Geduld und Flexibilität. Viele der von Aids betroffenen Menschen benötigen Fürsorge und Ermutigung, damit sie mit der Situation umgehen und Fortschritte machen können.

Informationen, wie man sich engagieren kann, geben die **Nelson Mandela Foundation** *(Tel. 011/547 56 00, www.nelsonmandela.org)*, **Treatment Action Campaign** *(Tel. 021/422 17 00, www.tac.org.za)* und **Greater Good South Africa** *(Tel. 021 685 97 80, www.myggsa.co.za)*.

Soweto

Es klingt zwar wie ein afrikanisches Wort, tatsächlich aber ist Soweto das Kurzwort für South Western Townships. In den 1950er Jahren ließ die Apartheidregierung Soweto südlich von Johannesburg entwerfen und erbauen: als Schlafstadt für schwarze Wanderarbeiter, deren Arbeitskraft so unentbehrlich war.

Gepflegte Häuser der wachsenden Mittelschicht Sowetos

Soweto
Karte S. 197
Besucherinformation
Walter Sisulu Square of Dedication, Kliptown
011/342 43 16
www.joburgtourism.com

Einmal begonnen, wuchs Soweto planlos zu einer Ansammlung von Townships heran, die sich immer weiter ausbreiteten. Obwohl die Regierung versuchte, dem Einhalt zu gebieten, zogen mehr und mehr verarmte Schwarze auf der Suche nach Arbeit nach Johannesburg – aus ländlichen Gebieten ohne Zukunft (den „Homelands"), aus den sogenannten Bantustans (die wirtschaftlich nicht überlebensfähig waren) und sogar aus den afrikanischen Nachbarländern.

Soweto ist heute eine eigenständige Stadt, in der über zwei Millionen Menschen leben. Soweto ist Standort der einzigen Privatklinik Südafrikas in schwarzem Besitz, und sein öffentliches Krankenhaus, Chris Hani Baragwanath, ist das größte Afrikas. Zunehmend wird Soweto auch für sein Nachtleben bekannt, in dem Jazz- und *kwaito*-Clubs (*kwaito* = Soweto-Hip-Hop) wie **The Rock** und **Back Room** eine Rolle spielen.

Das Spektrum an Behausungen in Soweto reicht von Wellblechhütten bis zu den Luxusvillen der Neureichen. Schwarze Wanderarbeiter wurden ursprünglich in winzigen „Streichholzschachtelhäusern" untergebracht, und diese Gebäude sind noch immer überall zu sehen. Soweto umfasst auch wohlhabendere Mittelschichtviertel wie **Diepkloof**, das sich gleich hinter Orlando West erstreckt, und die benachbarte **Diepkloof Extension**, wo Bäume die gepflegten Straßen säumen und es gute Schulen gibt.

Eine soziale Realität sind die Barackenviertel (höflich „informelle Siedlungen" genannt), die um die Stadt entstanden sind.

Kampf gegen Apartheid

Die meisten Menschen besuchen Soweto, um Einblick in die vergangenen politischen Kämpfe der Township zu gewinnen. Sie blickt auf eine stolze Geschichte als Ort zurück, an dem der Widerstand gegen das Apartheidregime aufblühte. Mit dem

ERLEBNIS: Ein Drink in einer Shebeen

Für die Mehrheit der südafrikanischen Bevölkerung sind Shebeens (Kneipen in den Townships, die traditionell keine Konzession besitzen) zauberhafte Orte. Sie sind ein Symbol der Rebellion – und ein toller Ort, um einen netten Abend zu verbringen. Die Apartheidregierung versuchte, schwarze Südafrikaner von jeder Art unabhängiger wirtschaftlicher Aktivität auszuschließen, aber einfallsreiche Männer und Frauen (Letztere werden liebevoll *shebeen queens* genannt) in den Townships öffneten ihre Häuser für die Gemeinschaft und tischten dort Mixturen aller Art auf.

Das Verbot, das die Menschen in den Townships im Zaum halten und demütigen sollte, führte stattdessen zur Entwicklung einen neuen Kultur. Shebeens wurden zu den angesagtesten Treffs, in denen man nächtelang feierte, politische Versammlungen abhielt und legendäre Sänger wie Miriam Makeba zum ersten Mal auftraten. Shebeens waren allerdings auch riskante Unternehmen, die stets mit Polizeirazzien rechnen mussten. Dann wurde der Alkohol beschlagnahmt, oft gab es auch Verhaftungen. Das schreckte die Shebeen-Besitzer allerdings nicht ab.

1984 wurde auch der Apartheidregierung deutlich, dass die Shebeens eine Macht darstellten, mit der man rechnen musste. Sie erklärte sich bereit, 27 Konzessionen auszugeben. Heute gibt es mehrere hundert konzessionierte Shebeens im Land. Dennoch haben, wie es heißt, die nichtkonzessionierten noch immer das Heft in der Hand.

Für eine solche Kneipenerfahrung bietet sich das **Wandies Place** *(618 Makhalenele St., Dube Village, Tel. 011/982 27 96, www.wandies.co.za)* an. Wandi Ndaba eröffnete die illegale Kneipe 1981 und musste ein ganzes Jahrzehnt lang mit der Gefahr einer Razzia leben, bis er schließlich 1991 eine Konzession erhielt. Heute bietet er das volle Programm mit Restaurant und Bar, das man nicht versäumen sollte. Die meisten Township-Touren bieten einen Shebeen-Besuch; Details siehe S. 214.

ERLEBNIS: Besuch einer Township

Während der Apartheid wurden Schwarze (ebenso wie Inder und andere Nichtweiße) gezwungen, sich in Townships in den Randgebieten der Städte niederzulassen. Ein Großteil der städtischen Bevölkerung lebt nach wie vor in diesen selbstständigen Siedlungen, viele von ihnen in Behausungen ohne Strom und andere Grundversorgung. Viele Besucher können einen ganzen Monat in Südafrika verbringen, ohne einen Fuß in eine Township zu setzen. Doch eine Township-Tour bietet die Gelegenheit, eine Vorstellung von der südafrikanischen Realität zu gewinnen.

Die Zeit der Führung ist mit unterschiedlichsten Aktivitäten ausgefüllt. Ob man Heilkräuterläden durchstöbert, in einer Shebeen etwas trinkt, in *spaza*-Shops in Privathäusern einkauft, Livemusik lauscht oder sich einfach mit den Menschen vor Ort unterhält: Eine Township-Tour vermittelt in jedem Fall Einblick in eine andere Kultur.

Zu den etabliertesten Anbietern von Tagestouren durch Soweto zählt **Themba Day Tours & Safaris** *(Kontakt: Pat Duxbury, Tel. 011/463 33 06, E-Mail: info@sowetotour.com, www.sowetotour.co.za/index.html)*. Das Unternehmen vermittelt eine neue Perspektive und persönlichen Einblick in die größte und lebendigste schwarze Stadt Afrikas.

Für weitere Ausflüge in der Umgebung von Johannesburg kontaktiert man **Soweto Tours** *(Tel. 011/315 15 34, www.soweto.co.za)* oder **Vhupo Tours** *(Tel. 011/936 04 11, www.vhupo-tours.com)*. Für Touren in Kapstadt wendet man sich an **Camissa Travel and Tours** *(Tel. 083/392 85 88, www.gocamissa.co.za)* oder **Inkululeko** *(Tel. 021/433 23 22, www.inkululekotours.co.za)*.

Die Preise liegen zwischen 300 und 800 Rand (25 und 65 Euro).

Freiheitskampf werden u. a. **Kliptown** und **Freedom Square** *(nahe Union St. & Boundary Rd., Kliptown)* in Verbindung gebracht. Hier billigte die Congress Alliance die Freiheitscharta.

Eine weitere historisch bedeutende Institution ist die **Regina Mundi Church** *(1149 Khumalo St., Rockville, Tel. 011/ 986 25 46, geschl. am Wochenende, Spende)*. Hier fanden Protestversammlungen und Zusammenkünfte statt. **Orlando West** ist das einzige Stadtviertel der Welt, in dem zwei Friedensnobelpreisträger zu Hause waren: Nelson Mandela und der anglikanische Erzbischof Desmond Tutu. **Nelson**

INSIDERTIPP

Halten Sie beim Besuch der Regina Mundi Church nach dem zerbrochenen Marmoraltar, den Einschusslöchern in der Decke und der Christusstatue Ausschau, die beim Massaker von 1976 beschädigt wurde.

JUSTIN CAVANAGH
NATIONAL GEOGRAPHIC-Redakteur

Mandelas erstes Haus *(Vilakazi St., Orlando West, Tel. 011/936 77 54, $)*, in dem der spätere Präsident bis zu seiner Verhaftung 1962 lebte, enthält persönliche

Gegenstände. In der Nähe steht **Desmond Tutus Wohnsitz** *(Vilakazi St., Orlando West, nicht öffentlich zugänglich)* nahe der **Holy Cross Church**. Eine der ergreifendsten Sehenswürdigkeiten Sowetos ist das **Hector Pieterson Memorial** eröffnete die Polizei das Feuer. Zwanzig Kinder starben, darunter der damals zwölf Jahre alte Hector Pieterson. 2002 wurden das Denkmal und das Museum in der Nähe der Stelle erbaut, an der der kleine Hector erschossen worden war.

Eine „informelle Siedlung" in Kliptown, dem ältesten Wohnbezirk Sowetos

Site & Museum *(Khumalo & Pela Sts., Orlando West, Tel. 011/536 06 11, $)* gegenüber der Holy Cross Church. Am 16. Juni 1976 versammelten sich in Soweto viele Schulkinder, um gegen die Anordnung der Regierung zu protestieren, Afrikaans als Unterrichtssprache einzuführen. Die Sicherheitskräfte des Apartheidregimes waren in Bereitschaft, und als Kinder die verbotene ANC-Hymne anstimmten, Das Denkmal ist eine Steinplatte mit einer Inschrift, das Museum zeigt Fotos und Filme.

Soweto ist ein pulsierendes, lärmendes Durcheinander. Aus Sicherheitsgründen sollte man die Stadt am besten im Rahmen einer Führung besuchen, die normalerweise einen halben oder ganzen Tag dauert. Es werden aber auch Touren zu speziellen Themen angeboten. ■

Pretoria, Tshwane

Eine halbe Stunde von Johannesburg entfernt liegt das elegante Pretoria (Municipality Tshwane) Verwaltungsmetropole und De-facto-Hauptstadt Südafrikas, in einem von Hügeln umschlossenen Tal. Wegen der violett blühenden Bäume, die im Sommer die Alleen säumen, wird es „Jacaranda City" genannt.

Standbild von Paul Kruger auf dem Church Square in der Innenstadt von Pretoria

Pretoria

Karte S. 197

Besucherinformation

Old Nederlandsche Bank Bldg., Church St.

012/358 14 30

www.gopretoria.co.za

Wahrscheinlich besiedelte zuerst das Volk der Ndebele das Tal, in dem Pretoria liegt; später kamen Flüchtlinge vor den *mfecane* (wörtlich „zerquetschen" feindlicher Stämme) der Zulu, die durch Shakas Attacken in und um das heutige KwaZulu-Natal ausgelöst worden waren. Die Stadt Pretoria, gegründet 1855, wurde nach dem *Voortrekker*-Führer Andries Pretorius, dem Helden der Schlacht am Blood River (1838), benannt.

Pretoria ist eine hübsche Stadt mit breiten, von Jacarandabäumen bestandenen Boulevards und einer gelassenen Atmosphäre. Als Verwaltungsmetropole verdankt sie den zahlreichen ausländischen Botschaften und Konsulaten ein kosmopolitisches Flair. Als Standort vieler höherer Bildungsinstitutionen – der großen University of Pretoria, der (Fernstudium-)University of South Africa, der Tshwane University of Technology und des Council for Scientific and Industrial Research – ist sie auch die inoffizielle akademische Haupt-

La Madeleine

Prominente, Diplomaten und Liebhaber einer guten Küche kommen in Scharen ins La Madeleine *(122 Priory Rd., Lynnwood Ridge, Tel. 012/361 36 67, geschl. So, mittags auf Anmeldung)* – wegen der herausragenden französischen und einheimischen Gerichte und des rustikal-französischen Dekors. Daniel und Karine Leusch, Küchenchefs und Besitzer dieser Pretoria-Institution, haben in den letzten 20 Jahren zahlreiche Auszeichnungen gewonnen. Die kleine Speisekarte wechselt regelmäßig, aber vielleicht stehen gerade entbeinte Wachtel mit Portsauce und Trüffeljus oder Medaillons vom Springbockfilet mit Cranberrysauce und in Honig und Rotwein pochierten Birnen darauf. Nicht versäumen!

stadt des Landes. Die Anwesenheit so vieler Studenten verspricht eine pulsierende Energie, vor allem in Vierteln wie Hatfield, wo schrille Bars, Diskos und Esslokale dominieren.

Ein Besuch Pretorias

Weil sie so dicht beieinander liegen, scheinen die äußeren Vororte von Pretoria und Johannesburg ineinanderzufließen. **Pretoria Central** ist das Herz der Stadt, mit historischen Bauten. Eine Statue von Präsident Paul Kruger beherrscht den **Church Square** *(angrenzend an Paul Kruger & Church Sts.)*, Pretorias Mittelpunkt, vom **Old Raadsaal** (Ratssaal), **Palace of Justice** (Justizpalast) und weiteren stattlichen Gebäuden umgeben.

Der eindrucksvolle Komplex des **South African State Theatre** an der Pretorius Street umfasst sechs Veranstaltungssäle und einen riesigen öffentlichen Platz. Die Theater-, Ballett-, Opern-, Kabarettaufführungen und Sinfoniekonzerte sind von hoher Qualität. Das Opera House fasst 1300 Zuschauer; die kleineren Säle, Intimate und Rendezvous, sind für Kabarett und Revue ausgelegt. Im Drama Theatre finden 640 Zuschauer Platz.

INSIDERTIPP

Wer Spaß und einen pulsierenden Ort zum Abhängen sucht, ist in Hatfield nahe der University of Pretoria genau richtig. In zahlreichen Lokalen kann man essen, trinken und die Nacht durchtanzen.

KATE PARR
National Geographic-Expertin

Der nahe gelegene **Burgers Park** *(Jacob Maré St., zwischen van der Walt & Andires Sts.)* ist ein hübscher botanischer Garten im viktorianischen Stil mit Rosenbeeten und einem viktorianischen Haus, das ein Restaurant beherbergt.

Auf der anderen Seite des Church Square entstand 1884 das bescheidene viktorianische

South African State Theatre
✉ 320 Pretorius St.
☎ 012/392 40 00
www.statetheatre.co.za

Paul Kruger Museum
✉ 60 Church St.
☎ 012/326 91 72
$ $
www.ditsong.org.za

Eine Büste von Kruger, dem großen Führer des Burenwiderstands, im Paul Kruger Museum

National Museum of Natural History

- 432 Paul Kruger St.
- 012/322 76 32
- Geschl. So
- $

Paul Kruger Museum – es sieht heute beinahe noch so aus wie zu der Zeit, als Paul Kruger, von 1883 bis 1902 Präsident der Republik Transvaal und Führer des Widerstands gegen die Briten, hier wohnte.

Das britische Interesse an der Republik Transvaal verstärkte sich, nachdem 1886 in Witwatersrand Gold gefunden worden war, was später zum Ausbruch des Burenkrieges (1899–1902) führte. In Konzentrationslagern, die von den Briten errichtet wurden, starben viele tausend Buren – Männer, Frauen und Kinder – und deren afrikanische Arbeiter. Im Museum stehen Möbel, Fotos und persönliche Dinge. Man beachte die steinernen Löwen auf der Veranda, die Präsident Kruger 1896 als Geburtstagsgeschenk vom Bergbaumagnaten Barney Barnato erhielt. Exponate im angrenzenden Haus widmen sich auch Krugers Leben.

Viele südafrikanische große Staatsleute und Persönlichkeiten sind auf dem nahen **Heroes' Acre** *(Church St. & D. F. Malan Dr.)* auf dem Church Street Cemetery beigesetzt. Im 19. Jahrhundert gepflanzte Bäume säumen die Spazierwege.

National Museum of Natural History

Das 1892 gegründete Museum liegt im Zentrum Pretorias. Vor dem eindrucksvollen Portal stehen riesige Wal- und Saurierskelette. Das traditionelle Sandsteininterieur ist rund um luftige und geräumige Ausstellungsräume entworfen.

Zu den Ausstellungsstücken gehören bedeutende Hominidenfunden von der Welterbestätte *Cradle of Humankind* („Wiege der Menschheit"; siehe S. 226ff). Weitere Sammlungen präsentieren Fossilien von Amphibien, Fischen, Reptilien und Pflanzen aus der Karoo, von säugetierartigen Übergangsformen der Reptilien aus dem späten Perm (ebenfalls in der Karoo gefunden) sowie eine große Sammlung präparierter Säugetiere, Vögel, Reptilien sowie Käfer und Schmetterlinge.

Das berühmteste Objekt im Museum aber ist ein Abguss des **Schädels von „Mrs. Ples"** (abgeleitet von *Plesianthropus* – „beinah menschlich", siehe S. 227 f), die „ihren" Spitznamen von Journalisten erhielt. Der Schädel wurde im Jahr 1947 in den nahe gelegenen Sterkfontein Caves von Robert Broom vom Transvaal Museum ausgegraben (siehe Kasten S. 23). Heute nimmt man an, dass „Mrs. Ples", die ein kleines Gehirn besaß, bereits aufrecht ging. Klassifiziert ist sie als *Australopithecus africanus*, ein Vormensch, also ein sehr ferner Vorfahre des Menschen. Überreste von anderen Angehörigen dieser Spezies stammen aus Taung in der Provinz Nord-West und Makapansgat in Nord-Kap. Diese Fossilien sind von enormer Bedeutung, ebenso wie die der Funde von Meave Leakey, die die versteinerten Knochen und Zähne des *Kenyanthropos platyops* entdeckte. Sie sind etwa 3,5 Millionen Jahre alt und gehören wahrscheinlich zu einer ganz neuen Gattung der Vormenschen. Bedeutsam ist auch die Entdeckung eines kompletten fossilen Skeletts von einem der ältesten affenähnlichen Vorfahren des Menschen in den Sterkfontein Caves durch Dr. Ron Clarke, Stephen Motsumi und Nkwane Molefe von der University of the Witwatersrand, das etwa 3,5 Millionen, sehr wahrscheinlich aber vier Millionen Jahre alt ist.

Käse

Auch wenn es in Südafrika schon seit einiger Zeit eine etablierte Käseindustrie gibt, geht es mit der handwerklichen Käseherstellung erst in den letzten Jahren bergauf. Etwa die Hälfte der Käseproduktion des Landes wird rund um das West-Kap erzeugt (wegen des europäischen Einflusses und des milden Klimas), doch überall im Land findet man Käsehersteller, auch in Pretoria. Traditionell werden milde Käsesorten erzeugt, in letzter Zeit spielen aber verstärkt kräftige, originäre Mischungen der kleineren Fromagerien eine Rolle. Zu empfehlen ist Bokmakiri, ein Ziegenweichkäse, der mit Pfeffer und Knoblauch überzogen ist.

Museumsbesuch: Dank der attraktiven Gestaltung der Ausstellung wird die Vergangenheit hier in aufregender, dramatischer Weise zum Leben erweckt. Das Museum bietet etliche Programme und Führungen für Besucher aus dem In- und Ausland. Im **Discovery Centre** *($, nur mit Anmeldung)* können jüngere Besucher Naturgeschichte mit allen fünf Sinnen erleben. Ein besonders beliebtes Exponat im Discovery Centre ist eine Rekonstruktion eines *Deinonychus*-Sauriers.

Das National Museum of Natural History wird gleichsam von heiliger Ehrfurcht angesichts der Komplexität und len säugetierartigen Reptilien der Karoo befassen. Reproduktionen von Hominidenschädeln, darunter der des *Australopithecus africanus* („Mrs. Ples"), sind zu sehen. Die Ausstellung zeigt, wie schwierig es ist,

Das Transvaal Museum birgt eindrucksvolle Sammlungen zur Naturgeschichte

Wunder der Schöpfung getrieben. Nirgendwo wird das deutlicher als in den Dauerausstellungen wie **Genesis I: Hall of Life** im Erdgeschoss. Sie erzählt die bemerkenswerte Geschichte, wie das Leben auf unserem Planeten entstand und sich entwickelte, und spürt dem Vorgang von den ersten Cyanobakterien vor 3,5 Milliarden Jahren bis zur faszinierenden Biodiversität von heute nach.

Die **Mammal Hall** konzentriert sich auf die Entwicklung der Säugetiere, obgleich es hier auch Displays gibt, die sich mit Sauriern und den eindrucksvol- anhand der Vielfalt der gefundenen Hominidenfossilien die Verbindungen zwischen den heutigen Menschen und ihren hominiden Vorfahren im Einzelnen genau nachzuvollziehen.

Die **Austin Roberts Bird Hall** mit fast 870 Vogelarten aus dem südlichen Afrika ist nach dem Autor des bekanntesten südafrikanischen Vogelbuchs benannt, der früher Leiter des Museums war. Die Nummerierung von Roberts' „Birds of Southern Africa" wird benutzt, um die vielen Vögel zu klassifizieren, die im Zwischengeschoss ausgestellt sind.

Geoscience Museum: Das Geoscience Museum, das im Museum of Natural History untergebracht ist, heißt den Besucher in der spannenden Welt der Edel- und Halbedelsteine willkommen. Das Museum bestückt seine Sammlung aus geologischen Stätten des gesamten Landes. Neben den faszinierenden Displays befinden sich leicht verständliche Erklärungen der Wissenschaft, die hinter den Diamanten, Drusen, Fossilien und Meteoriten steckt. Es gibt außerdem Informationen zum Meteoritenkrater Tswaing, der nur 40 Kilometer entfernt liegt.

Pretoria Art Museum

Eine beständig wechselnde Sammlung südafrikanischer Kunst ist in dieser Galerie im Arcadia Park im Ostteil der Stadt zu sehen. Der Schwerpunkt liegt auf den Alten Meistern, namentlich Pieter Wenning, J. H. Pierneef, Frans Oerder, Anton van Wouw, Hugo Naudé, Irma Stern und Maggie Loubser. Internationale Kunst konzentriert sich auf grafische Drucke aus Europa und den USA. Führungen werden angeboten.

Union Buildings

Wer Nelson Mandelas Antrittsrede als südafrikanischer Präsident verfolgte, hat auch einen Blick auf die Union Buildings im Hintergrund geworfen. (Eine Statue Mandelas sollte an der Stelle aufgestellt werden, an der er seine Antrittsrede hielt, wurde stattdessen aber auf dem Mandela Square in Sandton platziert.) Die 285 Meter hohen Union Buildings sind das Meisterstück des britischen Architekten Sir Herbert Baker (1862–1946), der viele öffentliche Gebäude Südafrikas entwarf. Die Konstruktion steht oberhalb von Pretoria auf dem Hügel Meintjies Kop im Viertel Arcadia und ist aus goldfarbenem Sandstein erbaut. Das mit Kolonnaden versehene Zentralgebäude umgibt ein Amphitheater (dort stand Mandela). Zwei eindrucksvolle Flügel repräsentieren die beiden Sprachen, denen zur Zeit der Union 1910 der offizielle Status zuerkannt wurde, Englisch und Afrikaans – dieses Symbol hat im neuen Südafrika mit seinen elf offiziellen Sprachen keine Relevanz mehr.

INSIDERTIPP

Im Pretoria Zoo sieht man afrikanisches Großwild und gefährdete Arten aus der Nähe; so kann man sich mit der Tierwelt vertraut machen, ehe man auf Safari geht.

CAGAN H. SEKERCIOGLU
NATIONAL GEOGRAPHIC-Experte

Mit den Zwillingskuppeltürmen zu beiden Enden der zentralen Kolonnade, den dekorativen Wasserbecken, Brunnen, Skulpturen und Balustraden im Amphitheater – die Union Buildings strahlen Optimismus und

Pretoria Art Museum

- Schoeman & Wessels Sts., Arcadia
- 012/344 18 07
- Geschl. Mo
- $

National Zoological Gardens of South Africa

- 232 Boom St.
- 012/328 32 65
- $$ (inkl. Aquarium & Reptilienpark)

www.nzg.ac.za

Zuversicht aus. Der Komplex wurde zur Zeit der Union in Auftrag gegeben und drei Jahre später fertiggestellt. Seither beherbergen die Union Buildings die Exekutive. Auch der Präsident der Republik hat hier seine Büros.

National Zoological Gardens of South Africa

Der größte Zoo Südafrikas, auch als Pretoria Zoo bekannt, ist zugleich der einzige Nationalzoo. Seine Tiersammlung begann 1899 mit nur 46 Tieren, darunter ein Serval, zwei Erdmännchen, eine Puffotter und zwei graue Schlafmäuse. Wahrlich ein bescheidener Anfang für einen Komplex, der sich heute über 85 Hektar erstreckt.

Heute beherbergt der Nationalzoo 202 Vogel-, 93 Reptilien- und 209 Säugetierarten sowie vier wirbellose und sieben Amphibienspezies – alles in allem über 9000 Tiere von fast jedem Kontinent. Eine weitere interessante Tatsache: Das weltweit erste in einem Zoo geborene Breitmaulnashorn kam hier zur Welt.

Auf dem ausgedehnten Gelände begegnet man den *Big Five*, außerdem Sichuan-Takins, Kodiakbären, singenden Gibbons, Antilopen und dem Königstiger, um nur einige aus der internationalen Tiergemeinschaft des Zoos zu nennen. Rund 13 Kilometer Wege durchziehen den Zoo; für körperlich beeinträchtigte Besu-

Satellitenzoos

Der Zoologische Garten verwaltet drei Außeneinrichtungen: Lichtenburg in der Provinz Nord-West, Mokopane in Limpopo und Emerald Animal World Facility in Vanderbijlpark. Die Außenstellen umfassen zusammen weitere 7600 Hektar und dienen als Aufzuchtstationen für zahlreiche einheimische und exotische Tiere.

Flamingos im Zoologischen Garten von Pretoria

cher stehen Golfwagen zur Verfügung. Man kann aber auch die Seilbahn nehmen und sich den Zoo aus der Vogelperspektive ansehen.

Bei einer Abendführung *($$$$)* kann man sogar das Verhalten von Nachttieren beobachten; ein Führer verhilft zu interessanten Einblicken in das Leben von Eulen, Elefanten, Löwen und Kleinen Pandas. Auch Campingtouren *($$$)* werden angeboten, bei denen man mitunter vom Gebrüll des afrikanischen Dschungelkönigs, des Löwen, geweckt wird.

Der Zoo verfügt außerdem über das größte Binnenland-**Aquarium** des Landes, in dem Schildzahnhaie, Zitteraale, Piranhas und Quallen zu sehen sind. Auch im Aquarium werden Abendführungen angeboten.

Der Zoo umfasst auch einen **Reptilienpark**, einen bei Kindern beliebten **Bauernhof** und exotische Pflanzen.

Es gibt ein Restaurant sowie einen Picknickbereich mit Grill.

Klapperkop Fort & Military Museum

Als Reaktion auf Unruhen (der Jameson Raid und Aufstände in Johannesburg) zehn Jahre vor Ausbruch des Burenkrieges wurde Fort Klapperkop (1896 bis 97) errichtet. Es lohnt sich, den Hügel zum Fort Klapperkop zu erklimmen. Das dortige Museum zeigt ungewöhnliche und seltene Objekte, und man hat einen grandiosen Blick auf die Stadt und die Landschaft.

Voortrekker Monument & Museum

Auf einem kleinen Hügel außerhalb Pretorias erhebt sich das Voortrekker Monument, das 1949 eingeweiht wurde und für die Afrikaaner im Land ein nationales Symbol darstellt. Es ehrt die *Voortrekker* (Pioniere), die im Großen Treck von 1834 bis 1854 die Kapkolonie verließen, um ein von den Briten unabhängiges Leben zu führen (siehe S. 26f).

INSIDERTIPP

Die Cenotaph Hall im Voortrekker Monument ist so konstruiert, dass alljährlich am 16. Dezember die Sonne durch das Kuppeldach auf das Ehrenmal und die Worte *»Ons vir jou, Suid-Afrika«* – »Wir für dich, Südafrika« – fällt.

SAMANTHA REINDERS
National Geographic-Fotografin

Um den Sockel verläuft eine Ringmauer aus Granit, auf der 64 Ochsenwagen dargestellt sind; sie steht für die Schlacht am Blood River, in der Trekker und Zulus aufeinandertrafen.

In der gewaltigen **Hall of Heroes** illustrieren 27 Basrelieftafeln, die einen 91 Meter langen Fries bilden, den Großen Treck sowie das Alltagsleben der *Voortrekker* und Zulus.

In der **Cenotaph Hall** findet man den Kernpunkt des

Klapperkop Fort & Military Museum

✉ Johann Rissik Dr.
☎ 012/346 77 03
🕒 Geschl. Mo

Voortrekker Monument & Museum

✉ Voortrekker Monument Heritage Site, Eeufees Rd., Groenkloof
☎ 012/326 67 70 oder 012/323 06 82
$ $$$

www.voortrekkermon.org.za

Smuts Museum

- Jan Smuts Ave., Irene
- 012/667 11 76
- Geschl. Mo
- $

Cullinan Diamond Mine

- 012/734 00 81
- $$$ (zweistündige Tour an der Oberfläche), $$$$$ (fünfstündige unterirdische Tour)

www.diamondtourscullinan.co.za

Museums, ein Ehrenmal, das an Piet Retief und die *Voortrekker* erinnert, die während des Großen Trecks starben. Flaggen der *Voortrekker*-Republiken schmücken die Halle; Schaukästen enthalten zeitgenössische Relikte, darunter Waffen und Haushaltsgegenstände.

INSIDERTIPP

Für einen ganz besonderen Ausflug bucht man eine Heißluftballonfahrt bei Life Ballooning *(www.lifeballooning.co.za)* in Cullinan, die mit einem Besuch der Diamantmine Cullinan kombiniert werden kann.

ROBERTA COCI
NATIONAL GEOGRAPHIC-Mitarbeiterin

Trotz seines ideologischen Ballasts bleibt das Denkmal historisch bedeutsam. Dies zu zeigen war einer der Gründe für den Besuch von Nelson Mandela im Jahr 2002. Im Gespräch ist der Bau eines Erbe-Zentrums, das politische Implikationen der *Voortrekker*-Bewegung ignoriert und sich nur auf ihre Geschichte konzentriert.

Bei Pretoria: Smuts Museum

In dem Dorf Irene, südöstlich von Pretoria gelegen, steht am Doornkloof das Farmhaus, in dem der frühere Premierminister Jan Smuts (1870–1950) seinen Lebensabend verbrachte. Im Innern finden sich historische bis persönliche Objekte; einige befassen sich mit Botanik, Smuts' größter Leidenschaft.

Diamantmine Cullinan

Die drittergiebigste Diamantmine Südafrikas befindet sich in der altmodischen Bergbaustadt Cullinan. Es gibt Führungen, auch in das Erdinnere. Zu sehen sind Kopien berühmter Steine, die hier gefunden wurden. Das **Oak House** *(103 Oak Ave., Tel. 012/734 18 57)* ist ein Gästehaus mit Teegarten. ■

Der Cullinan-Diamant

Berühmt als weltweit einzige Quelle für blaue Diamanten, wurde 1902 die Premier Diamond Mine, 40 Kilometer östlich von Pretoria, eröffnet. Nach drei Betriebsjahren förderte man hier den Cullinan-Diamanten zutage, mit 3106,75 Karat (621,35 Gramm) der größte je gefundene Rohdiamant. Hundert Jahre später änderte die Mine ihren Namen in **Cullinan Diamond Mine** – zu Ehren des weltberühmten Fundes. Aus dem originalen Cullinan-Diamanten wurden neun große Steine und 96 kleinere Brillanten geschnitten – der größte ist der berühmte „Stern von Afrika". Alle befinden sich im Besitz der britischen Königsfamilie, einige gehören zu den Kronjuwelen.

ERLEBNIS: Freiwilligenarbeit mit Tieren

Südafrika ist für seine vielfältige Tierwelt bekannt, doch auch hier hat der moderne Lebensstil der Natur schwere Wunden geschlagen. Trotz der vielen Natur- und Wildreservate im Land gilt es, einen ständigen Kampf für das Überleben der einheimischen Arten auszufechten – ein Kampf, in dem Freiwillige höchst willkommen sind.

Paviane im Kruger National Park

Wer sich beim Thema Umweltschutz angesprochen fühlt, für den gibt es viele Möglichkeiten der Freiwilligenarbeit mit Wildtieren in Südafrika. Elefanten aufspüren, Weiße Haie markieren, Pinguine säubern, Löwen beobachten – es herrscht kein Mangel an Abenteuern für einen guten Zweck.

Generell tragen sich Freiwilligenprogramme selbst: Man zahlt einen bestimmten Betrag für Unterkunft und Essen und folgt einem organisierten Ablauf von Arbeitseinsätzen. Offizielle Programme dauern meist zwischen einer und zwölf Wochen, obwohl viele Organisationen, vor allem in den Städten, auch mit einigen Stunden Freiwilligenarbeit zufrieden sind. Zu den meisten Programmen gehört eine angemessene Schulung; so werden sie für jeden Reisenden zur wertvollen Erfahrung – eine wunderbare Möglichkeit, praktische Naturkenntnisse zu erwerben und dabei noch einen ökologischen Beitrag zu leisten.

Ein solches Projekt ist das **Enkosini's Kariega Game Reserve Project**. In zwei-, drei- oder vierwöchigen Programmen werden Freiwillige durch Buschwanderungen, Übernachtungen im Freien sowie Tages- und Nachtsafaritrips in Umweltschutz und Überleben im Busch ausgebildet – ein sehr praxisorientiertes Programm, bei dem Freiwillige (oder „Umweltschutz-Manager", wie sie genannt werden) Gelegenheit haben, im Kreise der *Big Five* zu arbeiten. Vielleicht überwacht man die Beute der Löwen, spürt Hyänen auf oder leitet Studien über eine der vielen Arten von Farmen.

Das Projekt bezieht auch die Gemeinde ein; an einem Tag pro Woche unterrichten die Freiwilligen nämlich an einer unterfinanzierten Farmschule vor Ort.

Die Art der Arbeit bestimmt die Unterkunft: Wer Elefanten in der Wüste aufspüren möchte, sollte sich aufs Zelten einrichten; wer in Kapstadt mit Pinguinen arbeitet, kann abends ins eigene Hotel zurückkehren. Die meisten Programme stellen standardmäßige Gemeinschaftsunterkünfte mit ordentlichen Duschen und Essen bereit.

Hinsichtlich der Art der Arbeit ist die Auswahl ungewöhnlich groß – Reinigen von Ställen und Errichten von Umzäunungen, Aufspüren und Überwachen von Tieren, Untersuchungen leiten oder sogar im Käfig mit Weißen Haien tauchen – für die Besucher ein ungewöhnliches Erlebnis.

Für Reisende aus dem Ausland ist es am einfachsten, sich an eine Organisation zu wenden, die Unterkunft und Anreise bucht und ein Programm vermittelt, das den jeweiligen Anforderungen entspricht. Dazu zählen **Enkosini Eco Experience** *(E-Mail: info@enkosini.com, www.enkosiniecoexperience.com)* und **Aviva Wildlife Conservation and Community Projects** *(Tel. 021/557 43 12, www.aviva-sa.com)*. Die Preise schwanken erheblich, je nach Art und Länge des Programms.

Wiege der Menschheit

Im westlichen Gauteng gibt es Sandsteinhöhlen, in denen die versteinerten Überreste unserer hominiden Vorfahren lagern. Das Gebiet ist nicht nur geologisch, sondern vor allem paläoanthropologisch von großem Interesse.

Exponate in der *Cradle of Humankind*, der Stätte einiger weltweit bedeutsamer paläoanthropologischer Funde

Cradle of Humankind

✉ 40 km westlich von Johannesburg, von der R400 auf die R563 Hekpoort Rd.

☎ 014/577 90 00

$ $$–$$$

www.maropeng.co.za

Zu verstehen, woher wir kommen, ist der Schlüssel, um zu verstehen, wer wir sind. Ein klares Bild von der Umwelt zu gewinnen, die unsere früheste Heimstätte war, den evolutionären Druck zu begreifen, der uns formte und uns zwang, zum *Homo sapiens* – und nicht zum Riesenschimpansen – zu werden, hilft uns zu definieren, was „Mensch sein" bedeutet. Diese Definition muss auf empirischen Fakten basieren: fossile Zeugnisse, Schädelkapazität, Gebiss und Physiologie. Und deshalb ist die *Cradle of Humankind*, die „Wiege der Menschheit" – auch Maropeng genannt, das Setswana-Wort für „der Ort, an dem wir einst lebten" – so bedeutend. Sie ist zentral für unser Verständnis dafür, wer und was wir sind.

Vierzig Kilometer westlich von Johannesburg liegt ein 47 000 Hektar großes Tal. Die

Landschaft ist wenig bemerkenswert: Akazien, vom Wind zerzaustes Buschwerk, Aufschlüsse, niedrige Inselberge. Winters wie sommers brennt die Sonne. Ein windgepeitschter, fast unwirtlicher Ort – keinerlei Ähnlichkeit mit dem Garten Eden. Dennoch ist diese Gegend – Sterkfontein und *Cradle of Humankind* – eine der reichsten Quellen für hominide (menschenartige) Fossilien in Afrika. Das Tal birgt mindestens 40 verschiedene Stätten mit Fossilien, von denen bislang nur 13 ausgegraben wurden.

Fossilien, die in Sterkfontein gefunden wurden, erzählen uns, dass unsere frühesten Vorfahren vor etwa drei Millionen Jahre in diesem Tal und der Umgebung lebten. Im angrenzenden Swartkrans gibt es Zeugnisse für den frühesten belegten Gebrauch von Feuer – vor 1,3 Millionen Jahren. Über 40 Prozent aller fossilen Hominidenfunde aus Afrika stammen aus Sterkfontein und Umgebung: über 500 Fossilien und zahllose Steinwerkzeuge.

In dem Gebiet liegen auch **Bolt's Farm,** wo Fossilien von *Dinofelis*-artigen (Säbelzahn-) Katzen gefunden wurden, **Haasgat,** wo es ein 1,3 Millionen Jahre altes Fossil eines Ur-Baumaffen gibt, und **Gondolin,** wo 9000 Fossilien verschiedenster Spezies entdeckt wurden. Kaum verwunderlich, dass dieses fossilienreiche Gebiet 1999 zur Welterbestätte erklärt wurde. Sechs Jahre später erteilte die Unesco-Welterbekommission die Erlaubnis, das geographisch getrennte, aber paläontologisch dazugehörige Gebiet Taung in der Provinz Nord-West miteinzubeziehen.

Dennoch ist es nicht nur die Menge oder die Vielfalt der Fossilien, die Sterkfontein auszeichnen. Es ist die Tatsache, dass drei der bedeutendsten fossilen Hominidenfunde aus dieser *Cradle of Humankind* stammen. Der erste ist das **„Kind von Taung"**, ein versteinerter Schädel, der 1924 in Taung von Arbeitern der Northern Lime Company freigelegt und dessen Bedeutung zuerst von Professor Raymond Dart erkannt wurde (er schrieb ihn einer neuen Spezies zu). Der zweite ist **„Mrs. Ples"** (wahrscheinlich *Mr.* Ples, gemäß neuen Forschungen von Dr. Francis Thackeray vom Transvaal Museum, siehe S. 219), die 2,5 Millionen Jahre

INSIDERTIPP

Ein Picknick ist eine tolle Möglichkeit, die *Cradle* zu erleben. Packen Sie sich etwas ein, und suchen Sie ein malerisches Fleckchen; oder lassen Sie sich vom Cradle Restaurant einen Picknickkorb zurechtmachen, inklusive Kellnerservice.

ROBERTA COCI
NATIONAL GEOGRAPHIC-Mitarbeiterin

alt ist und 1947 von Robert Broom in Sterkfontein entdeckt wurde. Und der dritte ist **„Little Foot"**, 1995 von Dr. Ron Clarke und Phillip Tobias entdeckt, ebenfalls in Sterkfontein. Das Wesen und die Bedeutung jedes dieser Funde zu verstehen hilft uns, auch die Bedeutung der *Cradle* zu verstehen.

Das alte Höhlensystem in Sterkfontein, einer Unesco-Welterbestätte

„Kind von Taung"

Vor Professor Darts Entdeckung mit dem „Kind von Taung", das er *Australopithecus africanus* („südlicher afrikanischer Affe") nannte, glaubte man, dass sich die Menschheit in Asien und nicht in Afrika entwickelt habe. Die vorherrschende Meinung basierte teilweise auf einem Schädelfund aus England: Der „Piltdown-Mann" hatte eine große Hirnschale, aber primitive, affenähnliche Züge. Die Vorstellung, dass die Menschheit afrikanischen Ursprungs sein könnte, war ein paläontologisches Sakrileg. Darts aufsehenerregende Hypothese – und die Tatsache, dass der Piltdown-Mann sich als Fälschung entpuppte – führte zum Umdenken.

Darts These, das „Kind von Taung" sei ein Vertreter einer Spezies kleiner, aufrecht gehender Ur-Hominiden, die vor 2,6 bis 2,5 Millionen Jahren lebten, war geradezu revolutionär. Seine Behauptung, dass zweibeiniger Gang und der Gebrauch von Präzisionswerkzeugen der Entwicklung des großen Gehirns vorangingen, stellte alle bis dahin anerkannten Theorien über die menschliche Evolution auf den Kopf.

„Mrs. Ples"

„Mrs. Ples" ist außerordentlich gut erhalten, deshalb ist es leicht zu verstehen, weshalb die Entdeckung dieses Schädels solches Aufsehen erregte. Die Altersbestimmung der Sterkfontein-Funde ist schwierig; im Gegensatz zu den ostafrikanischen Hominidenfunden werden Hominide in Südafrika anhand stratigrafischer Zeugnisse datiert und mit zuverlässig datierten Pflanzenresten in Verbindung gesetzt, weil das Gebiet nicht vulkanisch ist. Demnach scheint „Mrs. Ples" vor etwa 2,16–2,05 Millionen Jahren gelebt zu haben, zu einer Zeit, als es hier weite Waldgebiete und wucherndes Grasland gab. Der Entdecker des Schädels, Dr. Broom, ordnete seinen Fund einer neuen Gattung, *Plesianthropus,* zu, heute gilt er dagegen als der vollständigste Hirnschädel der Spezies *Australopithecus africanus* (wie das „Kind von Taung"). Später wurde entschieden, alle Sterkfontein-Fossilien als *Australopithecus africanus transvaalensis* zu klassifizieren (weiterhin dieselbe Gattung und Spezies wie die Taung-Fossilien, aber eine separate Unterart). Aufgrund der neuesten Datierung scheint „Mrs. Ples" das jüngste aller bisher entdeckten Exemplare von *Australopithecus africanus* zu sein.

„Little Foot"

Viele paläontologische Funde erscheinen als Kombination aus Glück und gelenktem Zufall – das, was Carl Jung „Synchronizität" nannte. Dies trifft auf Fossil Nummer drei zu. Ron Clarke, der Entdecker von „Little Foot", untersuchte Fossilien, die in den 1970er Jahren in Sterkfontein ausgegraben

ERLEBNIS: Bei archäologischen Grabungen zusehen

Angesichts der Fülle der Fossilienvorkommen in Südafrika hat der Besuch einer archäologischen Stätte absolute Priorität. Öffentlich ausgestellte Schätze wie die berühmte „Mrs. Ples" anzuschauen ist ein unglaubliches Erlebnis – doch das ist nichts gegen das aufregende Gefühl, unmittelbar zu beobachten, wie die Frühzeit der Menschwerdung ans Licht kommt.

Es gibt mehrere Möglichkeiten, archäologische Ausgrabungen zu beobachten. Das **Maropeng** in der *Cradle of Humankind* bietet heute private Führungen zur berühmten Hominidenfossilien-Stätte Swartkrans. Wissenschaftler, die gegenwärtig an der Stätte graben, leiten die Führungen und verschaffen der Öffentlichkeit die seltene Gelegenheit, eine aktive archäologische Ausgrabung zu beobachten. Swartkrans hat das größte Exemplar eines *Australopithecus robustus* hervorgebracht, einer Spezies, die vor fast einer Million Jahren ausgestorben ist. Es ist außerdem international bekannt für die Entdeckung des frühesten Belegs für den kontrollierten Gebrauch von Feuer.

Nach einer Einführung starten die Wanderungen von Sterkfontein nach Swartkrans. Dort begleiten Wissenschaftler die Gäste durch die Stätte, geben einen Überblick über die Geschichte von Swartkrans und erläutern die laufenden Ausgrabungen. Die Führung schließt mit einem Picknick, bevor es zurück nach Sterkfontein geht.

Kontakt über **Maropeng** *(Tel. 014/577 90 00, www.maropeng.co.za).* Führungen *($$$$$),* die zweimal pro Monat angeboten werden, sind aber auf lediglich zwölf Personen beschränkt.

Maropeng Visitor Centre
✉ Von der D400 auf die R563, knapp nördlich der Kreuzung N14 & R563
☎ 014/577 90 00
$ $$$
www.maropeng.co.za

worden waren, als ihm einige Fußknochen auffielen. Eine frische Bruchstelle ließ ihn vermuten, dass der Rest der Fußknochen noch in Sterkfontein zu finden sein könnte, und 1998 erwies sich dies als richtig. In der Folge entstieg ein Hominidenskelett der kalkhaltigen Brekzie: Ein vollständiger Schädel sowie Fragmente von Arm-, Fuß- und Beinknochen sind freigelegt worden; die übrigen Skelettreste werden gegenwärtig ausgegraben. „Little Foot" ist der bislang vollständigste *Australopithecus*-Fund. Ursprünglich wurde sein Alter auf 3,5 bis 3 Millionen Jahre veranschlagt, doch laut einer neuen Studie könnte „Little Foot" auch über vier Millionen Jahre alt sein – eines der ältesten bekannten *Australopithecus*-Fossilien und das älteste Südafrikas.

Besichtigung der *Cradle*

Das **Maropeng Visitor Centre** in der *Cradle of Humankind* umfasst interaktive Displays, Restaurants, einen Marktplatz und ein Amphitheater mit regelmäßigen Vorstellungen.

Zum Besucherzentrum gelangt man über einen Fußweg durch den Busch; es erscheint als niedriger Erdwall, der sich aus der Landschaft erhebt: Dieser sogenannte Tumulus ist nach dem Vorbild eines antiken Grabhügels gestaltet. Sowie man den Tumulus betritt, beginnt eine Zeitreise – zurück in ein Zeitalter, bevor Leben auf der Erde existierte. Die Reise in die Vergangenheit umfasst eine Bootsfahrt auf einem unterirdischen See, vier Milliarden Jahre zurück in jene Zeit, in der sich unser Planet formte. Die Reise setzt sich fort mit Schaukästen, die von kraftvollen audiovisuellen Shows, Soundeffekten und theatralischen Displays zum Leben erweckt werden. Sie zeigen, wie die **Sterkfontein-Höhlen** entstanden, und erkunden die Evolution des Menschen: Anhand von Hominidenmodellen wird der Prozess der Evolution

Unesco-Stätten

Südafrika beheimatet acht Unesco-Welterbestätten – mehr als jedes andere afrikanische Land. Die Unesco, die UN-Organisation für Erziehung, Wissenschaft und Kultur, bemüht sich um Anerkennung und Schutz verschiedener Stätten, die für die Menschheit bedeutsam sind. Weltweit sind es derzeit 878 Stätten, die meisten unter ihnen in Europa.

In Südafrika werden *Cradle of Humankind*, Robben Island, Mapungubwe und das Richtersveld als Stätten von kultureller Bedeutung erachtet. Der iSimangaliso Wetland Park, Cape Floral Regions und der Vredefort Dome sind als Naturerbestätten anerkannt. Der uKhahlamba-Drakensberg National Park gilt in beiderlei Hinsicht als bedeutend.

Als erste Stätte wurde 1999 der iSimangaliso Wetland Park anerkannt. Das jüngste südafrikanische Welterbe ist das Richtersveld (seit 2007). Diese unterschiedlichen Schauplätze repräsentieren ein Land, das mit besonderer Schönheit und kultureller Bedeutung gesegnet ist.

Das Besucherzentrum Maropeng erzählt von den Ursprüngen der Menschheit

illustriert. Am Ausgang des Tumulus findet sich ein zauberhaftes „Children's Dig", das ein Fossilienlager nachbildet.

Vom Auswertungszentrum aus geht es die Straße zu den **Sterkfontein Caves** hinunter, die bekanntesten Stätten der *Cradle*, in denen „Mrs. Ples" und „Little Foot" gefunden wurden. Führungen, die oberirdisch beginnen und die Besucher tief ins Erdinnere leiten, dauern etwa eine Stunde. Ein **Ausstellungszentrum** zeigt die Rekonstruktion einer bergmännisch hergestellten Höhle. Es werden die Geschichte der Höhlenbildung, Geologie, Säugetier- und Hominidenfossilien dargestellt.

Ebenfalls öffentlich zugänglich ist die **Wonder Cave.** Ihre gewaltige Höhlenkammer zeigt schöne Tropfsteinformationen, die vermutlich 2,2 Millionen Jahre alt sind. Man kann mit dem Aufzug hinunterfahren oder sich abseilen.

Rund um die Höhlen

Die *Cradle of Humankind* bietet viel mehr als Höhlen – wie zahlreiche Safarifarmen, Läden mit Kunsthandwerk, Restaurants und Gästehäuser. Im privaten **Rhino and Lion Nature Reserve** leben 600 Tiere.

Man kann auch die **Old Kromdraai Gold Mine** besuchen, eine der ersten Minen in der Umgebung von Johannesburg, in der 1881 Gold gefunden wurde. Die Bergwerkstour dauert eine Stunde.

Liebhaber von Kunst und Kunsthandwerk schlagen die Touristenroute **Crocodile Ramble** *(Tel. 014/577 93 23, www.theramble.co.za)* am nahen Crocodile River ein, die die *Cradle of Humankind* und den Hartbeespoort Dam einschließt. Unterwegs trifft man auf Ateliers, Galerien, Stände mit Kunsthandwerk sowie Unterkünfte und kleine Tierfarmen. ■

Wonder Cave

Karte S. 197

An der Kromdraai/Broederstroom Rd., Kromdraai Conservancy

011/957 01 06

Preis: \$\$

Old Kromdraai Gold Mine

Karte S. 197

Von der N14 zwischen den Abzweigungen M47 &R563 rechts abbiegen

082/259 21 62

Preis: \$\$

www.oldkromdraaigoldmine.co.za

Tiefer ins Binnenland

Das Land außerhalb der Städte ist fest in der Vergangenheit verwurzelt. Doch während man über die knappe Poesie menschlichen Selbstverständnisses sinniert, sollte man den Sonnenschutz nicht vergessen.

Eine Tänzerin im Lesedi Cultural Village

Lesedi Cultural Village
- Karte S. 197
- An der R512 Richtung Sun City, 10 km nördlich des Lanseria Airport
- 012/205 13 94
- $$$$$

www.lesedi.com

Lesedi Cultural Village

Für Touristen mit wenig Zeit liefert das Dorf Lesedi eine schnelle, aber effiziente Erfahrung mit einigen der indigenen Kulturen Südafrikas. Das Dorf ist Standort von fünf traditionellen Wohnhäusern: der Zulu, Ndebele, Xhosa, Pedi und Basotho. Familien aus jeder dieser ethnischen Gruppen leben dauerhaft hier.

Zwei Tagestouren werden angeboten: Die eine beginnt um 11.30 Uhr, die andere um 16.30 Uhr. Die Vormittagsführung dauert etwa drei Stunden, die Nachmittagstour etwas länger – und ist dramatischer: Wenn die Dämmerung hereinbricht, erklingen Trommeln und Gesang, Tänzer treten auf.

Zu beiden Tagestouren gehören eine audiovisuelle Show, eine Führung zu den Wohnhäusern der Zulu, Basotho, Xhosa und Pedi sowie eine panafrikanische Mahlzeit, die im **Nyama Choma**

INSIDERTIPP

Auf der Suche nach Kuriositäten zum Schnäppchenpreis? Die allermeisten Stände am Hartbeespoort Dam, bei Pretoria, liefern dafür die perfekte Gelegenheit!

KATE PARR

National Geographic-Expertin

(„das größte afrikanische Fest") serviert wird. Dieses Restaurant mit 200 Plätzen und original afrikanischem Dekor umfasst drei Zonen: Südafrika, Ostafrika und Nordafrika. Das gesamtafrikanische Thema ist kürzlich durch die Eröffnung eines neuen Restaurantteils erweitert worden: Im Nil-Raum wird die Küche dieser Ecke des Kontinents serviert – Couscous und mit Minze gewürzte Gerichte mit einem aromatischen Hauch von Kreuzkümmel und Koriander. Wer mag, entspannt sich nach der Mahlzeit bei einer Wasserpfeife, einer „Hubbly-Bubbly".

Übernachtung: Wer die Nacht in Lesedi verbringt, wird feststellen, dass afrikanische Gastfreundschaft ganz groß geschrieben wird. Bei der Ankunft wird der Gast von der Familie, die ihr Wohnhaus zur Verfügung stellt, willkommen geheißen. Die Gästezimmer bieten eine einzigartige Gelegenheit – man wohnt bei einer traditionellen afrikanischen Familie auf dem Land, aber in Räumen, die mit allem modernen Komfort, einschließlich eigenem Bad, ausgestattet sind. Das Familienoberhaupt ist persönlicher Begleiter und Führer der Besucher und beantwortet sämtliche Fragen.

ERLEBNIS: Aus der Luft

Den Aufenthalt in dieser Gegend sollte man nicht allein damit verbringen, durch die Scheinwelt von Sun City zu stiefeln – wie wär's mit einer Heißluftballonfahrt! Dank des heißen, trockenen Klimas ist das südafrikanische Binnenland einer der besten Plätze dafür, zum Beispiel mit **Bill Harrop's Original Ballon Safaris** *(www.balloon.co.za)*.

Auch Gleitschirmfliegen ist beliebt, einer der besten Startplätze ist am Hartbeespoort Dam; Kontakt über **South African Hang Gliding and Paragliding Association** *(Tel. 012/668 31 86, www.sahpa.co.za)*.

Wer es etwas gemächlicher mag, besteigt die **Hartbeespoort Cableway** für einen tollen Ausblick von der Bergspitze auf den Hartbeespoort Dam *(Tel. 072/241 26 54, www.hartiescableway.co.za)*.

Sun City

Zwei Autostunden in Richtung Nordwesten von Johannesburg entfernt, wartet der glitzernde Unterhaltungs- und Urlaubskomplex Sun City im Las-Vegas-Stil. Er wurde vom südafrikanischen Hotelmagnaten Sol Kerzner erbaut, der im damaligen Bantustan von Bophuthatswana – eines

(Fortsetzung auf S. 236)

Sun City

Karte S. 197

190 km nordwestlich von Johannesburg

014/557 10 00

Luxuszüge

Die Welt der Luxuszüge ist, wie die der luxuriösen Seereisen, von Nostalgie für das Goldene Zeitalter des Reisens geprägt – funkelndes Kristall, Mahagonitäfelung, erlesene Speisen und ein Cocktail in einem schweren Glas.

Eine Dampflok schlängelt sich durch das östliche Transvaal

In Südafrika kann man im Blue Train und bei Rovos Rail noch Glamour und Luxus erleben.

Rovos Rail

In nur 25 Jahren wurde Rovos Rail von einer bloßen Idee ihres Erfinders, des Geschäftsmanns Rohan Vos, zu Afrikas herausragendstem Luxus-Eisenbahnbetrieb. 1989 mit gerade einmal 13 Waggons mit Dampflok beginnend, betreibt das Unternehmen heute drei mehrwagige Züge, die von elektrischen oder dieselbetriebenen Lokomotiven gezogen werden. Rovos bietet eine großartige Art, auf einer sicheren, komfortablen Reise die landschaftliche Schönheit Südafrikas zu erleben. Was Rovos auszeichnet, ist Fünf-Sterne-Luxus und -Stil. „Eine Reise mit Rovos Rail ist wie eine Zeitreise", sagt Inhaber Rohan Vos. „Wir haben versucht, das Ambiente eines englischen Country-Clubs des frühen 20. Jahrhunderts nachzugestalten, allerdings mit Augenmerk auf modernen Komfort." Dieses Ambiente bekommen die Gäste schon bei der Ankunft am Bahnhof Capital Park in Pretoria zu spüren, wo Deckenventilatoren, Palmentöpfe und Lederarmstühle das weiträumige Foyer zieren. In den Zügen sind alle Abteile mit Klimaanlage ausgestattet. Es gibt Zweibett- oder Doppelbettzimmer mit eigenem Bad, Kleiderschränken und einer Minibar, die mit Getränken nach Wunsch bestückt ist. Abhängig vom Typ der Suite können Passagiere auch einen Schreibtisch, ein Sofa und sogar eine viktorianische Badewanne nutzen. Jeder Zug verfügt über einen Aussichtssalon mit Mahagoni-Bar, Nischen und Armsesseln. Zudem sind sie mit Büchern, Magazinen und Druckausgaben der täglichen Nachrichten ausgestattet. Bei warmem Wetter kann man auf dem offenen Deck am Zugende bei einem Drink sitzen, während man die Landschaft vorbeirollen sieht.

Die eleganteste aller Annehmlichkeiten ist der Speisewagen, der mit Vorhängen, kanellierten Säulen und Holztäfelung ausgestattet ist. Hier können Sie eine Auswahl an Weinen aus Südafrikas besten Weinbergen genießen.

Die drei Hauptrouten von Rovos verlaufen zwischen Pretoria und Kapstadt, Pretoria und Durban sowie Pretoria und Victoria Falls in Simbabwe. Alle drei Routen beinhalten zwei Nächte an Bord und Ausflüge zu einem Wildreservat oder zu Sehenswürdigkeiten wie dem Big Hole von Kimberley oder den Keramiken von Ardmore in KwaZulu-Natal. Seltener organisiert Rovos auch Zugausflüge nach Dar es Salaam, Namibia und zu ausgewählten Golf-Resorts in Südafrika. Der Kontakt erfolgt über **Rovos Rail** *(Tel. 012/553 82 42, E-Mail: Reservations@rovos.co.za, www.rovos.com).*

Ein Aussichtswagen in einem der Luxuszüge von Rovos Rail

Blue Train

Der ältere der beiden Luxus-Zugreisenanbieter wurde nach seinen berühmten blauen Waggons benannt. Er bietet regelmäßige Nachtfahrten von Kapstadt nach Pretoria und in umgekehrter Richtung an. Jede der Suiten ist tagsüber als komfortables Wohnzimmer konzipiert, das sich für die Nacht in ein Schlafzimmer verwandelt. Die Zimmer sind standardmäßig mit Duschen ausgestattet, in einigen der Luxussuiten gibt es auch Badewannen. Lederarmsessel schmücken den Salonwagen, wo traditionell der Tee serviert wird. Im Clubwagen können die Passagiere rauchen oder einen Drink an der Bar nehmen. Im Speisewagen werden die Mahlzeiten eingenommen, begleitet von herausragenden einheimischen Weinen. Der Kontakt erfolgt über **Blue Train** *(Tel. 012/334 84 59 oder 021/449 26 72, E-Mail: info@bluetrain.co.za, www.bluetrain.co.za).*

Sun City Hotel
✉ Sun City Resort
☎ 014/557 53 70
www.suninternational.com

The Cabanas
✉ Sun City Resort
☎ 014/557 15 80
www.suninternational.com

The Cascades
✉ Sun City Resort
☎ 014/557 54 20
www.suninternational.com

Palace of the Lost City
✉ Sun City Resort
☎ 014/557 43 01
www.suninternational.com

von mehreren Gebieten, die während der Apartheid Schwarzen vorbehalten waren (was es von den strengen Spielgesetzen des Landes ausnahm) – ein Kasino einrichten wollte. Offiziell 1979 eröffnet, wurde Sun City zum globalen Symbol einer Antiapartheidstimmung, als amerikanische und britische Musiker den Kulturboykott durchbrachen, um hier zu spielen. Heute präsentiert Sun City Spielautomaten, Rockkonzerte, Revuen, zwei 18-Loch-Golfplätze und jede Menge Extravaganz. Vier Hotels bieten verschiedene Stilrichtungen und Attraktionen (siehe auch Reiseinformationen S. 305): das glitzernde **Sun City Hotel**, das elegante, mondäne **Cascades** mit üppigen Gärten und reichlich plätscherndem Wasser, das **Cabanas**, ideal für entspannte Familienferien, und der märchenhafte **Palace of the Lost City**, der die Fantasien von H. Rider Haggard aufleben lässt und mit Fresken und handgemalten Deckenbildern geschmückt ist, die die Tiere und Kulturen Südafrikas abbilden. Zu den Anlagen in Sun City zählen auch das **Valley of the Waves** (ein künstlicher Wellenpark), Bogen- oder Tontaubenschießen unter Anleitung, Quadfahrten auf einem Wildnispfad und Ausritte auf Elefantenrücken im nahe gelegenen Pilanesberg National Park.

Pilanesberg National Park

Im Krater eines erloschenen Vulkans liegt der 55 000 Hektar große Pilanesberg National Park, der dicht bewaldete Schluchten, typisches Bush-

Im opulenten Palace of the Lost City

Der Nashorn-Krieg

1979 initiierte „Operation Genesis" die Wildumzäunung des Pilanesberg National Parks sowie die Wiederansiedlung vieler lange verschwundener Arten. Der Park beherbergt heute 7000 Tiere einschließlich vieler Spitzmaul- und Breitmaulnashörner. Trotz Reservaten wie Pilanesberg und dem Madikwe Wildreservat hat Südafrika durch Wilderei zwischen 2008 und 2012 1600 Nashörner verloren. Allein 2012 wurden 668 Nashörner wegen ihres Horns illegal getötet – trotz verstärkter Wachen in den Parks und Reservaten. In den letzten Jahren sind vermehrt regelrechte Jagdsyndikate zur Bedrohung geworden. Denn der Markt für Nashornhorn ist weiterhin lukrativ. Organisationen wie „Stop Rhino Poaching" *(www.stoprhinopoaching.com)* und „Save the Rhino" *(www.savetherhino.org)* haben sich zum Ziel gesetzt, dem Abschlachten ein Ende zu setzen, indem sie die örtlichen Gemeinschaften einschalten und die verantwortlichen Verwaltungen der Nashornhabitate unterstützen. Auf den Webseiten können Sie sich informieren, wie Sie zum Schutz der südafrikanischen Nashörner beitragen können.

veld und hügeliges Grasland ebenso umfasst wie den **Mankwe Lake**, der im Schlot des Vulkans liegt. Der Park umfasst ein Übergangsgebiet zwischen dem regenreicheren Lowveld im Osten und der ariden Kalahari im Westen.

INSIDERTIPP

Das Pilanesberg Game Reserve, zwei Stunden westlich von Jo'burg, ist voller Großwild, weniger überlaufen als der Kruger und unter der Woche besonders friedlich.

CAGAN SEKERCIOGLU
National Geographic-Experte

Deshalb kommt es hier zu einer sehr ungewöhnlichen Überlagerung von Pflanzen, Säugetieren und Vögeln. Arten aus feuchteren Zonen, z. B. Kapkastanie und Graubülbül, sind hier ebenso heimisch wie Spezies aus ariden Zonen, z. B. Maskenbülbül, Schabrackenhyäne und Kameldorn. Es ist auch äußerst selten, dass man – wie hier – Impala und Springbock zusammen antrifft, weil Erstere feuchtere und Letzterer trockene Regionen bevorzugt. Das Pilanesberg Game Reserve, wie der Park auch genannt wird, öffnete seine Pforten 1979 nach einer der größten Umsiedlungsaktionen von Wildtieren aus dem südlichen Afrika. Heute sind Flusstäler und Busch die Heimat von etwa 10 000 Raubtieren, Aas- und Pflanzenfressern. Löwen leben hier ebenso wie Leoparden, Spitz- und Breitmaulnashörner (siehe Kasten oben), Elefanten und Büffel. Zu den weiteren Arten zählen u. a. die Schabrackenhyänen, Geparde, Rappenantilopen, Zebras, Flusspferde und

Pilanesberg National Park

Karte S. 197

Gegenüber vom Sun City

014/555 16 00

$-$$

www.pilanesberg-game-reserve.co.za

Der Pilanesberg National Park ist ein Zufluchtsort für Wildtiere

Swartruggens
Karte S. 197

Krokodile. Fast 200 Straßenkilometer führen durch den Park. Man kann sie auf eigene Faust oder auf einer Tour mit professionellen Führern erkunden. Unterwegs gibt es viele Hochsitze und malerische Plätze, um auszusteigen und sich die Beine zu vertreten oder in der Wildnis zu picknicken. Überall im Park kann man Stätten aus der Stein- und der Eisenzeit sehen.

Das Game Reserve Pilanesberg ist auch ein ausgezeichneter Ort, um Vögel zu beobachten: Über 300 Arten leben hier. In **Manyane** im Osten kann man ein begehbares Vogelhaus besuchen und etwa 80 verschiedene Arten einheimischer Vögel aus der Nähe betrachten. In der **Manyane Complex's Walking Area** erfährt man auf einem Lehrpfad viel über die Umwelt.

Die natürliche Umgebung von Pilanesberg lässt sich auf vielfältige Art genießen. Auf der Elephant Back Safari reitet man, wie der Name besagt, auf Elefantenrücken eine Stunde lang durch den Park. Oder man betrachtet das Wild während einer Safari im Heißluftballon aus der Vogelperspektive. Besucher, die im Bakgatla Resort oder in Manyane übernachten, können an Nachtfahrten oder Safaritrips teilnehmen.

Der Park verfügt über drei Luxuslodges und zwei Resorts. **Tshukudu Bush Lodge** *(Tel. 014/552 62 55, www.legacyhotels.co.za)* bietet gute Unterkünfte im Herzen von Pilanesberg. Die **Bakubung Lodge** *(Tel. 014/552 60 00, www.legacyhotels.co.za)* bietet Komfort im Hotelstil und Beschaulichkeit nahe Sun City. In der opulenten **Kwa Maritane Lodge** *(Tel. 014/552 51 00, www.legacyhotels.co.za)* kann man über die weiten Ebenen von Pilanesberg schauen. Das familienfreundliche **Manyane Resort** *(Tel. 014/555 10 00, www.goldenleopard.co.za)* liegt hinter dem Eingang zum Pilanesberg und präsentiert sich mit strohgedeckten Chalets im afrikanischen Stil. Das **Bakgatla Resort** *(Tel. 014/555 10 00, www.goldenleopard.co.za)* schließlich bietet hochklassige Safarizelte und Chalets im Kolonialstil.

Swartruggens und Umgebung

Die charmante Stadt wurde 1875 auf den Farmen Scheepersrus und Brakfontein gegründet. Sie gehört zum **Marico District** und liegt etwa 40 Kilometer östlich von Groot Marico (siehe unten).

INSIDERTIPP

Besuchen Sie unbedingt das reizvolle Groot Marico – Heimat des berühmten Autors Herman Charles Bosman, der einige legendäre Geschichten verfasste.

KATE PARR
National Geographic-Expertin

Der Name Swartruggens bedeutet „schwarze Bergrücken" und leitet sich vom Erscheinungsbild der Berge oberhalb der Stadt ab. Heute ist Swartruggens eine typische Bushveldsiedlung. Wer mutig genug ist, kann auf der **African Game and Art Straußenfarm** auf den großen Laufvögeln reiten.

In dem Gebiet gibt es mehrere **Diamantminen**. Im Besucherbüro liegt Infomaterial bereit. Oder man besucht **Elands River Battlefield and Graves**, wo während des Burenkrieges vom 4. bis 16. August 1900 eine schwere Schlacht stattfand.

Ein weiterer unberührter Fleck, der vor allem für leidenschaftliche Wanderer einen Besuch lohnt, ist das **Kgaswane Mountain Reserve** an den nördlichen Hängen der Magaliesberge westlich von Rustenburg. Ein weites Tal zwischen zwei Gebirgsrücken bildet das Herzstück des Parks, der über eine große Vielfalt an Wildtieren verfügt. Zur Auswahl stehen zwei Routen mit Übernachtung und zwei kürzere Wege. Etwa 250 Vogelarten leben im Park.

Groot Marico

Das Gebiet ist heute in vieler Hinsicht eine Verkörperung des Werks des südafrikanischen Autors Herman Charles Bosman (1905–51), einst Lehrer an einer hiesigen Sprachenschule für Afrikaans. In „Marico Revisited" sagt er über die Stadt: »Ich kenne keinen anderen Ort, der so schwer von Atmosphäre ist, so seltsam und dunkel durchdrungen von diesem Lebensstoff, der den authentischen Stempel Südafrikas trägt.« Bosmans beste Erzählungen sollte jeder lesen, der sich für Südafrika im Allgemeinen und das Marico-Gebiet im Besonderen interessiert.
Die Bücher sind schrullig,

Kgaswane Mountain Reserve

Karte S. 197
Westlich von Rustenburg
014/533 20 50
$-$$$$$

www.tourismnorthwest.co.za

Groot Marico

Karte S. 197

Besucherinformation

Main St.
083/272 29 58

www.marico.co.za

ironisch, überschäumend komisch und oft düster.

Groot Marico bedeutet auf Afrikaans „großes Marico", eine echte Fehlbenennung, denn es handelt sich um eine kleine Stadt, die sich seit dem Ende des 19. Jahrhundert kaum verändert hat. Groot Marico mag klein sein, aber es ist ein Ort, der in Geschichte und Kultur dieses Landesteils eine erhebliche Rolle spielt.

Die Stadt wurde in den 1850er Jahren von den *Voortrekkers* gegründet, und es gibt in dem Gebiet Felsbilder, die von frühen San gezeichnet wurden. Hier stößt man auch auf die Ruinen von **David Livingstones erster Missionskirche** in Mabotsa. Doch in Groot Marico geht es vielmehr darum, das Landleben der Afrikaaner kennenzulernen – das Essen, die Getränke und die Lebensart. Dazu ist ein kurzer Aufenthalt in einem der einfachen Gästehäuser in dem Gebiet gut geeignet. Das beste ist vielleicht das **Botshabelo Guesthouse** *(am Marico River, 2,5 km von Groot Marico entfernt, Tel. 014/503 00 85)*. Ebenfalls eine gute Wahl ist **Angela's Groot Marico Guest House** *(Fakkel & Houkoers Sts., Tel. 014/503 00 82)* mit zwei Doppel- und zwei Familienzimmern. Wer das authentische Marico erleben möchte, sollte in der **Riverstill Guestfarm** einkehren. Sie liegt acht Kilometer außerhalb der Stadt und hat Hütten für Selbstversorger.

ERLEBNIS: Durch die Baumkronen

Die Gebirgskette der Magaliesberge ist unvorstellbare 2,4 Milliarden Jahre alt und damit eines der ältesten Gebirge der Welt. Für Historiker ist es ein Traum, denn in diesem Gebiet wurden nicht nur die frühesten Vormenschen gefunden, es gibt auch mehrere Schlachtfelder aus dem 19. Jahrhundert zu erkunden. Die ungewöhnliche Schönheit der Bergkette wird sogar oft von der historischen Bedeutung des Gebiets überschattet. Als Barriere zwischen den tieferen Bushveldgebieten im Norden und dem kühleren Highveld ist es ein natürlicher Treffpunkt für höchst unterschiedliche Arten. Wie lässt sich das besser erforschen als aus der Vogelperspektive? Mitten im Ysterhout Kloof, einer der malerischsten Schluchten der Bergkette, findet man die Magaliesberg Canopy Tour. Sie ermöglicht die Sicht auf sonst unzugängliche Flora und Fauna, indem man mithilfe eines Kabelsystems durch die Baumkronen „gleitet". Zweieinhalb Stunden lang hängt man in einem Geschirr an einem Kabel und wird mit erfahrenen Führern, die sich eingehend mit der Geschichte und Ökologie des Gebietes befassen und für ein unvergessliches Ökoerlebnis sorgen, durch die Schlucht transportiert. Kontakt: Magaliesberg Canopy Tours *(Tel. 014/535 01 50, , $$$$$, www.magaliescanopytour.co.za)*.

Baumkronentouren werden auch im Tsitsikamma Forest *(Tel. 042/281 18 36, www.canopytours.co.za)* an der Garden Route und in Karkloof in KwaZulu-Natal *(Tel. 033/330 34 15, $$$$$)* angeboten.

Am Marico River bei Groot Marico

Weitere Attraktionen in Groot Marico sind unter anderem eine Sonnenuntergangskreuzfahrt auf dem **Marico Bosveld Dam** *(Tel. 014/252 13 03)* und eine Probe *potjiekos*. Der Name klingt nicht gerade vielversprechend (*potjiekos* heißt wörtlich übersetzt „Topfessen"), dahinter verbirgt sich ein wunderbarer Eintopf, der im Kessel über offenem Akazienfeuer gekocht wird. Die Touristeninformation der Stadt kann eine Führung durchs **H. C. Bosman Living Museum** *(Paul Kruger St., Tel. 083/272 29 58)* organisieren. Es ist in einem Nachbau der Schule untergebracht, an der der Geschichtenerzähler 1926 unterrichtete. Hier wird Brot gebacken, dazu gibt es *potjiekos*, man erzählt Geschichten am offenen Feuer, und es werden Aufführungen, Lesungen und Musicals veranstaltet. Jedes Jahr im Oktober wird das **Herman Charles Bosman Festival** veranstaltet.

Zeerust und Umgebung

Im Marico Valley – an der N4, etwa 240 Kilometer nordwestlich von Johannesburg gelegen – findet sich Zeerust, das Wirtschaftszentrum der Gegend. Die Stadt ist nach Casper Coetzee benannt, der hier Mitte der 1860er Jahre eine Festung und eine Kirche

Kortkloof Village

Die Sprache der Einheimischen im Gebiet von Groot Marico ist Tswana, und das Kortkloof Cultural Village *(Tel. 083/272 29 58)* im Bezirk Groot Marico wird vom Volk der Tswana betrieben. Tswana, die hier arbeiten, üben das traditionelle Handwerk ihres Stammes aus, sie stellen zum Beispiel Möbel und Schnitzereien aus einheimischen Hölzern her. Weitere kunstgewerbliche Formen sind unter anderem Handarbeit, Töpferei und Perlenstickerei. Außerdem kann man hier das typische traditionelle Essen genießen.

Zeerust

Karte S. 197

Besucherinformation

Public Library

018/642 37 13

Botsalano Game Reserve
Karte S. 197
50 km nördlich von Mafikeng an der Grenze zu Botsuana
018/386 89 00
$–$$$$

erbaute. Nach seinem Tod übernahm die kleine Stadt den Namen Coetzee se Rust („Coetzees Ruhe"), was schließlich zu Zeerust verkürzt wurde. Zeerust ist heute eine verstaubte, etwas heruntergekommene Stadt; als Herman Charles Bosman in Groot Marico unterrichtete, war es dagegen eine pulsierende Metropole. Bosman erwähnt oft *mampoer*, den 64-prozentigen Pfirsichschnaps. **Mampoer-Touren** können vor Ort telefonisch mit der Besucherinformation in Groot Marico (siehe S. 239) arrangiert werden. Zu den Sehenswürdigkeiten in Zeerust zählen die **Church of St. John the Baptist,** ein 1873 errichtetes Nationaldenkmal, und die **Lutheran Dinokana Mission Lehurutshe** von 1889.

Noch weiter in der Zeit zurück reist man bei einer kurzen Spritztour nach **Marula Kop**, einer Siedlung der Eisenzeit, etwa 50 Kilometer nördlich von Zeerust. Dort gibt es eine Steinmauer und Belege für eine Eisenschmelze und den Terrassenbau.

Ehe man Zeerust hinter sich lässt, sollte man **Ouma se Kombuis** („Großmutters Küche") besuchen, um den Geschmack der Afrikaans-Hausmannskost und eine große Portion nostalgischen Zaubers einzufangen. Die Milchtörtchen und das selbst gebraute Ingwerbier sind lecker. Außerdem gibt es uralte Küchen- und Farmgeräte zu besichtigen. Kontakt über die Besucherinformation Groot Marico *(Tel. 014/503 00 85, E-Mail: info@marico.co.za, www.marico.co.za).*

Über 400 Vogelarten sind im Gebiet von Mafikeng heimisch. Viele dieser Spezies sind im **Botsalano Game Reserve**, 50 Kilometer nördlich von Mafikeng, zu sehen.

INSIDERTIPP

Ein guter Test, um die Echtheit des starken, einheimischen *mampoer* zu prüfen, ist, ihn mit einem Streichholz anzuzünden: Nur wenn er mit blauer Flamme brennt, ist es der wahre Stoff.

RICHARD WHITAKER
National Geographic-Experte

In Botsalano wird seit einigen Jahren ein Aufzuchtprogramm für Breit- und Spitzmaulnashörner betrieben. Das kleine Reservat scheint über den Charme eines noch unverfälschten Afrikas zu verfügen. Hier lebt eine ansehnliche Population großer Pflanzenfresser: u. a. Büffel, Giraffen, Kuh- und Elenantilopen sowie Kudus. Eine weitere Möglichkeit, in der Nähe von Zeerust Wildtiere zu sehen, ist das **Moretele Tented Camp** *(an der R511, Tel.*

Marico Eye Fountain

Dieser tiefe Brunnen wird vom Marico River, einem der wenigen ganzjährig wasserführenden Flüsse in diesem Trockengebiet gespeist. Das Wasser ist dabei so rein, dass die Sichttiefe bei etwa 18 Metern liegt. Das macht Marico Eye zu einem der heißen Favoriten unter Binnengewässer-Gerätetauchern. Beliebt sind nächtliche Tauchgänge, die Taucher kehren mit Geschichten über eine unglaubliche Unterwasserschönheit an die Oberfläche zurück. Enthusiasten kampieren am Marico Eye draußen im Bushveld.

012/252 01 31) am Ufer des Moretele River, das seinen Gästen auch ausgezeichnete Gelegenheit zum Fliegenfischen bietet. Über 350 Vogelarten sind in dem (malariafreien) Gebiet belegt. Die Unterkünfte im Moretele-Camp bestehen aus zehn Safarizelten. Allerdings gibt es keinen Strom, was die wünschenswerte Authentizität gewährleistet. Seien Sie gewarnt: Ziehen Sie sich beim Camping auf Safari warm an, denn die Nächte in dieser Region können kalt sein.

Madikwe Game Reserve

Das Wildreservat Madikwe verdankt seine Existenz der „Operation Phoenix". 1993 brachte dieses Umsiedlungsprojekt über 8000 Wildtiere in den Park. Drei Jahre später wurden auch Raubtiere eingeführt – zuerst Geparden, dann Wildhunde, gefolgt von Hyänen und schließlich Löwen, die aus den Nationalparks Etosha und Pilanesberg stammten. Im selben Jahr wurden 180 Elefanten aus Gonarezhou in Simbabwe hierher gebracht. Diese haben sich prächtig vermehrt: Die Elefantenpopulation liegt gegenwärtig bei 250 Tieren.

Etwa 12 000 Tiere leben in Madikwe. Alle Raubtierarten sind vertreten, außerdem Spitz- und Breitmaulnashörner, Büffel, Giraffen, Zebras sowie eine gesunde Antilopenpopulation. Das Terrain besteht aus offenem Grasland und Bushveldebenen, die mit Felsaufschlüssen und Inselbergen durchsetzt sind.

Die Unterbringung in Madikwe ist exzellent und entspricht dem gehobenen Standard der Lodges auf dem Tanzanian Northern Circuit. Zur Auswahl stehen die **Jaci's Safari Lodge** *(Tel. 083/700 20 71, www.madikwe.com)* mit Blick auf ein Wasserloch am Ufer des Marico River, die **Buffalo Ridge Safari Lodge** *(Tel. 018/365 99 08, www.buffaloridgesafari.com)* mit Fünfsternequalität auf einem Bergrücken und **Jaci's Tree Lodge** *(Tel. 083/700 20 71, www.madikwe.com)*, die aus acht Baumhäusern besteht: Jedes dieser Häuser befindet sich etwa vier Meter über dem Boden. ■

Madikwe Game Reserve

✉ Auf R49, 100 km von Zeerust

☎ 018/350 99 31 oder 018/350 99 32

$ $–$$

www.madikwe-game-reserve.co.za

Marico Eye Fountain

✉ Quelle des Marico River

☎ 083/272 29 58

Im Reich der Naturwunder: weiße Sanddünen, kristallklare Quellen, urzeitliche Höhlen und Ebenen voll kunterbunter Wildblumen

Nord-Kap

Erster Überblick 246–247

Kimberley 248–250

Die Kalahari 251–263

Erlebnis: Kamelreiten 252

Special: Die San 256–257

Erlebnis: Rafting auf dem Gariep 259

Erlebnis: Spaß in Augrabies Falls 260

Namaqualand 264–269

Erlebnis: Wildblumen auf der Spur 265

Erlebnis: Entlang der Diamond Coast 268

Hotels & Restaurants 305–306

Das Goegap Nature Reserve in voller Blüte

Nord-Kap

Südafrikas größte, am dünnsten besiedelte Provinz, Nord-Kap, reicht im Norden bis an den Gariep River (Oranje). Im Westen durch den Atlantik begrenzt, präsentiert sich der größte Teil des Nord-Kap als karge Halbwüste und Wüste. Kalahari, Namaqualand und Richtersveld sind Teile dieser Region der extremen Kontraste: Im Sommer wird es brütend heiß und im Winter bitterkalt.

Kamele sind in der Kalahari der ursprüngliche Geländewagen für Wüstensafaris

Weiter Himmel über schier endlosen Ebenen, mächtige Kameldornbäume *(Acacia erioloba)*, riesige, strubbelige Nester der Siedelweber, das Brüllen der mageren Kalahariölöwen, einzigartige Wildniserfahrungen in den Nationalparks und die alljährliche „Show" der Wildblumen – das sind die Bilder dieser Landschaft.

Die San waren die ersten Bewohner des Nord-Kap und wurden durch europäische Siedler und einwandernde afrikanische Völker allmählich daraus vertrieben. Die San leben noch heute hier. Die gesamte Region, vor allem entlang der Flussläufe des Gariep und Vaal, ist eine Fundgrube für Felsgravuren der San. Die Provinz ist auch reich an Fossilien.

Der Bergbau spielte schon immer eine wichtige Rolle. Auf die ersten Diamantenfunde im 19. Jahrhundert bei der Provinzhauptstadt Kimberley folgte ein rasantes Wirtschafts- wie Bevölkerungswachstum. Zu den Sehenswürdigkeiten in der Provinz Nord-Kap zählen die Umgebung von Alexander Bay und Kimberley, das für den Diamantenabbau bekannt ist. Der Kgalagadi Transfrontier Park ist ein großes Naturschutzgebiet, das sich entlang der Grenze von Südafrika und Botsuana erstreckt. Die Stadt Kuruman lockt mit kristallklarem Quellwasser und der Missionsstation, in der sich David Livingstone und seine zukünftige Frau Mary Moffat kennenlernten. Für den Höhepunkt sorgt der Frühling (Ende August bis September) im Namaqualand: Dann blühen dort Millionen von bunten Korbblütlern und Sukkulenten.

Ackerbau ist im trockenen Nord-Kap, abgesehen von einem schmalen Streifen

NICHT VERSÄUMEN

Kimberleys Big Hole 248

Kuruman, die Oase in der Kalahari 251

Eine Wanderung über rote Sanddünen im Witsand Nature Reserve 252

Die Suche nach der Herkunft der San in der Verneuk Pan 254

Wildwasserrafting auf dem Gariep River 258–259

Die Schönheit der Wildblumenblüte in Namaqualand 264–266

Eine Tour zu den Schiffswracks an der Diamond Coast 268

um Kakamas und Upington entlang dem Gariep River im Norden, kaum möglich. Wichtigstes Anbauprodukt sind Trauben, aus denen gute Weine gekeltert werden.

Den Norden nimmt weitgehend die Wüste der Kalahari ein, geprägt von roten Sanddünen und Trockensavanne, Heimat des großen Kalahari-Springbocks und des Spießbocks.

Es gibt nur wenige Gebiete, in denen jährlich mehr als 400 Millimeter Regen fallen. Im Westen regnet es fast ausschließlich im Winter, während der Osten einen Großteil des Wassers heftigen Sommergewittern verdankt. In vielen Gebieten der Provinz kann es extrem heiß werden. Die höchsten Temperaturen Südafrikas gibt es in Grenznähe zu Namibia; im Sommer sind 40 °C nicht selten. Umgekehrt gilt Sutherland als kältester Ort Südafrikas, in dem die Temperaturen regelmäßig unter –10 °C fallen. Dank der klaren Sichtverhältnisse gibt es in Sutherland einige größere Observatorien. Die Winter im Nord-Kap sind meist eisig und klar. ■

Kimberley

Obwohl Kimberley in einer trockenen, staubigen Ecke des Nord-Kap liegt und nur noch ein Schatten seiner selbst ist, strahlt es noch heute etwas von dem Mythos jener Zeit aus, als es die Welthauptstadt der Diamanten war.

1867 spielte ein Teenager am Ufer des Gariep River (Oranje) in der Nähe von Hopetown und fand dabei einen glitzernden Stein, der sich als Diamant entpuppte. Als 1871 unweit dieser Stelle weitere Steine entdeckt wurden, setzte der Diamantenrausch ein: Tausende von Schürfern und Arbeitern strömten in die Region. Zwei Jahre später wurde die Barackensiedlung zur Stadt erklärt und nach dem britischen Kolonialminister John Wodehouse, Earl of Kimberley, benannt. Es war die erste Stadt auf der Südhalbkugel mit elektrischer Straßenbeleuchtung (1882), hier wurde die erste Bergbauschule des Landes gegründet (1896), und 1913 folgte die erste Flugschule.

Der zauberhafte historische **Bahnhof** an der Florence Street unweit des Stadtzentrums ist Haltepunkt der Luxuszüge von **Rovos Rail** und des **Blue Train** (siehe S. 234f).

Am Rand des Big Hole thront Kimberley, die Stadt, die dem „Loch" ihre Existenz verdankt

Das Big Hole und Kimberley Mine Museum

Kimberleys größte Mine, das **„Big Hole"**, ist 800 Meter tief. Es wird oft als das größte je von Menschenhand gegrabene Loch bezeichnet. Von 1871 bis 1914 wurden hier 2,7 Tonnen Diamanten abgebaut.

Rund um das Big Hole findet sich eine Reihe von Attraktionen, es gibt ein Museum mit Besucherzentrum einschließlich Aussichtsplattform, historische Schaukästen sowie

INSIDERTIPP

Unter Vogelliebhabern ist Kimberley berühmt für den erst vor Kurzem entdeckten Kimberleypieper – ein idealer Vogel für Vogelbeobachter. Man benötigt spezielles Wissen, um ihn von anderen Piepern zu unterscheiden.

CAGAN H. SEKERCIOGLU
NATIONAL GEOGRAPHIC-Experte

einige alte Baracken. Die Besichtigung dieser Goldgräbersiedlung versetzt den Besucher zurück in die Zeit von Barney Barnato und Cecil John Rhodes.

Neben den wieder aufgebauten historischen Häusern gibt es einen Tabakladen, eine Bank, eine Kirche sowie Bars und Restaurants. De Beers Consolidated Mines hat die meisten Bau- und Restaurationsarbeiten finanziert und zeigt den alten Salonwagen der Privateisenbahn der De-Beers-Direktoren sowie den Nachbau eines alten Farmhauses. Besucher können hier diamantenhaltigen Kies sieben – vielleicht kommt dabei ein Stein von unschätzbarem Wert zutage! Höhepunkt ist eine in luftiger Höhe aufgehängte Plattform von der aus man direkt in den Schlund des Big Hole blickt.

Im speziell dafür konstruierten Tresor **Diamond Vault** sind mehrere tausend echte Diamanten zu besichtigen, darunter „616" und „Eureka". Ersterer verdankt seinen Namen seinem Gewicht von 616 Karat. Er ist der größte ungeschliffene Diamant-Oktaeder der Welt. „Eureka" bedeutet im Griechischen „Ich habe es gefunden". Dieser Stein ist jener Diamant, über den der Junge 1867 stolperte.

Eine hundertjährige, restaurierte Straßenbahn befördert Besucher täglich zwischen 9 und 16.15 Uhr in stilvoller Weise vom Rathaus zum Big Hole.

Rund um die Mine

Die **Ernest Oppenheimer Memorial Gardens** *(Jan Smuts Blvd.)* gegenüber dem Verwaltungszentrum erinnern an den berühmten Diamanten-Tycoon Sir Ernest Oppenheimer (1880–1957), Oberhaupt des riesigen Minen- und Geschäftsimperiums der Familie Oppenheimer und erster Bürgermeister von Kimberley. Seine Büste blickt über das **Miners Memorial**, auch „Brunnen der Schürfer" genannt: Dabei halten fünf Bergleute mit erhobenen Händen ein gigantisches Diamantensieb.

In der Nähe zeigt die **Duggan-Cronin Photo Gallery** die Arbeiten des irischen Fotografen Alfred Duggan-Cronin (1874–1954), der bei De Beers angestellt war. Zwischen 1919 und 1939 fotografierte

Kimberley
Karte S. 247

Besucherinformation
Besucherzentrum Diamantveld, 121 Bulfontein Rd.
053/830 44 26
Geschl. So

The Big Hole/ Kimberley Mine Museum
Tucker St.
053/830 44 17
www.thebighole.co.za

Duggan-Cronin Photo Gallery
Egerton Rd.
053/839 27 22
Mo–Fr, am Wochenende nach Absprache
Spende

McGregor Museum
✉ Atlas St.
☎ 053/839 27 22
🕒 Geschl. So nachmittags
$ $
www.museumsnc.co.za

Pioneers of Aviation Museum
✉ Gen. Kan ver der Spuy Dr.
☎ 053/839 27 22
🕒 Geschl. an Feiertagen
$ Spende

Kimberley Africana Library
✉ 63–65 Du Toitspan Rd.
☎ 053/830 62 47
🕒 Geschl. Sa/So

Wildebeest Kuil Rock Art Centre
✉ An der R31 zwischen Kimberley & Barkley West
☎ 053/830 44 17
$ $
www.museumsnc.co.za

Noch immer groß

Kimberleys Big Hole galt lange Zeit als das weltweit größte von Hand gegrabene Loch. Dieser Behauptung setzte der einheimische Historiker Steve Lunderstedt 2005 ein Ende. Er entdeckte, dass die Mine in Jagersfontein das Big Hole übertraf: mit 200 Metern von Hand gegrabener Tiefe. Seitdem fordert er, dass Kimberley seine Tourismusprospekte korrigieren müsse – bis heute hat niemand darauf reagiert.

er die Männer, die aus allen Teilen des südlichen Afrika nach Kimberley kamen, um in den Diamantminen zu arbeiten. Duggan-Cronin besuchte auch die Heimatregionen dieser Menschen, die er abgelichtet hatte. Die Sammlung mit über 6000 Aufnahmen dokumentiert detailliert die Unterschiede in Kleidung, Schmucknarben und Frisuren der einheimischen Völker dieser Region.

Das nahe gelegene, 1897 von Cecil Rhodes gegründete Sanatorium beherbergt das **McGregor Museum.** In dem eindrucksvollen Bau sind noch zahlreiche Zimmer mit der Einrichtung von 1900 erhalten. Er wurde als Hotel, später als Schule genutzt und 1976 als Museum eröffnet. Schwerpunkt des McGregor Museum und seiner lokalen Ableger sind Geschichte und Naturkunde der Region. Die Schaukästen widmen sich Themen wie Vorgeschichte, Diamantenrausch, der Belagerung Kimberleys im Burenkrieg (1899–1902) sowie der regionalen Flora und Fauna.

Das zum McGregor Museum gehörende **Pioneers of Aviation Museum** an der alten Flugschule dokumentiert anhand historischer Aufnahmen den Beginn der Luftfahrt in Südafrika. Ausgebildet wurden die ersten Piloten in einem von Compton-Patterson entworfenen Doppeldecker, dessen Nachbau ebenfalls zu sehen ist.

Das Haus **Dunluce**, das früher Lillianville hieß, ist ein wunderbares Beispiel für die spätviktorianische Architektur. Im Jahr 1975 wurde es dem McGregor Museum vermacht und kann nur im Rahmen einer vom Museum organisierten Führung besichtigt werden.

Buchliebhaber sollten der **Kimberley Africana Library** und ihrer Sammlung von Büchern und Dokumentationen über das südliche Afrika einen Besuch abstatten.

Rund 14 Kilometer nordwestlich von Kimberley sind im **Wildebeest Kuil Rock Art Centre** einige Felsgravuren der San erhalten. Zur Einführung wird ein 25-minütiger Film gezeigt. Danach geht es etwa 800 Meter über einen heiligen Hügel mit mehr als 400 Felsgravuren. Es werden auch Führungen angeboten. ■

Die Kalahari

Die Kalahari an der Grenze zu Namibia ist eine unerbittliche Landschaft, geprägt von unendlicher Weite, bewohnt von nomadisierenden San. Der Name leitet sich vom Tswana-Wort *kgala* – „großer Durst" – ab. Angesichts der endlosen Dünenlandschaft wird der Name verständlich.

Im Tswalu Kalahari Reserve

Kuruman

Kuruman an der N14 zwischen Johannesburg und Upington ist der Hauptort der Kalahari. Ihre Existenz verdankt die Stadt einer ungewöhnlichen Quelle, die *Gasegonyane* („kleine Wasserkalebasse") oder „Das Auge" genannt wird. Aus ihr ergießen sich täglich 20 Millionen Liter kristallklaren Wassers, das Landwirtschaft hier erst möglich macht. Zweites wirtschaftliches Standbein ist der Abbau von Mangan, Eisen und von Mineralien.

Im nahe gelegenen **Maruping** gründete die London Missionary Society 1816 eine Mission. Wenig später, 1820, erlaubte Mothibi, das Oberhaupt der rund 10 000 Batswana, die in der Region lebten, dem schottischen Missionar Robert Moffat und seiner Frau Mary, die Missionsstation nach Seodin, ebenfalls in der Nähe von Kuruman, zu verlegen.

Kuruman

Karte S. 247

Besucherinformation

Main St.

www.visitkuruman.co.za

Kuruman Moffat Mission

✉ Moffat Ln., ab Hotazel Rd. ausgeschildert

☎ 053/712 26 45

Wonderwerk Cave

✉ 43 km südlich von Kuruman, an der R31 von Daniëlskuil nach Kimberley bei der Farm Wonderwerk

☎ 087/310 43 56

www.museumsnc.co.za

In Seodin lernte Moffat Setswana und machte sich gemeinsam mit Helfern an die Aufgabe, die King-James-Bibel in diese Sprache zu übersetzen. Dazu musste er zunächst ein Transkriptionssystem entwickeln. Das Werk wurde 1857 mit einer Handpresse, die noch heute funktioniert, gesetzt und gedruckt. Moffats Buch war die erste vollständige Bibelausgabe, die in Afrika gedruckt wurde.

In der **Kuruman Moffat Mission** errichtete Robert Moffat gemeinsam mit Robert Hamilton und einheimischen Helfern eine Bruchsteinkirche, die viele Jahre als größtes Bauwerk im Highveld galt. Einer der berühmtesten Besucher der Missionsstation war David Livingstone. Hier lernte er seine spätere Ehefrau Mary kennen, Tochter von Robert und Mary Moffat.

ERLEBNIS:

Kamelreiten

Thinus und Landa Conradie von der Gästefarm Koppieskraal *(Tel. 084/564 46 13 oder 082/336-91 10, E-Mail: koppieskraal@gmail.com)*, **nur 40 Kilometer vor der namibischen Grenze gelegen, sind die Ansprechpartner für spannende Kameltouren. Landas Großvater kaufte seine Kamele der Polizei in Upington ab. Auf deren Nachkommen reiten heute die Gäste während der von Landa oder ihrem Mann geführten Kamelsafaris. Die Touren sind eine halbe bis zu zwei Stunden lang; auch eine Campingsafari mit Übernachtung wird angeboten.**

Die Stiftung Kuruman Moffat Mission Trust hat die Kirche und die historische Missionsstation restauriert. Heute dienen die Bauten nicht nur als historische Denkmäler, sondern werden von Gemeindeverbänden und der südafrikanischen United Congregational Church als ökumenisches Zentrum des Großraums Kuruman genutzt.

Wonderwerk Cave

In dieser Höhle finden seit Jahren Ausgrabungen statt. Archäologische Funde weisen auf eine permanente menschliche Besiedlung dieser Stätte seit über 10 000 Jahren hin. Besucher können sich anhand einer Ausstellung im kleinen Museum nebenan darüber informieren. Die Höhle kann im Rahmen einer Führung besichtigt werden.

Neben der Stätte stehen Gästen drei Bungalows für Selbstversorger sowie eine Gemeinschaftsküche und ein Grillplatz zur Verfügung.

Witsand Nature Reserve

Inmitten des grenzenlosen Sandmeers aus roten Kalaharidünen sticht die 2500 Hektar große Düne aus blendend weißem Sand ins Auge.

Geologen nehmen an, dass dieser eigenartige weiße Hügel seine Existenz einem Quarzitbecken verdankt, das zwischen den Dünen ein natürliches Wasserreservoir bildet. Durch die vorherrschenden Winde wird roter Kalaha-

Beim Versuch, im Witsand Nature Reserve die Dünen zum „Grollen" zu bringen

risand in das Becken geweht. Das Eisenoxid, das dem Kalaharisand seine charakteristische rostrote Farbe verleiht, wird mit der Zeit durch Regenfälle und das ständig sehr hoch stehende Wasser im Becken ausgewaschen. Übrig bleiben Siliciumkörner und mit ihnen das auffällige, makellose Weiß.

Das Dünensystem ist etwa zehn Kilometer lang und fünf Kilometer breit. Hier finden sich die berühmten „grollenden Dünen der Kalahari". Verlässliche Zeugen berichten, dass vor allem bei trockenem, heißem Wetter ein unheimliches Grollen von den Dünen zu hören ist, wenn sie durch Windstöße oder durch Menschen oberflächlich bewegt werden. Der Volksglaube behauptet, dass die Dünen nur in den Monaten mit „R" grollen – also zwischen September und April. Auf jeden Fall muss der Sand warm und trocken sein, um solche Töne zu erzeugen. Es lohnt sich, auf dieses Naturphänomen zu achten!

Das Witsand („weißer Sand") Nature Reserve ist auch ein reizvolles Naturschutzgebiet mit einer großen Vielfalt an Vögeln. Man kann hier mehr als 170 Vogelarten beobachten, darunter das Nama-Flughuhn, Siedelweber und den kleinsten afrikanischen Raubvogel, den Halsband-Zwergfalken. Ein Unterstand erlaubt die Vogelbeobachtung an einem Wasserloch. Vogelbeobachter und Fotografen finden sich hier Auge in Auge mit Wildtieren, die hier ihren Durst stillen. Spießböcke, Kuhantilopen, Springböcke, Ducker und Steinböckchen sind in großer Zahl vertreten; auch eine kleine Kuduherde frequentiert die Wasserstelle.

Witsand Nature Reserve

Karte S. 247

275 km nordwestlich von Kimberley auf der R64, dann Schotterstraße nach Groblershoop und Zugangsstraße (Schotter) nach Witsand

053/313 10 61 oder 083/234 75 73

$–$$$$$

www.witsandkalahari.co.za

Kenhardt
Karte S. 247
Besucherinformation
Municipality, Park St.
054/651 00 22

Upington
Karte S. 247
Besucherinformation
Town Library Bldg., Mutual St.
054/338 71 51

Unbedingt empfehlenswert ist der Naturlehrpfad **Botanical Meander**. Der Weg führt über 3,3 Kilometer hinweg durch charakteristische Landschaft der Kalahari und informiert über die mehr als 40 Pflanzenarten, die hier bekannt sind. Es gibt auch ein kleines Open-Air-Museum und einen Picknickplatz.

Im **Informationszentrum** erfährt man anhand von Schaukästen, Büchern, Zeitschriften und Videos Wissenswertes über die Archäologie und Naturgeschichte der Region. In einem kleinen Laden kann man sich mit Lebensmitteln versorgen.

Hier kann man Dünensurfen und Radfahren; auf einer Geländewagenstrecke, die von Witsand außerhalb des Schutzgebiets ausgebaut wurde, können Besucher ihr Offroad-Fahrkönnen im Wüstensand testen.

Übernachtungsmöglichkeiten bieten zehn strohgedeckte Bungalows für Selbstversorger (4-Sterne-Kategorie), Wohnmobil- und Zeltplätze sowie ein Camp für Rucksacktouristen. Besuchern stehen Picknickplätze zur Verfügung. Ein Restaurant gibt es nicht; man kann aber Essen vorbestellen.

Von Kimberley aus fährt man über die R64, durchquert Griquatown und biegt danach in Richtung Groblershoop ab. Nach 80 Kilometern in Richtung Groblershoop geht es am Wegweiser nach Witsand rechts auf eine Schotterstraße; nach 45 Kilometern ist das Schutzgebiet erreicht.

Verneuk Pan

Die Kalahari war jahrhundertelang Kernland der San. Kleine Verbände der San nomadisieren noch heute im Grenzgebiet zum Kgalagadi Transfrontier Park. Überreste früherer Siedlungen der San befinden sich in der Nähe der Stadt **Kenhardt** in der Verneuk Pan und auf der Farm Bitterputs.

INSIDERTIPP

In der Verneuk Pan eröffnet ein Gespräch mit den *karretiemense* – den „Karrenleuten", die auf Eselskarren von Farm zu Farm ziehen – tiefe Einblicke in die Lebensbedingungen dieser Region.

SAMANTHA REINDERS
National Geographic-Fotografin

Upington

Die Stadt am Ufer des Gariep River (Oranje) wurde 1884 gegründet und nach Sir Thomas Upington, dem Premierminister der Kolonie, benannt. Upington ist die heimliche Hauptstadt der Provinz Nord-Kap.

Bereits 1875 gab es hier eine Missionsstation, aus der sich eine Stadt entwickelte. Am Standort der ehemaligen Mission informiert der **Kala-**

hari Oranje Museum Complex *(4 Schröder St., Tel. 054/332 53 33, geschl. Sa/So, Spende)* über die Ureinwohner und die Geschichte der Region.

Zwei **Tier-Standbilder** stehen stellvertretend für die Geschichte von Upington: ein Esel *(am Ende der Schröder St., beim Museumskomplex)* – dieses Lasttier war für die Entwicklung der Stadt unerlässlich. Ein Kamel mit Reiter *(am Beginn der Schröder St., vor der Polizeistation)* erinnert an jene Zeiten, als die Patrouillen auf Kamelen in die lebensfeindliche Kalahari hinausritten.

Die **South African Dried Fruit Cooperative** *(32 Industrial Rd., Tel. 054/337 88 00)* am Stadtrand ist die weltweit zweitgrößte Anlage zur Produktion von Trockenfrüchten und berühmt für ihre Sultaninen. Upington eignet sich gut als Zwischenstopp auf dem Weg zu den Augrabies Falls, in die Schutzgebiete des Nord-Kap, in die Kalahari, nach Namibia und zum Fish River Canyon.

Vor der Weiterreise lohnt ein Stopp in den **Orange River Wine Cellars** *(32 Industrial Rd., Tel. 054/337 88 00, www.orangeriverwines.com, geschl. Mo)*. Hier kann man die köstlichen Tropfen verkosten, die in künstlich bewässerten Weingärten am Ufer des Gariep River heranwachsen. Die größte Kooperative des Landes exportiert ihren Wein nach Europa und in die USA.

Spitskop Nature Reserve

Das Naturschutzgebiet nördlich von Upington verdankt seinen Namen einem auffälligen kopje („flacher Hügel") aus Granit, der sich auf dem Areal befindet.

Es gibt einige Möglichkeiten, das Reservat zu erforschen. Ein 37 Kilometer langer Rundkurs auf Schotterstraßen führt zu einem Unterstand

(Fortsetzung auf S. 258)

Spitskop Nature Reserve

- Karte S. 247
- 13 km nördlich von Upington, auf dem Weg zum Kgalagadi Transfrontier Park
- 054/332 13 36

Der namengebende Felsbuckel im Spitskop Nature Reserve

Die San

Die San (beziehungsweise Khoisan) leben seit Jahrtausenden im nordwestlichen Teil des heutigen Südafrika. Physiologie und Knochenbau der San weisen deutliche Kennzeichen auf, die dafür sprechen, dass sie Nachkommen des Volkes der Sangoan sind, das seit der jüngeren Altsteinzeit als Jäger und Sammler das südliche Afrika durchstreifte.

Zeitgenössische Felsbildkunst bei der Kleinstadt Andriesvale

Für Wissenschaftler sind die San gleichsam ein genetischer „Adam", denn ihre DNA trägt die ältesten genetischen Merkmale, die bislang bei Menschen festgestellt werden konnten. Unter allen Völkern der Erde scheinen sich die San am wenigsten verändert zu haben.

Seitdem ihre nomadische Lebensart drastisch eingeschränkt wurden, leben viele San heute in Siedlungen. Nur noch wenige Gemeinschaften in der Kalahari setzen das traditionelle Leben als Jäger und Sammler fort, wie es ihre Vorfahren über 20 000 Jahre praktiziert haben. Straußeneier dienen zur Aufbewahrung, Wüstenmelonen sowie Wurzeln und Knollen spezieller Pflanzen sind eine lebenswichtige Wasserquelle. Die Sprache der San ist wegen ihrer Bandbreite an Klicklauten einzigartig; einige dieser Töne haben Eingang in umliegende Sprachen gefunden.

Die San sind eigentlich Nomaden, jedoch haben Archäologen herausgefunden, dass die San über eine längere Zeit an einem festen Ort blieben, wenn es dort ausreichend Nahrung gab. Die Wohnformen reichen von einfachen Unterständen bis hin zu richtigen Siedlungen an einem Wasserloch in den trockenen Monaten des Jahres. In der Trockenzeit sucht das Wild solche Wasserstellen auf, sodass die San dort auf die Jagd gehen konnten. In der Regenzeit war das Sammeln essbarer Pflanzen, die Aufgabe der Frauen, die grundlegende Form der Nahrungsbeschaffung. Auf ihren Wanderungen hatten die San nur „leichtes Gepäck": Einen Grabstock, etwas Feuerholz, Straußeneier, vielleicht noch ein Tragegurt für das Baby war meist alles, was sie mit sich führten. Einige hatten Waffen wie eine Lederzwille oder Pfeil und Bogen. Eine Decke diente zusätzlich als Beutel für Nahrung.

Die Kunst der San

Die San sind auch für ihre außergewöhnliche Kunst bekannt. Alte Felsmalereien und -gravuren der San finden sich überall in der südlichen Hälfte Afrikas in Höhlen und unter Felsüberhängen. Die Bilder von Jägern, Wild und von Kreaturen – halb Mensch, halb Tier, vermutlich Medizinmänner – sind ungewöhnlich realistisch dargestellt. Die Malereien sind von vollkommener Schönheit und wurden mit perfektem künstlerischem Geschick ausgeführt. Sie sprechen für die nahezu mythische Verbundenheit der San mit der Natur.

In einigen Gemeinschaften in der Kalahari werden aber noch immer rituelle Praktiken ausgeführt, in denen Szenen der einzigartigen Felsbildgalerien zum Leben erwachen. In nächtelangen Zeremonien klatschen und singen die Frauen, während die Männer in wachsender Ekstase um das Lagerfeuer tanzen. Der in Trance gefallene Schamane windet sich, wie von Schmerzen gepeinigt, bei dem Versuch, in die Welt der Geister einzudringen. Bei anderen Gelegenheiten versucht er, sich in ein bestimmtes Tier zu verwandeln, dessen magische Kraft helfen soll, einen Kranken zu heilen, Regen herbeizurufen oder Jagdwild vor den Bogen zu locken.

Traditionelles Kunsthandwerk der San

Wildwasserrafting auf dem Gariep River

mit Teleskop auf dem **Spitskop Hill**, von dem aus man Wildtiere beobachten kann. Ambitionierte Wanderer können unter drei Wanderwegen wählen. Auf der längsten Tour übernachtet man in einer speziell dafür eingerichteten Hütte.

Vor allem die Tierwelt dieser semiariden Landschaft lockt viele Besucher an – ebenso die farbenfrohe Fülle der Wildblumen, die nach den Sommerregen blühen. Spitskop ist echte Kalahari, trocken, mit einem weiten blassblauen Himmel und endlosen Sandebenen.

An klaren Tagen ist die Kuppe des Spitskop aus über 40 Kilometer Entfernung zu sehen. Als die Menschen noch mit Ochsenwagen unterwegs waren, soll der Hügel als Treff- und Rastpunkt vieler Reisender gedient haben.

Rund um den Spitskop kann man verschiedene Antilopenarten beobachten: Spießböcke, Elen- und Kuhantilopen, Steinböckchen und Kalahari-Springböcke; außerdem gibt es Zebras sowie Mangusten, Erdmännchen und Erdhörnchen. Unter den Reptilien sind Puffottern, Kapkobras und Schildkröten zu nennen. Vogelkundler können u. a. Nama-Flughühner, Fiskalwürger, Habichte, Riesentrappen und Strauße sichten.

Die **Kalahari Monate Lodge** *(Theuns & Truia Botha, Manager des Spitskop Nature Reserve, Tel. 054/332 13 36, E-Mail: teuns@intekom.co.za)* gegenüber dem Eingang zum Naturreservat bietet ausgezeichnete Unterkünfte.

Gariep River

Der Gariep River (Oranje), der längste Fluss Südafrikas, entspringt in den Drakensbergen von Lesotho. Auf einer Länge von 2187 Kilometern fließt er quer durch Südafrika nach Nordwesten. In der Nähe von Kimberley vereint er

INSIDERTIPP

Halten Sie im Augrabies Falls National Park Ausschau nach der endemischen Augrabies-Gürtelechse. Die Männchen besitzen einen leuchtend roten Schwanz, einen blauen Kopf und gelbe Vorderbeine.

RES ALTWEGG
NATIONAL GEOGRAPHIC-Experte

sich mit dem Vaal. Von dort setzt der Gariep River seinen Weg durch die unfruchtbaren Halbwüsten der Kalahari und des Namaqualandes fort. Dann überwindet er die **Augrabies Falls** und mündet schließlich bei Alexander Bay in den Atlantik.

Rafting und Kanufahren gehören zu den beliebtesten Sportarten auf dem Gariep River, vor allem nach den Regenfällen im März und April. Beliebt ist eine mehrtägige Raftingsafari durch den **Ai Ais Richtersveld Transfrontier National Park** (siehe S. 268f) – diese Tour hält spektakuläre Gebirgs- und Wüstenpanoramen bereit. Die Stromschnellen oberhalb der Augrabies Falls sorgen für Herzklopfen (siehe Kasten unten).

Augrabies Falls National Park

Dank seiner wildromantischen Schluchten- und Felsenlandschaft ist der Augrabies Falls National Park zu jeder Jahreszeit ein eindrucksvolles Erlebnis. Doch wenn der Gariep River Hochwasser führt und

Augrabies Falls National Park

- Karte S. 247
- 40 km nordwestlich von Kakamas
- 054/452 92 00
- $$

www.sanparks.org/parks/augrabies.co.za

ERLEBNIS: Rafting auf dem Gariep

Der Gariep fließt auf 2187 Kilometer Länge von den Drakensbergen bis nach Alexander Bay am Atlantik und bietet eine Fülle spannender Abenteuermöglichkeiten. Vor allem auf dem Teilstück durch die Wüste des Richtersveld ist die Landschaft faszinierend. Halbedelsteine liegen an seinen Ufern, bizarre Felsformationen türmen sich übers Wasser, zahlreiche kleinere Tiere und Affen haben hier ihren Lebensraum, und natürlich ist auch der Vogelreichtum außergewöhnlich. Da es im Fluss weder Flusspferde noch Krokodile gibt, ist er ideal für eine erholsame Kanutour oder zum Wildwasserraften.

Es werden verschiedene geführte Touren angeboten; besonders beliebt ist ein vier- bis siebentägiger Trip, bei dem die Veranstalter Essen und Campingausrüstung zur Verfügung stellen. Die Teilnehmer legen zwischen 40 und 160 Kilometer auf dem Fluss zurück. Die Länge ist abhängig von Wasserstand und Strömung und dem gewählten Zeitrahmen. Die meisten Veranstalter arbeiten mit aufblasbaren Zwei-Personen-Kanus. Bei einer solchen Tour kann man schwimmen, wandern, Vögel oder Wild beobachten und natürlich den besten Weg über die Stromschnellen suchen – Abenteuer und Spaß sind garantiert.

Buchungen nehmen **Umkulu Safari & Canoe Trails** *(Tel. 021/853 79 52, www.umkulu.co.za)* und **Felix Unite** *(Tel. 021/702 94 00, www.felixunite.com)* entgegen.

Ein siebentägiger Trip kostet rund 3000 bis 3700 Rand.

56 Meter in die Tiefe stürzt, ist das beängstigend. *Aukoerebis* bedeutet in der Sprache Khoisan „Ort des großen Lärms" – ein passender Name für die Fälle.

Unter all den Aktivitäten, die im Nationalpark angeboten werden, sollte der Besuch der Fälle ganz oben auf der Liste stehen. Beste Zeit ist bei Sonnenuntergang, wenn es kühler ist und das verblassende Licht zarte Farben auf die Felsen zaubert. Von mehreren Aussichtspunkten sind die Besonderheiten der Wasserfälle und der Schlucht zu erkennen. Ein fantastisches Panorama eröffnet sich vom Gipfel des **Moon Rock**.

In dem Gebiet herrschen extreme Temperaturen. In der Tageshitze ist Schatten lebenswichtig, kleine Tiere suchen unter Felsüberhängen, Bäumen oder in Erdhöhlen Zuflucht.

ERLEBNIS:

Spaß in Augrabies Falls

Um den Park zu besuchen, benötigt man keinen Führer – aber eine geführte Tour ist wesentlich intensiver. Sehr zu empfehlen ist beispielsweise das Abenteuer „Gariep 3-in-1": Die Teilnehmer raften zunächst drei kurvenreiche Kilometer auf dem Fluss, wandern danach vier Kilometer durch die Schluchten und radeln schließlich auf Mountainbikes zwölf Kilometer zum Camp zurück.

Anspruchsvoller ist der Klipspringer Hiking Trail. Mit Führer geht es drei Tage lang (2 Hüttenübernachtungen) 39,5 Kilometer weit durch den Nationalpark.

Reservierungen für beide Touren unter Tel. 012/428 91 11, *www.sanparks.org/tourism/reservations.*

Rund um die Fälle: Der mit 55 000 Hektar relativ kleine Nationalpark ist Heimat einer erstaunlichen Vielfalt von Flora und Fauna: Hier leben Springböcke, Elenantilopen, Klippspringer, Kudus, Steinböckchen und Spießböcke sowie Karakale, Falbkatzen, Löffelhunde, Schabrackenschakale und Leoparden. Auch das Spitzmaulnashorn ist hier heimisch. Giraffen haben wegen der großen Hitze in diesem Schutzgebiet eine hellere Färbung als üblich.

Auch die Vogelwelt ist vielfältig: Neben Rosenköpfchen, Blaustirn-Blatthühnchen, Bienenfressern, Masken- und Siedelwebern sowie Kormoranen kann man Goliath-, Grau- und Schwarzhalsreiher, Felsen- und Schreiseeadler, Grau- und Riesenfischer, Hauben-Zwergfischer, Turmfalken, Nilgänse, Schwarzenten und Graukopfkasarkas beobachten.

In den Gewässern schwimmen Barben, Welse, Oranje-Karpfenfisch und Brassen.

Die ursprünglichen Bewohner dieser Region sind die Nama. Einige führen noch ihr traditionelles Leben; auffällig sind ihre igluförmigen *matjieshuise* („Mattenhäuser") aus Schilfmatten, die über ein Gerüst gelegt werden.

Im Nationalpark gibt es mehrere Campingplätze, Cha-

Zebras im Tswalu Kalahari Reserve

lets und Familienbungalows. Eine Reservierung kann nur über die offizielle Website des Nationalparks erfolgen (*www.sanparks.org/parks/augrabies*).

Tswalu Kalahari Reserve

Das luxuriöse Tswalu Kalahari Reserve gehört der Familie Oppenheimer, ist Teil des größten, privaten Schutzgebietes in Südafrika und spricht besonders anspruchsvolle Reisende an. Erklärtes Ziel von Tswalu ist es, „die Kalahari in ihren ursprünglichen Zustand zurückzuführen". Für die Wiedereinführung von Geparden und Wildhunden erhielt das Reservat den Preis des World Wildlife Fund für den „besten Schutz bedrohter Tierarten". Tswalu ist extrem exklusiv. Es werden höchstens 30 Gäste aufgenommen. Selbstverständlich sind die Unterkünfte auf dem höchsten Stand von Luxus und Komfort. Das *motse* (Tswana für „Dorf") fügt sich perfekt in die umgebende Landschaft ein und besteht aus lediglich acht geräumigen, üppig ausgestatteten *legaes* (Tswana für „Haus"). Den Deluxe-Standard halten auch der hervorragend sortierte Weinkeller und der Küchenchef. Zwischen den roten Kalahari-

Reisezeit

Beste Zeit für einen Besuch in Tswalu ist der Winter *(April–Aug.)* mit milden und sonnigen Tagen.

Tswalu Kalahari Reserve

- Karte S. 247
- 300 km nordwestlich von Kimberley
- 053/781 93 31
- $$$$$

www.tswalu.com

Kgalagadi Transfrontier Park

Karte S. 247

260 km nördlich von Upington auf der R360

054/561 20 00

$$$–$$$$$

www.sanparks.org/parks/kgalagadi

dünen von Tswalu kann man viele Tiere beobachten: Ellipsenwasserböcke, Leier- und Elenantilopen, Kudus, Büffel, Zebras, Streifengnus, Geparde, Leoparden, Löwen, Hyänen, Spitz- und Breitmaulnashörner. Im Angebot gibt es auch Ausritte, Safaritrips und Buschwanderungen.

Große Erfolge erzielte das Reservat mit der Auswilderung echter Kalahari-Löwen, von Geparden und Afrikanischen Wildhunden. Bemerkenswert sind die Erfolge beim Schutz des vom Aussterben bedrohten Wüsten-Spitzmaulnashorns. Ein Drittel der gesamten Weltpopulation lebt im Tswalu-Reservat.

Bei nächtlichen Safaritrips sind Begegnungen mit Erdferkeln, Erdwölfen, Stachelschweinen und Schabrackenhyänen möglich.

Mehr als 200 Vogelarten kommen hier vor, darunter Adler sowie Weißrücken- und Ohrengeier, Singhabichte, Zwergfalken, Riesentrappen, Nama-Flughühner, Fleckenuhus und Rotbauchwürger.

Kgalagadi Transfrontier Park

Dieses Naturschutzgebiet wurde 1999 als Afrikas erster grenzüberschreitender Nationalpark gegründet, indem der botsuanische Gemsbok National Park und der südafrikanische Kalahari Gemsbok National Park zusammengelegt wurden. Im gesamten Gebiet gelten einheitliche Bestimmungen. Besucher können sich im Nationalpark frei bewegen und die Grenzen beliebig überqueren. Allerdings benötigen sie für den Besuch ein geländegängiges Fahrzeug.

Der Spießbock ist der Platzhirsch im Kgalagadi Transfrontier Park

INSIDERTIPP

Der Kgalagadi Transfrontier Park ist der Fotografentraum schlechthin. Ist man am frühen Morgen als Erster am Tor, kann man die Sonnenstrahlen einfangen, die durch den von den Springbockherden aufgewirbelten Staub blitzen.

SAMANTHA REINDERS
National Geographic-Fotografin

Kalahari leitet sich von *Kgalagadi*, „durstiges Land", ab. Trotz der unwirtlichen Bedingungen leben hier zahlreiche Tiere. Die meisten sind perfekt an das Leben in der Wüste angepasst, wie der Spießbock und der dunkelmähnige Kalahari-Löwe. Die enorme Größe des Nationalparks ermöglicht die jahreszeitlichen Wanderungen riesiger Herden von Elen- und Kuhantilopen, Springböcken und Gnus.

Unterkunft in Hütten und Bungalows findet man in den Camps **Mata Mata, Twee Rivieren** und **Nossob** auf südafrikanischer Seite. Mittlerweile haben auch private, teurere Buschcamps eröffnet: Das **Bitterpan Bush Camp** liegt an der Rundtour für Geländewagen, das **Kalahari Tented Camp** befindet sich in der Nähe von Mata Mata. ■

Das eigenwillige Leben der Erdmännchen

Was bei Erdmännchen als Erstes auffällt, ist der absurde Afrikaans-Name *Meerkats* – nur um eines klarzustellen: Diese kleinen Säugetiere aus der Familie der Mungos haben keine besondere Beziehung zu Meer oder See, geschweige dass es in ihrem ariden Lebensraum, der Kalahari, besonders viele Seen gäbe. Doch die irreführende Namensgebung passt zu den ungewöhnlichen Tierchen.

Erdmännchen sind außerordentlich gesellige Geschöpfe. Das Leben der Gruppen mit bis zu zwanzig Mitgliedern dreht sich rund um die Uhr um die Nahrungsbeschaffung. Lieblingsbeute sind Insekten, gefressen wird aber so gut wie alles. Ihre Kolonien ähneln Ameisenhügeln; einen großen Teil des Tages verbringen sie in dem Tunnelsystem, und wenn sie nicht gerade putzig aussehen, tricksen sie ihre Kumpel aus und fressen deren Jungen. Der Kindsmord soll den Nachkommen des Alphaweibchens die Konkurrenz der Jungen anderer Weibchen vom Leib halten. Abgesehen von diesen garstigen Unarten, sind Erdmännchen sehr gesellig. Ammen und Kindermädchen kümmern sich um die Kleinsten. Wenn die Jungen älter sind, lernen sie von den Erwachsenen Überlebenstechniken, beispielsweise wie man einen Skorpion frisst (indem man zuerst den Stachel entfernt).

Vieles, was wir über Erdmännchen wissen, ist dem **Kalahari Meerkat Project** zu danken. Seit 1993 widmet sich das im Kuruman River Reserve ansässige Projekt den längerfristigen sozialen Folgen, die der eigenwillige Lebenswandel der Erdmännchen hat. Die Tiere haben eine Lebenserwartung von zwölf bis 14 Jahren, daher ist eine stete, langfristige Forschung erforderlich.

Weitere Informationen finden sich auf *www.kalahari-meerkats.com.*

Namaqualand

Das Namaqualand zieht während der kurzen Blumenblüte zahlreiche Touristen an. An Sonnentagen scheinen die Blumenwiesen nur aus Farben zu bestehen. Weniger flüchtig sind die weiteren Merkmale dieses Landstrichs: von Kupferadern durchzogene Hügel, meditative Weite und eigenartige Bergwerksorte.

Das Goegap Nature Reserve zur Blütezeit

Springbok
Karte S. 247
Besucherinformation
Voortrekker St.
027/712 80 35

Springbok

Man sieht es nicht unbedingt auf den ersten Blick, doch Namaqualands wichtigste Stadt Springbok hat durchaus etwas mit ihrem flinken Namengeber, dem Springbock, gemeinsam. Die Siedlung wurde 1850 mit dem Beginn des Bergbaus in der Region gegründet und hat sich seitdem zu deren unbestrittenen Hauptstadt entwickelt. Während andere Boomtowns verödeten, als die Minen geschlossen wurden, ist es Zähigkeit und Glück zu verdanken, dass Springbok der Wechsel in die Tourismusbranche gelang und über die Jahre weiterhin gedieh.

Springbok schmiegt sich in ein Tal zwischen den Granitkuppen der Klein Koperberge, der „kleinen Kupferberge". Die Stadt liegt abseits der N7, etwa 120 Kilometer südlich der Grenze zu Namibia und 600 Kilometer nördlich von Kapstadt. Es gibt zahlreiche Läden, Restaurants und Unterkunftsmöglichkeiten. Zum Höhepunkt der Wildblumenblüte im August/September wird die Stadt von Besuchern überschwemmt. Dann ist eine rechtzeitige Reservierung unbedingt zu empfehlen.

Es gibt hier aber auch andere Attraktionen wie die **Blue Mine** *(Voortrekker Rd., gegenüber der Agenbag-Tankstelle, Tel. 027/744 10 00, das Okiep Country Hotel kann einen Besuch arrangieren)*, die 1852 den Betrieb aufnahm, aber schon lange geschlossen ist. Ihre azurblauen Gesteinsschichten ziehen zahlreiche Besucher an. Auch das **Namaqualand Museum** *(Monument St., Tel. 027/718 81 00, geschl. Okt.–Juni Sa/So, Spende)* ist besuchenswert. In einer ehemaligen Synagoge eingerichtet, zeigt es Artefakte zur Naturgeschichte und Historie des Ortes.

Über die R64 geht es acht Kilometer nach Osten zur **Simon van der Stel Mine** *(Besichtigung nach Voranmeldung beim Namaqua Regional Tourism Office, gegenüber der Agenbag-Tankstelle, Voortrekker Rd., Tel. 027/712 80 35)*, in der ab 1685 Kupfer abgebaut wurde.

Goegap Nature Reserve

Das Goegap Nature Reserve liegt rund 16 Kilometer von Springbok entfernt – eine 15 000 Hektar große Sandebene mit eindrucksvollen Granit-Inselbergen. Seit 1990 gehört die Farm Goegap zum Naturschutzgebiet. Hauptattraktion ist hier – wie überall im Namaqualand – die Wildblumenblüte. Zu den heimischen Tieren zählen Eidechsen, Schildkröten und Kleinwild. 94 Vogelarten leben in diesem Gebiet, u. a. Strauß, Kapuhu, Rotstirn-Bartvogel, Kaffernadler und Kaptriel.

Übrigens: Die Blumen öffnen ihre Blüten nur bei sonnigem, warmem Wetter. Am schönsten präsentieren sie sich zwischen 11 und 15 Uhr.

Goegap Nature Reserve
- ✉ 16 km östlich von Springbok
- ☎ 027/718 99 06
- $ $–$$$$$

ERLEBNIS: Wildblumen auf der Spur

Wer Südafrika zur Blütezeit der Wildblumen im Namaqualand besucht, für den ist ein Abstecher in die Provinz Nord-Kap Pflicht. Doch Vorsicht, die Blumen sind ein flüchtiges Phänomen! Die Blüte währt nur kurz; zudem kann sie, abhängig von den Winterregen, zu jeder beliebigen Zeit zwischen Juli und Oktober auftreten. Am besten ruft man vorab die Parkverwaltung oder ein Hotel in der Region an, um eine vage lokale Voraussage über die mögliche Zeit der Blüte zu erhalten. Am einfachsten geht es per Flugzeug nach Upington oder Kapstadt; von dort aus kann man bei einer Rundfahrt die verschiedenen Schwerpunkte der Blüte besuchen. Nähere Information gibt die Verwaltung des Namaqua National Park (siehe S. 266). Alternativ kann man die Wildblumen vom Pferderücken aus bewundern: Namaqualand Horse Trails ***(südl. von Springbok an der N7, nach David oder Anne Barnes fragen, Tel. 027/718 35 83, www.namaquahorsetrails.co.za)*** **organisiert Ausritte mit erfahrenen Führern.**

Namaqua National Park
Karte S. 247
67 km auf der N7 von Springbok nach Süden
027/672 19 48
$–$$
www.sanparks.org/parks/namaqua

Hondeklipbaai
Karte S. 247

Im **Informationszentrum** erhält man weitere Informationen über den Pflanzenreichtum des Namaqualandes; der zum Schutzgebiet gehörende **Hester Malan Wildflower Garden** zeigt anschaulich verschiedene Sukkulentenarten. Zur Besichtigung des Reservats stehen eine Rundtour für Geländewagen sowie eine 17 Kilometer lange Strecke, die auch mit normalen Pkws befahren werden kann, zur Verfügung. Zwei kurze Naturlehrpfade erschließen Wanderern die Region, und wer auf dem Rad unterwegs ist, findet gut ausgebaute Mountainbikewege. Unterwegs kann man Steinböckchen, Spring- und Spießböcke, Klippspringer, Hartmann-Bergzebras und Löffelhunde beobachten.

INSIDERTIPP

Steigen Sie im Sommer oder Herbst, wenn weniger Touristen da sind, im Gästehaus des Goegap Nature Reserve ab: Bei einer Wanderung am frühen Morgen ist die fantastische Landschaft überwältigend.

CARSTEN SCHRADIN
National Geographic-Experte

Namaqua National Park

Der erst kürzlich eingerichtete Nationalpark, rund 67 Kilometer südlich von Springbok gelegen, stellt Pflanzen und Tiere des Namaqualandes unter Schutz, die durch die Ausbreitung des Farmlandes bedroht waren. Wie für die übrige Region gelten auch hier August und September als beste Reisezeit, wenn die erstaunliche Vielfalt der Wildblumen die Landschaft zum Leben erweckt.

Der Nationalpark ist nur während der Wildblumenblüte täglich von 8 bis 17 Uhr geöffnet. Im **Skilpad Rest Camp** bieten vier Bungalows Unterkunft für jeweils drei bis vier Personen. Im Park selbst gibt es keine Unterkünfte.

Hondeklipbaai

Die Hafenstadt Hondeklipbaai wurde 1846 gegründet. Von hier aus wurde das in Okiep,

Woher kommt der Name?

Niemand weiß wirklich, wie Hondeklipbaai („Hundefelsenbucht") zu seinem ungewöhnlichen Namen kam. Eine Legende erzählt, dass wütende Stadtbewohner eine Meute von Wildhunden, die sie bedrohte, bei einem Felsen niedermachten, der daraufhin diesen seltsamen Spitznamen erhielt. Eine andere Geschichte berichtet von einem Felsen neben der Polizeistation, der einem sitzenden Hund glich und von einem Blitz gesprengt wurde. Keine der beiden Erklärungen scheint besonders glaubhaft.

nahe Springbok, abgebaute Kupfererz nach Europa verschifft. Das Erz wurde mühevoll auf Ochsenwagen 105 Kilometer weit von den Minen an die Küste transportiert. Nachdem mehrere mit Kupfererz beladene Schiffe im dichten Nebel und bei schwerer See gekentert waren, wurde in den 1870er Jahren eine Eisenbahnlinie von den Minen bis zur Küste bei Port Nolloth

Frühling im Namaqua National Park

gebaut. Hondeklipbaai verfiel in die Bedeutungslosigkeit.

Heute ist die Kleinstadt bei Farmern aus dem Hinterland als Sommerfrische beliebt. Fisch, vor allem Langusten, ist ein wichtiger Wirtschaftsfaktor. Das Tauchen nach Langusten ist streng reglementiert; eine Genehmigung kann man in Springbok beantragen.

Zur Wildblumenblüte im August und September lohnt die Fahrt auf den Panoramastraßen der Umgebung; besonders reizvoll sind die Rundstrecken, die von der N7 abzweigen. Südlich der Stadt liegt das Wrack der 1945 gesunkenen „Aristea" vor der Küste – ein schöner Platz für den Sonnenuntergang.

Diamond Coast

Bis vor Kurzem war die gesamte Nordwestküste Südafrikas, die reich an Diamantenvorkommen ist, Teil des Sperrgebiets. Nur Arbeiter und Führungskräfte der Diamantminen durften sich hier aufhalten. Auch heute wird jede Bewegung in dem Gebiet überwacht, und nach wie vor sind Genehmigungen notwendig, um es zu betreten. Teile der Diamond Coast sind nun für Touristen zugänglich (siehe Kasten S. 268).

Port Nolloth

Port Nolloth wurde 1854 als Umschlagshafen gegründet, zum Abtransport des in Okiep abgebauten Kupfers.

Port Nolloth

Karte S. 247

Besucherinformation

Neben dem Rathaus

027/851 11 11

www.portnolloth.co.za

ERLEBNIS: Entlang der Diamond Coast

Die „Diamantenküste" ist weitestgehend Sperrgebiet. Dennoch können Touristen mittlerweile einige Küstenabschnitte besuchen. Folgende Touren werden angeboten:

Schiffswrack- Route *(Start 9 Uhr am Koingnaas Caravan Park oder in Noup):* Diese etwa 37 Kilometer lange Tour führt die Teilnehmer entlang blendend weißer Strände durchs Diamantminen-Sperrgebiet. Unterwegs besuchen Sie mehrere Schiffswracks, darunter die *Piratiny*, ein 4536 Tonnen brasilianischer Dampfer, die *Arosa*, ein 10050 Tonnen schwerer zyprischer Frachter und die *Border*, ein 258 Tonnen schweres britisches Küstenmotorschiff. Unterwegs passiert man mehrere Müllgruben aus dem Altsteinzeit. Mit Glück erspäht man den Schwarzen Austernfischer, der zu den bedrohten Vogelarten gehört. Wie die zweite hier vorgestellte Tour dauert die Schiffswrack-Route vier Stunden. **Strandveld-Route** *(Start 9 Uhr am Koingnaas Caravan Park oder in Noup):* Auch diese Tour führt durch Sperrgebiet und nimmt die Teilnehmer auf eine abenteuerliche Fahrt über gelbe Sanddünen mit. Diese Dünen entstanden durch Sandablagerungen von Flüssen, die durch den Wind angelagert wurden, oder wurden freigelegt, als in vergangenen Eiszeiten die Meeresspiegel sanken. Da es auf den Dünen kein Leben gibt, können die darüber hinwegfahrenden Fahrzeuge auch keinen Schaden an Flora und Fauna anrichten. Unterwegs sind Ducker, Hunderte von Springböcken sowie Kleinwild wie Erdmännchen, Löffelhunde und Strauße zu sehen. In dem 30 000 Hektar großen, privaten Naturschutzgebiet wachsen Pflanzen wie Zwiebelgewächse und Sukkulenten. Ihr Führer wird Ihnen einige endemische Arten zeigen können.

Informationen zu beiden Touren gibt **De Beers** *(Tel. 027/877 00 28 oder www.coastofdiamonds.co.za).*

Ai-Ais Richtersveld Transfrontier National Park

Karte S. 247

Abzweigung von der N7 bei Steinkopf, dann weiter über Port Nolloth & Alexander Bay; die letzten 80 km sind Staubstraße

027/831 15 06

$–$$$$$

www.sanparks.org/parks/richtersveld

Heute ist die Stadt der einzige richtige Ferienort an der Diamond Coast. In Port Nolloth können die Feriengäste Sonnenbaden, Strandspaziergänge unternehmen oder Angeln. Eine Angelgenehmigung stellt das Tourismusbüro von Port Nolloth neben dem Rathaus aus. Hat es mit dem selbst gefangenen *yellowtail* (Barbe) oder *snoek* (Schlangenmakrele) nicht geklappt, kann man die Fische bei den einheimischen Fischern kaufen. Neben dem Tourismus spielen die Verarbeitung von Langusten und der Diamantenabbau vor der Küste eine wichtige wirtschaftliche Rolle. Bewohner der Township Sizamile bieten Touren an, bei denen sie Besuchern auch ihre Siedlungen zeigen. Die Führer erzählen von Kultur und Geschichte und von den Alltagsproblemen der hier lebenden Menschen. Auch Kindertagesstätten, Gemüsegärten und Hühnerzucht werden den Besuchern gezeigt. In einer Shebeen (Bar) kann man den Namaqualand-Whisky kosten. Informationen zu diesen Touren erhält man im Tourismusbüro in Port Nolloth.

In **Lekkersing**, an der R382 nordöstlich von Port Nolloth gelegen, zeigt eine Dorfgemeinschaft traditionelles Handwerk der Nama und demonstriert, wie *velskoene*

(Schuhe aus Rohleder), Stühle aus *riempie* (Lederriemen), Hüte und Mattenhäuser hergestellt werden.

Ai-Ais Richtersveld Transfrontier National Park

Die südafrikanische Nationalparkorganisation und die hier lebenden Nama verwalten den Ai-Ais Richtersveld Transfrontier National Park gemeinsam. Auch wenn Vans und andere Fahrzeuge im Nationalpark zugelassen sind, ist ein Geländewagen ideal. Lebensmittel und Treibstoff gibt es nur in einem Laden in Sendelingsdrift *(geschl. Sa/So)*.

Unterkunft bieten die fünf Campingplätze im Nationalpark: Richtersburg, Kokerboomkloof, De Hoop, Potjiespram sowie die Tatasberg & Ganakouriep Wilderness Camps. Komfortabler wohnt man im **Arieb Guest Cottage** mit fünf Zimmern. ■

INSIDERTIPP

Die einmalige, 760 Kilometer lange Rundtour für Geländefahrzeuge durch den Ai-Ais Richtersveld National Park ist die ideale Gelegenheit, etwas Staub aufzuwirbeln. Geführte Rundfahrten gibt es von April bis September, aber da die Strecke deutlich ausgeschildert ist, kann man sie ruhig auf eigene Faust in Angriff nehmen.

ROBERTA COCI
NATIONAL GEOGRAPHIC-Mitarbeiterin

Ein Geländewagen sucht seinen Weg durch die Dünen der Diamond Coast

REISEINFORMATIONEN

Reiseplanung 270 • Anreise 272 • Unterwegs in Südafrika 272 • Praktische Tipps 275 • Im Notfall 278 • Gesundheit 279 • Hotels & Restaurants 280 • Einkaufen 307 • Unterhaltung 309 • Aktivitäten 311 • Speisekarte 313

Heißluftballon im Pilanesberg Game Reserve

REISEPLANUNG

Reisezeit

Die Reisezeit hängt davon ab, in welchen Teil Südafrikas man reisen will und welche Aktivitäten man plant. Viele Ziele sind während der südafrikanischen Ferienzeit (Ende Juni–Juli und Anfang Dez.–Mitte Jan.) überfüllt. Im Kruger National Park und in den Wildreservaten von Mpumalanga und KwaZulu-Natal wird es über die Sommermonate (Dez.–März) sehr heiß und feucht, die beste Zeit für die Parks sind der Frühling (Sept.–Okt.), wenn die Jungen gerade geboren sind, oder der Winter (Juni–Aug.), wenn die Vegetation lichter ist und die Tiere entsprechend besser zu sehen sind. Die Provinz West-Kap und die Garden Route sind zwischen März und April am schönsten, doch wer die Strände und die Hitze liebt, sollte die beiden Regionen im Januar und Februar besuchen. Der Winter ist ideal für einen Besuch des trockenen Nord-Kap; über den Sommer ist es dort sengend heiß. Besucher der West- und Nordwestküste sollten Ende August und September dorthin fahren: Dann erleben sie die Wildblumen in schönster Blüte. Die Strände und die Küstenresorts von KwaZulu-Natal sind im Sommer heiß und überlaufen, umso milder und angenehmer ist es dort im Herbst (April bis Mai) und Frühling (Sept.–Okt.).

Klima

Weite Teile des Landes erhalten im Sommer ihre Niederschläge, eine Ausnahme ist das südwestliche Kap mit seinem mediterranen Klima: Hier sind die Winter feucht und die Sommer trocken. Auf dem Highveld erlebt man heiße Sommer mit nachmittäglichen Gewitterstürmen, die Winter sind dagegen trocken und sonnig, die Nächte können frostig kalt werden. Heiße und feuchte subtropische Bedingungen herrschen im Lowveld und entlang der Nordostküste: Während im Sommer heftige Niederschläge fallen, bleiben die Winter warm und trocken. In der Karoo und im Norden des Landes präsentieren sich die Winter extrem trocken, sonnig und frisch während des Tages, frostig in der Nacht.

Die folgenden Angaben zu den durchschnittlichen maximalen/minimalen Tagestemperaturen und zu den durchschnittlichen monatlichen Niederschlägen für Städte in den einzelnen klimatischen Regionen des Landes stammen vom südafrikanischen Wetterdienst:

Kapstadt (mediterranes Klima)
Januar: 26/16 °C, 15 mm
Juli: 18/7 °C, 82 mm

Durban (subtropisches Klima)
Januar: 28/21 °C, 134 mm
Juli: 23/11 °C, 39 mm

Johannesburg (Highveld)
Januar: 26/15 °C, 125 mm
Juli: 17/4 °C, 4 mm

Kimberley (Karoo, Zentralplateau)
Januar: 33/18 °C, 57 mm
Juli: 19/3 °C, 7 mm
Nelspruit (Lowveld)
Januar: 29/19 °C, 127 mm
Juli: 23/6 °C, 10 mm

Detaillierte Wetterinformationen und konkrete Wettervorhersagen für einzelne Städte und Regionen: www.weathersa.co.za

Nicht vergessen

Besucher können vor Ort in den größeren Städten alles kaufen oder leihen: Kleidung, Medikamente, Camping- und Wanderausrüstung, Kameras einschließlich Zubehör und Fahrzeuge. Sehr sinnvoll ist ein Geldgürtel, der unter der Kleidung getragen wird: So können Bargeld und Wertsachen sicher transportiert werden. Für den Tag empfiehlt sich ein leichter Tagesrucksack. Nur wenige Einrichtungen (Restaurants und Hotels) bestehen auf formeller Kleidung. Wer auf Safari in entlegene Gebiete des Landes fahren will, sollte darauf achten, dass die Kleidung braun, olivgrün oder khakifarben ist und die folgenden Dinge nicht vergessen werden: Fernglas, Wanderschuhe, ein Rucksack, Wasserflasche, Sonnenhut, Sonnencreme und alle notwendigen Medikamente (einschließlich Medikamenten zur Malariaprophylaxe für das Lowveld und die Nordostküste).

Versicherungen

Jeder Südafrikareisende sollte sich schon im Heimatland gegen Verlust und Diebstahl von Geld und Wertsachen, Krankheit und Unfälle versichern. Wer das vergessen sollte, kann sich noch vor Ort bei einer der großen südafrikanischen Versicherungsgesellschaften versichern. Im Fall von Verlust, Diebstahl oder kriminellen Überfällen sollte man sich sofort an die örtliche Polizei wenden. Der Vorfall wird polizeilich aufgenommen und eine (Vorgangs-)Nummer für den Fall vergeben, der dann bei der Versicherung mit eingereicht werden sollte. Daher empfiehlt es sich, alle Rechnungen von Dingen aufzubewahren, die eine Versicherung möglicherweise ersetzen soll.

Formalitäten

Der Reisepass sollte am Tag der Einreise noch sechs Monate gültig sein. Bürger der EU und der Schweiz können Südafrika 90 Tage lang ohne Visum besuchen.

Für einen Besuch in Südafrika sind keine Impfungen verpflichtend; es sei denn, man reist aus einem Land ein, in dem Gelbfieber vorkommt. In diesem Fall muss man einen Impfnachweis gegen Gelbfieber erbringen. Wer in abgelegene Landesteile reisen möchte, sollte sich im eigenen Interesse gegen Hepatitis A und Typhus impfen lassen.

Personen über 18 Jahre dürfen die folgenden Artikel in den angegebenen Mengen zollfrei einführen:

50-Milliliter-Flakons Parfüm, 250 Milliliter Eau de Toilette; ein Liter Likör oder Spirituosen und zwei Liter Wein; 200 Zigaretten, 50 Zigarren und 250 Gramm Tabak sowie andere Waren im Wert bis zu 3000 Rand (240 €). Auf Waren bis zu einem Wert von 12 000 Rand (960 €) werden 20 Prozent Zollsteuer erhoben. Generell dürfen keinerlei Drogen eingeführt werden.

An Bargeld dürfen nur bis zu 5000 Rand (400 €) ein- oder ausgeführt werden.

Festivals

Immer mehr südafrikanische Städte erfinden Kunst- und Food-Festivals, um Touristen anzulocken. In den Lokalzeitungen wird auf die entsprechenden Ereignisse hingewiesen. Zu den renommierten Festen zählen die folgenden: Wer gern tanzt, sollte zum **Dance Umbrella** (Johannesburg, Mitte Feb.–Mitte März, *www.danceumbrella.co.za*) fahren, das einen Monat lang an mehreren Aufführungsorten südafrikanische Choreografien und Performances zeigt. Jedes Jahr findet zu Ostern die riesige **Rand Show** *(Nasrec, südlich von Johannesburg, www.randshow.co.za)* statt: mit einer Messe, einem Jahrmarkt, Tiervorführungen und Popkonzerten. Das **National Arts Festival** *(Grahamstown, letzte Woche im Juni bis 1. Juliwoche, www.nafest.co.za)* ist das landesweit größte jährliche Event zu Musik, Schauspiel, Tanz und schönen Künste. Das **Stellenbosch Wine Festival** *(Ende Juli, www.stellenboschwinefestival.co.za)* bietet die Möglichkeit, eine große Auswahl an lokalen Weinen zu verkosten. Wenn die Wale zur Paarung und zum Kalben zum südwestlichen Kap zurückkehren, findet das **Hermanus Whale Festival** *(Ende Sept./Anfang Okt., www.whalefestival.co.za)* mit Musik, Handwerksmarkt und Events statt.

Eine Übersicht für jeden Monat über alle Festivals in Südafrika bietet: *www.southafrica.info/travel/cultural/festivals.htm.*

Reiselektüre

Es gibt unzählige Bücher, die man vor oder während der Südafrikareise lesen könnte, um sich einen Eindruck vom Land, von seiner Geschichte, den Menschen und der Kultur zu verschaffen. „South Africa: A Modern History" von R. Davenport und C. Saunders ist solch ein Standardwerk. „Commando" von Deneys Reitz ist ein Klassiker über den Burenkrieg aus der Sicht der Buren. Steve Bikos „I Write What I Like" und Nelson Mandelas Autobiografie „Der lange Weg zur Freiheit" geben Einblicke in die Gedankenwelt dieser beiden großen südafrikanischen Führer. Eine wunderbare Zusammenfassung über Fossilien und das Leben auf den Farmen der Karoo bietet Eve Palmers „Plains of Camdeboo". Die Kurzgeschichten von Herman Charles Bosman sind fast schon ein Muss, um den südafrikanischen Humor zu verstehen. Eine hervorragende Auswahl aus der endlosen Liste an guter südafrikanischer Belletristik sind diese Titel: M. Chapman (Hrsg.): „The Paperbook of South African English

Poetry"; J. M. Coetzee: „Warten auf die Barbaren" und „Schande"; Athol Fugard: „Selected Plays"; Antjie Krog: „Country of My Skull"; Es'kia Mphahlele: „Pretoria, Zweite Avenue"; Alan Paton: „Denn sie sollen getröstet werden"; Richard Rive: „Buckingham Palace: District Six"; Olive Schreiner: „Story of an African Farm"; Ivan Vladislavi: „The Restless Supermarket".

ANREISE

Die meisten Urlauber reisen auf dem Luftweg ein, nur einige wenige kommen mit dem Auto aus den Nachbarländern. Die Mehrzahl jener, die mit dem Schiff anreisen, sind Teilnehmer einer Kreuzfahrt.

Mit dem Flugzeug

Der wichtigste internationale Flughafen ist Johannesburgs O. R. Tambo International Airport; internationale Flüge gehen aber auch zum Cape Town International Airport von Kapstadt und Durbans International Airport. Viele der international operierenden Fluggesellschaften – darunter South African Airways, British Airways, Quantas, Air France, KLM und Lufthansa – bieten Direktflüge nach Südafrika an. Von Deutschland, Österreich und der Schweiz dauert der Flug nach Südafrika rund zehn Stunden.

Alle südafrikanischen internationalen Flughäfen werden von der ACSA (Airports Company of South Africa) gemanagt, die an den internationalen und nationalen Flughäfen Infoschalter betreibt. Besucher werden gebeten, nur Träger, Shuttleservices und Taxis mit dem offiziellen ACSA-Logo oder einer Lizenz der ACSA zu nutzen. Die Flughäfen Johannesburg und Kapstadt wurden wegen der Fussballweltmeisterschaft 2010 umgebaut. Der Flughafen von Durban wurde in King Shaka International Airport umbenannt und vom Süden in den Norden der Stadt verlegt.

Viele von der ACSA lizenzierte Taxi- und Shuttleservice-Unternehmen arbeiten an den großen Flughäfen; die Infoschalter helfen, Taxis und Busse zu finden. **Magic Bus** *(Tel. 011/548 08 22, www.magicbus.co.za)* ist ein renommiertes Transportunternehmen, das den Transport zwischen den drei großen Flughäfen beziehungsweise den entsprechenden Stadtzentren organisiert.

In Johannesburg und Kapstadt gibt es Gepäckaufbewahrungen.

Nützliche Websites:
Flughäfen: *www.acsa.co.za*
Air France: *www.airfrance.com*
British Airways: *www.ba.com*
Cathay Pacific: *www.cathaypacific.com*
KLM–Royal Dutch Airlines: *www.klm.com*
Lufthansa: *www.lufthansa.com*
Qantas: *www.qantas.com.au*
South African Airways: *www.flysaa.com*

Mit dem Auto

Einige Urlauber reisen von Namibia, Botsuana, Mosambik, Swasiland oder Simbabwe aus mit dem Auto ins Land. Eine Liste aller möglichen Grenzübergänge mit Telefonnummern und Öffnungszeiten findet sich unter *www.aa.co.za/travel/into-africa.*

UNTERWEGS IN SÜDAFRIKA

Mit dem Flugzeug

Da Südafrika ein großes Land ist, lohnt es sich für all jene mit begrenztem Zeitbudget, auch innerhalb des Landes ins Flugzeug zu steigen. Die staatliche Fluggesellschaft South African Airways (SAA) fliegt zwischen allen Großstädten und größeren Städten des Landes, die Fluglinien Airlink und South African Express fliegen mit kleineren Maschinen zu vielen regionalen Zielen, zum Beispiel in Städte unweit des Kruger National Park, wie Nelspruit, Phalaborwa und Hoedspruit. Weitere Ziele sind George an der Garden Route, Margate an der Südküste von KwaZulu-Natal und Upington, dem Ausgangspunkt für den Kgalagadi Transfrontier Park oder den Gariep River (Oranje).

In den letzten Jahren erlebte man den Aufstieg (manchmal auch den Fall) kleiner Fluggesellschaften, die in Konkurrenz zu SAA auf den Hauptrouten zwischen Kapstadt, Johannesburg und Durban fliegen. Um wie die großen Fluglinien Geld zu sparen, müssen die Fluggäste nun ihre Getränke auf dem Flug extra bezahlen. Einige Gesellschaften fliegen nach Port Elizabeth, George, East London und Nelspruit. Zu den etablierten Fluglinien unter den kleinen Fluggesellschaften zählen Kulula, 1Time und British Airways (in Südafrika unter der Flagge von Comair).

Gute Flugpreise bekommt man als Online-Frühbucher und bei Ausnutzung von Randzeiten (wie an Sonntagen frühmorgens oder spätabends).

Bei Inlandflügen sollten die Fluggäste eine Stunde vor der Abflugzeit am Flughafen sein.

Die Luftfahrt ist in Südafrika sehr gut überwacht, es gibt strenge Wartungsvorschriften und sehr gute Noten für die Sicherheit.

Nützliche Websites:
1Time: *www.1time.aero*
British Airways/Comair: *www.ba.co.za*
Kulula: *www.kulula.com*
South African Airways: *www.flysaa.com*

Mit dem Auto

In den meisten südafrikanischen Städten sind die öffentlichen Transportmittel für Touristen nur unzureichend sicher und effizient. Auch aus diesem Grund fahren die meisten Ausländer zwischen und in den Städten mit Mietwagen. In Südafrika herrscht Linksverkehr, ausländische Führerscheine werden akzeptiert, wenn sie in Englisch verfasst sind und die Unterschrift und ein Foto des Führerscheininhabers aufweisen. Wer keinen solchen Führerschein hat, muss sich zu Hause vor der Abreise einen internationalen Führerschein besorgen.

Das Land hat ein gutes, teilweise sogar sehr gutes Straßennetz mit asphaltierten und Schotterstraßen. Die Hauptverkehrsstrecken werden als „National Roads" bezeichnet und tauchen auf Schildern und Karten mit der Abkürzung N1, N2, N3 etc. auf. Regionale Straßen sind als R43, R62 oder R306 gekennzeichnet, sie sind Verbindungsstraßen zu den Nationalstraßen oder verbinden Städte innerhalb einer Region. Die Nationalstraßen sind meist, aber nicht immer breiter als die Regionalstraßen. Der südafrikanische Automobilclub (The South African Automobile Association) berichtet auf seiner Website im Kapitel „Travel & Routes" wöchentlich über den Straßenzustand und die Straßenarbeiten im Land.

Zu den großen Vergnügungen, mit dem Auto in Südafrika unterwegs zu sein, zählen die Fahrten über Land auf Nebenstrecken. Viele Nebenstraßen führen im Zickzackkurs über Land, oftmals durch traumhafte Landschaften. Besucher können auch problemlos mit dem eigenen oder einem Mietwagen auf Safari in den Nationalparks und den privaten Schutzgebieten gehen. Die meisten können mit ganz normalen Fahrzeugen besucht werden, nur auf relativ wenigen Strecken wird ein Allradantrieb empfohlen.

Viele internationale Mietwagenfirmen wie Avis, Budget und Hertz haben Filialen in Südafrika, sie unterhalten Büros in den internationalen Flughäfen und großen Städten. Auch heimische Mietwagenfirmen wie Tempest und Imperial bieten gute Konditionen.

Da Südafrika bekanntermaßen ein großes Land ist und die Entfernungen zwischen den Städten entsprechend groß sind, lohnt es sich, bei Vertragsabschluss auf eine unbegrenzte Kilometerzahl zu achten. Vor der Übernahme des Mietwagens sollte man auch gemeinsam mit dem Vermieter alle Schäden am Lack und der Karosserie in einem Protokoll festhalten. Wer vorhat, viel im Gelände zu fahren (zum Beispiel in Wildreservaten), sollte vorab klären, ob der Vertrag das auch uneingeschränkt erlaubt.

Generell gilt, vorsichtig zu fahren. Manch südafrikanischer Autofahrer hält Verkehrsregeln für überflüssig, und die Anforderungen an die Verkehrstauglichkeit eines Fahrzeugs sind nicht so streng wie in Westeuropa. In vielen Gebieten, vor allem auf ländlichen Nebenstrecken, sind die Straßen nicht eingezäunt, und man muss immer mit die Straße querenden Tieren rechnen. Aus diesem Grund (und aus ganz generellen Sicherheitsaspekten) sollte man nachts nie lange Strecken fahren. Tramper sollten generell nicht mitgenommen werden, auch sollte man an scheinbaren Unfallstellen vorbeifahren: Viele Kriminelle inszenieren einen Unfall, um ahnungslose Helfer auszurauben.

Nützliche Websites:

South African Automobile Association: *www.aa.co.za*
Avis: *www.avis.co.za*
Budget: *www.budget.co.za*
Hertz: *www.hertz.co.za*
Imperial: *www.imperialcarrental.co.za*
Tempest: *www.tempestcarhire.co.za*

Mit öffentlichen Verkehrsmitteln

Am ehesten kann man die Suburban Railway in Kapstadt und die kürzlich in Gauteng fertiggestellte Gautrain Rapid Rail Link, die Johannesburg und Pretoria verbindet, als für Touristen geeignete U-Bahnen in Südafrika bezeichnen. Von den beiden Systemen fährt aber nur der Gautrain über eine nennenswerte Distanz unter der Erde.

Kapstadts Bahnsystem unter der Federführung von Metrorail verbindet die Vororte mit dem Zentrum und die Städte rund um Kapstadt. Seine Website *(www.capemetrorail.co.za)* bietet Karten, Fahrpläne, Bahnhofsinformationen, Neuigkeiten zu aktuellen Verzögerungen und Details zu den Beförderungsbestimmungen. Einfache sowie Hin- und Rückfahrkarten können an den meisten Haltestellen gekauft werden. Für auswärtige Besucher ist die Linie am interessantesten, die die gesamte Kaphalbinsel vom Stadtzentrum bis Simon's Town abfährt – sie hält allerdings in jedem Vorort entlang der Strecke. Auf diese Weise kann man die Rugby- und Cricketfelder in Newlands, die Strände der False Bay und die Gezeitenpools von Muizenberg, St. James, Kalk Bay, Fish Hoek, Clovelly und Simon's Town bequem besuchen. Die Linie ist auch praktisch, wenn man die Pinguinkolonien bei Boulders unweit von Simon's Town besuchen möchte. Die Bahnstrecke von Muizenberg nach Simon's Town ist teilweise sehr abwechslungsreich, weil sie direkt an der Wasserlinie entlangführt und schöne Blicke auf den Ozean eröffnet.

Besucher sollten sich nur Tickets für die erste Klasse kaufen, da sie weniger überfüllt und sicherer ist. In der Vergangenheit hat es immer wieder Sicherheitsprobleme in der Metrorail gegeben, inzwischen fährt Sicherheitspersonal in den Zügen mit. Auch wenn die Wahrscheinlichkeit gering ist, in einen Zwischenfall verwickelt zu werden, sollte man sich immer vergegenwärtigen, dass das System nicht vollständig sicher ist.

Die zweite interessante Metrorail-Linie verbindet Kapstadt mit Stellenbosch, dem Zentrum des Kap-Weinlandes.

Das Gautrain-Projekt *(www.gautrain.co.za)* verbindet das Zentrum von Johannesburg, Sandton, den O. R. Tambo International Airport und Pretoria mit einer Schnellbahnverbindung. Die Linie Johannesburg-Sandton verläuft unterirdisch, andere Abschnitte laufen über Überführungen. Dies ist die modernste, sicherste und effizienteste öffentliche Transportgelegenheit Südafrikas. Die Züge fahren regelmäßig und pünktlich. Die Fahrt vom Flughafen nach Sandton beträgt nur noch 15 Minuten, die Fahrzeit von Johannesburg nach Pretoria rund 40 Minuten.

Mit dem Bus

Zwischen den Großstädten und den größeren und kleineren übrigen Städten gibt es gute, regelmäßige Verbindungen. Busse sind eine günstige, angesichts der oft großen Entfernungen zwischen vielen südafrikanischen Städten aber auch zeitintensive Transportmöglichkeit. In der Regel sind die Preise für Langstreckenfahrten verhältnismäßig günstiger als für Fahrten zwischen nahe gelegenen Zielen. Wer keinen eigenen Wagen zur Verfügung hat und unabhängig reisen will, für den sind die Busse teilweise die einzige Möglichkeit, abgelegene Ziele zu erreichen.

Die größten Busgesellschaften des Landes sind Greyhound, Intercape, Translux und SA Roadlink. Sie bieten Busse mit verstellbaren Sitzen und Klimaanlage an. Bei Greyhound und SA Roadlink können Tickets online reserviert werden, Tickets für Busse von Intercape und Translux können telefonisch oder in den Büros der Firma gebucht werden.

Wer Geld sparen möchte, sollte sich über den Greyhound Travel Pass informieren: Er bietet Reisenden unbegrenztes Fahren an sieben oder 15 Tagen innerhalb einer Zeitspanne von 30 Tagen oder 30 Tage unbegrenztes Fahren in einem Zeitraum von 60 Tagen (Preise und Bedingungen stehen auf der Website der Firma).

Mit Ausnahme von Kapstadt hat gegenwärtig keine andere Stadt ein für Touristen geeignetes öffentliches Nahverkehrssystem mit Bussen. In Kapstadt fahren für Touristen interessante Shuttlebusse alle 10 bis 15 Minuten zwischen Victoria & Alfred Waterfront und dem Hauptbahnhof. Zudem gibt es offene Sightseeing-Busse, die die großen touristischen Sehenswürdigkeiten anfahren *(www.citysightseeing.co.za)*. Ebenfalls empfehlenswert sind die MyCiti-Busse, die von der Stadtverwaltung von Kapstadt betrieben werden *(www.capetown.gov.za/en/MyCiti)*. Ständig kommen neue MyCiti-Routen hinzu, nützliche bereits exisiterende Routen decken das Stadtzentrum und Waterfront sowie die Verbindung zwischen Stadtzentrum und Cape Town International Airport ab.

Nützliche Websites:
Baz Bus: *www.bazbus.com*
Greyhound: *www.greyhound.co.za*
Intercape: *www.intercape.co.za*
Translux: *www.translux.co.za*
SA Roadlink: *www.saroadlink.co.za*

Mit der Bahn

Die Bahnlinien, die von südafrikanischen Urlaubern am meisten genutzt werden, sind die teuren Luxuszüge, die auf einigen wenigen Strecken durch das südliche Afrika fahren. Rovos Rail bietet eine ganze Reihe dieser Luxusreisen. Seine Züge verkehren regelmäßig zwischen Pretoria und Kapstadt, seltener von Pretoria nach Durban, zu den Victoriafällen in Simbabwe oder von Kapstadt nach George. Rovos bietet auch jährliche Bahnfahrten von Kapstadt nach Daressalam in Tansania und von Pretoria nach Swakopmund in Namibia.

Der luxuriöse Blue Train startet wöchentlich von Kapstadt nach Pretoria und zurück.

Sowohl Rovos Rail als auch Blue Train bieten jeden erdenklichen Luxus; bei der Fahrt geht es nicht um schnelles Ankommen, sondern um luxuriöses Sightseeing vom bequemen Armsessel aus.

Die eigentlichen Intercityzüge sind für ausländische Touristen nicht zu empfehlen: Die Züge von Spoornet sind langsam, ineffizient und auf vielen Strecken auch unzuverlässig. Die Züge fahren viermal die Woche von Kapstadt nach Johannesburg und zurück; seltener zwischen Kapstadt und Durban, Kapstadt und East London, Johannesburg und Port Elizabeth und Johannesburg und Nelspruit. Wer sich dennoch für diese Züge entscheidet, sollte eine Reservierung bei Premier Classe mit einem Schlafwagenabteil für vier Personen vornehmen.

Nützliche Websites:
Blue Train: *www.bluetrain.co.za*
Rovos Rail: *www.rovos.co.za*
Premier Classe: *www:premierclasse.co.za*

Mit dem Taxi

Das Wort Taxi hat in Südafrika zwei ganz verschiedene Bedeutungen: Zum einen bezieht es sich auf die Tausende von Minibussen, die für den Massentransport auf bestimmten Strecken im Stadtgebiet und zwischen verschiedenen städtischen Großräumen sorgen. Auch wenn viele Menschen jeden Tag sicher mit diesen Minibussen unterwegs sind, sollten sie nur von erfahrenen Afrikareisenden genutzt werden.

Unter Taxi versteht man aber auch das Taxi, wie man es rund um den Globus kennt: Ein Auto mit einem Taxameter, das seine Fahrgäste von A nach B chauffiert. Taxis mit Taxameter könnten nicht einfach an der Straße herbeigewunken werden, man findet sie aber an den Haltestellen aller großen Flughäfen, in den Stadtzentren und bei großen touristischen Sehenswürdigkeiten. Vom Hotel, Restaurant oder Laden lässt sich ebenfalls ein Taxi bestellen. Es gibt keine landesweit operierenden Taxiunternehmen. Um nicht an eine zwielichtige Gesellschaft zu geraten, empfiehlt es sich, Angestellte im Hotel oder Restaurant zu bitten, ein vertrauenswürdiges Taxiunternehmen anzurufen.

PRAKTISCHE TIPPS

Kommunikation

Südafrika hat eine gute Kommunikations-Infrastruktur mit Post, zuverlässigem Internet und anderen Telefondienstleistungen.

Postämter: Das South African Post Office ist für die Briefzustellung und alle weiteren postalischen Dienstleistungen zuständig. Postämter sind an ihrem rot-weiß-blauen Logo, das einen offenen Briefumschlag zeigt, zu erkennen. Briefmarken können im Postamt gekauft werden; große Supermärkte verkaufen Briefmarken in Heftchen. Die Post bietet auch Expresszustellung, Paketdienst und Kurierservice an. Die Tarife für die einzelnen Dienstleistungen finden sich auf der (nicht sehr benutzerfreundlichen) Website der Post. Eine Postkarte nach Europa kostet rund 5,40 Rand (Airmail) und 3,30 Rand auf dem Landweg, ein kleiner Brief 6,30 Rand per Luftpost und 5,30 Rand auf dem Landweg. Postlagernde Sendungen können zu allen Hauptpostämtern der Großstädte und größeren Städte geschickt werden. Der Empfänger muss sich mit einem Pass ausweisen.

Viele Dienstleistungen, auf die die Post früher ein Monopol hatte, werden nun auch von der international operierenden Postnet-Gesellschaft angeboten, sie unterhält Annahmestellen in allen Großstädten und vielen größeren Städten. Postnet bietet unter anderem Paket- und Kurierdienste und die Nutzung des Internet an.

Nützliche Websites:

Postnet: *www.postnet.co.za*
South African Post Office: *www.sapo.co.za*

Briefkästen: Ausreichend frankierte Briefe können in die leuchtend roten, rechteckigen Briefkästen (ab und zu trifft man noch auf alte, zylindrische Briefkästen) geworfen werden. Unter dem Briefschlitz befindet sich meist ein silber- oder messingfarbenes Schildchen, auf dem die Leerungszeiten genannt werden.

Telefon: Derzeit hat noch Telkom (*www.telkom.co.za*) das Monopol für die Festnetzleitungen in Südafrika, Konkurrenten werden aber Telkom demnächst den Markt streitig machen. Fast im ganzen Land kann man direkt telefonieren, für Ferngespräche im Land und international ist unter Umständen jedoch eine Vermittlung notwendig. Innerhalb Südafrikas hat jede Stadt eine dreistellige Vorwahl und siebenstellige Rufnummer. In Südafrika muss man generell auch bei Ortsgesprächen die vollständige zehnstellige Nummer wählen. Alle Nummern mit der Vorwahl 0800 sind kostenlose Rufnummern. Details zu internationalen Ferngesprächen von Südafrika aus siehe Kasten S. 11.

Öffentliche Telefone findet man überall im Land. Die Apparate von Telkom – häufig Kartentelefone, seltener Münztelefone – tragen die grüne, blaue und weiße Farbe von Telkom. Telefonkarten im Wert von 20, 50, 100 und 200 Rand (1,60 €, 4, 8 und 16 €) werden in den Städten in vielen Cafés und kleinen Läden verkauft. In den Telefonzellen finden sich auch genaue Anweisungen – in Englisch, teilweise auch in weiteren Sprachen –, wie man telefoniert.

Nützliche Telefonnummern:

Hinweis: Alle folgenden Nummern sind kostenpflichtig.
1023 Auskunft
1025 Ein Vermittler hilft bei einem Fern- oder R-Gespräch innerhalb Südafrikas.
10900 Ein Vermittler hilft bei einem internationalen Ferngespräch.
10903 Internationale Auskunft

Handys: Fast das ganze Land ist an das Handynetz angeschlossen, allerdings verliert man in ländlichen Gebieten schon einmal den Empfang. Die wichtigsten Handyprovider sind Vodacom, MTN und Cell C; sie haben an den Flughäfen und in den Städten ihre Läden.

Jeder Reisende, der sein eigenes Handy in Südafrika verwenden möchte, sollte mit dem heimischen Provider klären, ob das Handy in Südafrika funktioniert. Alternativ kann man am Flughafen ein Starterpaket kaufen und Prepaidkarten in Supermärkten, Cafés etc. nachkaufen. Eine dritte Möglichkeit ist, sich für die Zeit des Aufenthaltes ein Handy zu leihen.

Nützliche Websites:

Cell C: *www.cellc.co.za*
MTN: *www.mtn.co.za*
Vodacom: *www.vodacom.co.za*

Internet: In Südafrika gibt es viele Internetdienste, die Schnelligkeit ist aber teilweise eingeschränkt. In der Regel ist es kein Problem, in den Städten und in der Nähe touristischer Hauptsehenswürdigkeiten E-Mails abzurufen, im Internet zu surfen oder zu skypen. In den städtischen Gebieten stellen viele Hotels und Gästehäuser ihren Gästen sogar WLAN und Internet zur Verfügung. Auch in den kleineren ländlichen Gebieten wird man in der Regel einen Internetanschluss finden.

Maße

Südafrika arbeitet mit dem metrischen System.

Damenbekleidung

Deutschland	34	36	38	40	42	44
Südafrika	87	92	97	102	107	112

Herrenbekleidung

Deutschland	46	48	50	52	54	56
Südafrika	92	97	102	107	112	117

Schuhgrößen Frauen

Deutschland	37–37/38	38–38/39	39–39/40	40–40/41
Südafrika	5–5½	6–6½	7–7½	8–8½

Schuhgrößen Männer

Deutschland					
41/42	42	43	44	45	45/46
Südafrika					
7	7½	8½	9	10	11

Elektrizität

Die Stromspannung beträgt 220/230 Volt. Die Stecker haben zwei bis drei runde Stifte. Die Stromversorgung ist in den städtischen Gebieten einigermaßen zuverlässig, kann aber in ländlichen Gebieten immer wieder mal unterbrochen sein. Der größte Stromkonzern Eskom hat massive Probleme, den wachsenden Strombedarf des Landes zu decken. So kann es in Spitzenzeiten zu Stromausfällen kommen, allein schon deshalb sollte man eine batteriebetriebene Taschenlampe dabeihaben.

Etikette

Im Allgemeinen sind die Südafrikaner warmherzig und freundlich, in den Städten erlebt man unter Umständen eine größere Distanz Fremden gegenüber. Vor allem in Kleinstädten und ländlichen Räumen sollte man sich an die folgende Begrüßungsformel gewöhnen: Einheimischer: *„Hello."* – Besucher: *„Hello."* – Einheimischer: *„How are you?"* („Wie geht es Ihnen?") – Besucher: *„Fine, thanks. And you?"* („Danke, gut. Und Ihnen?") – Einheimischer: *„I'm fine, too."* ("Danke, mir geht's auch gut.") Im Land ist es üblich, Fußgängern zuzuwinken und auch auf diese Weise zurückgegrüßt zu werden.

Schwarze begrüßen sich mit dem dreifachen Handschlag: Händeschütteln auf westliche Art, dann die Hände des Gegenübers mit den Daumen nach oben umschließen, dann nochmaliges Händeschütteln. Das Händeschütteln wird von vielen Europäern als schlaffer Händedruck empfunden, ist aber in diesem Fall ein Ausdruck des Respekts gegenüber dem Fremden. Manchmal trifft man auch auf dem Land noch sehr traditionell geprägte Menschen, die aus Respekt extrem leise sprechen und ihrem europäischen Gegenüber nicht in die Augen schauen.

Feiertage

Südafrika hat viele staatliche Feiertage, an denen die Banken, Geschäfte und die Verwaltung geschlossen sind (wenn ein staatlicher Feiertag auf einen Sonntag fällt, ist der folgende Montag ein Feiertag).

1. Januar Neujahr
21. März Tag der Menschenrechte
Karfreitag
Familientag (Ostermontag)
27. April Nationalfeiertag *(Freedom Day)*
1. Mai Tag der Arbeit
16. Juni Tag der Jugend *(Soweto Day)*
9. August Nationaler Frauentag
24. September Tag des kulturellen Erbes *(Heritage Day)*
16. Dezember Tag der Versöhnung *(Day of Reconcilation)*
25. Dezember Weihnachten
26. Dezember Tag des guten Willens *(Day of Godwill)*

Alkoholgesetze

Südafrika hat recht entspannte Alkoholgesetze: Alle Personen dürfen ab dem 18. Lebensjahr Alkohol kaufen. Bier, Wein und Spirituosen können in ausgewiesenen Alkoholgeschäften (*liquor stores*, von den Einheimischen *bottle stores* genannt) gekauft werden. Sie haben zu den normalen Geschäftszeiten geöffnet. Große Supermärkte dürfen nur Wein verkaufen.

Medien

Die Pressefreiheit ist durch die Verfassung garantiert, das Land hat starke unabhängige Medien, die in elf offiziellen Landessprachen publizieren. Das Staatsfernsehen, die South African Broadcasting Corporation (SABC), ist teilweise zu zurückhaltend oder befangen in seiner politischen Berichterstattung, was aber durch starke kommerzielle Sender ausgeglichen wird.

Zeitungen: Einige englischsprachige Zeitungen sind schon über hundert Jahre alt. Jede Großstadt hat ihre eigenen englischen Morgen- und Abendzeitungen: In Kapstadt sind es *Cape Times* und *Cape Argus,* in Johannesburg *Citizen, Sowetan* und *Mtar*, in Durban der *Mercury* und die *Daily News.* In den letzten Jahren hat die Sensationspresse in den Städten eine zunehmende Zahl an Lesern gewonnen.

Zu den informativsten und anspruchsvollsten Wochenzeitungen gehören der *Mail & Guardian,* der jeden Freitag erscheint und fundierte Artikel über politische, wirtschaftliche und kulturelle Themen veröffentlicht.

Die wichtigste nationale Sonntagszeitung ist die in Johannesburg erscheinende *Sunday Times,* ein Mix aus Sensationsberichterstattung, ernsthaften Reportagen und politischen Kommentaren. Daneben gibt es die weniger oft gelesene, dennoch sehr gute *Sunday Independent,* in der viele Artikel aus britischen und US-amerikanischen Zeitungen erscheinen. Im Großraum Durban erscheint mit der *Sunday Tribune* zudem eine eigene Sonntagszeitung.

Die neue, landesweit erscheinende Tageszeitung der *Sunday Times – The Times* – ist die erste Lokalzeitung mit einer umfangreichen interaktiven Website.

Fernsehen: Das Staatsfernsehen strahlt sein Fernsehprogramm über seine drei Kanäle SABC 1, 2 und 3 in vielen der offiziellen Landessprachen aus. Englische Nachrichten, Dokumentar- und Sportsendungen und Filme werden dabei auf allen drei Kanälen gesendet. Ausländische Besucher, die englische Programme suchen, werden am ehesten bei den freien Sendern e.tv oder den Pay-TV-Sendern M-NET und DSTV fündig. Über DSTV hat man auch Zugang zu CNN, BBC World und Sky sowie zu den 24 Stunden täglich sendenden lokalen Nachrichtenkanälen von e.tv.

Online-Nachrichten: Gute, aktuelle lokale und internationale Nachrichten können über die Internetprovider iafrica, iol und News24 abgerufen werden. Die Seite von iol ist besonders hilfreich, da man dort Links zu den Online-Ausgaben aller wichtigen südafrikanischen Zeitungen findet.

Nützliche Websites:
iafrica: *www.iafrica.com*
iol: *www.iol.co.za*
News24: *www.news24.com*

Radio: SABC macht einen guten Job und sendet in den meisten offiziellen Landessprachen. Gute Nachrichtensendungen und Talkshows werden über den hauseigenen Radiosender SAFM ausgestrahlt. Viele kommerzielle Radiosender senden auf eigenen Frequenzen, darunter der Sender 567 Cape Talk in der Kapstädter Region und der Sender 702 Talk Radio in der Region Gauteng. Beide bieten über den Tag einen Mix aus aktuellen Nachrichten, Interviews und Talkshows. Dazu gesellen sich viele regionale Radiostationen auf dem Land, die vor allem Popmusik ausstrahlen; am beliebtesten ist die nationale Musikstation 5FM.

Geld

Die offizielle Währung ist der Rand, der in 100 Cent unterteilt ist. Scheine gibt es in den Werten 10, 20, 50, 100 und 200 Rand. Die bronzefarbenen Münzen haben die Werte 5, 10, 20 und 50 Cent, daneben gibt es nickelfarbene Münzen im Wert von 1 und 2 Rand und eine bronzefarbene Münze mit Silberrand im Wert von 5 Rand. Das südafrikanische Bankensystem ist sehr gut. Die wichtigsten Banken heißen Standard, First National, Nedbank und ABSA und sind mit ihren Filialen und Geldautomaten im ganzen Land vertreten. Geldautomaten findet man an allen Flughäfen und Einkaufszentren sowie an vielen Straßen (sogar in Kleinstädten auf dem Land). Mit der heimischen Bankkarte kann man sich die lokale Währung von den Geldautomaten auszahlen lassen, es empfiehlt sich aber, zur Sicherheit vor Antritt der Reise bei der heimischen Bank nachzufragen.

Die bekannten Kreditkarten sind weit verbreitet, in kleineren Orten sollte man aber vor dem Einkauf nachfragen, ob die jeweilige Karte akzeptiert wird. Die bekanntesten Karten sind Mastercard und Visa.

Reiseschecks und ausländische Währungen können in den Banken, bei einigen Reisebüros und Wechselstuben (die bei vielen Sehenswürdigkeiten zu finden sind) eingetauscht werden. Wichtig ist, vorab immer nach der Kommission zu fragen. Auch größere Hotels sind bereit, Schecks und Banknoten einzutauschen, verlangen aber oft hohe Gebühren.

Öffnungszeiten

Die meisten Läden und Büros in den städtischen Großräumen haben von Montag bis Freitag ab 8.30/9 Uhr geöffnet und schließen zwischen 16.30 und 17.30 Uhr. Viele haben am Samstag von 9 bis 12.30/13 Uhr geöffnet. In Kleinstädten und Dörfern auf dem Land schließen manche Läden mittags für eine Stunde zwischen 12 und 14 Uhr und haben über das Wochenende geschlossen.

Größere Läden in den städtischen Einkaufszentren öffnen deutlich länger, manche an den Wochentagen bis 21 oder 22 Uhr (vor allem an Freitagen und in der Ferienzeit) sowie samstags und sonntags von 10 oder 11 Uhr bis etwa 16 Uhr.

Die Banken haben in der Regel von 9 Uhr bis 15.30 Uhr an den Wochentagen und von 9 bis 10.30 oder 11 Uhr am Samstag geöffnet. Viele Postämter haben von 8.30 bis 16.30 Uhr geöffnet.

Tankstellen an den Hauptstraßen sind rund um die Uhr geöffnet, dasselbe gilt für die Tankstellen in den städtischen Großräumen. Kleinere Tankstellen öffnen um 7 und schließen um 22 Uhr, haben aber auch individuelle Öffnungszeiten.

Gotteshäuser

Die Mehrzahl der Südafrikaner sind Christen, die einer der vielen unabhängigen afrikanischen Kirchen oder der anglikanischen, katholischen, niederländisch-reformierten, methodistischen oder presbyterianischen Kirche angehören. Andere sind einer der charismatischen evangelikalen Kirchen angeschlossen. Daneben gibt es Muslime, Hindus, Juden und Anhänger der traditionellen afrikanischen Glaubensrichtungen. Jede dieser religiösen Gruppen hat ihre eigenen Kirchen oder Gebetsräume, doch nur die wenigsten können besichtigt werden. Wer der entsprechenden Kirche angehört, ist immer zum Gebet willkommen.

Zeitunterschied

Südafrika hat nur eine Zeitzone, der Unterschied zur Mitteleuropäischen Zeit (MEZ) beträgt im Winter plus eine Stunde, während der Sommerzeit gibt es keinen Zeitunterschied.

Trinkgeld

Siehe Kasten S. 10. Wer mit einem Leihwagen unterwegs ist, wird in den Städten beim Einparken von „Auto-Bewachern", die teilweise pseudooffizielle Kleidung tragen, angesprochen. Sie bieten an, das Auto während der Parkzeit zu „bewachen". Bei der Rückkehr sollte man ihnen – je nach Parkzeit und Wetterbedingungen – fünf bis 20 Rand geben.

Einrichtungen für Behinderte

Auch wenn laut Verfassung die Rechte der Behinderten geschützt sind, hat der Staat in den letzten Jahren nicht viel für die Verbesserung der Lebensbedingungen und des Alltags der Behinderten getan. Neuere öffentliche Gebäude haben inzwischen meist eine Rampe, Aufzüge und Toiletten für Rollstuhlfahrer. Auch Behindertenplätze sind auf Parkplätzen ausgewiesen. In jedem Fall sollte man sich vor Antritt der Reise über die Gegebenheiten vor Ort informieren.

Epic Enabled (www.epic-enabled.com) organisiert regelmäßig Safarireisen für Behinderte und kann auch Touren, die auf die Bedürfnisse des Einzelnen zugeschnitten sind, arrangieren.

Besucherinformation

Auch kleine Städte haben inzwischen eine eigene Touristeninformation; an den Flughäfen findet man entsprechende Schalter. Wer in einer Stadt ankommt, sollte als Erstes zur örtlichen Touristeninformation gehen und sich einen Überblick über die lokalen und regionalen Sehenswürdigkeiten verschaffen, meist werden auch gute Detailkarten angeboten.

Die Telefonnummer für generelle touristische Informationen und Sicherheitsfragen lautet 083/123-2345.

Unter den vielen Internetseiten mit allgemeinen Informationen und Tipps für die Reiseplanung ist die Website *www.southafricaholiday.org.uk* besonders zu empfehlen. Weitere nützliche Websites:

www.sa-venues.com
www.southafrica.net
www.southafrica.info

Die wichtigsten Touristeninformationen

Kapstadt: The Pinnacle, Ecke Burg St. & Castle St. *(Tel. 021/487-6800, www.thewesterncape.co.za)*. Die Website bietet auch zahlreiche Links zu den Touristeninformationen der anderen Städte in der Provinz West-Kap.
Durban: Tourist Junction, 90 Florida Rd. *(Tel. 031/322-4164, www.durbanexperience.co.za)*
Johannesburg: 195 Jan Smuts Ave., Parktown North *(Tel. 011/214-0700, www.joburgtourism.com)*
Pretoria: Tourist Information Center, Church St. *(Tel. 012/358 14 30)*. Der offizielle Internetauftritt *(www.tshwanetourism.com)* ist eher mager; besser sind die Seiten *www.gopretoria.co.za* oder *www.sa-venues.com*.

Regionale Touristeninformationen

Ost-Kap: *www.ectourism.co.za*
Gauteng: *www.gauteng.net*
KwaZulu-Natal: *www.zulu.org.za*
Mpumalanga: *www.mpumalanga.com*
Nord-Kap: *www.northerncape.org.za*
Provinz Nord-West: *www.tourismnorthwest.co.za*
West-Kap: *www.capetourism.org*

IM NOTFALL

Folgende Notrufnummern gelten im ganzen Land:
Polizei 10111
Krankenwagen und Feuerwehr 10177
Nationale Notfallrufnummer 107
Handy-Notfallrufnummer 112
Touristische und Sicherheitsinformationen 083/123 23 45

Sicherheit & Polizei

Falls man in einen Unfall oder eine kriminelle Straftat verwickelt ist, sollte man die Telefonnummer 10111 wählen, man wird dann mit der nächstgelegenen Polizeistation verbunden. Wann dann jemand vor Ort eintrifft, hängt davon ab, wo man sich befindet. Meist wird man aufgefordert, mit auf die Polizeiwache zu kommen, um dort Anzeige zu erstatten; sie wird schriftlich festgehalten und muss unterschrieben werden. Wichtig ist auch nach einer offiziellen (Vorgangs-) Nummer zu fragen, unter Umständen wird eine solche Nummer von der Versicherung eingefordert.

Südafrikanische Polizisten tragen dunkelblaue Uniformen und eine blaue Kappe. Ihr Ausbildungsstand variiert sehr, teilweise kommt es wegen fehlender Englischkenntnisse zu Verständigungsproblemen.

Botschaften & Konsulate

DEUTSCHLAND

Pretoria
Botschaft
180 Blackwood Street
Arcadia, Pretoria 0083
Tel. 012/427 89 00
www.pretoria.diplo.de

Kapstadt
Generalkonsulat
19. Stock
Triangle House
22 Riebeek St.
Cape Town 8001
Tel. 021/405 30 00
www.kapstadt.diplo.de

Honorarkonsulate gibt es in Durban (Tel. 031/266 39 20) und Port Elizabeth (Tel. 041/397 47 00).

ÖSTERREICH

Pretoria
Botschaft
1109 Duncan St.,
Brooklyn, Pretoria 0181
Tel. 012/452 91 55
www.aussenministerium.at/pretoria

Kapstadt
Generalkonsulat
Protea Hotel Sea Point
Arthur's Road
Sea Point
Cape Town 8005
Tel. 021/430 51 33

Honorarkonsulate gibt es zudem in Durban (Tel. 031/261 62 33; ohne Passbefugnis), Johannesburg (Tel. 011/462 23 34; ohne Passbefugnis) und Port Elizabeth (Tel. 041/364 15 64; ohne Passbefugnis).

SCHWEIZ

Pretoria
Botschaft
225 Veale St.
Parc Nouveau
New Muckleneuk 0181, Pretoria
Tel. 012/452 06 60
Tel. 012/452 06 61 (Konsularabteilung)
www.eda.admin.ch/pretoria

Kapstadt
Generalkonsulat 26. Stock
1 Thibault Square (Ecke Long St./ Strijdom)

Cape Town 8001
Tel. 021/418 36 69
www.eda.admin.ch/capetown
Ein Konsulat gibt es außerdem in Durban (Tel. 031/568 24 57).

Fundsachen

Generell empfiehlt es sich, zur Sicherheit zu Hause Kopien der wichtigsten Dokumente wie Pass, Flugticket und Reiseschecks zu machen und diese dann sicher und getrennt von den Originalen mit auf die Reise zu nehmen (eine zweite Kopie sollte zu Hause deponiert werden). Sollte ein Dokument verloren gehen, muss umgehend die Polizei und/oder die Botschaft (Pass) verständigt werden. Wer Wertsachen verliert, die durch die Reiseversicherung gedeckt sind, muss sich den Verlust bei der nächstgelegenen Polizeistation bestätigen lassen (an die Vorgangsnummer denken!). Hilfe bietet auch die Sicherheitsnotrufnummer 083/123 23 45.

Verhalten im Fall eines Autounfalls

Wer in einen Autounfall mit Personenschaden verwickelt ist, sollte zunächst über die Notrufnummer 101 77 oder über die Handy-Notrufnummer 112 einen Krankenwagen rufen. Als Nächstes muss die Polizei informiert werden (Tel. 101 11). Unter Umständen wird man aufgefordert, persönlich auf der Wache zu erscheinen und seine Sicht des Vorfalls zu Protokoll zu geben. Auch hier gilt, für die Versicherung um eine Vorgangsnummer zu bitten.

Wenn keine Personen verletzt und nur Schäden am Auto feststellbar sind, ist man per Gesetz nicht verpflichtet, die Polizei zu rufen. Wenn es Zeugen gibt, sollte man diese um die Kontaktdaten bitten. Und natürlich sollte man alle Daten des Unfallpartners haben (vor allem auch die vollständigen Angaben zu seiner Autoversicherung).

Die am Unfall beteiligten Fahrzeuge dürfen vor dem Eintreffen der Polizei nicht bewegt werden. In Südafrika sind bei Unfällen schnell diverse Abschleppdienste zur Stelle, die aggressiv um den Auftrag buhlen. Es empfiehlt sich auch, vor einer Entscheidung zunächst die Mietwagenfirma und/oder die Autoversicherung anzurufen.

Die Autoversicherung sollte generell schnellstmöglich informiert werden – ob man nun schuldig oder unschuldig am Unfall ist.

GESUNDHEIT

Krankenhäuser & Ärzte

In den Ballungsräumen haben Krankenhäuser und die medizinische Versorgung im Allgemeinen einen sehr hohen Standard. Wer einen Arzt oder Zahnarzt braucht, findet im Telefonbuch unter dem Stichpunkt „Medical Practitioners" alle Ärzte, die in der Region praktizieren. Außerhalb der üblichen Zeiten werden die Ärzte auf ihren Anrufbeantwortern die Telefonnummer eines Bereitschaftsarztes nennen. Krankenhäuser sind rund um die Uhr auf Notfälle eingerichtet.

Große staatliche Krankenhäuser

Kapstadt: Groote Schuur Hospital, Main Rd., Observatory *(Tel. 021/404 91 11)*
Durban: Addington Hospital, Erskine Terrace, South Beach *(Tel. 031/327 20 00)*
Johannesburg: Johannesburg General, Jubilee Rd., Parktown *(Tel. 011/488 49 11)*
Wer eine Privatklinik aufsuchen will, kann sich an eine der folgenden Gesellschaften wenden, die Krankenhäuser in ganz Südafrika betreiben: Netcare *(Tel. 011/301 00 00, www.netcare.co.za)* und Medi-Clinic *(Tel. 021/809 65 00, www.mediclinic.co.za)*.

Medikamente

In den Ballungsräumen gibt es ausreichend Apotheken, einige sind rund um die Uhr zu erreichen. Die einheimischen Apotheker sind gut ausgebildet und können ihre Kunden gut über die richtigen Einnahmevorschriften informieren.

Gesundheitliche Risiken

HIV/Aids ist ein sehr ernsthaftes Problem in Südafrika, vor allem unter der heterosexuellen Bevölkerung. Entsprechende Vorsorge muss der Einzelne treffen, vor allem sollte auf sicheren Sex geachtet werden.

Wer im Lowveld von Mpumalanga und des nördlichen KwaZulu-Natal reist, sollte unbedingt auf die Prophylaxe gegen Malaria achten. Die entsprechende Behandlung muss mindestens eine Woche vor Reiseantritt begonnen werden, nach der Reise müssen die Medikamente mindestens eine weitere Wochen eingenommen werden (siehe Beipackzettel).

Wer gegen die Medikamente zur Malariaprophylaxe allergisch ist oder sich generell dagegen entscheidet, muss sich extrem vorsichtig kleiden (möglichst wenig unbedeckte Haut) und die nicht bedeckten Körperpartien mit einem guten Mückenschutz eincremen. Mücken sind vor allem während der Dämmerung und der Nacht aktiv: Ein Moskitonetz sollte unbedingt verwendet werden.

Wasser

Generell ist das Leitungswasser sauber; wer im Busch unterwegs ist, sollte sich erkundigen, ob das Wasser vor Ort unbedenklich ist. Wer wandert und gezwungen ist, Flusswasser zu trinken, sollte es auf jeden Fall vor dem Trinken abkochen und mit entsprechenden Reinigungstabletten versetzen.

Vor dem Schwimmen in Flüssen und Seen wird gewarnt: Generell sollte man sich vor dem Sprung ins kühle Nass vergewissern, dass keine Gefahr der Infektion mit Bilharziose (Schistosomiasis) besteht – und ob Flusspferde und Krokodile ein Problem sein können.

Hotels & Restaurants

Südafrikas Tourismusindustrie hat seit Beginn der 1990er Jahre einen rasanten Aufstieg erfahren. Heute finden Urlauber in den Metropolen und großen Städten eine riesige Auswahl an unterschiedlichen Übernachtungsmöglichkeiten und Restaurants. Und selbst in den kleinsten Ortschaften gibt es sicher ein akzeptables B&B, eine Selbstversorgerunterkunft und ein Lokal. Der Standard hinsichtlich Sauberkeit und Professionalität schwankt sehr, ist aber insgesamt hoch. Verglichen mit europäischen Preisen, ist das Niveau akzeptabel, meist bekommt man eine gute Leistung für sein Geld.

Hotels

Die Terminologie hinsichtlich der Unterkunftsmöglichkeiten entspricht denen in anderen englischsprachigen Teilen der Welt, wenn sie auch manchmal etwas schwammig ist. Ein und derselbe Unterkunftstyp wird deshalb auch schon einmal *hotel*, ein anderes Mal *lodge*, *guesthouse* oder *country house* genannt (oder gleich eine Kombination dieser Begriffe). Im Jahr 2000 wurde deshalb ein offizieller touristischer Klassifikationsrat gebildet, der die Richtlinien für eine Kategorisierung festlegte. Heute gibt es für jede Unterkunftsform eine Skala von ein bis fünf Sternen. Bisher ist die Klassifizierung aber eine freiwillige Angelegenheit. Die im Folgenden genannten Kriterien entsprechen denen des Rates *(www.tourismgrading.co.za).*

Neben den eigentlichen Zimmern sollte ein Hotel einen Empfangsbereich, einen Speisesaal oder zumindest einen Frühstücksraum haben. Die in den Hotels servierten Mahlzeiten und Getränke können auch von Dritten geliefert werden.

Lodges: Eine Lodge bietet Übernachtungsmöglichkeiten in freier Natur. In den Tarifen der sogenannten Game-Lodges sind Mahlzeiten und einige Getränke eingeschlossen, teilweise auch Safaris, geführte Wanderungen oder der Besuch einer historischen Stätte. (Die Abstufung bezieht sich daher vor allem auf das Gesamtangebot der Lodge.)

Guesthouses (Gästehäuser): Dabei handelt es sich um größere Häuser oder um nach eigenen Vorstellungen umgebaute Privathäuser. Diese Gästehäuser werden in der Regel von den Besitzern geleitet, die oft in Anbauten wohnen. Manche Häuser haben auch öffentliche Bereiche, die allen Gästen gemeinsam zur Verfügung stehen.

Country Houses (Landhäuser): Ein sogenanntes *country house* ist ein etwas größeres Gästehaus, das meist ruhig außerhalb der Stadt liegt – entweder liegen ein See, ein Naturschutzgebiet oder ein Wald in der Nähe. Landhäuser bieten in der Regel den gleichen Service wie ein Hotel, einschließlich eines Abendessens.

Hotelketten: In der folgenden Liste werden nur einige Hotels genannt, die zu internationalen oder lokalen Ketten wie Hilton, Sheraton, Sun International, City Lodge oder Protea gehören. Details zu den einzelnen Häusern lassen sich leicht im Internet recherchieren:

www.hilton.com
www.starwoodhotels.com/sheraton
www.suninternational.com
www.citylodge.co.za
www.proteahotels.com

Alle Südafrika-Besucher, die auf eigene Faust ihre Übernachtungen organisieren wollen, finden im Internet hervorragende Adressen. Auf vielen Websites sorgen Landkarten für eine gute Orientierung, oft kann auch nach speziellen Kriterien wie Kategorie, Provinz, Stadt oder Preis gesucht werden; nützlich sind:

www.roomsforafrica.com
www.wheretostay.co.za/accommodation
www.sa-venues.com/accommodation
www.south-african-hotels.com

In Südafrika ist per Gesetz das Rauchen in allen geschlossenen öffentlichen Räumen verboten. Weil dadurch alle Häuser nur Nichtraucher aufnehmen, wird dieses Kriterium beim einzelnen Eintrag nicht mehr erwähnt. Wo Rauchen erlaubt ist, wird es erwähnt.

Restaurants

Vor 20 bis 25 Jahren gab es nur eine kleine Auswahl an Restaurants, das kulinarische Niveau war höchstens mittelmäßig. Heute ist die Auswahl umso größer. Kapstadt, das Kap-Weinland und die Städte der Provinz West-Kap sind ausgesprochene gastronomische Urlaubsziele geworden, es gibt eine ganze Reihe an Spitzenrestaurants und Dutzende hervorragender Lokalitäten. Zu Spitzenzeiten – vor allem ab Mitte Dezember bis Mitte Januar – ist es unbedingt notwendig, einen Tisch im Voraus zu reservieren.

Viele Hotels haben ihre einstigen Speisesäle in – teils sehr gute – Hotelrestaurants umgebaut, wo sowohl Hausgäste als auch Auswärtige essen können. Manche dieser Restaurants haben sogar ein vom Hotel unabhängiges Management.

Die Tage, in denen die französische Küche in den Toprestaurants vorherrschte, sind längst vorüber. Derzeit liegt die Fusionsküche sehr im Trend, bei der unter Verwendung südafrikanischer Zutaten Weltküchen mit der heimischen Küche kombiniert werden. Sushi und die asiatische Fusionsküche – stark von Japan, Thailand und Vietnam geprägt – sind in den Städten gut vertreten. Doch wem der Sinn nach moderner west- oder osteuropäischer Küche steht, wird ebenso fündig.

Noch immer sind allerdings die Desserts die Stiefkinder der Gastronomen. So findet man immer wieder die Klassiker Crème brûlée, Eis mit Schokoladensauce, Käse- und Apfelkuchen und *malva*-Pudding (ein süßer Pudding afrikanischen Ursprungs) auf den Karten.

Leider gilt auch für Südafrika, was in vielen anderen Regionen der Welt der Fall ist: Die Fischbestände sind erschöpft. Aus diesem Grund können viele Fischrestaurants nicht immer die Auswahl und Qualität an Fischen anbieten, die früher selbstverständlich waren.

Viele Restaurants bieten ein À-la-carte-Menü an, andere ein Tagesgericht *(specials of the day)* oder ein Festpreismenü. Viele Restaurants haben inzwischen eine eigene Homepage, auf denen die aktuelle Speisekarte nachzulesen ist. Meist bekommt man eine gute Qualität für sein Geld.

Etliche Weingüter in den Weinregionen des West-Kap bieten ihren Gästen einen lecker gefüllten Picknickkorb an, sodass man bei schönem Wetter draußen auf dem Gelände essen kann.

Heute hat fast jedes Restaurant die Konzession, zumindest Wein und Bier auszuschenken. Es ist aber nach wie vor selbst in teuren Restaurants normal, eine eigene Flasche Wein mitzubringen; relativ wenige Lokalitäten verbitten sich das. „BYO" *(bring your own)* ist eine hervorragende Möglichkeit für Reisende, die aufs Geld schauen müssen, weil viele Häuser für den ausgeschenkten Wein das Doppelte des Ladenpreises verlangen. Selbst bei einem Korkgeld von 1,50 bis 5 Euro spart man in der Regel noch Geld.

Hinsichtlich der Kleidervorschriften sind die südafrikanischen Restaurants sehr unkompliziert. Gepflegtleger ist die Devise: Lange Hosen und ein offenes Hemd sind die Regel bei einem Abendessen. Mittags akzeptieren viele Lokale sogar kurze Hosen, vor allem wenn man draußen isst. Wer sich über die Wortschöpfung *waitron* wundern sollte: Sie wird inzwischen von vielen Restaurants im Zuge der Gleichberechtigung verwendet und ist eine Neuschöpfung aus den Begriffen *waiter* („Kellner") und *waitress* („Kellnerin").

Die nachfolgende Aufzählung differenziert nicht zwischen Raucher- und Nichtraucherrestaurants, weil per Gesetz alle Restaurants, Cafés und Bars Nichtraucherlokale sind. Raucher müssen mit separaten Räumen vorliebnehmen.

Zwei Websites bieten einen guten Überblick über die Restaurantszene: Eat Out *(www.eatout.co.za)* deckt die meisten Großstädte und größeren Städte ab, oft um Kritiken von Gästen ergänzt. *Dining Out (www.dining-out.co.za)* ist nicht ganz so umfangreich, bietet dafür umfangreichere Beschreibungen, detaillierte Speisekarten und Bilder.

Kreditkarten

Die Mehrzahl der Hotels und Restaurants in Südafrika akzeptiert die gängigen Kreditkarten Mastercard und Visa.

Gliederung

Hotels und Restaurants sind kapitelweise, innerhalb eines Kapitels nach Preisen und in alphabetischer Reihenfolge sortiert.

Rollstuhlfahrer sollten sich vorab persönlich darüber informieren, wie die konkrete Situation für sie im Hotel oder Restaurant ist.

M = Mittagessen A = Abendessen

KAPSTADT & DIE KAPHALBINSEL

KAPSTADT

CAPE GRACE

$$$$$ * * * * *

WEST QUAY RD., VICTORIA & ALFRED WATERFRONT

TEL. 021/410 71 00

www.capegrace.com

Hauptpluspunkt des Hotels ist neben dem gebotenen Luxus die Lage mit Blick auf den Tafelberg, den Hafen und das Meer. Das Restaurant kocht saisonal wechselnde Gerichte, die die malaiische Vergangenheit des Kap reflektieren.

120 70

DER BESONDERE TIPP

MOUNT NELSON

$$$$$ * * * * *

76 ORANGE ST., GARDENS

TEL. 021/483 10 00

www.mountnelson.co.za

Seit über einem Jahrhundert erwarten riesige Palmen, üppig grüne Gärten und feine Unterkünfte die Gäste des „Nellie" nahe dem Stadtzentrum. Kühle, elegante Farbtöne beherrschen die Räume, zur Auswahl stehen Luxuszimmer, Luxussuiten und ein Penthouse. Im Hotel finden sich mehrere Bars und Restaurants (siehe S. 283 unter **Planet** und **Oasis**).

209

DER BESONDERE TIPP

VINEYARD HOTEL & SPA

$$$$$ * * * *

60 COLINTON RD. (BEI DER PROTEA RD.), NEWLANDS

TEL. 021/657 45 00

www.vineyard.co.za

Ein jahrhundertealtes Farmhaus bildet das Zentrum der 2,4 Hektar großen, wunderschönen Gartenanlage. Schon allein deshalb und wegen des Blicks auf den Tafelberg ist es etwas ganz Besonderes. Die Zimmer sind in einem modernen Stil eingerichtet, das Hotel hat ein eigenes Fitnessstudio und ein Spa, außerdem verschiedene Plätze zum Essen und Trinken, darunter das preisgekrönte **Myoga** (siehe S. 282).

207 220

CAPE HERITAGE HOTEL

$$$$–$$$$$ * * * *

HERITAGE S., 90 BREE ST.

TEL. 021/424 46 46

www.capeheritage.co.za

Das hübsche Boutiquehotel in einem alten Gebäude von 1771 liegt im historischen Zentrum

Aufzug Nichtraucher Klimaanlage Pool im Haus Pool im Freien Fitnessclub Kreditkarten

Kapstadts. Die Zimmer haben Schiebefenster und Stilmöbel, die polierten Hartholzböden sind aus 200 Jahre altem *Yellowwood* (Steineibe) gearbeitet. In der Nähe liegen einige gute Restaurants.

17

THE GRAND DADDY

$$$–$$$$$ * * * *

38 Long St.

TEL. 021/424 72 47

www.metropolehotel.co.za

Das elegante, moderne Hotel liegt im renovierten Georgian Building in der trendigen Long Street. Eine äußerst ungewöhnliche Unterbringung bietet einer der sieben Zugwaggons auf dem Hoteldach. Die Mahlzeiten werden in einem der beiden Restaurants des Hotels eingenommen.

30 85

THE CULLINAN

$$$–$$$$

1 CULLINAN ST., WATERFRONT

TEL. 021/415 40 00

www.tsogosunhotels.com

Das auffallende, mehrstöckige Cullinan gehört zu der internationalen Kette Southern Sun und liegt dort, wo Zentrum und Waterfront aufeinandertreffen. Von hier aus sind fast alle touristischen Sehenswürdigkeiten gut zu erreichen.

410 215

17 ON LOADER STREET

$$–$$$ * * *

17 LOADER ST., DE WATERKANT

TEL. 021/418 34 17

www.17loader.za.net

Nur zehn Minuten vom Zentrum und der Waterfront entfernt, liegt das B&B im vornehmen Viertel De Waterkant: Die Kopfsteinpflasterstraßen werden von vielen Cafés und Kaffeebars gesäumt. Von der gemütlichen Dachterrasse bietet sich ein grandioser Rundumblick über die Stadt bis hin zum berühmten Tafelberg.

9

LEEUWENVOET HOUSE

$$–$$$ * * * *

8 KLOOF NEK RD., TAMBOERSKLOOF

TEL. 021/424 11 33

www.leeuwenvoet.co.za

Das renovierte viktorianische Haus bietet schöne Zimmer, die in kühlem Beige und Weiß gehalten sind. Das Hotel liegt angenehm am Stadtrand, gleich vor der Tür beginnt das Restaurantareal rund um die trendige Kloof Street.

15

MORNINGSIDE COTTAGE

$$ * * * *

3 THATCH CLOSE, TOKAI

TEL. 021/712 04 41

www.morningside-cottage.co.za

Das luxuriöse B&B bietet Ruhe und Frieden – auch dank seiner Lage in einem grünen Vorort, unweit der Wanderwege und Golfplätze. Jedes Zimmer hat ein eigenes Bad, zusätzlich gibt es eine Sonnenterrasse, einen Garten und einen Pool.

5

DER BESONDERE TIPP

THE GREENHOUSE

$$$$$

BEI THE CELLARS-HOHENORT, 93 BROMMERSVLEI RD., CONSTANTIA

TEL. 021/794 21 37

www.mountnelson.co.za

Der preisgekrönte Küchenchef Peter Tempelhoff präsentiert Essen, das ein Lächeln auf Ihr Gesicht zaubern wird und Sie zum Seufzen bringt, wenn Sie es probieren. Er ist auf Soßen, Emulsionen und innovative Kombinationen wie Ingwer-Aioli und Ponzu-Schnee spezialisiert.

45 Geschl. M; A So

DER BESONDERE TIPP

MYOGA

$$$$

VINEYARD HOTEL, COLINTON RD. (BEI DER PROTEA RD.), NEWLANDS

TEL. 021/657 45 45

www.myoga.co.za

Zusammen mit der umwerfend eleganten Einrichtung des Hauses macht der mit Preisen ausgezeichnete Küchenchef Mike Basset aus dem Myoga etwas ganz Besonderes. Die Küche vereint das Beste der lokalen und internationalen Küche. Als Vorspeise empfehlen sich die Garnelen mit süßem Chili, gefolgt von Springbock mit sieben Gewürzen und dem Schokoladen-Dessert *assiette*. Doch auch wenn man sich für etwas anderes entscheidet: Es schmeckt alles hervorragend!

100

PREISKATEGORIEN

HOTELS

Preiskategorien für ein Doppelzimmer in der Hochsaison:

$$$$$	Über 220 €
$$$$	145–220 €
$$$	90–145 €
$$	40–90 €
$	Unter 40 €

RESTAURANTS

Preiskategorien für ein Drei-Gänge-Menü ohne Getränke:

$$$$$	Über 35 €
$$$$	25–35 €
$$$	15–25 €
$$	10–15 €
$	Unter 10 €

SAVOY CABBAGE

$$$–$$$$

101 HOUT ST., CITY CENTER

TEL. 021/424 26 26

www.savoycabbage.co.za

Zu den Attraktionen dieses ungewöhnlichen Restaurants mit Champagnerbar gehören die freigelegten uralten Mauern und der gläserne Treppenaufgang. Spezialitäten des Hauses sind Kalbsbries, Karan-Fleisch, Karoo-Lamm in zwei Zubereitungsarten und in Gin marinierte Springbockrippchen.

90 Geschl. So A, Sa–So M

AUBERGINE

$$$

39 BARNET ST., GARDENS

TEL. 021/465 49 09

www.aubergine.co.za

Eine äußerst elegante Einrichtung und klassische Küche mit

einem Hauch von Asien sorgen für ein volles Haus. Das mit Lavendel gewürzte Lamm oder das Lachstatar mit einer scharfen Guacamole sind nur zwei Gerichte von vielen. Das Restaurant hat unter seinem Chefkoch Harald Bresselschmidt viele Preise gewonnen.
80 Geschl. So A, Sa–Di M; 2 Wochen Juni & Juli

DER BESONDERE TIPP

PLANET
$$–$$$
MOUNT NELSON HOTEL,
76 ORANGE ST., GARDENS
TEL. 021/483 10 00
www.mountnelson.co.za
Das neu im Mount-Nelson-Hotel errichtete Planet serviert zeitgemäßes Essen in einer schicken, stilvollen Umgebung. Der Küchenchef verwendet nur die feinsten saisonalen Zutaten und bietet viele vegetarische und vegane Gerichte an. Es gibt ein Fünf-Gänge-Probiermenü, zu dem man passende Weine wählen kann. Der fachkundige Sommelier des Planet führt die Gäste durch die gut verständliche Weinkarte.
55 P Geschl. M

ANATOLI
$$–$$$
24 NAPIER ST., GREEN POINT
TEL. 021/419 25 01
www.anatoli.co.za
Das Lokal in einem umgebauten Warenhaus mit hohen Decken und den Möbeln und Accessoires aus dem Nahen Osten kredenzt seinen Gästen eine große Auswahl an türkischen Gerichten (Kebabs in allen Variationen und Lamm, das mit Orange und Koriander gewürzt wird).
120 Geschl. M & So A
P

BUKHARA
$$–$$$
33 CHURCH ST., CITY CENTER
TEL. 021/424 00 00
www.bukhara.com
Auch wenn die Lokalität ein wenig an einen Hangar erinnert, zählt das Bukhara zu den besten Indern der Stadt. Die ganze Bandbreite indischer Gerichte steht zur Auswahl: köstliches Knoblauch-Naan, scharfe Tandooris, Rogan Josh mit Lamm oder Huhn, Butterhuhn, vegetarische Linsengerichte ...
250 Geschl. So M

OASIS
$$–$$$
MOUNT NELSON HOTEL,
76 ORANGE ST., GARDENS
TEL. 021/483 19 48
www.mountnelson.co.za
Hier sitzen die Gäste auf einer Terrasse am Pool und genießen ein entspanntes Frühstück oder Mittagessen. Steak tartar, lokale kapmalaiische Currys und Entenconfit finden sich auf der kürzlich überarbeiteten Speisekarte. Am Pool können Sie Burger, Sandwiches und Salate bestellen.
100 A P

WILD FIG
$$
COUNTRYARD HOTEL-KOMPLEX,
LIESBEEK AVE., MOWBRAY
TEL. 021/448 05 07
www.thewildfig.co.za
Lassen Sie sich von der Adresse nicht täuschen – dies ist kein typisches Hotelrestaurant. In einem historischen Gebäude unter Wildfeigenbäumen versteckt, bietet dieses stimmungsvolle Restaurant Gerichte wie Lamm in Filo-Teig und geröstete Ente in süßer Likörsoße.
140 P Geschl. Sa M

EMPIRE CAFÉ
$–$$
11 YORK RD., MUIZENBERG
TEL. 021/788 12 50
Dieses Lokal ist ein Favorit in Sachen Frühstück und Mittagessen. Die Kuchen und das hausgemachte Brot sind lecker. Probieren Sie die Carbonara-Nudeln oder das Filet mit Wildpilzen und Sauce béarnaise. Wer die Wendeltreppe hinaufsteigt, erhält einen Blick auf Muizenbergs bekannte „Surfers' Corner".
65 P Geschl. A

OBZ CAFÉ
$–$$
115 LOWER MAIN RD.,
OBSERVATORY
TEL. 021/448 55 55
www.obzcafe.co.za
Ein stimmungsvolles Feinschmeckerrestaurant mit Holzböden und hohen Decken. Hier kann man gut frühstücken oder ein leichtes Mittagessen einnehmen. Spezialität des Hauses ist die Hühnerbrust mit Zitrone, Soya und Kopfsalat. Abends werden kleine Theateraufführungen oder Stand-up-Comedy gezeigt.
120

PLANET CHAMPAGNE & COCKTAIL BAR
$–$$
MOUNT NELSON HOTEL,
76 ORANGE ST., GARDENS
TEL. 021/483 10 00
www.mountnelson.co.za
Ein netter Platz, um bei einem Bier oder einem Glas Sekt, der mit Crème de Cassis als Kir serviert wird, auszuspannen. Dazu werden leichte Mahlzeiten und Kanapees serviert. Bei schönem Wetter bietet sich von der Terrasse ein wunderschöner Blick in den Hotelgarten.
40 P

ROYALE EATERY
$–$$
273 LONG ST., CITY CENTER
TEL. 021/422 45 36
www.royaleeatery.com
Eine Treppe hoch befindet sich das eher ungewöhnliche Hamburger-Restaurant mit einer eigenartigen Einrichtung und Musiktapete. Die hervorragend zubereiteten Burger werden mit zartem Käse, Pilzen oder Chilisaucen serviert. Für Vegetarier gibt es spezielle Varianten.
50 Geschl. M & So A

TONI'S ON KLOOF
$
88 KLOOF ST., GARDENS
TEL. 021/423 76 17
Hier stimmt das Preis-Leistungs-Verhältnis, auch deshalb kommen die Kapstädter gern hierher. Von der Terrasse aus kann man die Passanten bestaunen, auf den Tisch kommen Gerichte aus Mosambik oder Portugal, wie hervorragende Garnelen-Rissole (Pasteten) oder traditionelle Eintöpfe mit Schweinefleisch, Geflügel, Chorizo und Bohnen.
48

WASABI
$–$$

CONSTANTIA SHOPPING MALL
MAIN RD., CONSTANTIA
TEL. 021/794 65 46

Das Wasabi in Kapstadts grüner Vorstadt ist der Ort der Wahl für diejenigen, die Sushi und asiatisch inspirierte Küche mögen. Zwischen der minimalistischen, zen-artigen Dekoration mit Aquarien und Bambuslampen können Sie Sashimi, Lachs mit Wasabipüree oder eine Auswahl an Nudelgerichten genießen.

130 P

DIE KAPHALBINSEL

THE CELLARS-HOHENORT

$$$$$ * * * * *

93 BROMMERSVLEI RD., CONSTANTIA
TEL. 021/794 21 37
www.cellars-hohenort.com

Eine schöne Adresse, wenn es einem in Kapstadt zu unruhig ist! Die Gäste nächtigen in einem eleganten Herrenhaus aus dem 18. Jahrhundert, das von Gärten und Weinbergen umgeben ist. Von den Zimmern aus hat man einen schönen Blick auf die Berge und spürt die Eleganz der guten alten Zeit. Gekocht wird internationale und Cape-Malay-Küche, die Gäste dinieren auf der beschatteten Veranda oder im Innern eines der beiden Hotelrestaurants.

52 45 P

QUAYSIDE HOTEL

$$$–$$$$ * * * *

JUBILEE SQ., SIMON'S TOWN
TEL. 021/786 38 38
www.quayside.co.za

Das Hotel liegt mitten im historischen Zentrum von Simon's Town – mit Blick auf das Ufer und den Hafen. Die Zimmer mit Blick entweder in die Berge oder aufs Meer sind in den nautischen Farben Blau und Weiß gehalten.

26 P

ROCKLANDS

$$

25 ROCKLANDS RD., MURDOCH VALLEY SOUTH, SIMON'S TOWN
TEL. 021/786 31 58
www.rocklandsbnb.com

Versteckt am Hang unweit eines Naturreservats, verlangt das B&B angemessene Zimmerpreise und hat auch Zimmer mit Bad. Die Gäste genießen von der Veranda einen traumhaften Blick auf den Ozean.

6

DER BESONDERE TIPP

HARBOUR HOUSE

$$$–$$$$

KALK BAY HARBOUR, MAIN RD.
TEL. 021/788 41 33
www.harbourhouse.co.za

Direkt am Ufer liegt eines der besten Meeresfrüchterestaurants der Stadt. Von Ihrem Tisch aus können Sie je nach Saison Wale auftauchen und Robben herumtollen sehen. Probieren Sie ein Garnelen-Tian oder einheimische Fischsorten wie südafrikanische Meerbrassen, die direkt vom anliegenden Hafen angeliefert werden.

80 P

TWO OCEANS

$$$–$$$$

CAPE OF GOOD HOPE NATURE RESERVE, CAPE POINT
TEL. 022/780 92 00
www.two-oceans.co.za

Dieses Restaurant auf einer Klippe mit atemberaubender Aussicht über die gesamte False Bay bietet den Besuchern von Cape Point Frühstück und Mittagessen an. Das Restaurant ist auf Meeresfrüchte spezialisiert und bietet Mischeln, Kalamari, Riesengarnelen, fangfrischen Fisch und Hummer.

350 P Geschl. A

BLACK MARLIN

$$–$$$

MAIN RD., MILLER'S POINT, SIMON'S TOWN
TEL. 021/786 16 21
www.blackmarlin.co.za

Das Meeresfrüchte-Restaurant mit Blick über den Ozean ist der ideale Ort für ein Mittagessen bei einer Fahrt um die Kaphalbinsel. Zur Auswahl stehen Köstlichkeiten wie Garnelen, Fisch und Hummerkuchen. Tischreservierung ist erwünscht.

180 P

BLUES

$$–$$$

THE PROMENADE, VICTORIA RD., CAMPS BAY
TEL. 021/438 20 40
www.blues.co.za

Schon seit Jahren ist das Blues beliebt – was wohl auch an dem schönen Blick über Camps Bay und den Ozean liegt. Zu den Spezialitäten zählen frische Meeresfrüchte, Steaks und italienische Klassiker.

240 P

CHAPMAN'S PEAK HOTEL RESTAURANT

$$–$$$

CHAPMAN'S PEAK DR., HOUT BAY
TEL. 021/790 10 36
www.chapmanspeakhotel.co.za

Die Kapstädter lieben es, hier an einem Sonntagnachmittag auf der Terrasse zu sitzen, an einem Glas Wein zu nippen und Meeresfrüchte zu genießen. Gratis ist dabei der Blick auf das Wasser und die umliegenden Berge. Zu den Favoriten zählen Fisch, Garnelen und Calamares.

90 P

BRASS BELL

$–$$$

KALK BAY STATION, MAIN RD., KALK BAY
TEL. 021/788 54 55
www.brassbell.co.za

Der Komplex mit mehreren Bars und Lokalen befindet sich zwischen dem Bahnhof und dem Meer. Spezialität der Lokale ist der fangfrische Fisch vom nahen Hafen – gegrillt oder als Curry.

200

SIMON'S AT GROOT CONSTANTIA

$–$$

GROOT CONSTANTIA ESTATE, GROOT CONSTANTIA RD., CONSTANTIA
TEL. 021/794 11 43
www.simons.co.za

Auf der Terrasse eines der ältesten Weingüter des Landes werden zu einem Glas Hauswein Speisen mit einem französisch-kolonialen Einschlag, Meeresfrüchte oder einfach ein Sandwich oder ein Salat bestellt.

180 P Geschl. Mo A, Juni–Aug.

Hotel | Restaurant | Anzahl der Zimmer | Anzahl der Plätze (Restaurant) | P Parken | Geschlossen

DIE WESTKÜSTE

CITRUSDAL

HEBRON HIGHWAY HOSPITALITY
$$
AN DER N7, GLEICH UNTERHALB DES PIEKENIERSKLOOF-PASSES (AUF DER CITRUSDAL-SEITE)
TEL. 022/921 25 95
www.hebron.co.za
Das Gästehaus hat Zimmer mit Bad, die allesamt farbenfroh und individuell eingerichtet sind. Auch ein Frühstück wird auf Wunsch serviert, ein Coffeeshop auf dem Gelände bietet leichte Mahlzeiten.
6 P

DARLING

TRINITY GUEST LODGE
$$$ * * * *
19 LONG ST.
TEL. 022/492 34 30
www.trinitylodge.co.za
Die geschmackvoll in Creme und Grün gehaltene viktorianische Lodge begeistert mit ihren vielen Lavendelbüschen und den Gästezimmern mit eigenem Bad, Daunenbettdecken und handbesticktem Leinen. Im Restaurant werden Forellen mit Kartoffelkuchen und Lammkeule serviert, die Weine stammen aus der Region Darling.
8 30 P Geschl. Juli

BISTRO SEVEN
$–$$
7 MAIN RD.
TEL. 022/492 36 26
Bei schönem Wetter sollte man unbedingt im Garten des Cottage-Restaurants essen. Eine kleine Bar serviert vor oder nach dem Essen die Drinks, auf der Karte finden sich vor allem Fleischgerichte wie Steaks und herzhafte Aufläufe.
36 P Geschl. Di M, Di & So A

EVITA SE PERRON
$
DARLING, BAHNHOF
TEL. 022/492 28 31
www.evita.co.za
Das Restaurant mit Veranstaltungsräumen wurde von der südafrikanischen Ikone Pieter-Dirk Uys (Alter Ego: Dragqueen Evita Bezuidenhout) gegründet. Einrichtung und Küche sind durch und durch afrikanisch. Es gibt ein Festpreisbüfett mit Lammbraten, Salat, Gemüse und kalten Gerichten in den Sommermonaten. Fast immer kann man bei Evita se Perron auch mittags essen, ein klassisches Abendessen gibt es nur an jenen Wochenenden, an denen Aufführungen stattfinden (siehe S. 87).
100 P Geschl. Mo M

LANGEBAAN

FARMHOUSE HOTEL & RESTAURANT
$$–$$$
5 EGRET ST.
TEL. 022/772 20 62
www.thefarmhouselangebaan.co.za
In wunderbarer Lage – auf einer Anhöhe mit Blick über die Langebaan Lagoon – bietet das Hotel Zimmer aller Preisklassen, von einfach bis luxuriös. Zu den Spezialitäten des hervorragend bewerteten Hotelrestaurants zählen Seezunge, Tintenfisch, Ochsenschwanz-Auflauf und kalorienschwere Desserts. Im Sommer wird die Terrasse eingedeckt, im Winter isst man drinnen am Kamin.
15 100 P

AT THE ROCKS
$–$$ * * * *
65 TORTILIS CRS., MYBURGH PARK
TEL. 022/772 09 99
www.therocks.co.za
Dieses in der Blütezeit stark frequentierte Gästehaus bietet herrliche Ausblicke über die Langebaan-Lagune und das anliegende Naturreservat mit seinen vielen Vogelarten und Schildkröten. Im Zimmerpreis eingeschlossen ist ein kontinentales Frühstück.
5 P

DIE STRANDLOPER
$$
AM STRAND, ABZWEIG VON DER STRASSE ZUM CLUB MYKONOS
TEL. 022/772 24 90
www.strandloper.com
Ein beliebter Treffpunkt der Einheimischen und Touristen, die hier gemeinsam in den köstlichen Meeresfrüchtegerichten schwelgen, die auf dem Strand über offenem Feuer zubereitet werden. Wer vorzeitig satt ist, kann zwischen den Gängen einen kurzen Strandspaziergang einlegen; Festpreismenüs. Frühzeitige Reservierung ist erwünscht. Keine Kreditkarten.
Geschl. im Winter

BOESMANLAND PLAASKOMBUIS
$
BEIM CLUB MYKONOS
TEL. 022/772 15 64
www.boesmanlandfarmkitchen.com
Übersetzt aus dem Afrikaans, bedeutet der Name des Lokals „Buschmannland-Farmküche“, der Name spiegelt sich auch in der Karte: Hier findet man Meeresfrüchte und lokale Gerichte wie ein köstliches, über dem Feuer gebackenes Brot und traditionellen afrikanischen *pap* (Maisbrei) mit Zwiebeln und Tomatensauce. Festpreisbüfett. Reservierung notwendig.
450 Di–So M & A P

PATERNOSTER

AH! GUEST HOUSE
$–$$ * * * *
1 MOSSELBANK STREET
TEL. 082/464 58 98
www.ahguesthouse.com
Dieses Haus besitzt fünf schön ausgestattete Zimmer. Die Gäste können ein kleines Tauchbecken und ein gemeinsames Sonnendeck sowie gratis Strandtücher nutzen. Nach Vorbestellung ist ein gutes Abendessen erhältlich.
5 P

VOORSTRANDT RESTAURANT
$$
AM STRAND, STRANDLOPER ST.
TEL. 022/752 20 38
Das direkt am Strand gelegene, kleine Lokal bietet eine Bar und einen schönen Blick aufs Meer. Auch hier finden sich Meeresfrüchte auf der Karte – vor allem fangfrischer Fisch.
150 P

NOISY OYSTER
$
ST. AUGUSTINE RD.
TEL. 022/752-2196
Die Westküste ist berühmt für ihre Meeresfrüchte – und das Noisy Oyster eine gute Adresse, um das zu testen. Die Tische stehen im Sommer im kühlen Garten. Probieren sollte man den auf griechische Art zubereiteten fangfrischen Fisch mit Tomaten, Knoblauch und Zwiebeln.
60 P Geschl. Mo–Di M, So–Di A

RIEBEEK-KASTEEL

ROYAL HOTEL
$$–$$$
33 MAIN ST.
TEL. 022/448 13 78
www.royalinriebeek.com
Das Hotel in einem wunderschönen Gebäude aus dem 19. Jahrhundert vermietet Zimmer (mit eigenem Bad), die in Beige, Schwarz und Weiß gehalten sind. Ein luxuriöser Garten, eine Bar und ein Speisesaal für die abendlichen Mahlzeiten runden das Angebot ab.
10 40

OLD OAK MANOR GUEST HOUSE
$$
7 CHURCH ST.
TEL. 022/448 11 70
www.cafefelix.co.za
Ein kapholländisches Haus wurde in dieses Gästehaus umgewandelt. Rund um das Gebäude stehen alte Eichen, im Innern besticht die Einrichtung mit Holz und Antiquitäten. Das Restaurant Café Felix serviert südafrikanische Küche, verwendet werden frische Zutaten der Saison. Die Gäste können drinnen oder im Garten essen.
6 60 P Restaurant geschl. M, Mo A, Do

BAR BLACK SHEEP
$–$$
UNIT 7, SHORT ST.
TEL. 022/448 10 31
www.bbs.co.za
Dieses in der Gegend sehr beliebte Restaurant serviert rustikales „Slow Food". Zu den Spezialitäten gehören Hühnercurry mit Sansibar-Gewürzen, Filet in schwarzem Pfeffer und Fischfrikadellen mit Süßkartoffeln. Die Weine stammen von kleinen lokalen Produzenten.
55 P Geschl. Mo–Di M, So–Di A

WEST-KAP

CALITZDORP

CALITZDORP COUNTRY HOUSE
$$–$$$ * * * * *
2 KM ENTLANG DER CALITZ ST. RICHTUNG GROENFONTEIN
TEL. 044/213 37 60
www.calitzdorpcountryhouse.co.za
Die Zimmer dieser Örtlichkeit sind wunderschön eingerichtet mit Perserteppichen und Originalgemälden. Jedes der Zimmer ist mit einem übergroßen Bad ausgestattet und hat einen eigenen Patio, Garten und Brunnen. Im eleganten Speisesaal wird nach Vorbestellung ein viergängiges Menü serviert.
5 P

FRANSCHHOEK

DER BESONDERE TIPP

LE QUARTIER FRANÇAIS
$$$$$ * * * * *
ECKE BERG & WILHELMINA ST.,
TEL. 021/876 21 51
www.lqf.co.za
Ein luxuriöses Boutiquehotel im Zentrum von Franschhoek. Die exquisit möblierten Zimmer und Suiten werden von hofartigen Gärten mit Schatten spendenden Bäumen und Flieder umrahmt. Zu den Extras zählen Fußbodenheizung in den Bädern und eine Wärmflasche im Bett an kalten Winterabenden (siehe auch die Details zum Hotelrestaurant **Tasting Room**).
21 P

LE FRANSCHHOEK HOTEL & SPA
$$$$–$$$$$ * * * * *
16 MINOR RD.
TEL. 021/876 89 00
www.lefranschhoek.co.za
Die strohgedeckten Häuser im kapholländischen Stil sind in kühlem Weiß und gedeckten Farben eingerichtet und bieten luxuriöse Zimmer und ein Spa. Der Blick in die umliegende Bergwelt ist traumhaft. Abends stehen den Gästen zwei Restaurants und ein Feinkostgeschäft zur Auswahl.
63 200 P

LAVANDER FARM
$$–$$$ * * * *
VERDUN RD.
TEL. 021/876 26 71
www.lavenderfarmfranschhoek.co.za
Rund um das Haus liegen einige Hektar Land mit Lavendelfeldern. Das gehobene B&B mit Klimaanlage bietet in Pastellfarben eingerichtete Zimmer und eine Poolterrasse, auf der die Gäste bei einem Drink entspannen können.
10 P

SUNNY LANE
$ * * *
30 AKADEMIE ST.
TEL. 083/581 96 86
www.sunnylane.za.net
In Franschhoek sind günstige Unterkünfte schwierig zu finden – dies ist eine der wenigen Adressen. Das Hotel bietet einfach möblierte Zimmer mit Leinenbettwäsche und Fußbodenheizung sowie der Möglichkeit, selbst zu kochen. Die Gäste können Mountainbikes ausleihen und darauf die Umgebung erkunden (als Sicherheit dient eine Kreditkarte), bezahlt wird nur in bar.
2 P

TASTING ROOM
$$$$–$$$$$
ECKE BERG & WILHELMINA ST.
TEL. 021/876 21 51
www.lqf.co.za
Das konstant unter den 50 besten Restaurants der Welt geführte Tasting Room bietet avantgardistische Geschmackskombinationen wie Klein-Karoo-Wasserbockrippchen mit Hirse oder würziges Gemüse mit Maismehl. Zur Auswahl stehen vier-, sechs- oder achtgängige Menüs.
48 P

BREAD & WINE
$$–$$$
WEINGUT MÔRESON, HAPPY VALLEY RD.
TEL. 021/876 36 92

www.moreson.co.za
Hier kann man in schöner Umgebung mit einem schattigen Hof, Zitronenbäumen und Weinreben zu Gourmet-Landpreisen speisen. Eine Empfehlung ist das Wild mit Pilzen und die Thunfisch-*boerewors* mit Chiligelee. Wer mag, kann Wein, Käse, Salami und Speck aus eigener Produktion kaufen.
70 P Geschl. A

HAUTE CABRIÈRE
$$–$$$
CABRIÈRE ESTATE, PASS RD.
TEL. 021/876 85 00
www.hautecabriere.com
Das höhlenartige Restaurant ist in eine Bergseite des Weinguts Cabrière hineingebaut – im Sommer angenehm kühl, im Winter dank Heizung angenehm warm. Die Weine des Guts können im Keller verkostet werden. Geboten wird moderne und Fusionsküche.
120 Geschl. im Winter & Mo M & A P

REUBEN'S
$$
OUDE STALLEN CENTER, 19 HUGUENOT ST.
TEL 021/876 37 72
Das Restaurant und die Bar bieten einen Blick in die Küche. Die Karte ist mittags und abends dieselbe, wechselt aber täglich. Im Angebot sind Springbock und Perlhuhn, aber auch asiatisch verfeinerte Meeresfrüchte und Nudelgerichte.
150 P

DER BESONDERE TIPP

BOSCHENDAL WINE ESTATE
$–$$$
PNIEL RD. (R310), GROOT DRAKENSTEIN
TEL. 021/870 42 72
www.boschendal.com
Die größte Attraktion des Boschendal ist seine überwältigende landschaftliche Schönheit. Das Weingut bietet verschiedene Lokale für ein Mittagessen: ein elegantes Mittagessen in seinem Restaurant zum Festpreis, ein leichtes Essen auf der Terrasse des **Le Café** und zudem **Le Pique Nique**, einen Picknickkorb, dessen Pasteten, kaltes Fleisch und Käse auf den Rasenflächen des Weinguts genossen werden können.
120/180 P Juni–Aug. kein Picknick

CAFÉ DES ARTS
$–$$
7 RERSERVOIR ST. W
TEL 021/876 29 52
www.cafedesarts.co.za
In einer Stadt voller (manchmal prätentiöser) Restaurants rechtfertigt dieses seinen Anspruch weder Haute cuisine noch erlesenes Dinieren anzubieten, – nur ein oft wechselndes Menü gut zubereiteter, leckerer Speisen zu guten Preisen.
50 Geschl. So

GEORGE

THE MANOR HOUSE AT FANCOURT
$$$$$ *****
AN DER R404, WESTLICH VON GEORGE
TEL. 044/804 00 10
www.fancourt.co.za
Ob man nun Golfer ist oder nicht: Willkommen sind alle Gäste in dem luxuriösen Haus auf der grünen Fancourt-Golfanlage. Das Hotel in einem Gebäude aus dem 19. Jahrhundert ist ein nationales Denkmal und bietet insgesamt sechs Restaurants, ein Spa mit Sauna, Dampfbäder und ein Fitnessstudio.
34 210 P

OAKHURST MANOR HOUSE HOTEL
$$–$$$ ***
MEADE ST. & CATHEDRAL ST.
TEL. 044/874 71 30
www.oakhursthotel.co.za
Das strohgedeckte Hotel im Zentrum von George ist gemütlich; jedes der hell eingerichteten Zimmer hat ein eigenes Bad. Im Restaurant wird das Frühstück und auch das Abendessen serviert.
25 50 P

OLD TOWNHOUSE RESTAURANT
$$
ECKE MARKET ST. & YORK ST.
TEL. 044/874 36 63
Das Lokal in einer Versammlungshalle von 1848 hat sich auf Vollwertgerichte und frische Zutaten spezialisiert. Zu den Favoriten zählen die Schweinekoteletts mit einer würzigen marokkanischen Sauce und Blauschimmelkäsefüllung. Zum Dessert gibt es unter anderem selbst gemachte Eiscreme.
60 P Geschl. Sa–So M, So A

THE ROSE ON YORK
$$
127 YORK ST.
TEL. 044/874 65 19
Das Rose, das in einem anmutigen alten Gebäude ansässig ist, serviert gute, gesunde Kost, einschließlich Steaks, Salaten, Meeresfrüchten und mehreren Hühner- und Pastagerichten. Auch Hamburger oder Schweinerippchen sind erhältlich. Das Restaurant ist lizenziert und hat einen eigenen Barbereich.
70 Geschl. So (außer M Dez.–Jan.)

GREYTON

GREYTON LODGE
$$–$$$
52 MAIN ST.
TEL. 028/254 98 00
www.greytonlodge.com
Eine ländliche Übernachtungsmöglichkeit mit farbenfroh eingerichteten Zimmern mit Bad. Vom Garten hat man einen traumhaften Blick auf die nahen Berge. Das Restaurant serviert nur Gerichte mit frischen Zutaten der Region.
15 80 P

GABRIELSKLOOF
$$–$$$
GABRIELSKLOOF WEINGUT, AUF DER N2, 16 KM VON DER R406 ABZWEIGUNG NACH GREYTON
TEL. 028/284 98 65
Genießen Sie von dieser auf einem Hügel gelegenen Lokalität aus einen Panoramablick über die Weinberge und die hügelige Landschaft. Die regionale Küche ist gesund und saisonal. Die Speisekarte wechselt regelmäßig und beinhaltet beispielsweise Gerichte wie Brokkoli und Schälerbsensuppe, Kalamarisalat, Kudu-Ossobuco und als Dessert Nougat-, Honig- und Erdbeer-Semi-freddo.
100 Geschl. Di; A P

OAK & VIGNE
$–$$
DOMINES BOTHA ST.
TEL. 028/254 90 37
Im Sommer ist das Lokal wegen seines schattigen Hofs, im Winter wegen des gemütlichen Feuers beliebt. Hier kann man hervorragend essen, sei es zum Frühstück, zum Brunch oder zum Mittagessen. Auf der Karte finden sich ein kontinentales oder ein englisches Frühstück, mittags stehen Suppen, leichte Quiches, Salate und Panini zur Auswahl.
140 Geschl. A

HERMANUS

THE MARINE HERMANUS HOTEL
$$$–$$$$$ * * * * *
MARINE DR.
TEL. 028/313 10 00
www.marine-hermanus.co.za
Von der Lounge, den Speisesälen und vom Garten aus kann man die Wale beobachten. Zur Auswahl stehen Standarddoppelzimmer, aber auch Luxussuiten. Drei Restaurants servieren Meeresfrüchte und moderne südafrikanische Küche mit Gerichten wie flambiertem Springbockfilet.
42 100

AUBERGE BURGUNDY
$$$ * * * *
16 HARBOUR RD.
TEL. 028/313 12 01
www.auberge.co.za
Der Blick vom Balkon des Schlafzimmers in diesem provenzalisch inspirierten Gästehaus ist ein Genuss. Das Haus liegt nahe dem Stadtzentrum, der Wanderwege auf den Klippen und dem alten Hafen. Sonnenanbeter können sich auf den Pool im Hof freuen.
18

MISTY WAVES
$$–$$$ * * * *
21 MARINE DR.
TEL. 028/313 84 60
www.hermanusmistybeach.co.za
Das Hotel liegt unweit der Märkte und Läden im Zentrum und bietet herrliche Sicht auf das Meer und die Wale. Die Zimmer haben allesamt Balkon, manche sogar ein Himmelbett. Frühstück und ein À-la-carte-Abendessen sind im Haus möglich.
24

BROWN JUG
$–$$ * * * *
18 MUSSON ST.
TEL. 028/312 22 20
www.brownjug.co.za
Es wird schwierig sein, ein besseres Preis-Leistungs-Verhältnis als in diesem B&B mit Garten und Schwimmbad, nur drei Blocks vom Zentrum entfernt, zu finden. Jede Wohneinheit hat ein eigenes Bad; zwei Zimmer sind für Selbstversorger gedacht.
3

DER BESONDERE TIPP

BIENTANG'S CAVE
$$–$$$
UNTER DEM MARINE DR., ZWISCHEN ALTEM HAFEN UND MARINE HOTEL
TEL. 028/312 34 54
www.bientangscave.com
Das Meeresfrüchte-Restaurant Bientang's Cave bietet eine große Auswahl an Fisch und Schalentieren – alles lecker und gut zubereitet. Doch das Besondere an diesem Lokal ist seine traumhafte Lage auf den Felsen direkt am Wasser, halb in eine Höhle geschmiegt. Während der Saison unbedingt reservieren.
200 Geschl. A

HARBOUR ROCK
$$–$$$
DER WESTCLIFF RD. ZUM NEUEN HAFEN FOLGEN
TEL: 028/312 29 20
www.harbourrock.co.za
Von dieser Bar mit Restaurant hoch über dem neuen Hafen können die Abendgäste die Wale beim Wasserspritzen oder Springen beobachten. Auf der Speisekarte finden sich alle erdenklichen Meerestiere – Schalentiere, gebackener oder gegrillter Fisch und Sushi –, aber auch Fleischgerichte.
130

DER BESONDERE TIPP

HEAVEN
$$
NEWTON JOHNSON WINERY, AN DER R360, HEMEL-EN-AARDE VALLEY
TEL. 072/905 39 47
www.newtonjohnson.com
Gleich landeinwärts von Hermanus gelegen, wird das Lokal seinem Namen gerecht. Auf einem Hügel zwischen Weingärten gelegen, bietet es traumhafte Ausblicke über das umliegende Farmland, auf die Berge und das Meer. Auf der ständig wechselnden Speisekarte finden sich nur die besten saisonalen Zutaten. Probieren Sie die hervorragende Ente oder den Schweinebauch, zusammen mit Newton-Johnson-Wein. Reservierung erforderlich.
50 Geschl. Mo M

FUSION CAFÉ
$–$$
5 VILLAGE SQ.
TEL. 028/312 42 77
Die Terrasse bietet herrliche Blicke auf die Bucht. Zubereitet werden – der Name ist Programm – Gerichte der Fusionsküche. So hat man beispielsweise die Wahl zwischen Pizza mit Brie, Mozzarella, Blauschimmelkäse und Feigen, Cajun-Burger, Rindsfilet mit Pilzrisotto und Huhn-Tagliatelle.
160

KNYSNA

DER BESONDERE TIPP

CONRAD PEZULA HOTEL
$$$–$$$$
LAGOONVIEW DR., EASTERN HEAD
TEL. 044/302 33 33
www.pezularesorthotel.com
Das Pezula liegt an der östlichen der beiden Sandsteinklippen *(Heads)* von Knysna – mit traumhaftem Blick über den Indischen Ozean und die Knysna Lagoon. Die geräumigen Luxussuiten sind im modernen afrikanischen Stil mit warmen Erdfarben eingerichtet. Es gibt verschiedene Sport- und Freizeitanlagen und mehrere Restaurants, darunter auch das **Zachary's** (siehe S. 289).
78

THE RUSSEL HOTEL
$$-$$$ * * *

UNITY, GRAHAMS ST. & LONG ST.
TEL. 044/382 10 52
www.russelhotel.co.za
Zentral gelegen – die Hauptattraktionen sind zu Fuß zu erreichen –, bietet das Hotel komfortable, hell eingerichtete Zimmer und Marmorbäder. Auf besonderen Wunsch wird auch ein Frühstück serviert.
Zimmer 18, Parkplatz, Aufzug, Klimaanlage

SLEEPERWOOD LODGE
$–$$
15 HILL ST.
TEL. 082/422 77 42
Die auf einem Hügel gelegene Lodge bietet herrliche Blicke auf Knysna und seine Lagune. Es gibt B&B-Zimmer und zwei Selbstversorger-Wohnungen. Hier kann nur bar bezahlt werden. Die Lodge verlangt eine kleine Kaution bei der Ankunft für den Schlüssel und mögliche Schäden in den Räumen.
Zimmer 8 (2 Apartments, 4 Zimmer), Parkplatz, Pool im Freien

ZACHARY'S
$$$–$$$$
PEZULA RESORT HOTEL, LAGOONVIEW DR., EASTERN HEAD
TEL. 044/302 33 33
Dank der Lage auf dem Berg genießt man hier atemberaubende Blicke über die Knysna Lagoon. Auf der Speisekarte finden sich moderne Gerichte wie Garnelen, gewürzt mit Chili, Anis und Tomaten, Schweinebauch mit Linsen oder Entenbrust mit Shiitakepilzen.
Plätze 80, Parkplatz, Geschl. M & A im Winter & So–Di, Klimaanlage

DANIELA'S
$$
LEISURE ISLE LODGE, 87 BAYSWATER DR.
TEL. 044/384 04 62
www.leisureislelodge.co.za
Eine schöne Aussicht über die Knysna Lagoon bis zu den umliegenden Bergen zeichnet dieses Lokal am Wasser aus. Die Einrichtung ist erfrischend und elegant, die Tageskarte kurz, aber hervorragend mit ihren Fisch-, Fleisch- und vegetarischen Gerichten.
Plätze 30, Parkplatz, Geschl. So

ILE DE PAIN
$–$$
10 THE BOATSHED, THESEN HARBOR TOWN
TEL. 044/302 57 07
Umgeben von köstlich duftendem Brot, speist man in dieser Café-Bäckerei. Ein idealer Ort für ein Frühstück, einen Brunch oder ein Mittagessen.
Plätze 85, Parkplatz, Geschl. Mo & Aug.

OYSTERCATCHER
$–$$
SMALL CRAFT HARBOR, KNYSNA QUAYS
TEL. 044/382 99 95
Das Lokal auf Holzpfählen in den seichten Gewässern der Lagune ist eine gute Adresse, um in den berühmten Knysna-Austern zu schwelgen. Neben Schalentieren bietet die Karte auch Salate, Meeresfrüchte und Huhngerichte.
Plätze 64, Parkplatz, Geschl. im Winter bei schlechtem Wetter

MONTAGU

MIMOSA LODGE
$$–$$$ ****
CHURCH ST.
TEL. 023/614 23 51
www.mimosa.co.za
Das charmante edwardianische Gästehaus bietet Doppelzimmer und Suiten mit Blick in den hübschen Garten. Das Restaurant hat einen sehr guten Ruf für traditionelle Gerichte wie eine Kombination aus Karoo-Lamm und Rind. Köstlich sind auch die klare Entensuppe oder die Steinpilzravioli.
Zimmer 23, Plätze 36, Parkplatz

ROUTE 62 KLOOF FARMSTALL & RESTAURANT
$
1 LONG ST.
TEL. 023/614 22 09
Das Cottage-Restaurant mit Garten bietet sich für ein leichtes Mittagessen an. Probieren sollte man *uitsmijter* (Spiegelei mit Schinken und Toast), die gefüllten Pfannkuchen oder die frischen Kuchen.
Plätze 110, Parkplatz

MOSSEL BAY

POINT HOTEL
$$–$$$ ****
POINT RD.
TEL. 044/691 35 12
www.pointhotel.co.za
Das auf einem Felsvorsprung errichtete Hotel bietet Suiten mit privaten Balkonen zum Meer hin. Die Unterkünfte sind modern in hellen Tönen gestaltet und mit einzelnen farbenfrohen Accessoires aufgefrischt.
Zimmer 52, Plätze 90, Parkplatz, Aufzug, Pool im Freien

CAFÉ GANNET
$$–$$$
BARTHOLOMEW DIAZ MUSEUM COMPLEX, MARKET ST.
TEL. 044/691 18 85
www.oldposttree.co.za
Das Restaurant gehört zum Diaz Museum und ist in einem der ältesten Gebäude der Stadt eingerichtet. Auf der Karte finden sich vor allem Meeresfrüchtegerichte: Austern, frischer Fisch, Tintenfisch und eher ungewöhnliche Gerichte wie Haifischsteak.
Plätze 150, Parkplatz

PONTO GRILLE & CARVERY
$–$$
POINT RD.
TEL. 044/590 55 74
www.ponto.co.za
Das Restaurant mit großartiger Aussicht auf Meer und Felstümpel bietet portugiesisches Essen zu vernünftigen Preisen. Probieren sie das *frutos de mar trio* (Hecht, Kalamari und drei Garnelen) oder wählen Sie eine der Burgerspezialitäten. Auch ein All-you-can-eat-Büffet mit offener Fleischzubereitung ist erhältlich.
Plätze 110, Parkplatz

OUDTSHOORN

MOOIPLAAS GUEST HOUSE
$$–$$$
MOOIPLAAS FARM, BEI DER R328, 10 KM SÜDLICH VON OUDTSHOORN
TEL. 044/279 40 19
www.mooiplaasguesthouse.co.za
Das Gästehaus im Zentrum des Straußenlands bietet geschmackvoll möblierte Zimmer mit Bad, teilweise sogar mit Klimaanlage. Die Straußenfarm arrangiert für ihre Gäste Führungen zum Thema Straußenzucht.
Zimmer 8, Parkplatz, Klimaanlage, Pool im Freien

QUEENS HOTEL
$$–$$$ * * * *
5 BARON VAN RHEEDE ST.
TEL. 044/272 21 01
www.queenshotel.co.za
Das gemütliche, altmodische Hotel in einem wunderschönen viktorianischen Gebäude ist mit originalen Teppichen und Stilmöbeln eingerichtet. Die kühlen, in Weiß gehaltenen Zimmer haben allesamt eine Klimaanlage. (Das hoteleigene Restaurant **The Colony** siehe unten)
40

THE CELTIC BUSHMAN
$
29 VAN DER RIET ST.
TEL. 044/272 79 37
www.celticbushman.com
Das freundliche, einladende B&B hat eine zentrale Lage und gute Preise. Die Zimmer sind im San-Stil eingerichtet. Die Gäste können es sich im abgeschiedenen Garten und am Pool bequem machen. Anzahlung per Kreditkarte, sonst Barzahlung.
5

KALINKA
$$–$$$
93 BARON VAN REEDE ST.
TEL. 044/279 25 96
WWW.KALINKA.CO.ZA
Die Karte des Kalinka bietet viele moderne Gerichte mit südafrikanischem Touch. Versuchen Sie die Krokodilfleisch- und Springbock-Platte oder Wachteln in Honig Soja-Soße. Im Unterschied zu den meisten südafrikanischen Restaurants genießen die Gäste hier einfallsreich komponierte Desserts.
80 Geschl. Mo A; M

THE COLONY
$$
QUEENS HOTEL, 5 BARON VAN RHEEDE ST.
TEL. 044 /272 21 01
www.queenshotel.co.za
Mit seinen eleganten Stilmöbeln und den frisch gestärkten Leinenservietten verströmt das Colony die Atmosphäre der guten alten Zeit. Die variantenreiche Karte bietet Köstlichkeiten wie einen Garnelen-Vorspeisenteller und Lammgerichte, die gut zubereitet und dazu noch schön präsentiert werden.
64 Geschl. M

CANGO CAVES RESTAURANT
$–$$
CANGO CAVES CENTER, SCHOEMANS HOEK
TEL. 044/272 73 13
Das Lokal serviert sowohl Frühstück als auch Mittagessen, die schöne Aussicht über das Cango Valley gibt es gratis dazu. Da man im Straußenland ist, steht logischerweise auch Straußenfleisch im Mittelpunkt der Speisekarte – als Steak, Burger oder Eintopf. Wem das nicht so schmeckt, kann auch auf Lamm ausweichen.
150

PAARL

GRANDE ROCHE
$$$$$ * * * * *
PLANTASIE ST.
TEL. 021/863 51 00
www.granderoche.co.za
Im Zentrum von Grande Roche steht das wunderschön restaurierte Gebäude aus dem 18. Jahrhundert im kapholländischem Stil. Die luxuriösen Zimmer und Suiten (einige mit Privatterrasse) sind über das Anwesen verteilt. Das Restaurant **Bosmans** serviert Gourmetgerichte mit Strauß, Karoo-Lamm und Springbock.
35 130

PONTAC MANOR
$$–$$$ * * * *
16 ZION ST.
TEL. 021/872 04 45
www.pontac.com
Das Luxushotel in einem historischen Gebäude ist von vielen alten Eichen und schönen Gärten umgeben. Die Gäste haben die Wahl zwischen traditionellen und eher farbenfroh-afrikanisch eingerichteten Zimmern. Das Restaurant bietet klassische Küche mit südafrikanischem Einschlag. Gespeist wird wahlweise im Innern oder im weiß getünchten Patio mit spektakulärem Blick auf den Paarl Rock.
22 45 Geschl. So A

LABORIE
$$
LABORIE WINE ESTATE, TAILLEFERT ST.
TEL. 021/807 30 95
www.laborie.co.za
Der schönste Platz für ein Mittagessen im Sommer ist die von Eichen beschattete Terrasse mit wunderschönem Blick über die Weingärten. Auf der Karte finden sich Fisch, Huhn, Pasta, traditionelle südafrikanische Gerichte und Tagesgerichte.
120 Geschl. So–Di M

MARC'S MEDITERRANEAN CUISINE & GARDEN
$–$$
129 MAIN RD., PAARL
TEL. 021/863 39 80
Eine hervorragende Weinkarte und die ausschließliche Verwendung frischer lokaler Zutaten zeichnen das Lokal aus. Die Karte wechselt regelmäßig, fast immer werden Steaks, Paella und Vorspeisenteller angeboten.
60 Geschl. So A & 3 Wochen im Juli

PLETTENBERG BAY

DER BESONDERE TIPP

KURLAND HOTEL
$$$$$ * * * * *
THE CRAGS, AN DER N2, 19 KM ÖSTLICH VON PLETTENBERG BAY
TEL. 044/534 80 82
www.kurland.co.za
Das kleine Luxushotel in einem Wohnhaus von 1885 ist von grünen Wiesen und mächtigen Eichen umgeben. Die Räume sind mit Antiquitäten und schönen importierten Textilien ausgestattet. Auf dem Anwesen befinden sich ein Polofeld und ein voll ausgestattetes Spa. Im Speisesaal des Hotels werden Gourmetgerichte serviert.
12 30

PLETTENBERG HOTEL
$$$$–$$$$$ * * * * *
40 CHURCH ST., LOOK OUT ROCKS
TEL. 044/533 20 30
www.plettenberg.com
Das auf einer felsigen Anhöhe liegende Hotel bietet eine herrliche Aussicht auf das Meer, die Berge und Strände. Die Gäste wohnen in luxuriös eingerichteten Zimmern und Suiten mit Klimaanlage. Empfehlenswert ist das **Sand Restaurant**.
37 80

HALCYON HOUSE
$$–$$$ * * * *
30 RATTRAY HEAD AVE.
TEL. 044/533 29 86
www.halcyonhouse.co.za
Das Gästehaus bietet ansprechende, elegante Zimmer mit kontinentalem Frühstück. Die Zimmer mit Bad haben entweder einen schönen Meerblick oder Zugang zum hübschen Hof.
4 P

THANDA VISTA
$–$$ * * * *
8 SUSAN ST.
TEL. 044/533 17 96
www.thandavista.co.za
Das B&B unweit der Keurboom Lagoon besteht aus fünf luxuriösen, in warmen Tönen gehaltenen Zimmern mit Bad. Für die Gäste gibt es eine Lounge, eine Bibliothek, WLAN und die Möglichkeit, von der Dachterrasse aus Wale zu beobachten.
5 P

SEAFOOD AT THE PLETTENBERG
$$$
PLETTENBERG HOTEL, 40 CHURCH ST., LOOK OUT ROCKS
TEL. 044/533 20 30
www.plettenberg.com
Da Hotelrestaurant mit nautischer Einrichtung bietet eine grandiose Aussicht auf die Bucht. Auf der Karte finden sich Hummer-Thermidor, kapmalaiisches Fisch-Bobotie, Fisch mit Tandoori-Gewürzen und Springbocklenden.
80 P

EMILY'S
$$–$$$
EMILY MOON RIVER LODGE, VON DER N2 7 KM NÖRDL. DER PLETTENBERG BAY
TEL. 044/533 29 82
www.emilymoon.co.za
Von der Dachterrasse dieses Restaurants aus können Sie eine großartige Aussicht auf den Bitou River genießen. Die Speisekarte ist klein und bietet Standardgerichte wie Rindfleischcarpaccio, Filet béarnais und gegrillten, marinierten Fisch, aber auch einige asiatische Gerichte wie Tunfisch- und Sesam-Frühlingsrollen, Tempura-Gemüse und Sushi.
130 Geschl. Mo M
P

KITCHEN CAFÉ
$$
NOEL CENTER, MAIN ST.
TEL. 044/533 36 93
www.fushi.co.za
Hauptaugenmerk dieses Restaurants liegt auf mediterraner und Fusionsküche, die unter Verwendung regionaler, saisonaler Zutaten einfach zubereitet wird. Probieren Sie die Kalamari auf knusprigem Spinat mit gegrillten Tomaten, leicht gegrillten Fisch, Gourmet-Pizzen oder Teriyaki-Lamm.
80 P

RISTORANTE ENRICO
$–$$
MAIN BEACH, KEURBOOMSTRAND
TEL. 044/535 98 18
www.enricorestaurant.co.za
Man kommt dem Wasser kaum näher als in diesem großen, italienischen Meeresfrüchte-Restaurant, das am Strand liegt. Ungewöhnlich sind Vorspeisen wie Kudu mit Avocado, als Hauptgerichte gibt es auch die traditionelle Pizza, Marsala-Kalbfleisch oder Ossobuco.
400 P

PRINCE ALBERT

SAXE-COBURG LODGE
$–$$
60 CHURCH ST.
TEL. 023/541 12 67
www.saxecoburg.co.za
Die Gäste können am Pool entspannen oder den Bergblick vom Garten der Lodge – einem viktorianischen Gebäude von 1865 – aus genießen. Zwei Zimmer sind mit Himmelbetten ausgestattet, alle haben ein Bad. Gästen stehen zusätzlich eine Lounge und eine Bibliothek zur Verfügung.
7 P

CAFÉ PHOTO ALBERT
$$–$$$
44 CHURCH STREET
TEL. 023/541 10 30
www.cafephotoalbert.co.za
Diese Kombination aus Restaurant und Fotogallerie, die von einem Schweizer Paar betrieben wird, sorgt im Kleinen Karoo für einen Touch Europa. Genießen Sie Rösti, Fondue, lokale Kost oder einfach nur eine Waffel und einen Kaffee auf der hübschen, schattigen blau-weißen Veranda.
60 P Geschl. M Mo–Mi

KAROO KOMBUIS
$–$$
18 DEURDRIFT ST.
TEL. 023/541 11 10
Der Name des Lokals lautet übersetzt „Karoo-Küche"; mit seinen traditionellen Kap-Gerichten hat es sich einen guten Ruf erworben. Auf der Karte finden sich bekannte Klassiker wie Hühnerpastete, *bredies* und *bobotie*. Eine Spezialität des Hauses ist die exzellent zubereitete und gewürzte Lammkeule. Das Lokal hat keine Ausschanklizenz, Gäste können ihren eigenen Wein mitbringen.
Geschl. So A 18 P

ROBERTSON VALLEY

FRAAI UITZICHT 1798
$$–$$$
KLAAS VOODS EAST, BEI DER R62, ZWISCHEN ROBERTSON & MONTAGU
TEL. 023/626 61 56
www.fraaiuitzicht.com
Wunderschön eingerichtete Cottages und von alten Eichen beschattete Suiten liegen zwischen den Weingärten. Das Restaurant bietet eine gute Küche, wie marokkanische Hühner-Tajine, ein Karoo-Lamm in Rotwein sowie in Honig, Ingwer und in Sojasauce sautierten Lachs.
8 35 P

CAFÉ MAUDE
$–$$
BON COURAGE WINE ESTATE, R317, GLEICH AUSSERHALB VON ROBERTSON
TEL. 023/626 68 06
www.boncourage.co.za
Wahrzeichen des Indoor- und Gartenrestaurants ist der riesige Pfefferbaum, der die Terrasse beschattet. Auf der Mittagskarte finden sich Salate und Gourmetsandwiches, die mit Speck, Sonnenblumenkernen und Avocado gefüllt sind.
160 P Geschl. So

SEDGEFIELD

DER BESONDERE TIPP

TENIQUA TREETOPS
$$–$$$ ***
ABFAHRT KARATARA/RUIGETVLEI AUF DER N2 ZWISCHEN SEDGEFIELD & KNYSNA, WEITERE 15 KM FAHREN
TEL 044/356 28 68
www.teniquatreetops.co.za
Zeltförmige Selbstversorger-Einheiten liegen in den Baumwipfeln eines weitgehend ursprünglichen Waldes und bieten eine ganz besondere Öko-Erfahrung. Jede Einheit hat eine Kochgelegenheit, ein Bad und ein Deck mit einem traumhaften Ausblick. (Auf der Homepage werden Anfahrtsweg und Anlage genau beschrieben.)
8

TRATTORIA DA VINCI
$$
WOODPECKER MALL, MAIN RD.
TEL. 074/103 83 22
Das Restaurant ist bei den Einheimischen beliebt, die Familie kocht selbst. Beliebte Gerichte sind Pizza, Lammkeule, Schweineschnitzel mit Marsala- und Pilzsauce und die hervorragenden Desserts.
65 Geschl. So A

SOMERSET WEST

SOMERTON MANOR GUEST HOUSE
$$–$$$ ****
13 SOMERSET ST., BRIDGEWATER
TEL. 021/851 46 82
www.somerton.co.za
Das Gästehaus ist ein strohgedecktes Giebelhaus, mit Stilmöbeln und originalen Kunstwerken ausgestattet. Schön sind die lapa – ein offener Speiseraum mit einem Weinkeller – und der Garten. Außerdem sind ein Whirlpool, eine Sauna und ein Billardzimmer vorhanden.
12

96 WINERY ROAD
$$–$$$
ZANDBERG FARM, WINERY RD. (BEI DER R44)
TEL. 021/842 20 20
www.zandberg.co.za
Die Köche versuchen nach Möglichkeit, nur frische, lokale Bioprodukte zu verwenden, serviert werden Gerichte wie Pilz-Tagliatelle mit Moschuskürbis, Ziegenkäse und gerösteten Nüssen, Ente und Kirschkuchen.
100 Geschl. So A

STABLES
$$–$$$
VERGELEGEN WINE ESTATE, LOURENSFORD RD.
TEL. 021/847 13 46
www.vergelegen.co.za
Beim Mittagessen auf der Terrasse schaut man auf den Garten des historischen Weinguts; wenn es draußen zu kühl ist, wird innen der Kamin eingeheizt. Auf der Karte finden sich Fischgerichte, Steaks, gute Burger, Gourmet-Sandwiches und einige vegetarische Gerichte.
100 Geschl. A

STELLENBOSCH

LANZERAC HOTEL & SPA
$$$$–$$$$$ *****
LANZERAC RD.
TEL. 021/887 11 32
www.lanzerac.co.za
Das Luxushotel mit Spa findet sich auf einem 300 Jahre alten Weingut am Stadtrand von Stellenbosch. Die Zimmer sind individuell und elegant eingerichtet. Besucher und Gäste können zwischen mehreren Restaurants wählen.
48 200

D'OUDE WERF
$$$–$$$$ ****
30 CHURCH ST.
TEL. 021/887 46 08
www.ouwewerf.com
Das historische, 1802 gegründete Hotel in der Stadtmitte bietet luxuriöse, mit Antiquitäten möblierte Suiten mit Bad. Das Restaurant **1802** serviert traditionelle südafrikanische Küche wie Ochsenschwanz und *bobotie*.
32 130

DE OUDE MEUL
$$ ***
10A MILL ST.
TEL. 021/887 70 85
www.deoudemeul.com
Dieses Gästehaus im Herzen von Stellenbosch befindet sich in Laufweite zu diversen Läden, Restaurants, Museen und Nationalmonumenten. Wer keinen Luxus erwartet, erhält hier Komfort zu vernünftigen Preisen.
5

RUST EN VREDE
$$$$$
RUST EN VREDE WEINGUT ANNANDALE RD.
TEL. 021/881 37 57
www.lepommier.co.za
Dieses Restaurant in einem historischen Weinkeller bietet hervorragendes Essen. Die Vier- und Sechsgängemenüs beinhalten solche Delikatessen wie Spargelmousse, geröstete Wachteln und Lamm in Walnusskruste. Fragen Sie den sehr fachkundigen Sommelier nach dem Weinangebot.
75 Geschl. So–Mo; M

DER BESONDERE TIPP

TERROIR
$$$$–$$$$$
WEINGUT KLEINE ZALZE ABZWEIGUNG TECHNOPARK VON DER R44
TEL. 021/880 81 67
www.kleinezalze.co.za/terroir
Küchenchef Michael Broughton ist auf intensive Geschmacksnoten spezialisiert und holt das Beste aus seinen Soßen und einfachen regionalen Zutaten heraus. Zu den Spezialitäten gehören Enten-Confit, Angus-Rind, Springbocklenden und Apfel-Tarte-Tatin. Im Sommer ist die von Eichenbäumen beschattete Terrasse der ideale Sitzplatz.
85 Geschl. So M

DER BESONDERE TIPP

JORDAN
$$–$$$$
WEINGUT JORDAN, STELLENBOSCH KLOOF RD.
TEL. 021/881 36 12
www.kurland.co.za
Der renommierte Küchenchef George Jardine verwendet zur Zubereitung seiner Gerichte Zutaten aus dem Anbau lokaler Bauernhöfe. Versuchen Sie das Chalmar-Rindfleisch mit Morchelpilzen, Muscheln en papillotte oder Käse aus der restauranteigenen Käserei. Speisen Sie

im Gästeraum oder auf der Terrasse und genießen Sie einen großartigen Panoramablick.
100 P Geschl. So–Mi M

DELHEIM GARDEN RESTAURANT
$–$$
DELHEIM WINE FARM, KNORHOEK RD. (BEI DER R44)
TEL .021/888 46 07
www.delheim.com
Umgeben vom Garten des Weinguts, genießen die Gäste hier ein Frühstück, ein Mittagessen oder den Nachmittagstee. Auf der Karte findet sich neben leichten Gerichten wie Panini mit Schinken oder Lachs mit Salat auch Gehaltvolles wie Bratwurst mit selbst gemachtem Senf, Cape-Malay-Hühnercurry oder Lammkeule in Wein-Rosmarin-Sauce.
100 P Geschl. M

SWELLENDAM

HERBERG ROOSJE VAN DE KAAP
$$–$$$ * * *
5 DROSTDY ST.
TEL. 028/514 30 01
www.roosjevandekaap.com
Das georgianische Haus mit großem, schattigen Garten bietet elegante Zimmer und eine gute Küche. Auf der Karte finden sich Cape-Malay-Klassiker, Pizzen und Fleischgerichte mit Rind und Huhn.
9 46 P M; Mo A

TULBAGH

TULBAGH HOTEL
$$–$$$$ * * * *
22 VAN DER STEL ST.
TEL. 023/230 00 71
www.tulbaghhotel.co.za
Das traditionelle und schon immer familiengeführte Hotel hat seine Räumlichkeiten in einem historischen Gebäude der Stadt. Die Zimmer sind gemütlich eingerichtet und die Gäste genießen ihr Abendessen im Olive Terrace Bistro und im Speisesaal mit offener Feuerstelle.
9 25 P

READERS RESTAURANT
$$
12 CHURCH ST.
TEL. 023/230 00 87
Dieses Lokal in einem strohgedeckten kapholländischen Haus – es ist das älteste in Tulbagh (1754) – bietet Gerichte wie Schweinerippchen mit Trauben sowie Lamm mit Ingwer.
60 P Geschl. M & Di A & 3 Wochen Ende Juli

WELLINGTON

DIEMERSFONTEIN
$$–$$$
DIEMERSFONTEIN WINE ESTATE, JAN VAN RIEBEECK DR., R301 ZW. PAARL & WELLINGTON
TEL. 021/864 50 60
www.diemersfontein.co.za
Das Weingut mit wunderschönem altem Baumbestand und Gärten bietet gute Unterkünfte und Restauration. Im Restaurant **Seasons** sind die wechselnden Pastagerichte, die Lammhachse und der bekannte Pinotage des Weinguts empfehlenswert.
25 105 P

WILDERNESS

PALMS WILDERNESS GUEST HOUSE
$$$ * * * *
1 OWEN GRAND ST.
TEL. 044/877 14 20
www.palms-wilderness.com
Das Palms liegt unweit der landschaftlichen Höhepunkte von Wilderness. Die Zimmer haben private Eingänge und öffnen sich zu luxuriösen tropischen Gärten mit einem Pool.
11 P

SERENDIPITY
$$–$$$ * * * * *
FREESIA AVE.
TEL. 044/877 04 33
www.serendipitywilderness.com
Das Gästehaus im Wilderness National Park am Ufer des Touw River blickt über die Lagune. Zum Hotel gehört ein renommiertes Restaurant, das Fünf-Gänge-Menüs anbietet. Regelmäßig finden sich Strauß, Kudu und Springbock sowie schmackhafte Desserts auf der Karte.
4 30 Restaurant geschl. So A & 2 Wochen im Juli P

OST-KAP

ADDO ELEPHANT NP

Weitere Adressen, siehe S. 125

MATYHOLWENI REST CAMP
$$
ZUGANG ÜBER DIE N2, 3 KM VON COLCHESTER ENTFERNT
TEL. 042/468 09 16
www.addoelephant.com/parks/addo/camps/matyholweni
Bei den Unterkünften in Matyholweni handelt es sich um Selbstversorger-Chalets mit Duschen, Toiletten, Küchen und Grillmöglichkeiten.
12 P

ADDO REST CAMP
$–$$
IN DER NÄHE DES HAUPTEINGANGS
TEL. 042/233 86 00
www.sanparks.org/parks/addo/camps/addo/
Es gibt verschiedene Unterkünfte: Selbstversorger-Chalets, Gästehäuser, Cottages, Hütten im Wald mit voll ausgestatteten Küchen. Günstiger ist eine *rondavel* (Rundhütte) mit Gemeinschaftsküche. Auf dem Gelände findet sich ein À-la-carte-Restaurant.
46 80 P Einige Wohneinheiten

EAST LONDON

QUARRY LAKE INN
$$ * * * *
QUARTZITE DR., BEI DER PEARCE ST., THE QUARRY
TEL. 043/707 54 00
www.quarrylakeinn.co.za
Das moderne Gästehaus liegt in einem Vorort mit Blick über einen kleinen See. Alle Zimmer sind modern in ruhigen Beige-, Weiß- und Grüntönen eingerichtet. Das Frühstück wird im Speisesaal oder auf dem Holzdeck serviert.
16 P

GRAZIA FINE FOOD & WINE
$$–$$$
KINGS ENTERTAINMENT CENTER, UPPER ESPLANADE, AQUARIUM RD.
TEL. 043/722 20 09

Hochgelegen mit einer tollen Aussicht auf das Meer serviert dieses moderne Restaurant gute internationale Küche mit mediterranem Akzent. Auf der Speisekarte finden sich Gerichte wie Enten-Frühlingsrollen, Filet mit Camembert, eine große Auswahl an Meeresfrüchten sowie Malva-Pudding und Schwarzwälder Kirschtorte.
200 P

AL MARE
$$
AQUARIUM COMPLEX, ESPLANADE RD.
TEL. 043/722 02 87
Das am Ozean gelegene Al Mare bietet Salate, Pastagerichte, Pizzen, Steaks sowie Meeresfrüchte- und Krustentierplatten. Eher ungewöhnlich, aber dennoch unbedingt empfehlenswert sind die türkische Eiscreme und der Zitronenkäsekuchen.
80 P Geschl. Sa–So M, So A

GRAAFF-REINET

CAMDEBOO MANOR
$$$$$ * * * *
ABZWEIGUNG WOLWAS AUF DER R63/R75, 2 KM SÜDL. VON GRAAF-REINET
TEL. 049/893 09 60
www.camdeboomanor.co.za
Dieses anmutige Karoo-Farmhaus bietet ein freundliches Willkommen und altmodischen Luxus. Sie schlafen in einem Himmelbett und baden in einer tiefen Wanne mit hohem Rückenbereich. Im Preis inbegriffen ist das Frühstück, Abendessen ist auf Anfrage erhältlich.
3 15 P

ANDRIES STOCKENSTRÖM GUEST HOUSE
$$$ * * * *
100 CRADOCK ST.
TEL. 049/892 45 75
www.asghouse.co.za
Die Zimmer und Suiten in leuchtenden Farben liegen in einem wunderschönen viktorianischen Haus. Die Speisekarte des Restaurants legt den Schwerpunkt auf frische regionale Zutaten und kredenzt Straußenleberpastete, geräucherten Kudu-Salat mit Sesamwaffel und ein Lammkarree mit Rösti.
7 12 P Restaurant geschl. So A

GRAHAMSTOWN

THE COCK HOUSE
$$ * * * *
10 MARKET ST.
TEL. 046/636 12 87
www.cockhouse.co.za
Das Gästehaus in einem Gebäude aus dem 19. Jahrhundert steht als nationales Denkmal unter Schutz. Es bietet einfach eingerichtete Doppelzimmer im Haupthaus und in den umgebauten ehemaligen Ställen. Das hauseigene Restaurant **Norden's** kocht südafrikanisch und international, wie beim Straußencarpaccio und dem über Holzkohle gegrillten Rinderfilet auf Spinat.
9 60 Restaurant geschl. Mo M P

HARICOT'S DELI & BISTRO
$–$$
32 NEW ST.
TEL. 046/622 21 50
www.haricots.co.za
In diesem in einem alten Gebäude angesiedelten Restaurant können Sie ein schnelles Sandwich mitnehmen oder sich zu einem dreigängigen Menü niederlassen. Essen kann man im Feinkostlasten, im Bistro oder draußen im Hof.
80 P Geschl. So

JEFFREY'S BAY

SEA WHISPER
$$
62 PETUNIA ST.
TEL. 082/489 91 14
www.seawhisper.co.za
Das B&B liegt auf einem Hügel mit weitem Blick über den Ozean und bietet weiß gestrichene Zimmer mit kastanienbraunen und roten Farbakzenten. Für Selbstversorger gibt es eine voll eingerichtete Küche.
7 P

DE VISWIJF
$$–$$$
55 DIAZ RD.
TEL. 042/293 39 21
www.deviswijf.co.za
Im Gebäude einer alten Fischfabrik eingerichtet, bietet das Restaurant den Blick über das Wasser. Huhn und Kassler sind nur zwei Gerichte auf der Karte, die eine große Auswahl an Krustentieren und Meeresfrüchtegerichten bietet.
120 P Geschl. So A

KENTON-ON-SEA

HOMEWOODS
$$$
1 EASTBOURNE RD.
TEL. 046/648 27 00
Das Homewoods liegt herrlich mit Blick über den Strand und die Flussmündung. Das Essen ist gut, aber nicht spektakulär: Burger, Steaks und Rippchen, Tintenfisch in Butter mit Safranreis (oder gebraten) und ein mildes Lammcurry.
120 P Geschl. So M

LALIBELA

LALIBELA GAME RESERVE
$$$$
AN DER N2 ZWISCHEN PORT ELIZABETH & GRAHAMSTOWN
TEL. 041/581 81 70
www.lalibela.net
Das Tierreservat bietet drei Luxuslodges: **Mark's Camp, Lentaba Lodge** und **Tree Tops**. Die Gäste übernachten in abgeschiedenen, strohgedeckten oder zeltartigen Chalets mit Bad, die sich zum Garten und Busch hin öffnen. Jedes Chalet hat seine eigene Terrasse, von der man das Wild beobachten kann. Die Mahlzeiten sind im Übernachtungspreis inbegriffen.
21 P

MOUNTAIN ZEBRA NP

MOUNTAIN ZEBRA NATIONAL PARK
$$
12 KM VON CRADOCK ENTFERNT, BEI DER R61
TEL. 048/881 24 27
www.sanparks.org/parks/mountain/zebra
Unterkunft findet man in der Mitte des Parks in Vier-Bett-Cottages mit Bad und teilweise eingerichteten Küchen. Außerdem gibt es ein Drei-Bett-Zimmer, ein Sechs-Bett-Zimmer und ein Gästehaus mit eingerichteter

Küche und Bad. Auch ein Restaurant mit Ausschanklizenz und ein Laden mit Grundnahrungsmitteln sind vorhanden.
20 46

NIEU-BETHESDA

MURRAYFIELD GUEST HOUSE
$
GRAVE T. & CHURCH ST.
TEL. 049/841 16 42
Informationen über das berühmte Haus der Stadt – das Owl House – hat Besitzerin Anne, die darüber auch ein Buch geschrieben hat. In den Zimmern stehen Tee und Kaffee zur Verfügung, Frühstück und Abendessen werden auf Wunsch zubereitet. Anzahlung mit Kreditkarte, sonst nur Barzahlung.
3

VILLAGE INN
$
NEBEN DEM OWL HOUSE
TEL. 049/841 16 35
Das alte Haus neben der Hauptattraktion der Stadt – dem Owl House – beherbergt ein Restaurant, das vom Morgen bis zum Abend geöffnet hat. Abends kommen herzhafte Gerichte wie Lammbraten, Curry mit Reis oder Lammkeule auf den Tisch. Auch Vegetarier werden hier fündig.
30

PORT ALFRED

PORTOFINO HOTEL
$$$ * * *
PARK RD.
TEL. 046/624 22 23
www.portofinohotel.co.za
Von der geräumigen Terrasse der Pension schaut man über die städtische Marina, den kleinen Bootshafen und das Meer. Die Zimmer, die alle eine eigenes Bad haben, sind in zurückhaltenden Pastellfarben gehalten. Frühstück auf Anfrage.
11

GUIDO'S
$–$$
WEST BEACH DR.
TEL. 046/624 52 64
Eine schöne Lage hat das im Sommer gut besuchte Guido's mit Blick auf den Strand und die Mündung des Kowie River. Die Pizzen werden im Holzofen gebacken, außerdem gibt es Meeresfrüchte, saftige Rippchen und Steaks.
450

PORT ELIZABETH

THE KELWAY HOTEL
$$–$$$ * * * *
BROOKES HILL DR., HUMEWOOD
TEL. 041/584 06 38
www.thekelway.co.za
Das neu eröffnete Hotel bietet Zimmer, die in kühlen Farbtönen gehalten sind. Dank seiner erhöhten Lage genießt man von den Zimmern und von der Terrasse des Restaurants **Farriagers** einen wunderbaren Blick über das Meer.
61 120 Einige Zimmer

MILLBROOK HOUSE
$$ * * *
2 HAVELOCK S., CENTRAL HILL
TEL. 041/582 37 74
www.millbrookhouse.co.za
Das Hotel befindet sich an einem ruhigen Platz direkt im historischen Zentrum von Port Elizabeth. Das Haus ist ein eingeführtes B&B, das geschmackvoll eingerichtete Zimmer hat, die meist auch mit eigenem Bad ausgestattet sind. Zudem bietet das Hotel eine Internetanschluss rund um die Uhr.
4

DE KELDER
$$–$$$$
ECKE 6TH AVE. & MARINE DR., SUMMERSTRAND
TEL. 041/583 27 50
Als eines der besten Restaurants der Stadt bietet De Kelder Speisen in einem Kellerambiente. Die reichhaltige Speisekarte umfasst alles vom Krokodil-Carpaccio bis hin zu Crêpe Suzette und eine große Auswahl an Meeresfrüchten, Fleisch- und Pastagerichten.
120 Geschl. Sa–So M; So A

MANGIAMO @ WICKER WOODS
$$
50 6TH AVE., WALMER
TEL. 041/581 11 07
Das Lokal in einem alten Haus begeistert mit seinem wunderschönen Holzboden aus Oregonkiefer und originaler Bausubstanz. Die Karte bietet zeitgemäße Fusionsküche und italienische Gerichte wie eine leckere dünnteigige Pizza mit hervorragenden Belägen wie eingelegte Feigen und Carpaccio.
50 Geschl. M; So–Mo A

SIBUYA GAME RESERVE

SIBUYA GAME RESERVE
$$$$
VON KENTON-ON-SEA DEN KARIEGA RIVER FLUSSAUFWÄRTS
TEL. 046/648 10 40
www.sibuya.co.za
Schon die Anreise nach Sibuya ist ungewöhnlich: Mit dem Boot geht es von Kenton-On-Sea aus den Kariega River flussaufwärts. Übernachtet wird in luxuriösen Zelten im River Camp und im Forest Camp. Die Zelte stehen auf Holzplattformen und sind mit Moskitonetzen und Bädern ausgestattet. Die Abendmahlzeiten werden über dem offenen Feuer zubereitet.
9

DURBAN & KWAZULU-NATAL

BALLITO

HOTEL IZULU
$$$–$$$$
REY'S PL.
TEL. 032/946 34 44
www.hotelizulu.com
Die Gäste übernachten in luxuriösen Suiten. Wer möchte, kann über die palmenbestandenen Wiesen bummeln oder sich im Spa verwöhnen lassen. In der Anlage gibt es verschiedene Möglichkeiten zu speisen.
18 84

MOZAMBIK
$$
BOULEVARD CENTER, JACK POWELL ST.
TEL. 032/946 09 79
Informelles Lokal im Stil einer Strandhütte mit ockerfarbenen Wänden und Strohvorhängen. Die Küche ist portugiesisch-mosambikanisch, serviert werden Hühnerleber *piripiri*, Salat mit Kichererbsen und gebratenem Gemüse, Huhn oder gegrillte

Garnelen, gewürzt mit Knoblauch oder mit Piripiri (sehr scharfer Chili).
105 P

BLOEMFONTEIN

HALEVY HERITAGE HOTEL
$$$–$$$$ * * * *
MARKGRAAFF & CHARLES ST.
TEL. 051/403 06 00
www.halevyheritage.com
Dieses Hotel im Herzen der Stadt begann sein Leben 1893 als eine bescheidene Pension. Heute bietet es eine Reihe luxuriöser Unterkünfte. Frühstück, Mittag- und Abendessen werden in den beiden Restaurants des Hotels serviert.
21 62 P

DE OUDE KRAAL COUNTRY HOUSE
$$–$$$ * * * *
35 KM SÜDL. VON BLOEMFONTEIN AUF DER N1
TEL. 051/564 07 33
www.oudekraal.co.za
Auf einer in Betrieb befindlichen Schafsfarm gelegen, bietet De Oude Kraal Gästeräume mit eigenen offenen Kaminen, Badezimmer und privatem Patio, einige mit Fußbodenheizung. Das Restaurant hat ein Festpreis-Sechs-Gänge-Menü mit Schwerpunkt auf südafrikanischen Spezialitäten.
11 30 P

PROTEA HOTEL
$$–$$$ * * * *
202 NELSON MANDELA DR., BRANDWAG
TEL. 051/444 43 21
www.proteahotels.com
Dieses Hotel ist Mitglied einer landesweiten Hotelgruppe und befindet sich im Zentrum des Geschäftsgebiets. Es bietet helle, moderne Zimmer mit Klimaanlage und eigenem Bad. Im Hotel gibt es ein eigenes Restaurant, das Amoretta.
94 65 P

OOLONG LOUNGE
$$
16A SECOND AVE., WESTDENE
TEL. 051/448 72 44
Die lässige in Glas sowie Schwarz und Weiß gehaltene Inneneinrichtung verleiht diesem Restaurant eine weltstädtische Atmosphäre. Es bietet Mittagessen, Abendessen und spätabends Cocktails an. Die Speisekarte besteht aus östlicher Fusionsküche wie Thai-Spieße mit mildem Curryfleisch, Gemüsepfannen, indische Currygerichte und Sushi.
60 P

CLARENS

DER BESONDERE TIPP

SEDIBA LODGES
$$–$$$
10 KM VON CLARENS ENTFERNT, AN DER R711 NACH FOURIESBURG
TEL. 058/256 10 28
www.sedibalodge.co.za
Das Sediba besteht aus drei luxuriösen Selbstversorger-Lodges, in denen vier bis sechs Personen übernachten können. Zwei Lodges liegen an einem Forellensee, die dritte auf einem Hügel – alle eröffnen eine traumhafte Aussicht. Jede Lodge hat einen eigenen Speiseraum und einen Wohnraum.
7 P

CLEMENTINES
$$–$$$
315 CHURCH ST.
TEL. 058/256 16 16
Zum strahlenden Rot und Grün außen passen die farbenfrohen Innenräume. Vom Patio hat man einen herrlichen Blick auf die umliegenden Berge. Probieren sollte man die Garnelen mit Koriander und Pernod oder die gebundene Entensuppe.
50 Geschl. M & MO A.

CAFÉ MOULIN
$–$$
AN DER GOLDEN GATE RD., 12 KM VON CLARENS
TEL. 073/804 30 51
Das Restaurant bietet nicht nur spektakuläre Bergblicke, sondern serviert auch italienische, französische und südafrikanische Gerichte. Probieren Sie die interessante Kombination von Rote Beete mit Birne, Meeresfrüchtepasta oder gebratenen Moschuskürbis mit sonnengetrockneten Tomaten.
80 Geschl. A; Di–Mi M

DURBAN

DER BESONDERE TIPP

THE OYSTER BOX
$$$$–$$$$$ * * * * *
2 LIGHTHOUSE RD., UMHLANGA ROCKS
TEL. 031/541 50 00
www.oysterboxhotel.com
In Strandnähe mit Blick auf den Indischen Ozean. Trotz der luxuriösen und wunderschönen Einrichtung vermittelt es eine entspannte, freundliche Atmosphäre. Deckenventialtoren und grüne Palmen schaffen ein tropisches Ambiente (Restaurant **Grill Room** siehe S. 297).
86 P

SOUTHERN SUN ELANGENI
$$$–$$$$ * * * *
63 SNELL PARADE
TEL. 031/362 13 00
www.tsogosunhotels.com
Das große Strandhotel bietet von seinen seeseitig und höher gelegenen Zimmern einen tollen Blick auf das Meer. Die Küche im hoteleigenen Restaurant Daruma im Zen-Look ist authentisch japanisch. Hier bekommt man verschiedene Tempura- und Sushigerichte. Ein weiteres Restaurant kocht indisch, ein anderes lädt zum Frühstück und zu Abendbüfett
449 380 P

THE BENJAMIN HOTEL
$$–$$$
141 FLORIDA RD., MORNINGSIDE
TEL. 031/303 42 33
www.benjamin.co.za
Dieses B&B-Hotel bietet Komfort zu vernünftigen Preisen und befindet sich in Fußweite mehrerer guter Restaurants. Da der Kern des Hotels aus einem alten Gutshaus besteht, gibt es einen eleganten Sitzbereich. Alle Zimmer sind mit W-LAN und Satellitenfernsehen ausgestattet.
43 P

BLUE WATERS HOTEL
$$–$$$ * * *
175 SNELL PARADE
TEL. 031/327 70 00
www.bluewatershotel.co.za

Das Haus bietet gute, bezahlbare Zimmer gleich gegenüber dem Strand. Jedes Zimmer hat seinen eigenen Balkon mit Meerblick. Abends kann à la carte bestellt oder zum Büfett gegangen werden.
278 250

JOAN'S BED & BREAKFAST
$$ ****
3 MATHIAS PL., DURBAN NORTH
TEL. 031/563 32 20
www.joansbxb.co.za
Das gehobene B&B liegt unweit einiger touristischer Attraktionen – zwischen dem Stadtzentrum und dem Strandresort Umhlanga. Die kühlen, geschmackvoll eingerichteten Zimmer haben Klimaanlage und private Eingänge.
7

RIDGEVIEW LODGE
$$ *****
17 LOUDOUN ST., BEREA
TEL. 031/202 97 77
www.ridgeview.co.za
Die traditionell, in warmen Farben eingerichtete Lodge bietet unweit des Stadtzentrums ruhige, luxuriöse Unterkünfte zu guten Preisen. Schön sind der kühle tropische Garten und der Ausblick auf die Stadt. Ein Frühstück wird serviert.
7

GRILL ROOM
$$$$–$$$$$
BEI OYSTER BOX, 2 LIGHTHOUSE RD., UMHLANGA ROCKS
TEL. 031/514 50 00
Weiße Ledersessel und royalblaue Wände schaffen in diesem Restaurant ein luxuriöses Ambiente. Es serviert einige der besten Meeresfrüchte- und klassichen Gerichte in Durban. Bei der Auswahl hilft Ihnen Maître d'Henry, der hier fünf Dekaden lang gearbeitet hat.
90 Geschl. M

DER BESONDERE TIPP

9TH AVENUE BISTRO
$$–$$$
SHOP 2, AVONMORE CENTER, 9TH AVE., MORNINGSIDE
TEL. 031/312 91 34
Das preisgekrönte, elegante Restaurant bietet eine kleine, oft wechselnde Karte, die sich auf kontinentale Fusionsküche spezialisiert hat. Versuchen Sie die Fischcremesuppe oder die sautierte Wachtelbrust und zum Dessert den berühmte Birnen-Apfel-Butterbrot-Pudding.
65 Geschl. Sa–Mo M, So A

CAFÉ 1999
$$–$$$
SILVERVAUSE CENTER, ECKE VAUSE & SILVERTON RDS., BEREA
TEL. 031/202 34 06
Ein beliebter Treffpunkt. Sie können entweder im mit Mosaiks und Spiegeln dekorierten Innenraum oder draußen mit Blick auf die Straße essen. Als Vorspeise können Sie gefüllte Muscheln mit Kräuterbutter und Pancetta oder würzige Filetspieße probieren, als Hauptspeise honigglasierte Lammkoteletts oder Couscous-Lasagne.
80 Geschl. Sa–So M; So A

ILE MAURICE
$$–$$$
9 MCCAUSLAND CRES., UMHLANGA ROCKS
TEL. 031/561 76 09
Sie können entweder im eleganten Speisesaal oder bei warmem Wetter draußen auf dem Sonnendeck mit Blick aufs Meer sitzen. Die Speisekarte bietet französisch-mauretanische Küche mit Gerichten wie filettiertem Fisch in Kokosnussmilch, Hase mit Kräutern und Rotwein oder Rindsfiletmedaillions mit Rosmarin und Pilzen, flambiert mit Brandy.
120 Geschl. Mo

JOOP'S PLACE
$$–$$$
AVONMORE CENTRE, 9TH AVE., MORNINGSIDE
TEL. 031/312 91 35
Wenn Sie Fleisch mögen, ist dieses entspannte Restaurant genau das Richtige für Sie. Auf der Speisekarte finden sich verschiedene Steaks, gemischte Grillgerichte, Koteletts und Spareribs. Chefkoch Joop Mol genießt für seine Kochkünste eine hohe Reputation.
100 Geschl. Sa–Do M; So A

HEMINGWAY'S
$$
131 DAVENPORT RD., GLENWOOD
TEL. 031/202 49 06
Das eher ungewöhnlich in afrolatinischem Stil eingerichtete Lokal hat seine Tische in einem umgebauten Haus und auf der Veranda stehen. Gekocht wird international: Schnecken, Aubergine mit Parmesan, Nachos, aber auch portugiesische und italienische Fleisch- und Meeresfrüchtegerichte.
75

SPIGA D'ORO
$$
200 FLORIDA RD., MORNINGSIDE
TEL. 031/303 95 11
Bei diesem Italiener können die Gäste ihr Frühstück, Mittag- oder Abendessen auf dem lebhaften Bürgersteig oder in den kühlen, in Schwarz und Weiß gehaltenen Innenräumen genießen. Auf der Karte finden sich verschiedene italienische Gerichte, Pizzen und Pastagerichte sowie Huhn- und Rindfleischgerichte.
120

ZACK'S
$$
WILSON'S WHARF; VICTORIA EMBANKMENT
TEL. 031/305 16 77
Über dem Wasser von Durbans Hafen für kleine Wasserfahrzeuge, bietet die Terrasse dieses Restaurants eine großartige Aussicht. Die große Speisekarte umfasst Burger, Wraps und eine Auswahl von Fleisch-, Fisch- und Pastagerichten. Hier gibt es auch Live-Musik.
80

INDIAN CONNECTION
$–$$
485 WINDERMERE RD., MORNINGSIDE
TEL. 031/312 14 40
www.indian-connection.co.za
In einer Stadt mit wahrlich vielen indischen Restaurants ist dieses das beste. Das Lokal kocht vor allem nordindische Gerichte, darunter verschiedene Biryanis, außerdem Lamm-, Hühner- und Meeresfrüchte-Currys mit traditionellen Beilagen.
80

LITTLE INDIA
$–$$
155 MUSGRAVE RD., MUSGRAVE
TEL. 031/201 11 21
Das Restaurant hat sich zum Ziel gesetzt, die ganze Bandbreite an indischen Gerichten abzudecken. Aus dem Norden stammen Gerichte wie Biryanis, *Chicken tikka* (ein Currygericht) und verschiedene Tandooris; aus dem Süden kommen die vegetarischen Gerichte und die scharfen Fisch-Currys.
175 P

HOWICK

FERN HILL HOTEL
$$–$$$ * * *
AN DER R103, MIDMAR/ TWEEDIE/HOWICK
TEL. 033/330 50 71
www.fernhillhotel.co.za
Das Hotel liegt in Gärten mit großen Baumfarnen und Teichen und bietet ländliche Ruhe. Das historische Hauptgebäude wurde ursprünglich als Handelsposten erbaut. Die Zimmer sind in warmen Farben gehalten, den Gästen werden hier alle Mahlzeiten serviert.
35 65 P

YELLOWWOOD CAFÉ
$–$$
1 SHAFTON RD.
TEL. 033/330 24 61
Das in einem wunderschönen historischen Farmhaus eingerichtete Café serviert den ganzen Tag über Mahlzeiten. So gibt es gebackenen Camembert, Ochsenschwanz und Lammkeule.
120 P Geschl. Mo

PIETERMARITZBURG

PROTEA HOTEL IMPERIAL
$$–$$$ * * *
224 JABU NDLOVU ST.
TEL. 033/342 65 51
www.proteahotels.com
Das in einem alten Gebäude untergebrachte Hotel bietet geräumige Zimmer, in denen die Geschichte des Hauses noch lebendig ist. Dennoch sind die Räume modern eingerichtet. Das Hotel hat ein eigenes Restaurant.
70 120 P

ESSENCE
$–$$
120 VICTORIA RD.
TEL. 033/342 92 15
Entspannen Sie sich in diesem Café/Feinkostladen mit einer Zeitschrift oder gehen Sie mit einer WLAN-Verbindung online. Stellen Sie sich Ihre eigene Mahlzeit vom Erntetisch zusammen oder versuchen Sie die Wraps, Salate, Kaffee und Kuchen. Es gibt Frühstück und Mittagessen mit einem täglichen Spezialmenü.
60 P Geschl. A

SAKI PACIFIC GRILL
$–$$
137 VICTORIA RD.
TEL. 033/342 69 99
Dieses ekletrische japanische Restaurant serviert eine Auswahl an Sushi, aber auch andere asiatische Gerichte. Versuchen Sie die Thai-Butternuss-Suppe, würzige Chickenwings, das Bombay-Lamm-Curry, Hühnchen süß-sauer oder Sake-Rippchen.
75 P

ST. LUCIA

MAKAKATANA BAY LODGE
$$$$$ * * * *
LOT 1 MAKAKATANA, WESTERN SHORES, GREATER ST. LUCIA WETLANDS PARK
TEL 035/550 41 98
www.makakatana.co.za
Die einzige private Lodge im St. Lucia Park bietet luxuriöse Suiten mit Blick entweder auf einen See, den Wald oder ins Feuchtgebiet. Die Lodge hat Aussichtsterrassen, eine Lounge, Bar und Speiseraum und eine *boma* (Open-Air-Speise- und Kochbereich).
6 P

UMLILO LODGE
$$ * * * *
9 DOLPHIN AVE.
TEL. 035/590 17 17
www.umlilolodge.co.za
Die freundliche, warmherzige Lodge bietet Unterkünfte im Safaristil, von denen aus die Annehmlichkeiten des St. Lucia Park zu Fuß zu erreichen sind. Die Gäste können am Pool auf dem Holzdeck entspannen und auf Wunsch ihr Abendessen in der *boma* genießen.
11

SOUTHBROOM

FIGTREE LODGE
$$–$$$ * * *
30 NORTH RIDGE RD.
TEL. 039/316 65 47
www.figtreelodge.co.za
Die Lodge inmitten grüner subtropischer Vegetation bietet drei Zimmer mit Bad. Von den wunderschönen, überdachten, offenen Holzdecks hat man einen herrlichen Blick. Auch ein Frühstück wird serviert. Anzahlung per Kreditkarte, sonst nur Barzahlung.
3 P

TRATTORIA LA TERRAZZA
$$
UMKOBI LAGOON, 17 OUTLOOK RD.
TEL. 039/316 61 62
www.trattoria.co.za
Das Restaurant hat eine schöne Lage mit Blick über die Umkobi Lagoon, bei schlechtem Wetter kann man drinnen essen. Auf der Karte finden sich italienische Klassiker wie Pizza und Pastagerichte, aber auch T-Bone-Steaks, Meeresfrüchte und Geflügelgerichte.
120 P Geschl. Mo–Di M, So–Mo A; in der Hauptsaison die ganze Woche geöffnet!

UKHAHLAMBA-DRAKENSBERG NP

Die Ezemvelo KwaZulu-Natal Wildlife Organization unterhält eine Reihe von Resorts und Camps mit ganz unterschiedlichen Übernachtungsmöglichkeiten. Im Folgenden werden nur einige Camps vorgestellt. Meist handelt es sich um Selbstversorger-Chalets und rustikale Hütten mit Küchen und Grillmöglichkeiten. Wer eine komplette Liste haben möchte, findet diese auf der Homepage (*www.kznwildlife.com*). Reservierungen müssen in jedem Fall komplett im Voraus bezahlt werden.

THENDELE CAMP
$$–$$$$$
ROYAL NATAL NATIONAL PARK,

6 KM VOM TOR ENTFERNT
TEL. 036/438 64 11
Gäste können zwischen Chalets (2–4 Pers.) mit Bad oder Sechs-Bett-Cottages mit Bad wählen. Die Chalets sind für Selbstversorger, für die Gäste der Cottages bereitet ein Koch die mitgebrachten Nahrungsmittel zu. Auch ein Laden ist in unmittelbarer Nähe vorhanden.
29 P

GIANT'S CASTLE CAMP
$$–$$$ * * *
ABSEITS DER N3, 65 KM VON ESTCOURT, 64 KM VON MOOI RIVER ENTFERNT
TEL. 036/353 37 18
Viele Unterkünfte sind Zwei-Bett-Chalets mit Bad, vollständig eingerichteter Küche und einem Wohn-/Essbereich. Dazu kommen noch einige wenige Vier- und Sechs-Bett-Chalets mit der gleichen Ausstattung. Das Camp verfügt über einen Laden, ein Restaurant und eine Bar.
43 56 P

LOTHENI
$$ –$$$
50 KM VON UNDERBERG, 62 KM VON DER NOTTINGHAM RD. ENTFERNT
TEL. 033/702 05 40
Alle Unterkünfte wenden sich an Selbstversorger und sind mit Bad und vollständig eingerichteter Küche ausgestattet. Gäste haben die Wahl zwischen Chalets mit zwei, drei oder sechs Betten. Das Lotheni hat einen Laden, der für die Grundversorgung ausreicht.
14 P

INJISUTHI
$–$$
NÖRDLICHER TEIL DES GEBIETS GIANT'S CASTLE, 5 KM ZUM INJISUTHI GATE
TEL. 033/845 10 00
Das Injisuthi bietet 15 Selbstversorger-Chalets – jedes für jeweils vier Personen, mit Bad, einer voll ausgestatteten Küche und einer gemeinsam genutzten Lounge mit Feuerplatz. Ein Laden verkauft Grundnahrungsmittel.
15 P

KRUGER & MPUMALANGA

BARBERTON

BARBERTON MANOR GUEST HOUSE
$$
81 SHEBA RD.
TEL. 013/712 48 26
www.barbertonmanor.com
Das Haus wurde 1927 erbaut und konnte die damalige Atmosphäre bewahren: Erhalten blieben die Decken aus Stahl und die großen Kamine. Alle Zimmer wurden modernisiert und haben ein eigenes Bad.
3 P

BYE APART ATE
$–$$
27 DE VILLIERS ST.
TEL. 013/790 38 71
Das Restaurant in einem alten Haus in Barberton serviert gute alte ländliche Küche mit portugiesischem Einschlag. Zu empfehlen sind die Steaks und die Meeresfrüchteplatten mit viel frischem Fisch und Krustentieren.
100 P Geschl. Di A

DULLSTROOM

PEEBLES COUNTRY RETREAT
$$$$–$$$$$ * * * * *
LYON CACHET ST. & BOSMAN ST.
TEL. 013/254 80 00
www.peebles.co.za
Das Hotel in Familienbesitz hat luxuriöse Suiten mit jeweils offener Feuerstelle, einem Bad mit extragroßer Badewanne, privatem Speisebereich und Patio; außerdem sind eine eigene Bar und ein Restaurant vorhanden. Die Gäste dürfen exklusiv eine der Fliegenfisch-Einrichtungen in Dullstroom nutzen.
10 35 P

MRS. SIMPSON'S RESTAURANT
$–$$
194 TEDING VAN BERKHOULD ST.
TEL. 013/254 00 88
www.mrssimpsons.co.za
Inmitten kitschiger Dekoration, die den Herzog und die Herzogin von Windsor feiert, werden den Gästen exzellente Gerichte serviert. Zu empfehlen sind das Springbock-Carpaccio, die Garnelen und Muscheln auf marokkanische Art sowie Entenconfit mit Blaubeer-Jus auf Püree.
60 P Geschl. Di–Mi & So A

HAENERTSBURG

RED PLATE
$–$$
161 RISSIK ST., HAENERTSBURG VILLAGE
TEL. 083/305- 28 51
Das Restaurant bietet seinen Gästen Tische im Freien. Die Karte ändert sich oft, meist findet man aber Pommes frites, Meeresfrüchteplatten und Suppen. Zu den Spezialitäten gehören Lammburger mit Avocado und Schweinenacken mit Äpfeln, Honig und Senf.
70 Geschl. Mo; So-Di M

HAZYVIEW

BLUE MOUNTAIN LODGE
$$$$$ * * * * *
AN DER R514 NACH KIEPERSOL
TEL. 021/794 90 50
www.southafricanhotels.com
Die luxuriöse Lodge bietet eine Reihe von Suiten, die individuell eingerichtet sind: mal provenzalisch, mal afrikanisch; einige haben sogar ein eigenes Tauchbecken. Das Restaurant bietet ein fünfgängiges Festpreismenü mit frischem Fisch, Pasta und Wild.
15 34 P

RISSINGTON INN
$$–$$$ * * * *
AN DER R40, AUSSERHALB VON HAZYVIEW
TEL. 013/737 77 00
www.rissington.co.za
Das Gasthaus mit Zimmern und Suiten liegt in einem vier Hektar großen Garten. Die rustikal möblierten Zimmer haben Duschen und Bad. Das Restaurant serviert à la carte, unter anderem Wildfleischeintopf, Meeresfrüchte- und Geflügelgerichte und Wermut-Gemüse-Pasta.
16 40 P

KRUGER NATIONAL PARK

Der Park hat eine große Zahl an Unterkünften. Viele Übernachtungsmöglichkeiten liegen preislich in der Kategorie $$, mit einigen günstigeren und einigen teureren Zimmern oder Wohnungen. Nachfolgend werden Beispiele in den meistbesuchten Teilen des Parks vorgestellt. Weitere Informationen findet man unter dem Stichwort Kruger auf der Homepage von South African National Parks (www.sanparks.org) sowie im Eingangskapitel über den Nationalpark auf S. 176ff. Reservierungen müssen im Voraus getätigt werden und können mit den bekannten Kreditkarten bezahlt werden.

Südlicher Teil

BERG-EN-DAL

$$–$$$$

12 KM ZUM MALELANE GATE
TEL. 013/735 61 06

Die Unterkünfte reichen hier von Drei-Bett-Bungalows über Familienwohneinheiten für bis zu sechs Personen bis hin zum luxuriösen Gästehaus in Toplage des Camps (max. acht Pers.). Alle Einheiten sind für Selbstversorger gedacht und verfügen über eine Klimaanlage. Das Camp hat einen Laden, ein Restaurant und eine Cafeteria.

95 P

SKUKUZA

$–$$$$

39 KM ZUM PHABENI GATE
TEL. 013/735 42 65

Das größte der Kruger-Camps hat die Größe eines kleinen Dorfes; zur Ausstattung gehören zwei Restaurants, ein Feinkostladen, eine Bank und eine Mietwagenfirma. Die Gäste übernachten in möblierten Zelten auf Pfählen mit gemeinschaftlich genutzten Sanitäranlagen, in strohgedeckten Hütten mit Bad, voll ausgestatteten Cottages oder luxuriösen, mehrräumigen Cottages und Häusern.

230 270 P Einige Wohneinheiten

Parkzentrum

OLIFANTS

$$–$$$$

83 KM ZUM PHALABORWA GATE
TEL. 013/735 66 06

Zur Auswahl stehen Zwei- und Vier-Bett-Bungalows mit Bad (teilweise auch mit Küchenzeile, andere mit Zugang zur Gemeinschaftsküche) und große Luxusgästehäuser für bis zu acht Personen. Einige Einheiten haben Küchen und einen traumhaften Blick, bei der Reservierung sollte man entsprechende Wünsche äußern. Auf dem Gelände gibt es ein Restaurant, einen Laden und eine Cafeteria.

109 56 P

SATARA

$$–$$$$

48 KM ZUM ORPEN GATE
TEL. 013/735 63 06

Hier hat man die Wahl zwischen Selbstversorger-Bungalows mit zwei oder drei Betten und Bad sowie Fünf- oder Sechs-Bett-Cottages mit der gleichen Ausstattung. Außerdem werden drei luxuriöse Gästehäuser in Toplage angeboten. Laden, Restaurant und Deli sind im Camp vorhanden.

99 75 P

LETABA

$–$$$$

51 KM ZUM PHALABORWA GATE
TEL. 013/735 66 36

Die möblierten Zelte auf Pfählen und die rustikalen Hütten mit Gemeinschaftsbad und Küchennutzung sind die eine Möglichkeit, daneben gibt es noch Selbstversorger-Bungalows (2–3 Pers.), größere Cottages und Gästehäuser. Auch ein Restaurant, ein Laden und eine Cafeteria sind vor Ort.

113 44 P Einige Wohneinheiten

Nördlicher Teil

BATALEUR

$$$

140 KM ZUM PHALABORWA GATE
TEL. 013/735 68 43

Das Bataleur ist eines der kleineren Bushveld-Camps und bietet Sechs- und Vier-Bett-Cottages mit Bad und voll ausgestatteter Küche. Das Camp hat kein Restaurant, der Laden verkauft auch keine Lebensmittel. Die Übernachtungsgäste müssen sich hier also komplett selbst versorgen.

7 P Einige Wohneinheiten

PUNDA MARIA

$$–$$$

10 KM ZUM PUNDA MARIA GATE
TEL. 013/735 68 73

Das Unterkunftsspektrum reicht von möblierten Safarizelten auf Pfählen mit Bad und Kochmöglichkeit über Zwei- bis Drei-Bett-Bungalows mit Bad und teilweise Küche bis hin zu größeren, voll ausgestatteten Bungalows für bis zu sechs Personen. Ein Restaurant, eine Cafeteria und ein Laden sind vorhanden.

31 20 P Einige Einheiten

SHINGWEDZI

$–$$$$

71 KM ZUM PUNDA MARIA GATE
TEL. 013/735 68 06

Das Camp bietet rustikale Drei-Bett-Hütten mit Gemeinschaftsküche und -bad, Selbstversorger-Bungalows mit Bad und offener oder überdachter Küche (2–5 Pers.), Vier-Personen-Cottages und ein luxuriöses Gästehaus für drei Personen. Zum Camp gehören ein Laden, ein Restaurant und eine Cafeteria.

80 24 P Einige Einheiten

PRIVATE LODGES IN & RUND UM DEN KRUGER

Weiter Übernachtungsmöglichkeiten siehe S. 182ff.

JOCK SAFARI LODGE

$$$$$

IM KRUGER, 35 KM ZUM MALELANE GATE
TEL. 041/509 30 00
www.jocksafarilodge.com

Die im südlichen Abschnitt des Kruger gelegene Lodge bietet zwei Unterkünfte: **Main Jock** und **Little Jock**, sie liegen nur 1,6 Kilometer voneinander entfernt. Die strohgedeckten Luxussuiten mit Klimaanlage haben jeweils ein eigenes Deck zur Tierbeobachtung mit Blick über den Fluss, zudem Bad und Außendusche sowie in den meisten Fällen ein eigenes Tauchbecken. Mahlzeiten im Preis inbegriffen.

15 P

LUKIMBI SAFARI LODGE

$$$$$

26 KM ZUM MALELANE GATE
TEL. 011/431 11 20
www.lukimbi.com

Die Lodge im südlichen Teil des Kruger bietet 16 luxuriöse Suiten in modernem afrikanischem Stil mit Klimaanlage, Bad und privater Terrasse zum Fluss hin. Die meisten haben sogar einen eigenen Pool. Die Mahlzeiten sind im Preis enthalten.
16

SINGITA BOULDERS & SINGITA EBONY
$$$$$
IM SABI SAND RESERVE, 64 KM VON HAZYVIEW, AN DER R536
TEL. 021/683 34 24
www.singita.com
Im Schutzgebiet Sabi Sand bieten diese beiden Lodges luxuriöse Unterkunft mit bestem Blick auf Wildtiere und über den Sand River. Jede Suite hat eine Klimaanlage und einen Pool, eine Lounge mit offener Feuerstelle, Bad und Außendusche. Mahlzeiten sind im Preis enthalten.
24

SINGITA LEBOMBO & SINGITA SWENI
$$$$
IM KRUGER, 64 KM ZUM ORPEN GATE
TEL. 021/683 34 24
www.singita.com
Die luxuriösen Privatlodges liegen im südöstlichen Teil des Kruger an der Grenze zu Mosambik. Die wunderschön eingerichteten Suiten wurden auf erhöhten Plattformen errichtet und bieten so gute Möglichkeiten zur Tierbeobachtung. Jede Suite hat eine Klimaanlage, einen eigenen Kühlschrank, ein Bad und eine Außendusche. Vollpension.
21

PILGRIM'S REST

MOUNT SHEBA COUNTRY LODGE HOTEL
$$$ * * * *
28 KM VON PILGRIM'S REST (FÜR ANFAHRT SIEHE WEBSEITE)
TEL. 013/768 12 41
www.mountsheba.co.za
Das Hotel in den Bergen oberhalb der Stadt bietet strohgedeckte Suiten mit eigenem Bad, Feuerstelle und Veranda mit Blick über das Reservat. Auf Wunsch gibt es Frühstück und Mittagessen, das Abendessen wird im hoteleigenen Restaurant **Chandelier** serviert.
24 86

SABIE

THE WOODSMAN
$$ * * *
94 MAIN ST.
TEL. 013/764 20 15
www.thewoodsman.co.za
Das B&B bietet schöne Blicke auf das Sabie Valley, die Gäste übernachten in großzügig geschnittenen Suiten, die mit Stilmöbeln und dunklem Holz eingerichtet sind. Alle Zimmer haben ein eigenes Bad, einige auch einen Balkon mit schönem Talblick. Speisen werden im Restaurant **Woodsman** serviert.
12 180

COUNTRY KITCHEN
$–$$
73 MAIN ST.
TEL. 013/764 19 01
Das lässige, nette Restaurant serviert gute südafrikanische Gerichte mit modernem Touch, darunter auch einige vegetarische Gerichte. Probieren sollte man die Forelle mit Püree oder den *waterblommetjie*-Auflauf mit Wacholder und Brandysauce.
40 Geschl. So–Di

TIMBAVATI

KINGS CAMP
$$$$$
10 KM ZUM TIMBAVATI GATE, AUSSERHALB VON HOEDSPRUIT
TEL. 013/751 16 21
www.kingscamp.com
Gut voneinander getrennte, geräumige Suiten mit Klimaanlage sind mit einer gefüllten Minibar, einer abgeschlossenen Veranda, Duschen im Innern wie im Freien sowie mit einem viktorianischen Bad ausgestattet.
11

TZANEEN

COACH HOUSE
$$$$–$$$$$ * * * * *
OLD COACH RD., BEI AGATHA, 15 KM VON TZANEEN ENTFERNT
TEL. 015/306 80 00
www.orionhotels.co.za
Das Coach House liegt auf einem Hügel und eröffnet von dort eine schöne Aussicht. Neben einem Garten bietet es ländlichen Luxus: Jedes Zimmer hat eine private Veranda und ein eigenes Bad mit Handtuchheizung. Im mit Kerzen beleuchteten Speisesaal werden Austern, heimische Forellen, Lamm und die berühmte Hühnerpastete serviert.
39 130

WHITE RIVER

WINKLER HOTEL
$$ * * *
6 KM NÖRDLICH VOM WHITE RIVER, AN DER NUMBI GATE RD. (R538)
TEL. 013/750 73 00
www.proteahotels.com
Als eines der Hotels der Protea-Kette liegt das Winkler in einer grünen Gartenanlage unweit des Kruger National Park. Die Zimmer haben Klimaanlage, eigenes Bad und einen Balkon mit Blick über die Anlage. Im Hotel werden alle Mahlzeiten serviert.
87

FEZ
$–$$
BAGDAD CENTER, AN DER R40 GEGENÜBER DER CASTERBRIDGE FARM
TEL. 013/750-1253
Die Veranda des Fez besticht mit Oliven- und Orangenbäumen und karierten Tischdecken. Gekocht wird nordafrikanisch, auch Sushi findet sich auf der Karte.
80 Geschl. Mo & So A

JOHANNESBURG & DAS BINNENLAND

JOHANNESBURG

54 ON BATH
$$$$$ * * * * *
54 BATH AVE., ROSEBANK
TEL. 011/344 85 00
www.tsogosunhotels.com
Das Luxushotel mit zurückhaltend klassisch-elegant eingerichteten Zimmern bietet einen englischen Garten auf seiner Dachterrasse. Das Restaurant **Dining Room** serviert unter anderem Ente, die mit Portwein und Blaubeeren zubereitet wird, und Springbockkeule mit Kasta-

Aufzug Nichtraucher Klimaanlage Pool im Haus Pool im Freien Fitnessclub Kreditkarten

nien. Beliebt ist auch das Mittagessen auf der Terrasse.
75 105

MELROSE ARCH HOTEL
$$$$$ * * * * *
1 MELROSE ST., MELROSE ARCH
TEL 011/214 66 66
www.africanpridehotels.com
Das moderne, afrikanisch eingerichtete Hotel präsentiert sich mit Zimmern in leuchtenden Farben und mit einer Poolbar, deren Tische im seichten Wasser stehen. Das **Restaurant March** serviert internationale und afrikanische Fusionsküche, wie gebratenes Rüben-Kürbis-Curry und Lachs-Sashimi.
180 110

THE MICHAELANGELO
$$$$$ * * * * *
NELSON MANDELA SQ., WEST ST., SANDTON
TEL. 011/282 70 00
www.legacyhotels.co.za
Das moderne, italienische Renaissancehotel im Herzen von Sandton ist das Nonplusultra an Komfort. Die Zimmer und Suiten sind luxuriös eingerichtet, es gibt ein Hallenbad, ein grünes Sonnendeck, einen Fitnessraum, ein Spa sowie mehrere Bars und Restaurants.
240 305

THE SAXON BOUTIQUE HOTEL & SPA
$$$$$ * * * * *
36 SAXON RD., SANDHURST
TEL. 011/292 60 00
www.saxon.co.za
Hohe, festungsähnliche Mauern umgeben das luxuriöse Saxon. Das Boutiquehotel in der nördlichen Vorstadt bietet Suiten, die „afrikanisch" eingerichtet sind, große, gepflegte Gärten, hervorragende Möglichkeiten zum Abendessen, ein Spa, einen Dampfraum und einen beheizten Pool.
26

PEECH HOTEL
$$$$ * * * *
61 NORTH ST., MELROSE NORTH
TEL. 011/537 97 97
www.thepeech.co.za
Die Räume des kleinen Hotels sind im modernen afrikanischen Stil eingerichtet, es gibt Federbetten und unbegrenzten Internetzugang. Das **Bistro-Restaurant** serviert Fisch, Strauß und Lamm, die Gerichte werden nach Art der Cape-Malay-Küche zubereitet.
16 45 Restaurant geschl. So

QUATERMAIN
$$$–$$$$$ * * * *
137 WEST RD. S., MORNINGSIDE, SANDTON
TEL. 011/290 09 00
www.quatermain.co.za
Das Gasthaus liegt unweit des Zentrums von Sandton und eines Golfplatzes und bietet Zimmer und Suiten mit einer zurückhaltenden Einrichtung. Das Restaurant **Sel et Poivre** serviert französische Küche mit belgischen Anklängen. Zu empfehlen sind der geräucherte Lachs mit Rösti und die langsam gebratene Ente mit Stachelbeersauce.
104 110

VILLA VITTORIA
$$$ * * * *
21 MELVILLE RD., HYDE PARK
TEL. 011/788 07 08
www.vvgh.co.za
Das Gästehaus liegt in der nördlichen Vorstadt zwischen Rosebank und Sandton im ehemaligen britischen Konsulat. Die Doppelzimmer mit Bad sind mit dunklem Holz, Himmelbetten und hellen Stoffen eingerichtet; WLAN ist ebenfalls vorhanden. Das Frühstück wird serviert; Abendessen auf Anfrage.
10

COTSWOLD GARDENS
$$–$$$
46 COTSWOLD DR., SAXONWOLD
TEL. 011/442 75 53
www.cotswoldgardens.co.za
Das Gästehaus liegt im grünen Vorort Saxonwold, unweit des Zoos und der Annehmlichkeiten von Rosebank. Es hat einen Garten und bietet B&B und Selbstversorger-Räume. Ein PC mit Internetanschluss steht den Gästen zur Verfügung.
6

PREMIERE CLASSE SUITE HOTEL
$$–$$$ * * *
62 CORLETT DR., MELROSE
TEL. 011/788 19 67
www.premiereclasse.co.za
Unweit von Rosebank und Sandton gelegen, bietet das Hotel Zimmer zu vernünftigen Preisen. Die Suiten sind für Selbstversorger und haben jeweils eine Küche. Frühstück und Abendessen auf Wunsch.
30 Einige Zimmer

HIGHGROVE GUEST HOUSE
$$ * * * *
1 SIDE RD., MORNINGSIDE, SANDTON
TEL. 011/884 36 80
www.high-grove.co.za
Das wunderschöne Gästehaus im georgianischen Stil bietet geschmackvolle Zimmer mit Internetanschluss. Jedes Zimmer hat Blick auf Garten und Pool – entweder vom Balkon oder vom Patio. Ein Frühstück wird serviert.
8

MELVILLE TURRET GUEST HOUSE
$$ * * *
118 SECOND AVE., MELVILLE
TEL. 011/482 71 97
www.melvilleturret.co.za
Das Gästehaus ist über hundert Jahre alt und bietet Selbstversorger- und B&B-Unterkünfte. Einige Zimmer öffnen sich zum Garten hin, andere haben Blick auf die Stadt.
9 Einige Zimmer

AUBERGE MICHEL
$$$$–$$$$$
122 PRETORIA AVE., SANDTON
TEL. 011/883 70 13
Eine schwarz-weiße Einrichtung prägt das beste Restaurant der Stadt (formelle Kleidung erwünscht). Die Karte bietet sehr gute französische Küche, wie Krebssuppe mit Pilzen und Koriander-Tortellini oder Springbock mit Garnelen und Ingwersauce.
60 Geschl. Sa–Mo M, So A; 3 Wochen im Dez.

DER BESONDERE TIPP

DW ELEVEN–13
$$$–$$$$
DUNKELD WEST SHOPPING CENTRE, ECKE JAN SMUTS & BOMPAS RDS.
TEL. 011/341 06 63
Die Speisekartes dieses preisgekrönten Restaurants ist zugleich klassisch und abenteuerlich. Fi-

let, Schweinebauch, Foie gras und Lachs stehen neben Tintenfischtintenrisotto, Ponzu-Mayonnaise und kandiertem Fenchel. Probieren Sie zum Dessert das Erdnussbutterparfait mit Kirschen.

70 P Geschl. Mi

LEKGOTLA

$$

5 NELSON MANDELA SQ., SANDTON

TEL. 011/884 95 55

www.lekgotla.com

Afrikanische Einrichtung und moderne afrikanische Küche kennzeichnen das Lokal, das übersetzt „Treffpunkt" heißt. Probieren Sie als Vorspeise senegalesische Kalamari mit Erdnuss-, Chili- und Zitronensoße und als Hauptgang Sansibar-Huhn mit Tomaten und Chili.

370 P

BUTCHER SHOP & GRILL

$$$

SHOP 30, NELSON MANDELA S., SANDTON

TEL. 011/784 86 76

Das Restaurant verdankt seinen guten Ruf vor allem den Fleischgerichten: T-Bone-Steak, Filets, Lenden- und Rumpsteak, aber auch Rippchen, Schweinekoteletts und Kebabs mit vielen verschiedenen Saucen.

300 P

MONTEGO BAY

$$–$$$

SHOP 31, NELSON MANDELA SQ., SANDTON

TEL. 011/883 64 07

www.montegobay.co.za

Lässiges, modernes Restaurant mit vielen Sitzgelegenheiten, die sich bis auf den Platz erstrecken. Meeresfrüchte, Austern und Sushi gehören zu den Spezialitäten, Hähnchen- und Rindfleischgerichte finden sich jedoch auch auf der Karte. Probieren Sie die üppige Montego-Bay-Platte mit Hummer und Muscheln.

255 P

ASSAGGI

$$–$$$

POST OFFICE CENTER, 30 RUDD RD., ILLOVO

TEL. 011/268 13 70

Die Gäste werden herzlich willkommen geheißen, die Tische sind mit gestärktem Leinen gedeckt, die Küche ist italienisch. Eine Spezialität sind unter anderem die Risotti mit Scampi, Pilzen oder Spargel. Auch die Brie-Lasagne oder der Kalbsbraten mit Parmesan sind zu empfehlen.

90 Geschl. So–Mo M, So A; 2 Wochen Ende Dez. P

MOYO

$$–$$$

SHOP 5, HIGH ST., MELROSE ARCH

TEL. 011/684 14 77

Das zur Moyo-Kette gehörende afrikanische Restaurant erstreckt sich über fünf Etagen, die über Stahltreppen verbunden sind. Auf der Karte finden sich marokkanisches Lamm, ostafrikanische Currys, südafrikanische Meeresfrüchte und Strauß.

500 P

PLAKA

$$–$$$

CRESTA SHOPPING CENTRE, BEYERS NAUDE DR., NORTHCLIFF

TEL. 011/478 03 92

www.plaka.co.za

Diese in Blau und Weiß dekorierte Taverne serviert typisch griechische Gerichte. Vorspeisen sind etwa Taramosalata, Tzatziki oder vegetarische Meze, Hauptspeisen Lammschenkel oder gegrillte halbe Hähnchen mit Oregano. Zum Dessert gibt es Baklava oder Eiscreme.

150 P

SOPHIA'S BISTRO

$$–$$$

ILLOVO SQ., 3 RIVONIA RD., ILLOVO

TEL. 011/024 03 11

Italienisches Restaurant, das Standardgerichte wie Rindercarpaccio, Meeresfrüchtesuppe, Kalb Marsala und Tiramisu neben einigen griechischen Gerichten und Sushi serviert.

70 P Geschl. So A

YAMATO

$$–$$$

196 OXFORD ROAD, ILLOVO

TEL. 011/268 05 11

Das Yamato ist so authentisch japanisch, wie es in Südafrika nur möglich ist. Neben Sashimi und Sushi bietet der Küchenchef auch Nabemono an, eine Art Eintopf, den die Gäste selbst am Tisch kochen.

120 P

ZAFFERANO

$$-$$$

PARK HYATT HOTEL, 191 OXFORD RD., ROSEBANK

TEL. 011/280 12 34

Das schicke Restaurant serviert internationale Küche: frittierte Artischocken und Enten-Prosciutto mit gegrillten Melonen und Pilzen, aber auch Ossobuco und gefüllte Hühnerbrust.

80 P Geschl. Sa–So M; So A

GOURMET GARAGE

$$

SHOP 64, MONTECASINO, WILLIAM NICOL DR., FOURWAYS

TEL. 011/511 05 26

Das Lokal im Retrostil der 1950er Jahre serviert Gourmethamburger mit Rind-, Straußen- oder Lammfleisch, aber auch klassische Variationen mit deftigem Speck oder einfach mit Gemüse und Salat.

280 P

RED CHAMBER

$–$$

68 HYDE PARK CENTER, JAN SMUTS AVE., HYDE PARK

TEL. 011/325 60 48

Das gut etablierte chinesische Restaurant serviert authentische Mandarinküche. Sehr zu empfehlen sind die Gerichte mit Glasnudeln, die Pekingente und die vegetarischen Gerichte.

130 P

PILANESBURG NP

Weitere Möglichkeiten siehe S. 238.

PRETORIA

SHERATON

$$$$–$$$$$ *****

ECKE STANZA BOPAPE (KIRCHE) & WESSELS STS.

TEL. 012/429 99 99

www.starwoodhotels.com/sheraton

Das zu einer internationalen Hotelkette gehörende Hotel liegt zentral im ruhigen Botschaftsviertel mit Blick über die Union Buildings auf die Stadt.

175 260 Einige Zimmer

COURTYARD HOTEL
$$$–$$$$$ ****
PARK & HILL STS., ARCADIA
TEL. 012/342 49 40
www.citylodge.co.za
Trotz seiner Nähe zum Zentrum liegt das Hotel in einer Gartenanlage. Ein jahrhundertealtes Herrenhaus bildet das Herz der Hotelanlage. Die Selbstversorger-Zimmer sind mit farbenfrohen Stoffen geschmückt. Ein Frühstück wird serviert, das Abendessen kann im Zimmer eingenommen werden.
69 Einige Zimmer

PREMIER HOTEL PRETORIA
$$$–$$$$$ ****
573 CHURCH ST., ARCADIA
TEL. 012/441 14 00
www.premierhotels.co.za
Das Hotel bietet seinen Gästen Zimmer im Herzen der Stadt. Das hoteleigene Restaurant **Ambassador** serviert Frühstück, Mittagessen und Abendessen.
118 96

COURT CLASSIQUE HOTEL
$$$–$$$$ ****
ECKE FRANCIS BAARD (EHEMALS SCHOEMAN) & BECKETT STR., ARCADIA
TEL. 012/344 44 20
www.courtclassique.co.za
Dieses zentral gelegene Hotel bietet Unterkünfte, die sich um kühle, schattige Höfe gruppieren. Die Zimmer sind einfach eingerichtet. W-LAN, Mahlzeiten im **Orange Restaurant** und ein kostenloser Shuttle-Service innerhalb des Gebiets von Pretoria sind erhältlich.
57 80

LERIBA LODGE
$$$ ****
245 END AVE., CLUBVIEW, CENTURION
TEL. 012/660 33 00
www.leriba.co.za
Die Lodge in einer acht Hektar großen Anlage entlang dem Ufer des Hennops River bietet – nur zehn Fahrminuten von Pretoria entfernt – authentisches Buschfeeling. Die Zimmer mit Bad sind im ostafrikanischen Stil eingerichtet und haben Blick auf den Garten. In hoteleigenen Restaurant **Hemingway's** gibt es exzellente kontinentale Küche.
73 120 Einige Zimmer

MOLOPO VIEW GUEST HOUSE
$–$$
264 MOLOPO AVE., SINOVILLE
TEL. 083/459 72 09
www.molopoview.co.za
Von der Veranda genießt man den Blick über den Norden Pretorias. Die Zimmer sind einfach möbliert, einige haben Gemeinschaftsbäder, die meisten aber ein eigenes Bad. Ein Frühstück wird serviert.
9 Die meisten Zimmer

OXNEAD GUEST HOUSE
$
802 JOHANITA ST., MORELETA PARK
TEL. 012/993 45 15
www.oxnead.co.za
In diesem Gästehaus in einem ruhigen Vorort bekommt man viel für sein Geld; es ist eine gute Unterkunft, wenn man über die N1 Richtung Norden oder Süden fährt. Die geschmackvoll eingerichteten Zimmer sind für Selbstversorger gedacht, aber ein Frühstück wird serviert.
6

BRASSERIE DE PARIS
$$$–$$$$
381 ARIES ST., WATERKLOOF RIDGE
TEL. 012/460 35 83
Das in einem Architektenhaus von 1960 eingerichtete Lokal bietet separate Zimmer und Balkone und ist für seine gute französische Küche bekannt. Die kleine Karte wechselt regelmäßig.
40 Geschl. Sa–So M, So A; 2 Wochen Ende Dez.

CAFÉ41
$$–$$$
ECKE EASTWOOD & PRETORIUS STS., ARCADIA
TEL. 012/342 89 14
In diesem Café-Restaurant in kontinentalem Stil können Sie nur ein Sandwich, Kaffee und Kuchen oder eine dreigängige Mahlzeit einnehmen. Das Café 41 bietet eine umfangreiche Weinliste an. Sie können im Inneren oder auf der im Winter beheizten Terrasse sitzen.
160

DE KLOOF
$$–$$$
WATERKLOOF GOLF ESTATE, JOHANN RISSIK DR., WATERKLOOF
TEL. 073/092 85 62
www.dekloofrestaurant.co.za
Essen Sie im Innenbereich oder draußen mit Blick auf Hügel und Begrünungen. Hier finden Sie zeitgemäßig Fusionsküche, wie etwa Cajun-Tintenfisch-Tempura, Lamm in Schwarze-Oliven-Kruste und eine Vielfalt an Gourmet-Burgern sowie Quitten-Tarte-Tatin.
220 Geschl. M, Mo A So

DIE WERF
$–$$
66 OLYMPUS AVE., FAERIE GLEN
TEL. 012/991 18 09
Das rustikale Restaurant, 1,5 Kilometer außerhalb des Zentrums, bereitet südafrikanische Küche zu. Hier werden den Gästen herzhafte Hühnerpastete, *bobotie*, Eintöpfe in Emailtellern und Kaldaunen in Dreibeintöpfen, Rumpsteak in Rotweinsauce und Pilze in Portwein serviert.
300 Geschl. Mo M, So–Mo A

ZEMARA
$–$$
933 FRANCIS BAARD (SCHOEMAN) ST., ARCADIA
TEL. 012/342 30 80
Eines der wenigen afrikanischen Restaurants in der Gegend. Der kongolesische Küchenchef bietet unter anderem gegrillten Tilapia (Buntbarsch) mit Limonen, gegrilltes Huhn mit Palmnüssen und frittierte Kochbananen.
60

RUSTENBURG

TERRA CASA GUEST HOUSE
$$–$$$ *****
2 PATRYS AVE.
TEL. 083/264 79 99
www.terracasa.co.za
Dieses Gästehaus bietet Luxussuiten, von denen jede individu-

ell dekoriert und nach einem Künstler benannt ist – von Da Vinci bis Riviera. Alle Suiten haben einen Whirlpool und Flachbildschirmfernseher. Drei-Gänge-Menü auf Anfrage.
6 18

SOWETO

B'S PLACE
$
5541 SHUENANE ST., ORLANDO EAST
TEL. 011/935 40 15
Das B's ist ein Anbau an ein Soweto-Haus aus den 1930er Jahren. Die Küche ist typisch afrikanisch: *pap*, Fleisch mit scharfen Saucen, dazu gibt es Sorghumbier aus der Kalebasse. Festpreismenü.
35

WANDIE'S PLACE
$
618 MAKHALEMELE ST., DUBE, CRAIGHALL
TEL. 011/982 27 96
www.wandies.co.za
Das Wandie's bietet Tische draußen und drinnen. Das Büfett umfasst lokale Kost: Fisch, Rind, Ochsenschwanz und *mogodu* (Kaldaunen), Brathuhn und vegetarische Gerichte. Festpreismenü.
160

SUN CITY

Sun City, 190 Kilometer nordwestlich von Johannesburg in der Provinz Nord-West gelegen, besteht aus einem Komplex aus Unterhaltungslokalen, Restaurants und vier Hotels, die eine Reihe unterschiedlicher Übernachtungsmöglichkeiten bieten.

THE CABANAS
$$$–$$$$ * * * *
SUN CITY RESORT
TEL. 014/557 15 80
www.suninternational.com
Die Anlage liegt in grünen Gärten, die sich entlang der Straße zum Sun City Lake erstrecken – ideal für entspannte Familienferien. Zur Auswahl stehen große Familienhütten für vier Personen oder kleinere Hütten. Es gibt zwei Restaurants – **Palm Terrace** und **Treasure Island Snack Bar** – sowie eine Poolbar.
380

PALACE OF THE LOST CITY
$$–$$$$$ * * * *
SUN CITY RESORT
TEL. 014/557 10 00
www.suninternational.com
Das Palace of the Lost City ist mit Fresken, Mosaiken und handbemalten Decken ausgeschmückt: Hier können die Gäste im Luxus schwelgen – jede der prächtigen Suiten hat einen Whirlpool und eine Sauna.
338

SUN CITY HOTEL
$$–$$$$$ * * * *
SUN CITY RESORT
TEL. 014/557 43 07
www.suninternational.com
Das Sun City hat Weltklassekasinos, viele verschiedene Bars (**Kingfisher Bar, Sun Terrace, Harlequins**), Restaurants (das **Orchid** mit ostafrikanischer, das **Calabash** mit traditioneller südafrikanischer Küche) und weitere Lokalitäten für jeden Geldbeutel und jeden Geschmack.
340

THE CASCADES
$$–$$$$ * * * *
SUN CITY RESORT
TEL. 014/557 58 40
www.suninternational.com
Klein, elegant und ruhig inmitten üppiger Gärten mit vielen Möglichkeiten zum Plantschen. Die Luxuszimmer und -suiten haben eine Badewanne mit Whirlpool. Das **Peninsula Restaurant** bietet internationale Küche und Pianomusik. Leichte Mahlzeiten serviert das **Santorini**.
243

ZEERUST

MARICO BOSVELD GUEST HOUSE
$– $$
5 PRESIDENT ST.
TEL. 018/642 35 45
Bei dieser Pension wurden alte Ställe in komfortable, einfach eingerichtete Unterkünfte umgewandelt. Die Gäste können zwischen Selbstversorgung, Grillen oder fertig zubereiteten Mahlzeiten wählen. Ein täglicher Wäscheservice, ein W-LAN-Punkt und Satellitenfernsehen in jedem Zimmer sind erhältlich.
5

NORD-KAP

AUGRABIES FALLS NATIONALPARK

AUGRABIES REST CAMP
$–$$
ÜBER DIE R359 UND DANN VOM PARKEINGANG AUS 49 KM VON KAKAMAS ENTFERNT
TEL. 054/452 92 00
www.sanparks.org/parks/augrabies
Die Gäste logieren in Chalets mit Bad und Klimaanlage, die jeweils zwei oder drei Einzelbetten haben. Außerdem gibt es Familien-Cottages für vier Personen. Jede Wohneinheit verfügt über eine eigene, voll eingerichtete Küche. Ein Restaurant und ein Laden sind vor Ort vorhanden.
59 96

DIAMOND COAST

NARIES NAMAKWA RETREAT
$$-$$$$$
STEENVLEI, KLEINZEE
TEL. 027/712 24 62
www.naries.co.za
Im Zentrum von Namakwa bietet das Camp eine Selbstversorger-Wohneinheit für Familien (bis zu 4 Pers.) sowie drei strohgedeckte „Namakwa-Hütten". Im Haupthaus finden sich fünf weitere Zimmer. Das Frühstück und das Abendessen sind im Preis enthalten.
12

DIE HOUTHOOP
$–$$
STEENVLEI, KLEINZEE
TEL. 027/821 16 69
www.houthoop.info
Die abgelegene Unterkunft bietet rustikale Holzhütten und einige Selbstversorger-Chalets. Auf dem Gelände gibt es außerdem ein Gästehaus mit einer Lounge für die Gäste und ein Restaurant.
29 20

KAKAMAS

VERGELEGEN GUEST HOUSE & RESTAURANT
$$–$$$ * * * *
AN DER N14 ZWISCHEN KAKAMAS & KEIMOES
TEL. 054/431 09 76

Die Zimmer mit Bad rangieren von Standard bis Luxus.. Auf der Karte finden sich südafrikanische Spezialitäten, die aus lokalen Produkten zubereitet werden.

22 85

KGALAGADI TRANSFRONTIER PARK

Kgalagadi ist ein riesiger Park, deshalb können im Folgenden auch nur die Camps vorgestellt werden, die eine vernünftige Infrastruktur bieten. Weitere Details finden sich auf den entsprechenden Seiten der Homepage von South African National Parks (*www.sanparks.org*). Reservierungen können mit den bekannten Kreditkarten getätigt werden. Da die Straßen teilweise in einem sehr schlechten Zustand sind, werden oft die Fahrzeiten, nicht die Kilometerentfernung genannt.

TWEE RIVIEREN

$$

265 KM VON UPINGTON BIS ZUM TOR, DANN WEITERE 15 KM

TEL. 054/561 20 00

Das größte Camp des Parks bietet Unterkünfte in Familien-Cottages mit Bad und in Chalets für zwei bis sechs Personen. Jede Wohneinheit ist mit Klimaanlage und einer kleinen Küche ausgestattet. Strom steht zur Verfügung, außerdem ein Restaurant und ein gut sortierter Laden. Das Camp ist das Einzige mit Mobilfunkempfang.

31 72

MATA-MATA REST CAMP

$–$$

2,5 STD. VON TWEE RIVIEREN

TEL. 054/561 20 00

Die Unterkünfte sind hier Wohneinheiten (2–6 Pers.) mit Bad und teilweise mit Küchen für Selbstversorger. Es gibt einen gut sortierten Laden, jedoch kein Restaurant. Strom ist 18 Stunden am Tag verfügbar.

6

NOSSOB REST CAMP

$–$$

3,5 STD. VON TWEE RIVIEREN

TEL. 054/561 20 00

Das Nossob bietet seinen Besuchern verschiedene Chalets, Familien-Cottages und ein Gästehaus (2–6 Pers.). Jede Einheit hat ein eigenes Bad, einige bieten auch eine Küche oder einfache Einrichtungen für Selbstversorger. Es gibt einen gut sortierten Laden, aber kein Restaurant. Strom steht 18 Stunden am Tag zur Verfügung.

16

KURUMAN

TUSCANY GUEST HOUSE

$

83 MAIN ST.

TEL. 082/423 63 11

Das Gästehaus in der Stadt bietet kühle, geschmackvoll eingerichtete Räume. Es werden keine Mahlzeiten angeboten.

6

PORT NOLLOTH

PORT INDIGO

$–$$ * * *

125 KAMP ST., MCDOUGALL'S BAY

TEL. 027/851 80 12

www.portindigo.co.za

Fast alle der Selbstversorger-Einheiten für zwei bis acht Personen geben einen schönen Blick auf den Atlantik frei. Für die meisten Wohneinheiten gibt es auf Wunsch Frühstück, alle verfügen über einen Grill.

26 Keine

VESPETTI

$

BEACHFRONT RD.

TEL. 027/851 78 43

Das italienische Restaurant bietet Tische draußen und drinnen, dazu einen Blick aufs Meer. Als Vorspeise gibt es z.B. gegrillten Tintenfisch auf neapolitanische Art und sautierte Hühnerleber, als Hauptgericht Pizzen und Pasta. Keine Kreditkarten.

60 Geschl. Mo

SPITSKOP

KALAHARI MONATE LODGE

$$

13 KM NÖRDLICH VON UPINGTON AN DER R360

TEL. 054/332 13 36

Die Lodge in einem Naturreservat bietet strohgedeckte Selbstversorger-Chalets. Jedes verfügt über eine voll eingerichtete Küche und einen Patio mit Grill.

6

SPRINGBOK

MOUNTAIN VIEW GUEST HOUSE

$$–$$$ * * * *

2 OVERBERG AVE.

TEL. 027/712 14 38

www.mountview.co.za

Der Blick aus dem Gästehaus fällt auf die Granitfelsen, das Tal und die Berge. Jedes Zimmer hat einen Kühlschrank sowie die Möglichkeit, Tee und Kaffee zu kochen. Ein Frühstück wird serviert; Mittag- und Abendessen auf Bestellung.

10

SPRINGBOK HOTEL

$$ * *

VAN RIEBEECK ST.

TEL. 027/712 11 61

Das traditionelle Hotel liegt mitten in der Stadt. Es bietet Suiten mit Klimaanlage und entweder Bad oder Dusche. Es gibt ein reichhaltiges Abendbüfett und einen schattigen Biergarten.

28 56

UPINGTON

LE MUST RIVER MANOR

$$ * * *

12 MURRAY AVE.

TEL. 054/332 39 71

www.lemustupington.com

Das Gästehaus hat eine große Gartenanlage, die sich bis zum Gariep River hinunterzieht. Die Zimmer haben ein eigenes Bad, teilweise einen eigenen Balkon und Blick entweder auf Garten oder Fluss. Ein Frühstück wird serviert. Anzahlung per Kreditkarte, sonst Barzahlung.

6

LE MUST

$–$$

11 SCHRODER ST.

TEL. 054/332 39 71

Das Lokal im Retrostil serviert gute südafrikanische Gerichte. Wie wäre es mit *biltong* oder *bobotie*-Frühlingsrollen, mit Springbockkeule an Pflaumensauce oder der leckeren Crème brûlée als Abschluss?

70 Geschl. M

Einkaufen

Viele der teuren Waren, die in südafrikanischen Läden zu finden sind, sind Importwaren, die man überall auf der Welt kaufen kann. Richtig Spaß macht das Shoppen erst, wenn man nach lokaler Kunst und dem Kunsthandwerk schaut. Es gibt viele Künstler, die mit Öl oder verschiedenen Materialien malen oder mit Ton, Stein und Holz arbeiten. Doch die Südafrikaner sind auch wahre Künstler darin, aus verzinktem Draht, farbenfrohen Perlen und Recyclingmaterial wie Plastiktaschen und Getränkedosen fantasievolle neue Werke zu schaffen. Selbst bei den Verkäufern an den Ampeln findet man manchmal richtige Kunstwerke.

Märkte

Märkte findet man überall im Land, manche sind gepflegte Markthallen, andere finden unter freiem Himmel statt. Bei den großen touristischen Sehenswürdigkeiten wie dem Eingang zum Cape Point Nature Reserve, zum Kruger National Park oder an den Stränden von Durban wird die geschnitzte afrikanische Tierwelt und Ähnliches feilgeboten. Viele dieser Arbeiten sind Massenware, manchmal sind dennoch schöne Stücke darunter.

Läden

Alle größeren Städte haben große Einkaufszentren nach amerikanischem Muster (eine komplette Liste findet sich unter *www.mallguide.co.za*). Wer auf Sicherheit bedacht ist, kann hier sorgenfrei einkaufen. Einige Städte haben Einkaufsviertel mit kleinen Spezialläden, die Long Street in Kapstadt bietet auch Antiquitäten- und Buchläden. Kleinere Städte haben manchmal Antiquitätengeschäfte, in denen man noch richtige Entdeckungen machen kann.

KAPSTADT

Shoppingmalls

Die besten Malls sind **Canal Walk** *(N1, Exit 10, Ausfahrt Sable Road, gleich außerhalb des Zentrums, Tel. 021/529 97 99)*, **Cavendish Square** *(Vineyard Rd., Claremont, Tel. 021/657 56 20)*, **Constantia Village** *(Constantia Rd., Constantia, Tel. 021/794-5065)* und **Victoria & Alfred Waterfront** *(Tel. 021/408 76 00)*.

Märkte

Greenmarket Square *(54 Shortmarket St., Tel. 021/423 20 50)* ist ein schon lange existierender Freiluftmarkt, der Kleidung, Schmuck, Kerzen und afrikanische Waren führt. **Pan African Market** *(76 Long St., Tel. 021/426 44 78)* bietet afrikanische Stücke des ganzen Kontinents an. Der überdachte **Red Shed Workshop** *(Victoria & Alfred Waterfront, Tel. 021/408 78 60)* verkauft handgefertigtes Kunsthandwerk wie Schmuck, Holzarbeiten und Zinngefäße.

Spezialgeschäfte

A.R.T. Gallery *(3 St. George's Mall, Tel. 021/419 26 79)* verkauft Keramik, Glas und Schmuck.
Das **Cape Quarter** *(72 Waterkant St., Tel. 021/421 11 11)* ist ein moderner Galeriekomplex mit mehreren Designer- und Lifestyle-Läden. Im **Diamond Works** *(Lower Long St. & Coen Steytler Ave., Foreshore, Tel. 021/425 19 70)* kann man zusehen, wie Diamanten zu Schmuck verarbeitet werden. **Everard Read Gallery** *(3 Portswood Road, Victoria & Alfred Waterfront, Tel. 021/418 45 27)* verkauft schöne südafrikanische Kunst. **Scratch Patch** *(Victoria & Alfred Waterfront, Tel. 021/419 94 29, Dido Valley Rd., Simon's Town, Tel. 021/786 20 20)* bietet günstige Halbedelsteine feil (Kinder lieben sie).

WEST-KAP

FRANSCHHOEK: Viele Galerien verkaufen südafrikanische Kunst und Kunsthandwerk. Lohnenswert ist ein Besuch der **African Art Gallery** *(40 Huguenot St., Tel. 021/876 29 60)* oder des **Franschhoek Art House** *(52 Huguenot St., Tel. 021/876 23 83)*. Der Farmladen **Bread & Wine** *(Happy Valley Rd., Tel. 021/876 36 92)* verkauft lokalen Wein und Käse.

HERMANUS: Auf dem Markt am Market Square findet man Kleidung und Kunsthandwerk. **Wine Village** *(Sandbaai Rd. & Main Rd., Tel. 028/316 39 88)* hat eine große Auswahl an südafrikanischen Weinen.

KNYSNA: Läden finden sich an der **Boatshed** *(Thesen Harbour Town)*, **Knysna Waterfront** *(21 Waterfront Dr., Tel. 044/382 09 55)* und der **Woodmill Lane** *(zwischen Rawson St., Main St. & St. George St., Tel. 044/382 30 45)*.

OUDTSHOORN: Bei **Bushman Curios** *(76 Baron van Rheede St., Tel. 044/272 44 97)* findet man Straußenleder und -eier.

PLETTENBERG BAY: Old Nick Village *(N2, östlich der Stadt, Tel. 044/533 13 95)* verkauft hochqualitative Kunst und Kunsthandwerk.

STELLENBOSCH: Africa Silks *(36 Church St., Tel. 021/882 98 39)* ist eine gute Adresse für Stoffe, **Mirko Jewelry** *(Andringa St. & Church St., Tel. 021/886 82 96)* für handgefertigte Designerstücke und **Oom Samie Se Winkel** („Onkel Samies Laden", *84 Dorp St., Tel. 021/887 07 97*) für seine ausgefallene Mischung an heimischen Waren.
Bei **Vineyard Connection** *(Muldersvlei Rd. & R44 Richtung Paarl, Tel. 021/884 43 60)* erhält man eine gute Auswahl an Weinen.

OST-KAP

EAST LONDON:
Vincentpark *(Devereaux Ave., Tel. 043/727 09 90)* umfasst Geschenke-, Kunst- und Schmuckgeschäfte.

PORT ELIZABETH: The Boardwalk *(Marine Dr., Summerstrand, Tel. 041/507 77 77)* verkauft Schmuck, Kunsthandwerk und Designerware. **The Bridge Mall** *(Langenhoven Dr., Tel. 041/363 89 14)* ist eine Shoppingmall mit entsprechendem Angebot.

DURBAN & KWAZULU-NATAL

DURBAN

Shoppingmalls

The Workshop *(99 Aliwal St., Tel. 031/304 98 94)* verkauft Schmuck, Antiquitäten und Gewürze. Weitere Malls sind **Berea Centre** *(249 Berea Rd., Tel. 031/277 08 40)*, **Gateway Theatre of Shopping** *(1 Palm Blvd., Umhlanga Ridge, Tel. 031/514 05 00)*, **The Pavilion** *(Jack Martens Dr., Westville, Tel. 031/275 98 00)* und **Windermere Centre** *(163 Windermere Rd., Tel. 031/312 59 59)*.

Märkte

Jeden Tag findet der **Amphimarket** *(Beachfront, Bay of Plenty, Tel. 031/301 30 80)* statt, der Kuriositäten, Bücher, Kleidung und CDs verkauft. **Victoria Street Market** *(Queen St. & Victoria St., Tel. 031/306 40 21)* bietet Gewürze, Lebensmittel, Stoffe und Kupferwaren von den indischen Händlern der Stadt.

Spezialgeschäfte

Das **African Art Centre** *(94 Florida Rd., Tel. 031/312 38 04)* verkauft Kunsthandwerk aus KwaZulu-Natal. Das **BAT Centre** *(Small Craft Harbor, Victoria Embankment, Tel. 031/332 04 51)* bietet lokale Kunst an.

MIDLANDS

Wer auf der Suche nach Kunst und Kunsthandwerk ist, sollte **Midlands Meander** *(www.midlandsmeander.co.za)* besuchen, eine Route der Kunst mit mehr als hundert Händlern zwischen Pietermaritzburg und dem Mooi River.

KRUGER & MPUMALANGA

Interessant sind die Straßenläden im **Kruger National Park**, lohnenswert sind auch die folgenden Läden:

HOEDSPRUIT: Monsoon Gallery *(R527, westlich der Stadt, Tel. 015/795 51 14)* verkauft hochwertige afrikanische Kunst und Kunsthandwerk.

NELSPRUIT: Die **Riverside Mall** *(White River Rd., Tel. 013/757 00 80)* hat über 140 Läden.

VAALWATER: Black Mamba *(Spar Complex, Tel. 014/755 35 18)* verkauft Originalkunstwerke und -kunsthandwerk aus Afrika.

JOHANNESBURG & DAS BINNENLAND

CLARENS

Die kleine Stadt in der Provinz Freistaat ist das Zentrum für schöne Kunstgalerien. An der Hauptstraße liegt unter anderem die **Addy Hoyle Gallery**.

JOHANNESBURG

Der **Rosebank Rooftop Market** *(auf dem Dach der Rosebank Mall, Cradock Ave., Tel. 011/442 44 88)* findet jeden Sonntag statt und besteht aus über 600 Ständen. Der angrenzende **African Craft Market** *(Cradock St. & Baker St., Tel. 011/422 44 88)* hat täglich geöffnet. Der **Melville Market** *(Kingsway Rd. & University Rd., Auckland Park, Tel. 011/422 44 88, Mo–Sa)* bietet Nippes.

Shoppingmalls

Die wichtigsten Einkaufszentren sind **Hyde Park Shopping** *(Jan Smuts Ave., Hyde Park, Tel. 011/325 43 40)*, **Mall of Rosebank** *(zwischen Bath Ave. & Cradock Ave., Rosebank, Tel. 011/788 55 30)*; die größte und prächtigste ist **Sandton City** *(Sandton Drive & Rivonia Rd., Sandton, Tel. 011/217 60 00)*.

Spezialgeschäfte

Nicht nur die besten lokalen afrikanischen, sondern auch internationale Kunstwerke führen die **Goodman Gallery** *(163 Jan Smuts Ave., Parkwood, Tel. 011/788 11 13)* und die **Kim Sacks Gallery** *(153 Jan Smuts Ave., Parkwood, Tel. 011/447 58 04)*. **Collectables** *(60 Tyrone Ave., Parkview, Tel. 011/646 42 11)* verkauft Fachbücher, etwa über Militärgeschichte und Afrikana. Die **Oriental Plaza** *(38–60 Bree St., Fordsburg, Tel. 011/838 67 53)* ist ein guter Ort, um nach Textilwaren, Kleidung und Gewürzen zu suchen.

PRETORIA

Der **Hatfield Market** *(Hatfield Plaza, Burnett St., Tel. 012/442 44 88)* findet jeden Sonntag statt und bietet Sammlerstücke, Möbel, Schmuck, Kunst und Kunsthandwerk. **African Diamonds & Jewelry** *(Shop 5.3 Hatfield St., Tel. 012/471 06 00)* ist eine gute Adresse für Schmuck.

Shoppingmalls

Zu den größeren Einkaufszentren zählen die **Hatfield Plaza** *(1122 Burnett St., Hatfield, Tel. 012/362 58 42)*, die vor allem junge Leute anzieht, und das große Zentrum **Menlyn Park** *(Atterbury Rd. & Lois Ave., Menlo Park, Tel. 012/342 28 46)*. Zwei weitere Zentren sind **Brooklyn Mall** *(Fehrsen St. & Lange St., New Muckleneuk, Tel. 012/346 10 63)* und **Kolonnade Shopping Centre** *(Van der Merwe St. & Zambesi Dr., Montana Park, Tel. 012/548 19 02)* mit einem Kunsthandwerkmarkt und Dutzenden von Läden.

Unterhaltung

In den letzten drei Jahrzehnten hat Südafrika in puncto Unterhaltung einen großen Schritt getan. Noch immer werden die meisten Kinofilme importiert, doch Theater, Tanz und Musik sind heimische Produktionen. Die aus Europa kommenden Kulturbereiche wie Oper, klassisches Ballett oder Symphonieorchester werden sehr viel zurückhaltender als früher gefördert, doch es gibt noch immer hervorragende Aufführungen in den größeren Städten. Auf den Kunstfestivals im ganzen Land (siehe S. 271) werden die einheimischen Talente gezeigt und gefördert.

LANDESWEIT

Kinos

Zwei große Filmverleihfirmen – Ster Kinekor *(www.sterkinekor.com)* und Nu Metro *(www.numetro.co.za)* – haben Kinohäuser in ganz Südafrika, vor allem in Einkaufszentren. Hier werden die gerade angesagten Streifen aus Hollywood und einige Bollywood-produktionen gezeigt. Das aktuelle Pogramm findet sich auf den Homepages. In Kapstadt, Durban, Johannesburg und Pretoria unterhält Ster Kinekor auch Programmkinos, die Kunstfilme aus Europa und anderen Erdteilen zeigen.

Theater

Barnyard Theatre *(www.barnyardtheatres.co.za)* unterhält auf sehr kreative Art. Während einer Vorstellung sitzt man auf Bänken in rustikalem Ambiente, trinkt und isst und lauscht Auszügen aus Musicals.

KAPSTADT

Kinos

Viele Lichtspielhäuser liegen am **Cavendish Square** und an der **Victoria & Alfred Waterfront** (siehe Shoppingmalls in Kapstadt, S. 307). Ein eher ungewöhnliches – unabhängiges – Kino ist das **Labia** *(68 Orange St., City Center, Tel. 021/424 59 27, www.labia.co.za)*, das sowohl internationale Mainstreamproduktionen als auch Kunstfilme zeigt.

Musik

Das **Buena Vista Social Café** *(12 Portswood Rd., Green Point, Tel. 021/418 24 67)* spielt Latinomusik.
Das **Cape Town Philharmonic Orchestra** *(Tel. 021/410 98 09, www.cpo.org.za)* spielt regelmäßig Symphoniekonzerte im Artscape, der City Hall und an einigen anderen Plätzen.
Das **Mahagony Room** *(79 Buitenkant St., Tel. 076/679 26 97, www.themahagonyroom.com)* ist die wichtigste Adresse, um heimischen Jazz zu hören.
Die **Long Street** ist die Adresse für all jene, die auf der Suche nach Clubs und Bars sind; gespielt wird live oder vom Band.

Theater

Im **Artscape** *(D. F. Malan St., Foreshore, Tel. 021/410 98 00, www.artscape.co.za)* finden auf insgesamt drei Bühnen in jeder Spielzeit verschiedene Opern-, Ballett- und auch Theateraufführungen (Klassiker und Moderne) statt.
Barnyard *(Willowbridge Lifestyle Centre, 39 Carl Cronje Dr., Tygervalley, Tel. 021/914 88 98).*
Im **Baxter Theatre** *(Main Rd., Rondebosch, Tel. 021/685 78 80, www.baxter.co.za)* werden regelmäßig Musik-, Tanz-, Schauspiel- und sonstige Theaterstücke aufgeführt.
Theatre on the Bay *(1A Link St., Camps Bay, Tel. 021/438 33 01, www.theatreonthebay.co.za)* ist ein sehr intimes Theater, in dem mit herausragendem Erfolg sowohl heimische als auch internationale Schauspiel-, Musik- und Kabarettstücke gezeigt werden.

DURBAN

Kinos

Kinosäle finden sich in den Einkaufszentren **Berea Centre, Gateway, Musgrave Centre, The Pavilion** und **The Wheel** (siehe Shoppingmalls in Durban, S. 308).

Musik

Im **BAT Centre** *(Small Craft Harbor, Victoria Embankment, Tel. 031/332 04 51)* finden regelmäßig Konzerte und andere musikalische Livedarbietungen statt.
Das **KZN Philharmonic** *(Tel. 031/369 94 38, www.kznpo.co.za)* spielt regelmäßig Klassik in verschiedenen Sälen Durbans und anderer Städte in KwaZulu-Natal.
Der **Rainbow Restaurant & Jazz Club** *(23 Stanfield Road, Pinetown, Tel. 031/702 91 61)* ist eine der besten Adressen für Jazz.
Der **Reform Club** *(198A Florida Rd., Morningside, Tel. 083/786 80 27)* bietet Cocktails und dazu die beste Tanzmusik.

Theater

Das **Elizabeth Sneddon Theatre** *(University of KwaZulu-Natal, King George V Ave., Tel. 031/260 22 96)* zeigt Studentenaufführungen und Gastvorstellungen (Schauspiel, Tanz, Rockkonzerte, Musicals).
Das **Playhouse** *(231 Smith St., Tel. 031/369 95 55, www.playhousecompany.com)* hat drei Bühnen für Schauspiel, Konzerte, Opern- und Tanzaufführungen.
Barnyard *(Gateway Mall, 1 Palm Blvd., Umhlanga Ridge, Tel. 031/566 30 45).*

JOHANNESBURG

Kinos

Kinos findet man in den Einkaufszentren **Hyde Park Shopping, Rosebank Mall** und **Sandton City** (siehe Shoppingmalls in Johannesburg, S. 308).

Musik

Den besten einheimischen Jazz hört man im **Bassline** *(10 Henry Nxumalo St., Newtown, Tel. 011/838 91 45, www.bassline.co.za)* und im **The Tanz Café** *(Ecke Witkoppen & Nerine Rds., Fourways, Tel. 011/685 02 77, www.jhblive.com/tanzcafe).*

Catz Pyjamas *(12 Main Rd., Melville, Tel. 011/726 85 96, www.catzpyjamas.co.za)* ist ein rund um die Uhr geöffnetes Bistro, in dem Livemusik gespielt wird.

Das **Johannesburg Philharmonic Orchestra** gibt seine Konzerte im Linder Auditorium *(27 St. Andrews Rd., Parktown, Tel. 011/789 27 33).*

Club- und Tanzmusik spielen der marokkanisch angehauchte Nachtclub **Shoukara** *(Mutual Blvd. & Rivonia Blvd., Rivonia, Tel. 082/855 25 84)*, das **Back2Basix** *(167 Perth Rd., Westdene, Tel. 011/726 68 57)* und das **Venue** *(Melrose Arch, Tel. 011/214 43 00).*

Theater

Barnyard *(Shop L205, Cresta Shopping Centre, Beyers Naude Dr., Tel. 011/478 53 00).*

Im **Joburg Theatre** *(163 Civic Blvd., Braamfontein, Tel. 0861/67 06 70, www.joburgtheatre.com)* werden Schauspiel-, Opern- und Ballettaufführungen sowie Musicals in drei Sälen gezeigt.

Das **Market Theatre** *(Ecke Bree & Miriam Makeba Sts., Tel. 011/832 16 41, www.markettheatre.co.za)* hat drei Bühnen, auf denen südafrikanische und internationale Schauspiel- und andere Bühnenstücke aufgeführt werden.

Das **Teatro at Montecasino** *(William Nicol Rd. & Witkoppen Rd., Fourways, Tel. 011/510 74 72, www.montecasino.co.za)* bringt Musicals und leichte Unterhaltung.

Das **Theatre on the Square** *(Shop 121 Nelson Mandela Sq., Sandton, Tel. 011/883 86 06, www.theatreonthesquare.co.za)* zeigt Schauspiel- und Musicalaufführungen.

PRETORIA

Kinos

Multiplexkinos finden sich in der **Brooklyn Mall** und im **Menlyn Park** (siehe Shoppingmalls in Pretoria, S.. 308).

Musik

Das **University of Pretoria Symphony Orchestra** *(Tel. 012/420 29 47, www.upso.up.ac.za)* spielt seine Konzerte auf verschiedenen Bühnen der Stadt.

Zu den Tanzmusik-Clubs zählen das riesige **Boston Tea Party** *(Louis & Glen Manor Ave., Menlyn, Tel. 012/365 36 25)* und das vor allem von Studenten besuchte **DropZone** *(Hatfield Sq., Burnett St., Tel. 012/362 65 28, www.clubdropzone.co.za).*

Theater

Das **State Theatre** *(320 Pretorius St., Tel. 012/392 40 00, www.statetheatre.co.za)* ist der größte Theaterkomplex des Landes mit sechs Sälen, auf denen Opern-, Ballett-, Schauspiel-, Kabarett- und Musicalaufführungen gezeigt werden. Auch Filmfestivals finden hier statt.

Barnyard *(Shop F92, Parkview Shopping Centre, Ecke Garsfontein & Netcare Sts., Moreleta Park, Tel. 012/368 15 55).*

Aktivitäten

Mit seinem schönen Wetter, dem vielen Platz, den Stränden, Wildparks, Flüssen und Bergen ist Südafrika das Ziel für Outdoor-Aktivitäten schlechthin. In vielen Landesteilen können sich die Besucher auch in ausgefallenen Abenteuersportarten betätigen, wie Tauchen, Kanu- oder Kajaktouren und Wildwasserrafting. Man kann auch Mountainbike fahren, klettern, sich abseilen oder mit dem Drachen fliegen. Wer es weniger abenteuerlich liebt, geht golfen, wandern, reiten oder noch ruhiger zum Vogelbeobachten und Fliegenfischen.

LANDESWEIT

Getaway ist ein monatlich erscheinendes Safari- und Reisemagazin mit vielen Detailinfos zu sportlichen Aktivitäten *(www.getaway.co.za)*. **South African National Parks** bietet in seinen Parks die Möglichkeit zu wandern, mit dem Kanu zu fahren, Vögel oder die Sterne zu beobachten *(www.sanparks.org*, auf „Activities & Facilities" klicken).

Wildthing Adventures *(Tel. 087/354 05 78, www.wildthing.co.za)* bietet Kanutouren, Wanderungen, Brückensprünge und Safaris an.

Vogelbeobachtung

Lawsons *(Tel. 013/741 24 58, www.lawsons.co.za)* organisiert Tierbeobachtungen und allgemeine Naturexkursionen in Südafrika.

Monty Brett *(Tel. 033/007 05 56, www.sappibrett.co.za)* organisiert Vogelbeobachtungen, Kurse und andere Safaris.

Bergsteigen

Der südafrikanische Bergsteigerclub **Mountain Club of South Africa** *(Tel. 021/465 34 12, www.mcsa.org.za)* und **Climb ZA** *(www.climbing.co.za)* bieten umfassende Informationen zu Bergtouren mit allen Schwierigkeitsgraden.

Fliegenfischen

Details finden sich unter *www.flyfishing.co.za*.

Golf

Eine Beschreibung der wichtigsten Golfplätze mit Bildern und Karten findet sich unter *www.golf-safari.com*.

Motorradtouren

Karoo Biking *(www.karoo-biking.de)* bietet Touren mit BMW-Motorrädern an.

Mountainbiking

Gute Informationen über die südafrikanischen Mountainbikestrecken, die notwendige Ausrüstung und die entsprechenden Veranstalter finden sich unter *www.mtbonline.co.za*.

Meer-Kajaktouren

PaddleYak *(Tel. 044/533 05 37, www.seakayak.co.za)* bietet Kajaktouren in Kapstadt, entlang der Westküste und der Garden Route an.

KAPSTADT

Abenteuer-Aktivitäten

Downhill Adventures *(Tel. 021/422 03 88, www.downhilladventures.com)* bietet Radfahren, Sandboarden, Paragliden, Abseilen, Käfigtauchen und Quadfahren.

Abseil Africa *(Tel. 021/ 424 47 60, www.abseilafrica.co.za)* hat sich auf das Abseilen am Tafelberg spezialisiert.

Cape Xtreme *(Tel. 021/ 788 58 14, www.cape-xtreme.com)* organisiert Hai-Käfigtauchen, Radfahren, Surfen und Klettern.

Blumen-Touren

Wilderness Touring *(Tel. 021/762 35 30, www.toursandtrails.co.za)* veranstaltet Ausflüge zu den herrlichen Wildblumenwiesen im Namaqualand und am Kap (Ende Aug. & Sept.).

Tauchen

Orca Industries *(Tel. 021/671 96 73, www.orca-industries.co.za)* bietet Tauchkurse, Leihausrüstung und Tauchgänge an.

Meer-Kajaktouren

Sea Kayak *(Tel. 082/501 89 30, www.kayakcapetown.co.za)* organisiert geführte Touren vor der Küste der Stadt, unterwegs kann man Wale und Pinguine beobachten.

WESTKÜSTE

Abenteuer-Aktivitäten

Eden Adventures *(Tel. 044/877 01 79, www.eden.co.za)* im Wilderness National Park an der Garden Route organisiert Kanufahrten, Abseilen, Wanderungen und Radtouren.

Face Adrenalin *(Tel. 042/281 14 58, www.faceadrenalin.com)* bietet die weltweit höchsten Bungeesprünge von der Bloukrans-Brücke an.

Forest Canopy Tours *(Tel. 042/ 281 18 36, www.tsitsikammacanopytour.co.za)* veranstaltet Baumkronentouren von Plattform zu Plattform.

Wandern

Der **Oystercatcher Trail** *(Tel. 044/ 699 12 04, www.oystercatchertrail.co.za)* ist eine dreitägige Küstenwanderung von Mossel Bay aus.

Bootsfahrten

Breede River House Boat Hire *(Tel. 028/542 10 49, www.houseboathire.co.za)* hat seine Boote auf dem Breede River bei Swellendam.

Knysna Houseboats *(Tel. 044/382 28 02, www.knysnahouseboats.com)* bietet voll ausgestattete Hausboote in der Knysna Lagoon.

Mountainbiking

Mountain Biking Africa *(Tel. 044/382 02 60, www.mountainbikingafrica.co.za)* mit Sitz in Knysna veranstaltet halb- und ganztägige Radtouren.

Haitauchen

Die Veranstalter in der Provinz West-Kap bieten Blicke auf den Weißen Hai vom Schiffsdeck und aus Unterwasserkäfigen an.

White Shark Ecoventures *(Tel. 083/412 37 33, www.white-shark-diving.com).*

White Shark Diving Co. *(Tel. 021/671 47 77, www.sharkcagediving.co.za)* arbeitet von Kleinbaai bei Hermanus aus.

Fallschirmspringen

Sky Dive Ceres *(Tel. 021/462 56 66, www.skydive.co.za)*, 1,5 Stunden von Kapstadt entfernt, bietet einen Trainingskurs mit abschließendem Tandemsprung an (alles findet an einem Tag statt).

Walbeobachtung

Wenn die Wale zwischen Juli und Dezember zum südlichen Kap zurückkehren, bietet verschiedene Veranstalter Touren an.

Dyer Island Cruises *(Tel. 028/384 04 06, www.whalewatchsa.com)* und **Ivanhoe Sea Safaris** *(Tel. 028/384 05 56, www.whalewatchingsa.co.za)* arbeiten von Gansbaai bei Hermanus aus.

Ocean Safaris *(Tel. 044/533 49 63, www.oceansafaris.co.za)* hat seine Boote in Plettenberg Bay.

OST-KAP

Bootsfahrten

Lightleys *(Tel. 044/386 00 07)* bietet Hausbootfahrten von Port Alfred aus auf dem Kowie River an.

Wandern

Wild Coast Holiday Reservations *(Tel. 043/743 61 81, www.wildcoastholidays.co.za)* organisiert verschiedene Küstenwanderungen auf Wegen an der Wild Coast.

Outdoor-Aktivitäten

Das **Edge Resort** *(Tel. 045/962 11 59, www.theedge-hogsback.co.za)* in Hogsback veranstaltet Geländewagenfahrten, Wanderungen, Mountainbiketouren. Wer will, kann auch zum Forellenangeln gehen.

DURBAN & KWAZULU-NATAL

Outdoor-Aktivitäten

Ezemvelo KZN Wildlife *(www.kznwildlife.com, „ecotourism"* und dann *„activities"* anklicken) ist die Verwaltung der Parks in KwaZulu-Natal und bietet in diesem Rahmen Vogelbeobachtungs- und Bootstouren, Klettern, Ausritte, Angel- und Radtouren an.

Sani Pass Hotel *(Tel. 033/702 13 20, www.sanipasshotel.co.za)* verleiht Quadbikes und organisiert Angelausflüge, Golftage und Geländewagenfahrten.

Baumkronentouren

Karkloof Canopy Tour *(Tel. 033/330 34 15, www.karkloofcanopytour.co.za)* bei Howick lässt die Besucher an Drahtseilen durch die Baumkronen gleiten.

Hochseeangeln

Magnum Charters *(Tel. 035/571 00 43, www.sodwanabaylodge.com)* organisiert Fahrten zum Hochseeangeln.

Drachenfliegen

Silent Wings *(Tel. 039/832 02 68)* bietet ein Training in den Midlands an, dann geht es zu Touren in die Provinz West-Kap oder ins Landesinnere.

Wandern

Im uKhahlamba-Drakensberg National Park (siehe Ezemvelo KZN Wildlife) sind traumhafte Wanderungen möglich.

Tauchen

PADI 5 Star Dive Centre *(Tel. 035/571 60 15, www.sodwanabaylodge.com)* bietet Tauchkurse und -ausflüge in der Sodwana Bay an.

KRUGER & MPUMALANGA

Buschwanderungen

Der Kruger National Park und die privaten Game Lodges bieten Buschwanderungen mit ausgebildeten und bewaffneten Rangern an.

Baumkronentouren

Skyway Trails *(Tel. 013/737 83 74, www.skywaytrails.com)* lässt seine Kunden an Stahlseilen von einer Plattform zur nächsten über ein Tal bei Hazyview gleiten.

Fliegenfischen

Mpumalanga und die Region Dullstroom sind bekannte Gebiete für Fliegenfischer: *www.flyfishing.co.za.*

Ausritte

Horizon *(Tel. 014/755 40 03, www.ridinginafrica.com)* veranstaltet Ausritte im Gebiet der Waterberge in Limpopo.

JOHANNESBURG & DAS BINNENLAND

Outdoor-Aktivitäten

Adventure Addicts *(Tel. 012/711 02 64, www.adventureaddicts.com)* in Dinokeng bei Pretoria bietet Quadfahrten, Flüge mit einem Ultraleichtflugzeug, Ausritte auf Elefanten und vieles mehr an.

Jacana *(Tel. 012/734 29 78, www.jacanacollection.co.za)* veranstaltet Wanderungen und Ausritte, Mountainbike-, Quad- und Geländewagentouren in Gauteng und im östlichen Freistaat.

Bootsfahrten

Bei **Harties Houseboat Cruises** *(Tel. 073/825 44 09)* können Chartertouren auf dem Hartbeespoort Dam bei Johannesburg und Pretoria gebucht werden.

Old Willow Houseboat Charters *(Tel. 016/973 17 29, www.oldwillow.co.za)* vermietet Boote auf dem Vaal River.

Baumkronentouren

Magaliesberg Canopy Tour *(Tel. 014/535 01 50, www.magaliescanopytour.co.za)* lässt seine Besucher an Stahlseilen von Plattform zu Plattform an dem Steilhang einer Schlucht entlanggleiten.

Heißluftballon

Dank der stabilen Wetterbedingungen auf dem Highveld ist die Region geradezu ideal für Ballonfahrten.

Air Ventures *(Tel. 011/793 57 82, www.air-ventures.co.za)* operiert von der *Cradle of Humankind* und von den Magaliesbergen aus.

Bill Harrop's Balloon Safaris *(Tel. 011/705-3201, www.balloon.co.za)* bietet Fahrten in der Nähe der Magaliesberge an.

Bergtouren

GoVertical *(Tel. 082/731 46 96, www.gotrekking.co.za)* veranstaltet Höhlenwanderungen, Abseilen und Felsklettern im Gebiet der Magaliesberge.

NORD-KAP

Outdoor-Aktivitäten

Gariep 3-in-1 Adventure Dieses halbtägige Abenteuer, das vom Augrabies National Park *(www.sanparks.org)* veranstaltet wird, umfasst eine Kanufahrt auf dem Gariep River (Oranje), eine Wanderung (einige Kilometer) und abschließend die Rückkehr ins Camp mit dem Mountainbike.

Kalahari Adventure Centre *(Tel. 054/451 01 77, www.kalahari.co.za)* mit Sitz unweit von Augrabies bietet Flussfahrten, Vogelbeobachtung und Wüstensafaris.

Kanufahrten & Rafting

Safaris, Kanufahrten und Rafting auf dem Gariep River (Oranje) sind die Hauptaktivitäten der Region.

Bushwacked *(Tel. 027/761 89 53, www.bushwhacked.co.za)* veranstaltet halb- bis sechstägige Raftingtouren.

Felix Unite *(Tel. 021/404 18 30, www.felixunite.com)* bietet Kanu- und Raftingsafaris an. **River Rafters** *(Tel. 021/975 97 27, www.riverrafters.co.za)* organisiert Raftingtouren in dieser Region.

SPEISEKARTE

Fast alle Speisekarten sind in Englisch verfasst, aber es gibt einige lokale Begriffe, die Besucher in Verwirrung stürzen.

achar Mischung aus grünen Mangos, Öl und Gewürzen
biltong luftgetrocknetes, mit Salz und Koriander gewürztes Fleisch
blatjang scharfes Früchte-Chutney, oft aus Aprikosen
bobotie gewürztes Hackfleisch mit einem Senfei obenauf
boerewors Würste aus grob gehacktem, mit Koriander gewürztem Fleisch
borrie Kurkuma
braai Grillen über offenem Feuer (Abkürzung für *braaivleis*)
braaivleis Grillfleisch
bredie Eintopf mit Lamm oder Tomaten und Laichkraut *(waterblommetjie)*
bunnychow halber, ausgehöhlter Brotlaib, der mit einem Curry gefüllt wird
crayfish Hummer
kabeljou (auch *kob* genannt) ein Fisch mit festem, weißem Fleisch
kingklip schmackhafter, aalähnlicher Fisch mit weißem Fleisch
koeksuster ausgebackene Teigzöpfe, die in sehr süßen Sirup getaucht werden
malva-Pudding gestürzter karamellisierter Pudding mit Aprikosenmarmelade, der mit Ingwer gewürzt ist
mampoer weißer Brandy, der aus Birnen, Pflaumen oder anderen Früchten gebrannt wird
marula essbare gelbe Beeren eines Baumes aus dem Lowveld
mielies Mais
mogodu Kaldaunen, Kutteln
monkey gland sauce „Affendrüsensauce", pikante Sauce für Steaks, die aus Zwiebeln, Tomaten und Worcestershiresauce gemacht wird
mopane worms „Mopanewürmer", getrockene Raupen von *Gonimbrasia belina* (Falter aus der Familie der Pfauenspinner)
morogo wilder Spinat
pap ein fester, heller Brei aus weißem Maismehl (eine Art Polenta)
perlemoen Seeohren (Abalone)
potjie gusseiserner Kochtopf
potjiekos langsam gegarte Speisen (meist ein Eintopf mit Fleisch und Gemüse) aus dem *potjie*
rooibos ein Strauch aus den Cederbergen, Grundlage für den bekannten Tee
samoosa kleiner, dreieckiger, pikanter Krapfen
samp sehr grobes Maismehl
skilpadjie Leber, in Innereien gewickelt und gebraten
snoek ein in West-Kap beliebter Seefisch, auch als Pastete
sosatie Kebab, Grillspieß
umngqusho Xhosa-Gericht aus Polenta mit Bohnen, stark gewürzt
Van Der Hum alkoholisches Getränk aus Branntwein, Mandarinenschalen, Kräutern und Gewürzen
vetkoek kleiner Kuchen aus in Fett gebackenem Teig
waterblommetjie essbare Wasserpflanze (Laichkraut)
witblits „weißer Blitz", weitere Bezeichnung für *mampoer*

REGISTER

Seitenzahlen im **Fettdruck** verweisen auf Abbildungen, VERSALIEN auf übergeordnete Themen.

A

Addo Elephant National Park 11, 124f, 128f
African Crafts Market, Johannesburg 201
African Game and Art Straußenfarm, Swartruggens 239
African Heartland Journeys 135
Afrikaans 16f
Afrikaans Language Museum and Monument, Paarl 105
Ai-Ais Richtersveld Transfrontier National Park 41, 268f
Aids 279
Airlink 9
Alanglade, Pilgrim's Rest 188f
Alayam Hindu Temple, Durban 149
Albatross, Jeffrey's Bay 127
Aliwal Shoal 152f
Alkoholgesetze 276
Allesverloren, Riebeek West 89
Amakhala Private Reserve 122f
Amathole Museum, King William's Town 136
Andulela Experience 64f
Angela's Groot Marico Guest House, Groot Marico 240
Anglo-Boer War Blockhouse, Laingsburg 115
Ansitze (Tierbeobachtung) 131
Antilopen 43
Apartheid 31ff, 213ff
Apartheid Museum, Johannesburg 11, 209f, **210**
Architektur 52
Atlas Trading, Kapstadt 67
Augrabies Falls National Park 259f
Autofahren 8, 272f, 279
Autounfall 279
Autoverleihfirmen 8, 272f
Apotheken 279
Ausrüster (Abenteuersport) 75
Austernfest, Knysna 113
Aviva Wildlife Conservation & Community Projects 225

B

Bakgatla Resort, Pilanesberg National Park 238
Bakubung Lodge, Pilanesberg National Park 238
Banken und Geldautomaten 277
Bartel Arts Trust Centre, Durban 148
Bartolomeu Dias Museum Complex, Mossel Bay 111
Basotho-Haus **17**
The Baths, Citrusdal 95
Bathurst 131
Baumkronentouren 311f
Bayworld, Port Elizabeth 121f, **122**
Beacon Isle Hotel, Plettenberg Bay 113
Behinderte, Einrichtungen für 277f
Bensusan Museum of Photography, Johannesburg 206
Berge 39f
Berg River Estuary 94
Bergkelder, Franschhoek 103
Bergsteigen 311
Bergtouren 313
Besucher- und Touristeninformationen 278
Bevölkerung 16f
Bhisho 136f
Bhunga Building, Mthata 137
Bier-Route 37
Bier und Brauereien 20, 37
Biesmiellah Restaurant, Kapstadt 67
Big Five 14, 178ff
Big Hole/Kimberley Mine Museum, Kimberley **248,** 248ff
Biko, Steve 136
Billabong Pro 126, 129
Bindenwaran 44
Blue Mine, Springbok 265
Blue Train 9, 115, 235, 248
Bluebottles 148
Blumen-Touren 311
Blyde River Canyon und Blyde Dam 189ff, **190**
Bo-Kaap Museum, Kapstadt 66
Bo-Kaap-Viertel, Kapstadt 65ff, **65**
Bokkoms Alley, Velddrif 95
Boneyards, Jeffrey's Bay 126f
Bootsfahrten 311ff
Born Free Foundation Centers 123
Boschendal Wine Estate, Franschhoek 104
Bosman, Herman Charles 48, 239ff, 242
Botsalano Game Reserve 242
Botschaften und Konsulate 278f
Botshabelo Guesthouse, Groot Marico 240
Bourke's Luck Potholes und Besucherzentrum, Blyde River Canyon **190,** 190f
Brass Bell, Kalk Bay 79f
Breakwater Prison, Kapstadt 69
Brillenpinguin 44
Britannia Bay 92f
Buffalo Bay 112
Buffalo **130,** 179f
Bungee-Jumping 115
Burenkrieg 187
Burenkrieg, Zweiter 29f
Burgers Park, Pretoria 217
Buschmänner ***siehe*** San
Buschwanderungen 312
Busse 274

C

The Cabanas, Sun City 236
Camdeboo Park, Graff-Reinet 133
Camp Jabulani, Timbavati Game Reserve 183
Campanile, Port Elizabeth 121
Cango-Höhlen, Oudtshoorn **98,** 108f
Cango Ostrich Farm, Oudtshoorn 109
Cango Wildlife Ranch, Oudtshoorn 108f
Cape Columbine 93
Cape-Malay-Küche 64, 66f
Cape Peninsula National Park 81
Cape Point 9, **54,** 56, 80f
Cape Point, Leuchtturm 81, **81**
Cape Vidal 166f
Cape Wine Academy 103
Carlton Center, Johannesburg 200
The Cascades, Sun City 236
Castle of Good Hope, Kapstadt 58ff, **60**
Cathedral of St. Michael and St. George, Grahamstown 131
Cederberg Astronomical Observatory 95
Cederberg Cellars 95
Chandelier Game Lodge & Ostrich Show Farm, Oudtshoorn 109
Chapman's Peak 80
Cherie's Riding Centre, Buffalo Bay 112
Chinatown, Johannesburg 206f, **207**
Church of John the Baptist, Zeerust 242
Citrusdal 95
City Hall, Durban **144,** 145
Clarens 162, 308
Clock Tower, Kapstadt 68
Cloof Weingut 87, **88**
Conservatoire, Stellenbosch 103
Cradle of Humankind 11, **226,** 226ff, **231**
Crocodile Ramble, *Cradle of Humankind* 231
Cullinan Diamant und Diamantmine 224
Cyrildene, Johannesburg 206f

D

Darling 86f
Darling Cellars, Darling 87
Darling Museum, Darling 87
Darlington Lake Lodge, Addo Elephant National Park 125
De Klerk, F. W. 32f
Diamanten und Diamantminen 20, 28f, 239, 248f
Diamond Coast 267f, **269**
Dias Cross, Table Mountain National Park **74**
Diepwalle Forest 113
Diggins Museum, Pilgrim's Rest 189
District Six Museum, Kapstadt 60
Donkin Heritage Trail, Port Elizabeth 121
Drachenbaum, Kapstadt 69
Drachenfliegen 312
Drakensberge 40, **157,** 157ff
Duggan-Cronin Photo Gallery, Kimberley 249f
Dullstroom 187f
Dunluce, Kimberley 250
Durban und KwaZulu-Natal, Provinz
  Das wahre Afrika 157ff
  Erster Überblick 11, 18, 142f
  Gewürzhandel 151
  Goldene Meile **146,** 146f
  Indisches Viertel 148f
  Kultur 18
  Nicht versäumen 142, 146, 162
  Rundfahrt: Maloti Mountains 162f
  Rundgang 146f
  Sehenswürdigkeiten 144ff
Durban Art Gallery, Durban 145
Durban Botanic Gardens 148
Durban City Hall **144,** 145
Dutch Reformed Church, Laingsburg 114

E

East London 134ff

East London Aquarium, East London **134,** 135
East London Museum, East London 134f
Eastern Head, Knysna 112
Eikendal, Stellenbosch 107
Einkaufen 307f
Eisenzeit 23f
Elands River Battlefield and Graves, Swartruggens 239
Elefanten **124,** 124ff, 167, 178f, **180**
Elektrizität 276
Elands 43
Enkosini's Karlega Game Reserve Project 225
Erdmännchen 263
ERLEBNIS
Angeln 73, 92
Archäologische Grabungen 229
Auf der Promenade, Port Elizabeth 123
Augrabies Falls 260
Baumkronentouren 240
braai-Schmaus am Strand 97
Brauereibesichtigungen 37
Cape-Malay-Küche 64
Die Fischer von Kalk Bay 80
Ein Rugbymatch ansehen 199
Einen *Sangoma* konsultieren 156
Freiwilligenarbeit mit Tieren 225
Gleitfahrt durch die Baumkronen 111
Goldrausch 189
Golfplätze 155
Heißluftballonfahrt 233
Helfen im Kampf gegen Aids 211
Höhepunkte im Kruger National Park 177
Kamelreiten 252
Kirchen in Grahamstown 131
Mit dem Weißen Hai auf Tuchfühlung 71
Perlenstickerei 105
Rafting auf dem Gariep River 259
Reiten in den Drakensbergen 159
Shebeens (Kneipen ohne Konzession) 213
Soziales Engagement 20
Straußenfarmen 109
Surfen lernen 127
Tauchen 153
Tour entlang der Diamond Coast 268
Wandern, Rad fahren und mehr 77
Wein verkosten 103
Wildblumen auf der Spur 265
Zu Fuß durch den Busch 185
Ernest Oppenheimer Memorial Gardens, Kimberley 249
Essen und Trinken 64, 66f, 96f
Etikette 276
Evita se Perron Restaurant, Darling **86,** 87
Exeter River Lodge, Sabi Sands 182

F

Fairview Weingut, Paarl 102, 107
Fallschirmspringen 312
False Bay 56
Fancourt Golf Estate **114**
Farmers Market, Sedgefield 112
Feiertage 276
Felskunst 158f, 162f, 250, **256,** 257
Fernsehen 276
Festivals 271
Flamingos **222**
Fliegenfischen 311
Fluggesellschaften und Flughäfen 9, 272f
Fordsburg, Johannesburg 207f, **208**
Fouriesburg 163
Franschhoek 9, 103ff, 107
Französische Hugenotten 25
Fundsachen 279
Fußball, Fußballweltmeisterschaft 14, 19

G

Gabelracke 44
Gandhi, Mohandas 30
Gansbaai 71
Garden Route, West-Kap 9, 38f, 110ff
Garden Route Botanical Garden, George 111
Gariep River 38, 258f
Garrison Church, Robben Island 73
Gauteng, Provinz 11, 16, 195ff
Geographie und Geologie 38ff
George 110f
Gepäck 8
Geschichte 22ff
Giant's Castle Game Reserve **38f,** 158f
Giraffen 42, **42**
Goegap Nature Reserve 265f
Gold 28f, 189
Gold of Africa Museum, Kapstadt 66
Gold Reef City 208f
Golden Gate Highlands National Park 11, 160ff
Goldene Meile, Durban 145ff, **146**
Goldenes Nashorn **192,** 192f
Golf 110, 155, 311
Gonubie 138
Gorah Elephant Camp, Addo Elephant National Park 125
Goukamma Nature Reserve 112
Graaff-Reinet 133
Grahamstown 131
Grand Parade, Kapstadt 60
Greifvögel 44
Greenmarket Square, Kapstadt 61
Groot Constantia 78f
Groot Marico 239ff
Groote Kerk, Kapstadt 61
Groote Post Weingut, Darling 87
Große Karoo 132
Großer Kudu **132**

H

H. C. Bosman Living Museum, Groot Marico 241
Habitat for Humanity 20
Haga-Haga 138
Haitauchen 71, 312
Harbour House, Kalk Bay 80
Hartbeespoort Dam 233
Hatfield 217
Heart of Cape Town Museum 62
Heißluftballonfahrten 224, 313
Helshoogte Pass 107
Herman Charles Bosman Festival 241
Hester Malan Wildflower Garden, Springbok 266
Hester-Rupert Art Museum, Graff-Reinet 133
Het Vlock Casteel, Riebeek Kasteel 89
Hibiscus Coast 154f
Hluhluwe-Umfolozi Park 161, 164
Hochseeangeln 312
Hoedspriut Endangered Species Centre 183f
Hole in the Wall, Coffee Bay 139
Hominidenfossilien 23, 227ff
Hondeklipbaai 266f
Hotels und Restaurants 280ff
House Museum, Pilgrim's Rest 188f
Houses of Parliament, Kapstadt 61, 63f
Huguenot Memorial Monument, Franschhoek **102,** 105
Huguenot Memorial Museum, Franschhoek 105

I

Ibis 44
Impalas 43, **43**
Impfungen 271
Internet, Online-Nachrichten 275, 277
Isithumba Village 156
iSimangaliso Wetland Park 164ff

J

Jacarandabaum **12**
Jacobsbaai 92
Jeffrey's Bay 127, **126**, 129
Jewish Museum Complex, Kapstadt 62f
Johannesburg und das Binnenland
Erster Überblick 11, 18, 196f
Johannesburg, Skyline **200**
Kunstgewerbemärkte 209
Musik 202f
Nicht versäumen 196
Sehenswürdigkeiten 198ff
Sicherheit 197
Johannesburg Art Gallery, Johannesburg **204,** 204f
John H. Marsh Maritime Research Center, Kapstadt 68
Juma Masjid Moschee, Durban 148

K

Kalahari 23, 251ff
Kalahari Monate Lodge 258
Kalahari Oranje Museum Complex, Upington 254f
Kalk Bay 9, 79ff
Kamberg Game Reserve 158
Kamberg San Rock Art Trail and Interpretative Centre 158f
Kap der Guten Hoffnung 24f, 80f
Kap der Stürme 56, 70f
Kaphalbinsel
Nicht versäumen 56
Sehenswürdigkeiten 74ff
Überblick 56f
Kapstadt
Erste Herztransplantation 62
Erster Überblick 9, **18,** 18f 56f, **58**
Nicht versäumen 56, 60
Rundgang: Schritte zur Freiheit 60f
Sehenswürdigkeiten 58ff
Kap-Weinland 9, 102ff

Kap-Weinland, Rundfahrt durch das; West-Kap 106f
Käseindustrie 219
Kei Mouth 138
Kenhardt 254
Kenton-On-Sea **128,** 129
Kgalagadi Transfrontier Park, Kalahari **41,** 262f
Kgaswane Mountain Reserve 239
Khoisan 23, 26
!Khwa Ttu Arts & Craft Shop, Darling 87
Killie Campbell Museum & Africana Collection, Durban 149ff
Kimberley 28, 248ff
Kimberley Africana Library, Kimberley 250
„Kind von Taung" 23, 227f
King Edward VII Library, George 111
King William's Town 136
Kinos 309f
Königreich Mapungubwe National Park 191ff
KIRCHEN, SYNAGOGEN & MOSCHEEN
Durban 145, 148f
Erster Überblick 277
George **110,** 110
Grahamstown 131
Kapstadt 60, 63
Laingsburg 114
Robben Island 73
Soweto 214f
Zeerust 242
Kirstenbosch National Botanical Gardens 9, 77f
Klapperkop Fort und Military Museum, Pretoria 223
Kleine Karoo 132
Klein Karoo National Arts Festival, Oudtshoorn 108
Klima 270f
Klippschliefer 42
Kloovenburg Vineyards, Riebeek Kasteel 89
Knysna 112f
Knysna Elephant Park, Krysna 113
Knysna Forest 113
Koch-„Schulen" 64
Koopmans-De Wet House, Kapstadt 66
Kortkloof Cultural Village, Groot Marico 241
Kosi Bay 152, 165, 169f
Kosi Bay Nature Reserve 169f
Kosi Forest Lodge, Kosi Bay 170
Krankenhäuser und Ärzte 279
Kreditkarten 277
Krokodile 44
Kruger & Mpumalanga, Provinz
Erster Überblick 174f
Nicht versäumen 174
Sehenswürdigkeiten 176ff
Kruger National Park 10, **176,** 176ff
Küche 34ff, 64, 66f, 96f
Kudus 43
Kultur 14ff
Kunst und Künstler 50f, **50**
Kurisa Moya Nature Lodge, Magoebaskloof Forest Reserve 184
Kuruman, Kalahari 251f
Kuruman Moffat Mission, Kalahari 252
Küstenlinie 38f
Kwaibai 92
Kwa Maritane Lodge, Pilanesberg National Park 238
KWV Wine Emporium, Paarl 107

L

La Madeleine, Pretoria 217
La Motte Wine Estate, Franschhoek 107
La Petite Ferme, Franschhoek 104
Ladysmith Black Mambazo 53, **53**
Laingsburg 114f
Lake Mgoboseleni 167f
Lake Sibaya 168f
Lalibela Game Reserve **50,** 130f
Lambert's Bay 96
Langebaan Lagoon 91, 153
Lanzerac Manor and Winery, Stellenbosch 106
Le Quartier Français Restaurant, Franschhoek **106**
Leoparden **178,** 179
Leprakirche, Robben Island 73
Lesedi Cultural Village 11, **48f, 232,** 232f
Lesotho 16
Letaba Elephant Hall, Kruger National Park 181f
Library, Durban 150
Limpopo, Provinz *siehe* Kruger und Mpumalanga, Provinz
Literatur 46ff
Little Foot 23, 228ff
Londolozi, Sabi Sands 182f, **184**
Lord Milner Hotel, Matjiesfontein 115
Löwen 179
Lutheran Dinokana Mission Lehurutshe, Zeerust 242

M

Madikwe Game Reserve 243
Madressa Arcade, Durban 148f
Magnatubes' Reef 126
Magoebaskloof Forest Reserve 184
Mahlasela, Vusi **202**
MalaMala Game Reserve 183f
Malaria 279
Malmesbury 88f
Mandela, Nelson 9, 32f, **33,** 72, 136f, 214f
Manyane Resort, Pilanesberg National Park 238f
Maphelane Nature Reserve 166
Margate 155
Marico Bosveld Dam, Groot Marico 241
Marico Eye Fountain, Marico River 243
Marina Beach 155
Maritime Museum, Mossel Bay 111
Market Theatre, Johannesburg 205
Markt Platz, Port Elizabeth 120
Maropeng Visitor Center 230, **231**
Marula Kop, Zeerust 242
Maruping, Kalahari 251
Maße (metrisches System) 275f
Mashu Museum of Ethnology, Durban 150f
Matjiesfontein 115
Matjiesfontein Museum, Matjiesfontein 115
Matsoho Arts & Crafts, Fouriesburg 163
Mazeppa Bay 139
Mbeki, Thabo 33
McGregor Museum, Kimberley 250
Medien 276f
Meeresfrüchte 96f
Meerhof Wine Cellar, Malmesbury 89
Meer-Kajaktouren 311
Meerkats siehe Erdmännchen
Michaelis School of Fine Art, Kapstadt 62f
Millwood House Museum, Knysna 113
Miners Memorial, Kimberley 249
Minitown, Durban 146f
Missionary Museum, King William's Town 136
Mkuzhe Game Reserve 167
Mont Rochelle Nature Reserve 103, 105
Moretele Tented Camp, Zeerust 242f
Morgan's Bay 138
Mossel Bay 111f
Motorradtouren 311
Mount Nelson Hotel, Kapstadt 67f
Mountainbiking 311f
Mountain Zebra National Park 11, 132f
Mrs. Ples 23, 219, 227ff
Mthatha 137
MTN Cape Whale Route 135
Museum of Man & Science, Johannesburg 207f
Museum of South Africa Rock Art, Johannesburg 206
MuseuMAfrica 205f
Musik 52f, 309f

N

Nama, Volk 260
Namaqua National Park 266
Namaqualand 10, 41, 264ff
Namaqualand Museum, Springbok 265
Nashörner 160, **179,** 180
National Arts Festival, Grahamstown 131
National Gallery, Kapstadt 62f
NATIONALPARKS
Addo Elephant 124f, 128f
Ai-Ais Richtersveld Transfrontier 269
Augrabies Falls National Park 259ff
Cape Peninsula 81
Golden Gate Highlands 160ff
Königreich Mapungubwe 191ff
Kruger 176ff
Mountain Zebra 132f
Namaqua 266
Pilanesberg 236ff
Royal Natal 158f
Tsitsikamma 39, 114, 153
uKhahlamba-Drakensberg 158ff
West Coast National Park 90ff
National Zoological Gardens of South Africa 221ff
Nationalismus 30f
Natural Science Museum, Durban 145
Nature's Valley 113
Natur und Landschaft 38ff
Ndebele, Volk 16, 52, **188**
Nelson Mandela Museum 137, **137**
Nelson Mandela Route 136f
Newtown Cultural Precinct, Johannesburg 205f
Nguni, Volk 16
Niall Mellon Townships Initiative 20
Nice Restaurant, Johannesburg 201
Nieu-Bethesda 133
Noon Gun Tea Room & Restaurant, Kapstadt 67

Nord-Kap
Erster Überblick 246f
Nicht versäumen 246
Sehenswürdigkeiten 248f
Nqweba Dam 133
Nyalas 43
Nyama Choma, Lesedi Cultural Village 232f

O

Öffentliche Verkehrsmittel 8
Öffnungszeiten 277
Old Court House Museum, Durban 145
Old Customs House, Kapstadt 60
Old Kromdraal Gold Mine, *Cradle of Humankind* 231
Old Library, Graaff-Reinet 133
Old Town House, Kapstadt 61
Olifants River Valley 95
Olympia Café and Deli, Kalk Bay 80
Oom Samie se Winkel, Franschhoek 103
Operation Rhino 160
Oppikoppi Music Festival 203
Orange River Wine Cellars, Upington 255
Oriental Plaza, Johannesburg 208
Ormonde Vineyards, Darling 87
Ost-Kap
Kultur 16
Nicht versäumen 118
Östliche Region 119
Sehenswürdigkeiten 120ff
Westliche Region 118
Wild Coast 138f
Oude Libertas Amphitheatre, Franschhoek 103f
Oudepost Estates, Darling 87
Oudtshoorn 108f
Ouma se Kombuis („Großmutters Küche"), Zeerust 242
Outeniqua Transport Museum, George 110
Owl House, Nieu-Bethesda 133
Oyster Bay, Jeffrey's Bay 127

P

Paarl 10, 105, 107
Paarl Bird Sanctuary 105
Paarl Mountain Nature Reserve 105
Palace of the Lost City, Sun City 236, **236**
Paradieskranich 44
Paragliding 233
Paternoster 93f
Paternoster Hotel 93
Paul Kruger Museum 217f
Paviane 43, **225**
Pennington 154
Phezulu Safari Park 156
Pieterson Memorial Site & Museum, Soweto 215
Pilanesberg National Park 236ff
Pilgrim's Rest 188f
Pioneers of Aviation Museum, Kimberley 250
Planetarium, Kapstadt 63
Plettenberg Bay 113
Port Alfred 129f
Port Elizabeth 120ff
Port Nolloth 267f
Port St. Johns 139
Postämter und Briefkästen 275, 277
Pretoria **14f, 216,** 216ff
Pretoria Art Museum, Pretoria 221
Pretoria Zoo 221
Protea Banks 153

Q

Queen's Park Botanical Garden, East London 135
Qunu 137

R

Radio 277
Ramsgate 155
Rattray's on MalaMala 183f
Regina Mundi Church, Soweto 214
Reinet House, Graaff-Reinet 133
Reisepass 271
Reiseplanung 8ff
Reisezeit 270
Reiten 312
Reptilien 44
Restaurants *siehe* Hotels und Restaurants
Rex, George 112ff
Rhino and Lion Nature Reserve, *Cradle of Humankind* 231
Rikschas 147
Riebeek-Kasteel 88f
Riebeek-West 88f
Riesentrappe 44
Riverstill Guestfarm, Groot Marico 240f
Robben Island 9, 69ff, **72**
Robben Island Exhibition & Information Centre 69
Robberg-Halbinsel113
Rocherpan Nature Reserve 94f
Rocktail Bay 169
Rondeberg Nature Reserve, Darling 87
Rosebank, Johannesburg 201
Rovos Rail 9, 115, 234, **235,** 248
Royal Hotel, Pilgrim's Rest 188
Royal Natal National Park 158f
Rugby 19, 110, 199
Rust en Vreugd Museum, Kapstadt 60

S

Sabi Sands Private Game Reserve 182
SABMiller Brewery 20, 37
Safari Ostrich Show Farm, Oudtshoorn 109
Safaris 10f
Saldanha Bay **90,** 91f
San (Khoisan) 16, 23, 256f
Sandton, Johannesburg 200f
Sandy Point 94
Säugetiere 42f
Scarab Craft Market, Sedgefield 112
Scarborough 81
Schaapplaats 162f
Schiffswracks 70f
Schlangen 44
Schritte zur Freiheit, Rundgang, Kapstadt 60f
Scottburgh 154
Sea World, Durban 145
Seal Point, Jeffrey's Bay 127
Seaview Game and Lion Park, Port Elizabeth 122f
Sedgefield 112
Sekretäre (Vögel) 44
Shabalala, Joseph **53**
Shamwari Game Reserve 122f
Shangana Cultural Village **181**
Shark Alley 71
Shell Museum, Mossel Bay 111
Shongweni Brewery 37
Shree Ambalavaanar Alayam Hindu Temple, Durban 149
Sibuya Game Reserve 130
Sicherheit 10, 278
Sicher reisen 10
Simon, Paul 53, **53**
Simon van der Stel Mine, Springbok 265
Simon's Town 80
Singita Boulders, Kruger National Park 182
Singita Ebony, Kruger National Park 182
Singita Lebombo, Kruger National Park 182
Singita Sweni, Kruger National Park 182
Siyabuswa 191
Skeleton Gorge, Table Mountain 77
Skimboarden 129
Skukuza 181
Slave Lodge, Kapstadt 61
Slave Tree, George 110f
Smuts Museum, Irene 224
Snyders, Oom April 94
Sodwana Bay 167f
South African Airways (SAA) 19
South African Dried Fruit Cooperative, Upington 255
South African Express 9
South African Museum, Kapstadt 63
South African State Theatre, Pretoria 217
Südafrikanischer Krieg *siehe* Burenkrieg, Zweiter
Soweto 11, **212,** 212ff, **215**
Speisekarte 313
Spießböcke 43, **262**
Spitskop Nature Reserve 255, 258
Sport 19f
Sporttauchen 311f
Sprachen und Redewendungen 14, 16f, 133
Springbok (Stadt) 264f
Stachelschweine 42f
St. Blaize, Leuchtturm, Mossel Bay 112f
St. Blaize Trail, Mossel Bay 111f
St. Croix Motor Museum, Port Elizabeth 121
St. Georges Park, Port Elizabeth 120
St. Helena Bay 94
St. Lucia 166
St. Mary's Catholic Cathedral, Kapstadt 62f
St. Paul's Church, Durban 145, 148
Standard Bank's Gallery, Johannesburg 200
Steenberg's Cove 94
Stellenbosch 10, 105f
Stellenbosch Hills Wine Route 106f
Sterkfontein Caves 227f, **228,** 230
Steve Biko Garden of Remembrance 136
Stevenson-Hamilton Memorial Museum, Kruger National Park 181
Stockkampf 170
Stompneus Bay 94
Stony Brook Vineyard, Franschhoek 107
Strandloper Trail 139
Stormsriver Adventures 111
Strauße **108,** 109
Südafrikanische Union 30
Südlicher Gelbschnabeltoko 44
Sudwala Caves, Mpumalanga **186,** 186f

Sudwala Dinosaur Park, Mpumalanga 187
Sun City 11, 233, 236ff
Sunken Garden and Amphitheatre, Durban 147
Surrender Hill 163
Swartberg Pass 40
Swartkrans 227
Swartland-Weinstraße 88f
Swartland Winery, Malmesbury 89
Swartruggens 238f

T
Table Bay 70
Table Mountain Cableway 76
Tafelberg und Table Mountain National Park 9, **74,** 76f
Tankstellen 277
Tankwa Karoo National Park 11
Tauchen und Schnorcheln 152f
Taxis 18, 274
Telefonieren, Telefonkarten und Handys 11, 275
Tembe Elephant Reserve 170f, **171**
Tendele 158
Theater 309f
Thonga Beach Lodge, Mabibi 168f
Tienie Versfeld Wildflower Reserve, Darling 86
Timbavati Game Reserve 184
Time Ball Tower, Kapstadt 69
Transport Museum, Matjiesfontein 115
treknetting 74f
Trinkgeld 10, 277
Tshwane *siehe* Pretoria
Tsitsikamma National Park 39, 114, 153
Tswalu Kalahari Reserve 261f
Tswana, Volk 241
Tugela Falls 159
Tutu, Desmond 32, 214
Two Oceans Aquarium, Kapstadt 69

U
Uiterwyk, Stellenbosch 107
Uitkyk, Stellenbosch 107
uKhahlamba-Drakensberg National Park 158ff
Umdoni Coast 154
Umgeni River Bird Park, Durban 151
Umgeni Steam Railways 156
Unechte Karettschildkröte **68**
Unesco-Stätten 230
Union Buildings, Pretoria **14f,** 221f
Upington 254f
Ureinwohner 23f
uShaka Marine World, Durban 145, 147

V
Valley of a Thousand Hills 143, 155f
Valley of Desolation 132f
Van Riebeeck, Jan **24,** 25, 58ff
Van Ryn Distillery and Brandy Cellar, Franschhoek 103
Verfassung 15f
Verkehrsmittel
Anreise 272
Unterwegs in Südafrika 272ff
Verneuk Pan, Kenhardt 254
Versicherung (Reise) 271
Victoria & Alfred Waterfront, Kapstadt 9, **58,** 67ff
Victoria Embankment, Durban 148
Victoria Street Market, Durban 149, **149,** 151
Village Museum, Stellenbosch 103
Vogelbeobachtung 311
Voortrekker Monument & Museum, Pretoria 223f

W
Währung 277
Walbeobachtung 312
Walter Sisulu National Botanical Garden, Johannesburg 78
Wandern 311f
War Memorial, Pilgrim's Rest 188
Warzenschweine 43
Wasser (Trink-) 279
WEIN & WEINGÜTER
Kap-Weinland 103ff
Kaphalbinsel 78f
Westküste 87ff
West-Kap 102ff
Industrie 20, 25, 36f
West Coast National Park 90f
West-Kap
Erster Überblick 100f
Kultur 16
Nicht versäumen 100, 106
Sehenswürdigkeiten 102ff
Westküste
Erster Überblick 84f
Natur 85
Nicht versäumen 84
Sehenswürdigkeiten 86ff
West Point 94
Widenham 154
Wiege der Menschheit *siehe Cradle of Humankind*
Wild Coast 138f
Wildebeest Kull Rock Art Center, Kimberley 250
Wilderness 112
WILDRESERVATE
Amakhala Private Reserve 122f
Botsalano Game Reserve 242f
Timbavati Game Reserve 184
Giant's Castle Game Reserve 158ff
Kamberg Game Reserve 158
Kgaswane Mountain Reserve 239
Lalibela Game Reserve 130f
Madikwe Game Reserve 243
MalaMala Game Reserve 183f
Mkuzhe Game Reserve 167
Rhino and Lion Nature Reserve 231
Sabi Sands Game Reserve 182f
Shamwari Game Reserve 123
Sibuya Game Reserve 130
Tembe Elephant Reserve 170f
Tswalu Kalahari Reserve 261f
William Campbell Furniture Museum, Durban 150, **150**
William Fehr Collection 60, 62
Willoughby & Co., Kapstadt 69
Wilson's Wharf, Durban 148
Wirtschaft 20
Witsand Nature Reserve 252ff, **253**
Witwatersrand 20
Wolfaardt Collection, Laingsburg 114
Wonder Cave, *Cradle of Humankind* 231
Wondergat 153
Wonderwerk Cave, Kalahari 252

X
Xhosa 16f, 26, 139

Z
Zeerust 241ff
Zeitungen 276
Zeitunterschied 277
Zeitzone, Südafrika 277
Zoll 271
Zuckerrohr 169
Züge 9, **234,** 234f, 274
Zulu-Handschlag 165
Zulu, Volk und Siedlungen 16f, 28, 143f, 156
Zululand Brewing Company 37
Zuma, Jacob 33

BILDNACHWEIS

Umschlagvorderseite: Guido Bisattini/Shutterstock; Umschlagrückseite: Samantha Reinders (l, M), Dan Kite/iStockphoto.com
Alle anderen Fotos stammen von Samantha Reinders mit folgenden Ausnahmen: 22, After Pierre Descaliers/The Bridgeman Art Library/Getty Images; 26f, Thomas Baines/The Bridgeman Art Library/Getty Images; 31, Paul Velasco; Gallo Images/CORBIS; 33, David Turnley/CORBIS; 53, Brendan Smialowski/Getty Images; 70, mit freundlicher Genehmigung von DO'Neil/Wikipedia; 100, SK Bakker/Shutterstock; 126, Sarge/ASP via Getty Images; 132, Christopher Scott/Getty Images; 152, Peter Pinnock/Getty Images; 162, Walter Meayers Edwards/National Geographic Stock; 234, mit freundlicher Genehmigung von Rovos Rail Tours Ltd., 235 mit freundlicher Genehmigung von Rovos Rail Tours Ltd.

In der Reihe NATIONAL GEOGRAPHIC TRAVELER sind bisher folgende Titel erschienen:

ÄGYPTEN
ALASKA
ANGKOR
ARGENTINIEN
AUSTRALIEN
BARCELONA
BERLIN
BOSTON UND UMGEBUNG
BRASILIEN
CHINA
COSTA RICA
DEUTSCHE NATIONALPARKS
FLORENZ UND TOSKANA
FLORIDA
FRANKREICH
GRIECHENLAND
GROSSBRITANNIEN
HAWAII
HONGKONG
INDIEN
IRLAND
ISTANBUL UND WESTLICHE TÜRKEI
ITALIEN
JAPAN
KALIFORNIEN
KAMBODSCHA
KANADA
KANADA-NATIONALPARKS
KARIBIK
KOLUMBIEN
KROATIEN
KUBA
LONDON
MADRID
MAROKKO
MEXIKO
MIAMI UND DIE FLORIDA KEYS
NEUSEELAND
NEW YORK
PANAMA
PARIS
PERU
PORTUGAL
PRAG UND TSCHECHIEN
PROVENCE UND CÔTE D'AZUR
RIO DE JANEIRO
ROM
RUMÄNIEN
SAN FRANCISCO
SCHOTTLAND
SCHWEIZ
SPANIEN
SÜDAFRIKA
SYDNEY
TAIWAN
THAILAND
USA-NATIONALPARKS
VENEDIG
VIETNAM
WASHINGTON, D.C.
WIEN

Weitere Titel in Vorbereitung

Deutsche Ausgabe veröffentlicht von National Geographic Deutschland (G+J/RBA GmbH & Co KG), Hamburg 2009
3. aktualisierte Auflage, Hamburg 2014

Deutsche Übersetzung: Matthias Eickhoff, Beatrix Gehlhoff, Dr. Martin Goch, Raphaela Moczynski, Dr. Thomas Pago, Daniela Schetar-Köthe
Gesamtproducing: twinbooks, München
Satz: textum GmbH, München
Druck und Verarbeitung: Firmengruppe APPL, aprinta druck GmbH, Wemding

Printed in Germany
ISBN 978-3-95559-044-4

Titel der amerikanischen Originalausgabe:
National Geographic Traveler South Africa

Alle Angaben in diesem Buch wurden zum Zeitpunkt der Erarbeitung sorgfältig geprüft. Dennoch können sich natürlich Details ändern, und der Verlag kann für solche Änderungen, eventuelle Fehler oder Auslassungen keine Verantwortung oder Haftung übernehmen. Bewertungen von Hotels, Restaurants oder Sehenswürdigkeiten geben die Sicht der Autoren wieder.

Die National Geographic Society, eine der größten gemeinnützigen wissenschaftlichen Vereinigungen der Welt, wurde 1888 gegründet, um »die geographischen Kenntnisse zu mehren und zu verbreiten«. Sie unterstützt die Erforschung und Erhaltung von Lebensräumen sowie Forschungs- und Bildungsprogramme. Ihre weltweit mehr als neun Millionen Mitglieder erhalten monatlich das NATIONAL GEOGRAPHIC-Magazin, in dem die besten Fotografen der Welt berichten. Ihr Ziel: *inspiring people to care about the planet*, Menschen zu inspirieren, sich für ihren Planeten einzusetzen.

Die National Geographic Society informiert nicht nur durch das Magazin, sondern auch durch Bücher, Fernsehprogramme und DVDs.

Falls Sie mehr über NATIONAL GEOGRAPHIC wissen wollen, besuchen Sie unsere Website unter *www.nationalgeographic.de*